"十四五"国家重点出版物出版规划项目

"中国当代哲学史(1949—2009)"丛书

陈卫平 主编

文献选编 下②

中国当代哲学史史料

第四卷

陈卫平 主编

广西师范大学出版社

·桂林·

本册目录

美　学

逻辑学

重要哲学家

美学

有关美学研究的文献分为以下2辑：第1辑，对于新中国美学研究历史进程的评述，还有苏联的美学研究对于新中国美学发展的影响；第2辑，对于新中国比较有影响的美学原理教材、中国美学史教材和西方美学史教材的评论，还有中西美学比较的评论。

新中国美学五十年回眸

周来祥 *

新中国成立五十年来我国美学研究走过的道路是曲折的、艰辛的，但取得的成就却是丰硕的。特别是美学作为一门比较年轻的学科，与其他传统学科相比较，其成就显得更加引人注意。

一

新中国美学的发展，大体经历了两个阶段，新中国成立以后至"文化大革命"为第一阶段。这一阶段围绕着对朱光潜先生美学思想的讨论形成了四个学派，这四个学派以对美的本质问题的不同回答为标帜，而奠定了各自的理论基础。吕荧先生提出美是主观说。蔡仪先生坚持美在自然、美在客观、美是典型说。朱光潜先生对过去美是主观心灵创造的唯心观点作了自我批评之后，提出了主客观统一说。他认为美不单纯地在客观的物上，也不单纯地在主观的心灵中，而是在主客观统一的"物的形象"上。李泽厚则将实践观点运用到美学中来，认为美是人的本质力量的对象化，美是社会的，也是客观的。这四种观点当然有唯物与唯心之分，也有辩证法和形而上学之别，相互之间，进行过激烈的诘难和论战。同时相互之间也在不同程度地吸取和融合。如朱光潜先生在讨论中日益重视劳动实践在美学和艺术中的重大作用，他所说的主客观统一，

---

* 周来祥，1929—2011，男，山东大学美学研究所教授。

有时实是主、客体在劳动实践中的统一，这便和李泽厚的实践观点相靠近。而李泽厚也日益强调审美意识、审美心理的作用。他把美的本质和审美对象分开，认为前者与审美意识无关，而审美对象却以审美心理、审美意识等主观因素为中介，这似乎也受到朱光潜先生重视审美主观作用的影响。总之，20世纪50年代到60年代初期的这场美学大讨论，主流是健康的、有益的，奠定了新中国美学研究的基础。除了对美的本质问题作抽象的哲学思辨之外，美学界还讨论过美学对象问题、美学与艺术实践和现实生活的关系问题，艺术生产与物质生产发展的平衡与不平衡的规律问题等。这些讨论不但有利于美学理论的探索，而且对艺术发展，乃至对社会主义精神文明的建设，都产生了或大或小的积极作用。

还应该进一步指出，20世纪50年代的这场美学大讨论，是在新中国成立后急需扫除旧的上层建筑和意识形态，确立马列主义毛泽东思想主导地位的历史大背景中出现的，因此带有相当强烈的意识形态和政治倾向性。黄药眠先生批评朱光潜先生的宏文在文艺报发表，题目是《论食利者的美学》，从这一阶级色彩鲜明的标题，即可窥见一斑。当然这场讨论在全国范围内促进了对马克思主义的学习，也促进了辩证唯物主义和历史唯物主义指导地位的树立。当时出现了一个很令人注意的现象，即争论的各方都说自己是马克思主义的，是辩证唯物主义和历史唯物主义的。蔡仪自称是彻底的唯物论者，他批评朱光潜的美学是唯心的；朱光潜在检讨了解放前观点的错误之后，也说自己掌握了辩证唯物主义，并指责蔡仪是"见物不见人"机械唯物主义。而李泽厚则既批评朱光潜的主观唯心论，又指责蔡仪形而上学的唯物论，宣称只有运用实践观点于美学的，才是真正的马克思主义的唯物论者。总之，大家都以马克思主义的哲学作为讨论的标准，作为美学的指导思想，这既适应了革命的时代需要，同时又为美学奠定了哲学理论根基，其历史功绩是不可磨灭的。但因为讨论的注意点，是在哲学上划分谁是唯心的，谁是唯物的？谁是机械的，谁是辩证的？因而虽是讨论的美的本质问题，但对美的独特本质却未认真集中地予以研究。美在主观，美在客观，美是主客观的统一，美是客观性与社会性的统一，都基本上是哲学命题，而不是美学命题。即使说美在客观，美是"人的本质力量对象化"解决的是人在劳动实践中自我生成的问题，在这个意义上，不仅美的问题，真的认识问题，善的判断问题，也都是"人的本质力量对象化"之后的结果，这样何以区分真、善、美？何以有美的独特本质？因此这场大讨论从美学学科本身来说，其建设性是不足的，尚缺乏对美学规律本身的研究和探讨。

二

"文革"时期，美学被打入冷宫，遭受了巨大的摧残，这里几乎是一块禁地，无人敢谈一个"美"字，但是部分同志还在苦闷中默默地探索着，在痛苦中坚毅地追求着，而姚文元的实用主义美学、唯心的经验主义美学、形而上学的美学却曾猖獗一时。直到粉碎"四人帮"，特别是十一届三中全会之后，人们解放了思想，在马克思主义毛泽东思想指导下，在"双百"方针鼓舞下，迎来了一个美学研究大发展、大繁荣的春天。这是新中国美学发展的第二个阶段，也是新中国美学发展最重要、最辉煌的时期。这个阶段主要有以下几个特点：

（一）美学队伍空前的发展和壮大。20世纪50年代到60年代初美学大讨论时，写文章参加讨论的不过数千人，当时只有北京大学、人民大学设有美学教研室，只有北京大学、人民大学、山东大学等少数几个学校开设过美学课，全国没有一个专门的美学刊物。当然，这与新中国成立前只有寥寥几个人研究美学的状况相比，已有很大发展，但若与社会主义建设的要求相较，差距还是不小的。粉碎"四人帮"之后，随着两个文明建设的提出，美学队伍有了空前的壮大。据初步统计，目前仅在高校任教的美学教师已近六百人，各校几乎普遍开设了美学课，不少高校和科研单位招收了美学硕士研究生或博士研究生。中国社科院、上海社科院、山东大学、人民大学等先后成立了美学研究机构，积极开展美学理论的研究工作。美学书刊如雨后春笋，层出不穷，如中国社科院哲学所美学研究室的《美学》、中国社科院文学所文艺理论室的《美学论丛》、湖南的《美育》等。上海新文艺出版社出版了朱光潜、蔡仪、李泽厚、吕荧等的美学文集，人民出版社出版了王朝闻主编的《美学概论》，还有不少同志出版了自己的美学专著。如蒋孔阳的《美学新论》，李泽厚的《美学三书》，周来祥的《论美是和谐》，杨辛、甘霖的《美学原理》，王杰的《审美幻象研究》等。随着美学队伍的空前发展，中华全国美学学会已于1980年5月在昆明成立，并已召开过五届年会，全国各省市也大都成立了美学学会，进行了广泛、深入的美学研究和普及活动。特别是青年人对美学有更强烈的爱好和兴趣，成为美学活动的主要力量。一场美学热已席卷中国大地，一个研究美学的高潮正在兴起。

（二）美学理论创造性的研究与深化。十几年来，美学研究的重大成就之一，首先表现在对一些美学基本理论问题研究的深化上，这些基本理论问题主要是美学研究的对象、美的本质和审美意识的特征等。

关于美学研究的对象，"文化大革命"前已形成三派意见，一派认为美学是研究美和美的规律的科学；一派认为美学是研究艺术的本质、特征和一般规律的科学，美学就是艺术学；还有一派认为美学是研究审美关系的科学，美学以审美关系为轴心把美、审美和艺术辩证地统一起来，并以艺术研究为中心。"文化大革命"后，美学对象的研究有了深化。一是有的同志提出一种新的意见，认为美学是以美感经验为中心，把美和艺术结合起来研究，美学应由美的哲学、审美心理学和艺术社会学三部分构成。一是审美关系说有所深化。这派在与认识关系、伦理实践关系的联系和区别中，对美学的对象作了历史的考查，认为美学的对象不是固定不变的，而是历史的、发展的。古代的美学是偏于客观研究的美的哲学，近代美学是偏于主体研究的审美心理学（个体主体）和艺术社会学（社会主体），现代马克思主义的美学则应以审美关系为中心，把主体和客体的研究，美、审美和艺术的研究，哲学的、心理学的、伦理学的、社会学的研究高度辩证地综合起来。

关于美的本质问题，前述"文革"前已形成了四种说法，近几年也有显著的深化和发展。（1）围绕着实践派美学的哲学基础问题，进行了新的探索和讨论。（2）实践派美学在讨论中也有长足的发展。有的提出了美是"自由的形式"说，对美是人的本质力量对象化的观点，作了更深入更充分的发挥。他们认为，所谓自然的人化，从根本上说就是经由社会实践而达到规律与目的的统一，从而使自然和人的关系发生了根本的变化；所谓人的对象化从根本上说就是人的自由自觉的特性对象化于物中，从而成为人对对象的占有。这两者是同一事物的两个方面，两个方面都归结到"自由"。在这个基础上，才有自由的形式的产生，才有美的产生。在这个基础上，自然界才成为人的作品和人的现实，人才在他所创造的世界中实现自己、观照自己，从而产生对自由的形式的愉悦感。（3）有的提出了美是和谐说。和谐说有两个特点，一个特点是认为美不单纯在客体，也不单纯在主体，而是在主体和客体，审美主体和审美对象相互对应所形成的审美关系中，或者说美是由审美关系所规定的对象性属性。这种观点吸取了四派的某些合理因素，而又不同于四家学说。从其美不单纯在客体说，它不同于美在自然说和美在社会说；从其美不单纯在主体说，它不同于美的主观意识说；从它的审美关系是一种审美主体和审美对象之间形成的不以人的意志为转移的客观关系说，也不同于主客观在意识中的统一说。其第二特征是认为这种审美关系不同于认识关系和伦理实践关系。这三种人与对象的关系虽然都是自由的关系，但认识关系、伦理实践的关系都涉及客体对象本身，而审美关系中的对象，本质上却是人自身（经过劳动实践而产生的对象化），是人与自身的关系（主要不是人与对象客体本身的关系），因而这种关系是最和谐最自由的。（4）有的提出了生命说，认为美是生命的表现。这一观点尚未形成严正的理论系统，还有待进一步研究和论证。从这个情况看美的本质的讨论出现了两个特点：一是由哲学意识形态的讨论深入到美的独特本质的探索，这是美学规律研究的真正开始，是美学学科建设长足发展的时期；二是随着朱光潜、蔡仪、吕荧的相继去世，随着美学探讨的发展，美坛上也由老四派发展为自由说、和谐说、生命说等新三派。

关于审美感受和审美意识的研究，"文化大革命"前已有同志对美感的矛盾二重性作过比较深刻的分析。目前，心理学美学有更大的发展，美学界正在借助心理学的成果，对审美感受问题作细致的解剖。这方面已出版了滕守尧的《审美心理描述》、童庆炳的《现代心理美学》、彭立勋的《美感心理研究》等。有的在对感知（表象）、理解、情感、想象等四种心理的、认识的元素的分析中，探索审美感受的心理特征，并在这四种元素的不同比例、不同组合的结构关系中，具体地探索和研究各种美感类型；有的对艺术家、接受者、批评家的审美心理作了广泛系统的探索。随着心理学的日益发展，这方面研究正在取得越来越引人瞩目的成就。

（三）美学研究领域的开拓和扩大。美学研究的成果，不但表现在原有问题的深入上，而且表现在美学研究领域的开拓和扩大上。文艺美学、艺术部门美学、中国古典美学、西方现代后现代美学、比较美学等新的学科、新的领域，在拓荒中已取得可喜的成就。

关于文艺美学的研究，比起陷入抽象思辨的美的哲学来，更为强烈、更为广泛地引起人们的兴趣。这方面已出版了周来祥的《文学艺术的审美特征与美学规律》、胡经之的《文艺美学》、陆贵山的《审美主客体》、杜书瀛的《文艺美学原理》等。这些论著一方面在探讨和确定自己的研究对象和范围，一方面对艺术之所以为艺术的独特本质问题，作了较为集中的探讨。过去对艺术本质的研究主要是社会学和认识论的；根据后者得出的结论认为艺术是一种形象反映现实、认识现实的形式。目前，文艺美学正在这种研究的基础上，对艺术的审美本质作进一步的探索。有的认为，艺术以情感为中介，艺术主要不是认识。有的提出艺术是情感思维，而不是形象思维。有的对艺术作认识论、心理学、伦理学、社会学、系统论的综合研究，认为艺术是认识，也不只是认识，艺术是情感，又不只是情感，而是情感与认识，心理形式和认识内容的统一，是感性与理性、有目的与无目的、自由与必然的直接统一，因而它界于理性认识和伦理实践之间，是审美的自由的第三王国。随着文艺美学研究的深入，各艺术部门美学也繁荣起来。目前，对戏曲、书法、写意画、古典园林建筑、音乐、舞蹈、雕塑、电影、电视等艺术形式独特的本质和特殊规律的研究，较以前都更为深刻、细微和准确。

关于中国古代美学的研究，随着建立有中国特色的马克思主义美学体系的伟大任务的提出，随着西方对中国古典美学研究兴趣的日益提高，对中国古典美学的研究越来越受到人们的重视。中国古典美学是一座巨大的宝库，"文化大革命"前，基本上没有从美学的角度进行研究，这方面的基础虽然很薄弱，但也已取得可观的成果。若与传统的、实力雄厚的其他中国古典文化研究领域相比，它研究的创造性和科学性，已足以引起人们的注意。中国古典美学的研究正在三个方面展开，一方面是美学资料的搜集、整理；一方面是对中国古典美学作总体的宏观研究，作史的发展的考察，李泽厚出版了《美的历程》，他同刘纲纪主编的《中国美学史》第一、二卷已问世，周来祥出版了《论中国古典美学》《中国美学主潮》，敏泽出版了《中国美学史》，叶朗出版了《中国美学史大纲》，聂振斌则着重研究和出版了《中国近代美学思想史》。目前，美学界还特别探讨了中国古典美学的性质、特点，它发展的一般规律和特殊规律，它发展的阶段性和历史分期等重大问题。有的从与西方美学的比较中，提出中国古典美学是偏于表现的美学，它特别发展了意境、韵味的理论，而西方美学是偏于再现的美学，它特别贡献了形象、典型的理论；中国古典美学是偏于美善结合、伦理学和心理学结合的美学，西方美学是偏于美、真统一的哲学认识论美学；中国古典美学在理论形态上更带经验性和直观性，在感性形态中蕴藏着深刻的理性主义精神；西方美学更具有分析性和系统性，但它在解剖中所阐明的美学规律，在某些方面反而不如中国古典美学在直观、顿悟中所捕捉的审美规律来得更为生动、更为准确、更为精彩。这种对中国古典美学独特规律的探讨，正在各方面进一步展开。这种研究也可能导致对整个中国古典文化面貌的再探讨、再认识、再评价，其前景未可估量。对中国古典美学家和美学专著的微观研究，是这个研究的第三方面。目前对《易经》、孔子、孟子、老庄、公孙尼子（《乐记》）、刘勰、司空图、严羽、苏轼、金圣叹、叶燮、李渔、王国维、鲁迅（前期）的研究正在深入。微观和宏观的研究正相互促进地向前发展着。

关于比较美学和西方美学的研究，"文化大革命"前，朱光潜先生已出版了他的《西方美学史》（上、下）。粉碎"四人帮"之后，西方美学的研究也有新的发展，汝信的《西方美学史论丛》（正、续编）、蒋孔阳的《德国古典美学》、周来祥主编的《西方美学主潮》等都是西方美学研究的新收获。可以说"文革"前基本上是对西方康德、黑格尔以前美学的研究，随着改革开放的深入发展，特别是 1985 年以后，西方现当代美学大量的翻译和介绍过来。先是叔本华、尼采、萨特的哲学和美学，接着把西方 20 世纪现代美学的各种流派走马灯式地推到读者面前。如苏珊·朗格（Susane. K. Langer）的《情感和形式》（*Feeling and Form*）、克莱夫·贝尔（Clive Bell）的《艺术原理》(*the Principles of Art*)、托马斯、门罗（Thomas Munro）的《走向科学的美学》(*Toward Science in Aesthetics*)、鲁道夫·阿恩海姆（Rudof Amheim）的《艺术与视知觉》(*Art and Visual perception*)等。还相继出版了新批评、结构主义、符号学、阐释学、接受美学、现象学美学的论文选集。自 20 世纪 80 年代后期，特别是 20 世纪 90 年代以来，后现代主义美学和艺术也开始被引进中国。先是美国杜克大学弗·杰姆逊教授来华的讲演录《后现代主义文化与文化理论》的出版，接着北京大学又翻译出版了《后现代主义文化与美学》一书。全国许多报刊先后发表了有关后现代主义的论文和笔谈，有的举办了专题讨论会。这些美学论著的引进，一方面使人们开了眼界，启发了人们的思维；另一方面对这些美学论著还缺乏系统深入的批判研究，缺乏与中国传统的美学精神和现实实践需要的结合，因此需在引进之后，作进一步的反思和探讨。

特别值得一提的是比较美学的兴起，通过东西方美学和艺术的比较，来揭示审美活动的共同规律和东西方独特的民族特色。这方面已出版了马奇的《中西美学思想比较研究》、周来祥与陈炎的《中西美学比较大纲》等。后者从美学形态论、审美理想论、审美本质论、艺术特征论等四个方面，按照古代、近代、现代不同的历史时期，作了历史的、全面的、系统的比较研究。目前这种比较研究正在广泛开展，既有东西方美学和艺术的总体比较，也有某个艺术类型（如中国戏曲和西方话剧的比较、中国画和西方画的比较、东方和西方悲剧观的比较）和美学家之间的比较（如孔子和柏拉图或亚里士多德的比较）以及东西方不同的范畴与概念的比较（如和谐美的比较、崇高和壮美、意境与典型、再现与表现、灵感与兴会、想象与神思的比较）等。比较是认识的好方法，通过比较，审美活动的一般规律和中国古典美学的特殊规律，就显得更加清楚、更加鲜明。

还应该提到的是，随着经济的发展、生活的提高，人们的生存也在日趋审美化，或者说人们在要求艺术化的生存、审美化的生存。为了适应这一需要，审美文化、美育、环境美学、技术美学、服饰美学等也蓬勃地发展起来，并成立了审美文化研究会、技术美学研究会、美育研究会，其前途未可限量。纵观 80 年代以来的美学，可以说美学的各分支学科都不同程度地成长起来了，其规模之浩大、学科之齐全、理论之独特和创造性都是前所未有的。闫国忠在《美学百年》总序中对此曾作了概括："中国需要美学，而且百年来已建构和发展了自己的美学。从王国维的以'境界'为核心概念的美学，到宗白华、朱光潜、吕澄等的以美感态度或美感经验为核心概念的美学，蔡仪的以典型为核心概念的美学，到李泽厚、蒋孔阳等的以'实践'为基础概念的美学，再到周来祥的以'和谐'为核心概念的美学及另一些人主张的'生命'或'存在'为基础概念的美学，中国美学至少已形成了六七种模式，且各有其独特的贡献。"这里展示的中国美学百年来的理论模式和理论贡献，使我们更加清晰地看出新中国美学 50 年来的重大创造和辉煌成就。

原载《社会科学管理和评价》2000 年第 2 期

新中国美学理论研究六十年

余开亮 *

按照中国传统文化的说法，60 年为一甲子轮回。在这个时际，盘点一下新中国美学理论研究也许更能增添一种继往开来的意味。六十年的美学理论研究历程，可谓流派纷呈，理论繁复，兹择其荦荦大者概而述之。

一、新中国美学理论建构的发端

新中国的美学研究历程由 20 世纪 50 年代的美学大讨论拉开了一道精彩的序幕。这场大讨论是从批判朱光潜解放前的美学思想开始的。随着朱光潜对其美学思想的否定、发展、辩护，越来越多的人和刊物都投入到这场美学讨论中。讨论的主题围绕着美的主客观性、自然美、艺术的一般原理等展开，最终形成了"两论四派"，即客观论美学（以蔡仪为代表的客观派、以李泽厚为代表的客观社会派）和主观论美学（以吕荧和高尔泰为代表的主观派、朱光潜为代表的主客统一派）。蔡仪的客观派从自然物质本体论和机械反映论来谈论美学问题，没有得到多少人的赞同。而吕荧和高尔泰的主观派美学由于缺乏哲学层面的论证，很快被冠以主观唯心主义而遭到了否定。所以在实际上，这次美学大讨论主要是以朱光潜为代表的主客统一派和以李泽厚为代表的客观社会派的两家争鸣。

朱光潜运用马克思主义的反映论、意识形态理论和关于艺术生产的

＊　余开亮，1975—　，男，中国人民大学哲学院副教授。

论述，立足于艺术审美活动的基本事实，竭力维护审美主体的地位，对客观派美学见物不见人和客观社会派美学只见人类主体而没有个体主体进行了批评。针对李泽厚等人把美看作不依赖人的主观意识的客观现实存在，朱光潜区分了艺术地掌握世界与科学地掌握世界的不同，认为"科学在反映外物界的过程中，主观条件不起什么作用，或是只起很小的作用，它基本上是客观的；美感在反映外物界的过程中，主观条件却起很大的甚至是决定性的作用，它是主观与客观的统一，自然性与社会性的统一"①。今天回过头来看，朱光潜的审美主体性对客观论美学的纠偏无疑是新中国美学研究序幕中的一大亮点。

在这次美学大讨论中风头最盛、拥护者最多的当属以李泽厚为代表的客观社会派了。朱光潜在美学讨论中立足于艺术审美活动的基本事实，而李泽厚则立足于美的哲学根源谈问题。李泽厚运用马克思主义哲学的实践观点，特别是援用马克思《1844年经济学哲学手稿》中的观点，认为："美是客观的。这个'客观'是什么意思呢？那就是指社会的客观，是指不依存于人的社会意识、不以人们意志转移的不断发展前进的社会生活、实践。"②李泽厚一方面批评了蔡仪的客观自然说，认为自然本身是无美可言的，美只能是实践即人的本质对象化的结果；另一方面，也批评了朱光潜的主客统一说，认为美不是主观的意识形态，而是社会生活中的客观现实的存在。通过对这两派的批评，以实践为基点，李泽厚建立了自己早期的美学观点：美的客观社会论、美感认识论、艺术反映论。他不是从简单的主客二分而是从实践的角度来阐发美的本质、美感和艺术，对中国美学理论研究产生了深远的影响，直接引发了20世纪80年代实践美学的体系性建构热潮。

客观地说，由于时代的局限和"苏联美学模式"的影响，当时的美学大讨论中意识形态色彩较为浓厚。虽然如此，这场相对独立于政治的美学大讨论却成为当时难得的较自由的学术争鸣，为建构中国特色的美学理论提供了良好的开端。

---

① 《朱光潜美学文集》第3卷，上海文艺出版社，1983年，第35页。
② 《美学论集》，上海文艺出版社，1980年，第160页。

二、实践美学成为主流话语

20世纪80年代，新中国的美学理论研究进入高潮阶段，实践美学的体系性著作纷纷涌现，实践美学成为中国美学界主流话语体系。以王朝闻主编的《美学概论》（1981年）为发端形态，到刘叔成、楼昔勇、夏之放等人的《美学基本原理》（1984年）为普泛形态，再到李泽厚的《美学四讲》（1989年）为成熟形态，实践美学在20世纪80年代完成了自身理论的体系性演进。除了这三部影响极大的著作外，还有蒋孔阳、马奇、刘纲纪、周来祥、程代熙、杨恩寰、李丕显、敏泽、杨辛、甘霖等一大批成就卓越的美学学者，他们既坚持了李泽厚的基本观点，又有各自的实践美学观，为实践美学的多元化阐发做出了贡献。

这一时期的实践美学，虽然有多元化的阐发，但其思路的共同点都是通过马克思主义的实践观为主线来说明美的本质、美感、美的类型、艺术等美学问题。实践美学认为，人类的物质生产实践活动（对实践概念又有着"人的本质力量对象化""人的本质力量的感性显现""自然的人化"等多种理解方式）是美和美感的根源与本质。正是在合规律性、合目的性的历史性实践活动中，对象具备了美的客观属性，形成了形式美、自然美、社会美、艺术美等多种形态和优美、崇高、悲剧、喜剧（滑稽）、丑等多种类型。同样，正是在实践活动中，主体具备了审美心理结构。由于实践活动是社会性和个人性、理性和非理性的辩证统一，所以美感也具有矛盾的二重性："审美既是个体的（非社会的）、感性的（非理性的）、没有欲望功利的，但它又是社会的、理性的，具有功利欲望的。"①

应该说，这一时期蔚为大观的实践美学给改革开放后的新中国美学理论研究带来了新气象，而且对很多审美现象进行了合理的解释。从宏观上看，实践美学以体系性著作对美的本质、美感、审美类型、艺术美等美学问题作了较全面的理论建构，既反对了机械唯物主义反映论对于

---

① 李泽厚：《美学三书》，安徽文艺出版社，1999年，第514页。

美的简单化解释，也反对了主观唯心主义精神本体论的美学观，并把美放到人类实践的历史过程中去考察，保证了美学应有的开放、厚重的历史维度。同时，实践美学把美学问题和人学问题紧密结合起来，高扬主体性、实践、新感性、社会美等，引领了当时的思想解放运动，致使实践美学成为 20 世纪 80 年代美学界的整体性话语，美学一度成为时代显学。从微观上看，实践美学奠定了美学原理关于美学、美、美感、艺术美四大美学主题，其对美学类别的多元化、美的概念的多义性、美的来源、美感的矛盾二重性、审美心理的阶段划分、艺术品的结构划分、人类审美意识的起源、审美和艺术美的社会学研究等看法，都为当时大多数人所接受，至今还发生着很大影响。

但实践美学的缺陷也是明显的，它带有很强的时代特征，能够解释很多审美现象，但不能解释一切审美现象。因为审美现象是千变万化、恒新恒异的，试图通过实践来解释一切，难免存在理论的盲点和失效性。实践美学最大也最受人诟病的一个问题就是把美的根源等同于美的本质。李泽厚认为："所谓'美的本质'是指从根本上、根源上，从其充分而必要的最后条件上来追问美。"[①] 这是一种问题的误置和美学研究重心的偏移。根源在问题之外，而本质则应在问题之中。所以，当实践美学花大量的精力去论证实践是如何产生美、产生美感时，这只是美学研究的前提，实际上还没有进入真正的美学问题域。审美活动虽然和实践活动密切关联，但恰恰又是高于实践的。所以，美学研究的重心应该是如何论证高于实践活动的审美活动的特质，而不是把重心放在论证审美活动和实践活动的关联上。如果说实践在解释美的根源上还有一定说服力的话，那么服从于体系的完整性而用之来解释自然美、美感、艺术美等问题则显得力不从心。另外，实践虽然具有多重性质的辩证统一，但其本身更强调社会群体性和理性。所以，实践美学必然有重人类主体、工具本体、理性、社会性、功利性、现实性和积淀而轻个人性、情感性、感性、非功利性、艺术性及突破等不足，而后者恰恰是审美活动应当关注的重心。如果把现代性划分为启蒙现代性和审美现代性的话，实践美学还处于一

---

① 李泽厚：《美学三书》，第 475 页。

种启蒙现代性阶段。随着时代主题中人与自然、人与人、人与社会、人与自身等关系的改变，这种高扬人类主体性、社会性、积极向自然进军的乐观口号显然不再适用。如何珍惜自然生态而非征服自然、如何注重个体生命、如何实现对现实社会的精神超脱等审美现代性问题，应当成为当前美学研究迫切的理论关怀。

三、审美活动中心论对主流话语的暗转

在实践美学占据主流话语的 20 世纪 80 年代，还有两部美学著作值得提及。1988 年，蒋培坤的《审美活动论纲》和叶朗主编的《现代美学体系》都提出美学研究的中心应是审美活动。把审美活动作为美学研究的中心是对主流美学以实践为中心建构美学体系的一种暗转，对于美学直接面对美学本身起了一种巨大的促进作用 [1]。《审美活动论纲》虽然从审美活动的角度来研究美学并对审美活动作了历史和逻辑的揭示，但其基调依然偏重于以实践为中心来言说审美活动的发生、审美领域的展开、审美类型的历史演变、审美主客体的生成、审美关系和审美心理等。从该著宽泛地认为"人类的审美活动，既是一种主体性活动，又是一种对象性活动" [2]，即可看出其对审美活动的论述并未完全超越实践美学。

叶朗主编的《现代美学体系》也是以审美活动为中心来架构美学体系，但已经和实践美学保持了相当大的距离。在实践美学占据主流话语的时代，《现代美学体系》显示了一种极大的理论勇气，它并非仅依据一般性的马克思主义美学资源来结构美学体系，而是试图建构一个贯通传统美学和当代美学、东方美学和西方美学、美学学科和相邻学科以及理论美学和应用美学的"现代美学体系"。《现代美学体系》建构了八大分支学科，其理论核心"可以称为审美感兴、审美意象和审美体验三位一体的体系" [3]。虽然它在体系性整合方面还欠严密，但已很好地把审美活动的特质呈现出来。《现代美学体系》通过审美感兴来描述审美主体，用作

---

[1]　张法：《20 世纪中西美学原理体系比较研究》，安徽教育出版社，2007 年，第 185 页。

[2]　蒋培坤：《审美活动论纲》，中国人民大学出版社，1988 年，第 75 页。

[3]　叶朗主编：《现代美学体系》，北京大学出版社，1988 年，第 170—171 页。

为人与世界本然关系的意向性来描述审美意象，用审美体验来描述审美活动的本体意义，这种消除主客分离，注重从情景合一、天人合一角度来言说审美活动的方式，显示了《现代美学体系》对审美活动深层结构的准确把握。其对中国古代美学资源、当代西方美学资源特别是现象学的大量运用和对应用美学的关注，也使得这种美学架构具有了极大的包容性和合理性。可以说，《现代美学体系》是面对美学本身问题域而进行的理论思考，应当在今天多元化的美学理论中占有重要的地位。

四、20 世纪 90 年代以来实践美学理路的三重推进

从 20 世纪 90 年代至今，伴随着新中国进一步的改革开放和市场化进程，美学原理的研究也进入到一个多元化时期。从实践美学的理路上讲，这种多元化格局主要从三个方面推进了美学理论研究：一是 20 世纪 80 年代实践美学的一些主将进一步完善实践美学，提出了实践美学的创新形态；二是一些美学学者对实践美学进行了激烈批评，并在批评中建立了后实践美学；三是一些美学学者在积极应对后实践美学的批评中建立了新的实践美学体系。

实践美学的创新形态在 20 世纪 80 年代就已经具有，这种形态既坚持了李泽厚的基本观点，也有着各自的实践美学观。如刘纲纪在 20 世纪 80 年代就以实践本体论为哲学基础，以创造自由论为理论核心，以审美反映论为艺术本质，构建了三者环环相扣的实践美学体系。刘纲纪的实践美学对实践的创造自由性、个体主体性、审美反映的独特性等问题的注重，对实践美学作了很大推进。邓晓芒、易中天也在 20 世纪 80 年代提出了以实践活动为起点、以审美活动为中心、以美的本质为指向的新实践论美学纲要。新实践论美学强调了实践中的情感因素，把审美活动看成是一种情感交流活动，并以情感为核心来展开了对美学问题的回答。应该指出的是，马克思加康德的新实践论美学形态恐怕很难解释审美的现代性问题。

到了 20 世纪 90 年代，20 世纪 80 年代实践美学的主将蒋孔阳、周来祥等学者先后集中阐发了其实践美学的创新形态。蒋孔阳综合各家观

点，择其善者架构了一种极具动态性和开放性的《美学新论》（1993 年）。蒋孔阳说："我们不想提出一个关于美的现成结论，而是想把历史上曾经有过的一些最有代表性的讲法，先加以介绍和评论，然后根据马克思主义的观点，撷取它们各自的精华，兼收并蓄，希望能够得出一个比较合理的答案。"①蒋孔阳肯定了实践对于美的重要意义，并把在实践中形成的人对现实的审美关系作为美学研究的出发点。与大多数实践美学注重社会性、集体性的实践不同，蒋孔阳拓展了实践（人的本质力量的对象化）的概念。他在吸取朱光潜艺术生产理论基础上认为实践不仅包括劳动生产、艺术创作，也包括了审美欣赏。这种对实践概念的拓展是否符合马克思的观念暂且不论，但它在解释审美活动时无疑具有了更大的有效性。同时，蒋孔阳还特别强调了人的主观的创造性实践，从而把美的探讨放置到了"多层累的突创"上。这种放弃关于美的本质主义定义而从开放性的生成论角度研究美学的思路，显示了 20 世纪 90 年代美学界研究方法的一大突破。在美感问题上，蒋孔阳扬弃了认识论（反映论）的研究思路，认为美感是一种审美体验的复杂心理过程，这就使得《美学新论》既没有放弃实践美学的基本原则，又真正地面对了美学问题域。

与蒋孔阳一样，周来祥是从实践中所形成的审美关系入手建构了自己的美学。周来祥认为，在实践基础上会形成实践关系、认识关系和审美关系。他运用马克思的辩证思维方法和现代科学系统论方法，既区分了审美关系和实践关系、认识关系，又揭示了三者的联系。正是在这种辩证的区别与联系中，周来祥得出了审美关系的本质特征：和谐。周来祥说："人的劳动实践，人的本质力量对象化，是美产生的根源和一般的本质，和谐自由则是美的根本特征。美的特征也是美的本质的表现，和谐是主体与客体、人与自然、人与人、合目的性和合规律性的统一，这和谐的统一也就是自由。"②周来祥的和谐美学运用历史和逻辑的方法整合了古代、近代及现代的审美现象与审美范畴，用系统关系思维超越了对象性的实体思维，对于美学研究思维模式具有启示作用。但是，用理想

---

① 蒋孔阳：《美学新论》，人民文学出版社，1993 年，第 136 页。
② 周来祥：《古代的美·近代的美·现代的美》，东北师范大学出版社，1996 年，第 48 页。

的和谐状态来整合现实的审美现象，不免陷入先入之见，或许这并不能真实地揭示不同审美现象（包括不和谐的）的独特意义。总的来说，实践美学的创新形态克服了 20 世纪 80 年代实践美学在美学问题域之外探讨美学问题的弊端，进一步发展和完善了实践美学的基本原则，特别是突出了实践的创造性、自由性、情感性、个体性、和谐性等特征。同时，他们自觉地把美的来源和美的本质特征区别了开来，并对美学自身的问题进行了说明。但是，把审美关系作为美学研究的出发点恐怕难以成立，毕竟抽象的审美关系还需要通过具体的审美活动来说明。

20 世纪 90 年代，实践美学在不断调整自身理论的同时，也开始受到很多质疑和批评。从 20 世纪 80 年代末的刘晓波开始，到潘知常、杨春时、张弘等人都对实践美学的基本理论进行了反思和批判。在这场美学批判活动中，生命美学、生存（超越）美学、存在论美学等个性十足的后实践美学体系纷纷出现。在后实践美学中，尤以潘知常的生命美学和杨春时的超越美学在理论形态上较为成熟，影响也较深远。

潘知常的生命美学延续了以审美活动作为美学研究中心的看法，但他对审美活动作出了新的解释。与实践美学从实践角度来说明审美活动不同，潘知常从生命角度来言说审美活动，并把审美活动看成是"一种以实践活动为基础同时又超越于实践活动的一种生命活动"①。以生命活动为基点，生命美学通过对实践活动、理论活动、审美活动三种生命活动的区分，认为审美活动是"人类理想的生命的形式，也是人类最高的生命方式"②。生命美学从四个方面具体展开了对审美活动特质的分析：审美活动就是人的自由的生命活动的理想实现（审美活动是什么）；审美活动的存在方式就是自由的生命活动的理想实现的方式（审美活动怎么样）；审美活动通过自身特有的方式和途径使人的自由生命活动的理想实现成为可能（审美活动如何是）；审美活动符合自由生命理想实现的内在需要（审美活动为什么）。可以看出，生命美学以"自由生命活动的理想实现"这一核心概念划清了与实践美学的界限，它不是从实践而是从感性生命

① 潘知常：《诗与思的对话》，上海三联书店，1997 年，第 155 页。
② 同上书，第 171 页。

本身入手来思考审美活动，阐发了审美对人的生命的本体论意义。

　　生命美学从生命的角度进入审美活动，杨春时的生存（超越）美学则从生存的角度进入审美活动，把审美活动看作一种自由的生存方式和超越的体验方式。以生存方式为基点，超越美学对自然生存方式、现实生存方式、自由或超越的生存方式进行了区分，并认为只有自由或超越的生存方式才体现了人的本质，是人类最高的生存方式。杨春时认为，审美活动正是自由生存方式的精神性、个体性、超越性的最充分体现，是以超越性的体验形式把握生存的意义。对于审美活动，杨春时还以超理性活动、超现实活动、精神性活动、个体性活动、主客融合同一的活动、超因果的自律性活动、非实体化非客观化的活动、生产与消费、创造与接受同一的活动等一系列命题予以界定①。可以看出，超越美学与实践美学针锋相对，实践美学所忽视的，恰恰是超越美学所强调的。

　　总的来说，后实践美学从个体性、自由性的生命或生存角度来揭示审美活动的审美现代性内涵，标示了美学的一种现代转向，拓展了美学研究的视野，对美学理论的研究无疑是一大推进。但后实践美学把完整的生命、生存进行了割裂，绝对地强调了生命或生存的精神性、超越性、理想性、感性的一面，则陷入了另一个极端。后实践美学把审美活动定位在理想的、最高的生命活动或生存方式状态，而把审美过于理想化和精英化，极有可能使得审美活动脱离现实基础而成为空中楼阁。

　　事实上，实践美学与后实践美学的分歧关键在于各自采取了不同的把握哲学、历史和现实的方式。所以，如果一定要在一种本体论思维下来建构美学体系，那么，如何在历史积淀和现实突破的张力上把握审美活动，应成为双方共同努力的方向。从目前的美学理论研究来看，实践美学阵营已经走出了这一步。其主要表现是一些美学学者在积极应对后实践美学的批评中，进一步发展和完善了实践美学，开始着手建立一种新的实践美学，如张玉能的新实践美学和朱立元的实践存在论美学。

　　张玉能的新实践美学在继承实践美学的创新形态基础上，更加自觉地应对诸种后实践美学对实践美学的责难，致使其美学体系在实践美学

---

① 　杨春时：《生存与超越》，广西师范大学出版社，1998 年，第 163—164 页。

创新形态基础上又有所发展。张玉能首先承认生存是人的条件，同时认为人的生存的本体只能是实践。他认为，人正是在自我生成和发展的历史实践中，由实践走向了创造，而当创造达到了一定的自由程度时，就产生了人对现实的审美关系，并从中生成美和美感，美感和美凝结成艺术，实现实践的艺术化和生存的审美化，最终走向全面自由发展的人。在蒋孔阳美学的基础上，张玉能对实践的概念也进行了多层累积的阐发，凸显实践中的人文性、个体性、非理性、超越性等内涵，试图使新实践美学包含审美现代性乃至后现代性的问题。虽然新实践美学的这种理论阐发是否正确，还值得进一步讨论，但能够以一种开放的姿态在审美现代性乃至后现代性语境下反思实践美学的发展，实现实践美学的更新和转型，已经是一个良好的开端了。

在实践美学的创新发展中，朱立元的"实践存在论美学"可谓是一个富有改造性的美学体系。实践存在论美学，主要是在反思李泽厚美学和继承发扬蒋孔阳美学中新的因素而提出的。朱立元试图打通马克思和海德格尔，挖掘马克思主义哲学范畴中的存在论内涵，以实践论与存在论的结合作为其哲学基础，从而把实践理解为人的存在方式，并从存在论的角度对实践概念进行了全新的解读。在朱立元看来，实践不仅是指单纯的物质生产劳动，而是一种广义的人生实践。所以，他认为道德伦理活动、艺术审美活动乃至"青春烦恼的应对、友谊的诉求、孤独的体验等日常生活杂事"也是人生实践的内容。朱立元通过对实践的全新解读，用实践概念把生命美学、生存（超越）美学、存在论美学等的哲学基础统摄了起来，对实践美学和后实践美学进行了一次综合。由此，实践存在论美学包括主要的三大基本思想："美是生成的而不是现成的"；"审美活动是一种基本的人生实践"；"广义的美是一种人生境界"①。如果不去纠缠马克思和海德格尔的本来面貌，而以一种理论的创新性解读角度来看，实践存在论美学可以看作在历史积淀和现实突破的张力上把握审美活动的一次具有综合意义的体系性尝试，为当代中国美学拓展了进一步思考的空间。

---

① 参见朱立元《美学》，高等教育出版社，2001年。

五、全球化视野下的美学

从新中国 60 年的美学理论研究进展看，实践美学的提出、形成、发展、批判、反思、改造无疑占据了中国美学理论的主流阵线。随着全球化的浪潮，在实践美学的主流之外，一些美学学者也在积极进行全球化视域下的美学思考。

全球化的浪潮，一方面使得中国也出现了与国际共生的全球性问题，如消费社会和生态危机问题；另一方面也使得国人对中国文化与世界文化的激越碰撞开始了新一轮的反思。对于这两个问题，中国的一些美学学者都投入了关注的目光。一方面，面对中国自身经济改革和全球化带来的消费文化现象与生态危机，一些学者放弃了大而全的本体论思维，摆脱了体系性之争，不再试图用一种美学体系去以一挂万，囊括全部审美现象，而是直面消费文化和生态本身展开了富有成效的美学理论研究；另一方面，面对全球文化的广泛直接交流，一些学者开始力争在世界美学框架中凸显中国美学的理论特色。

消费社会的莅临，使得大众文化对人的生活影响远远超过了传统艺术，而随着日常生活的审美化潮流和网络文化的勃兴，大众文化也成为一种普遍的审美现象。显然，继续用面向传统艺术乃至包括现代艺术的美学理论已无法对大众审美文化作出全面解释，必须提出一种"新的美学原则"。在这种理论背景下，大众审美文化研究兴盛起来。金亚娜、周宪、陶东风、金元浦、肖鹰、王德胜、王岳川、姚文放等人都活跃在审美文化这一领域，这些美学学者对审美文化出现的背景、概念、美学特征以及与传统艺术的关系、与身体的关系等都进行了很好的研究和讨论，初步呈现出审美文化的学科面貌。审美文化本身有着与传统美学理论极为相悖的地方，本体论思维模式的美学体系注定无法把它统摄起来。所以，审美文化研究也能为学术界反思美学理论建构提供一种契机。

全球化还带来了一系列的生态和环境问题，面对这一问题，曾繁仁、徐恒醇、陈望衡等人都展开了各自的研究和探讨，中国形态的生态美学建设在逐步展开。如果说实践美学和后实践美学都是以人为中心而展开的理论探讨的话，生态美学则以破除人类中心主义的姿态进入美学思考，它强调的是人-自然-社会的和谐相处，它既关注和谐、有序、规律等有利于人类感知的审美因素，也关注不和谐、无序、不平衡等审美因素，这样，生态美学就有了与以往艺术美学不同的价值参照系。在这种参照系下来审视美学问题，必然会带来对美学问题的新观点。当然，由于生态美学的研究起步较晚，对于生态美学的学科界定、领域构成、审美特征、审美范畴，生态学和美学的关系，生态美学与中国古典美学的关联，生态美学与科技、管理、伦理的关系等理论问题，还需要作进一步的探讨。与生态美学相结合，作为当前世界美学热点的环境美学也开始进入国人的理论视野。近两三年来，随着卡尔松、伯林特、瑟帕玛等国外环境美学主将的著作被译介到国内，国内的环境美学研究也开始起步。虽然生态美学和环境美学具有差别，但二者都有着与实践美学完全不同的哲学基础，前者是生态整体主义，而后者是人类中心主义。但随着生态和环境美学研究的展开，势必会进一步促进学术界对现有美学理论的反思和体系转型。

除了展开对全球性问题的美学思考，学术界还有人从全球文化交流的角度对美学学科进行了尝试性的构建，其中最典型的代表是张法的《美学导论》。与以往的在中西美学比较的视野中来建设美学理论不同，张法更侧重于从中国与世界美学的理论对接中构建一种具有普适性的全球性美学，并在这种全球性美学中高扬一种本土精神。《美学导论》反思了当前美学建构的本体论思维模式，认为建构一种美学体系"对自己要有深刻的历史意识，意识到自己的历史局限性，不用'上帝式'的语言来讲述美学，而是用具体时空的受时代局限的人的话语来讲述美学。既有总结意识，又有时代意识和开放意识"①。所以，《美学导论》一开始就未用自身理论阐释一切，像实践美学和后实践美学那样从哲学基础上推演美学，更没有围绕一个本体概念来统摄所有理论，而是直面美的现象和美学学术史，体现了美学理论研究中方法论的重大变化。《美学导论》最大的一个特色就是力图把中国传统和现代的美学资源在理论层面上有机地融入美学理论建构。其在对美感、美的类型、美的起源、形式美等的论述中，都自

---

① 张法:《美学导论》，中国人民大学出版社，2004年，第23页。

觉地让中国美学资源显示出来，改变了以往美学理论建构以西为主，中、西、马杂糅的美学理论言说方式。可以预期，随着进一步跨文化美学理论交流的展开，张法的《美学导论》将会更进一步体现其理论价值。

六、展望：多元格局与面向当下问题的美学

从新中国美学理论研究 60 年的历程可以看出，美学理论显示了从一元格局向多元格局、由意识形态话语向个体性话语、由对启蒙现代性的高扬向审美现代性批判等方面的转化。这种理论的演进至少与三种因素紧密关联：一是新中国的经济、政治发展；二是美学理论自身的学术逻辑；三是全球化的时代背景。站在 60 年时际展望未来，中国美学理论的建设还将与这几种因素紧密纠缠，还将会在一种全球化、多元化、个体化的状态中继续行进。从目前看，实践美学的创新形态、后实践美学、新实践美学、实践存在论美学、《现代美学体系》《美学导论》等多种理论体系还将在一段时期内共存，形成中国美学多元化的理论格局。在这种多元化格局中，各种美学理论还将继续在相互碰撞中谋求自身的发展，而更新的美学理论也会在这种理论的激荡中产生。

不过，如果美学理论能走出本体论思维模式下宏大叙事的体系性建构，去直面现代性、日常生活的审美化现象、当代中国的艺术实践、日益严重的生态环境危机、跨文化交流等实际问题，并就具体问题进行美学反思和人文求解，中国美学理论可能会获得更好的发展空间。因为不同的现实问题会带来不同的美学反思和人文求解。60 年的美学探索历程更多地集中在哲学思辨的理论层面，导致美学离具体生动的审美活动越来越远。美学应该在哲学本位上来言说，但又必须在一种形而下与形而上的张力中来进行言说。对人来说，既有理论思考，又有人生体验的学科话语，才是美学应有的魅力。这样，在中国当代美学理论中，传统／现代／后现代、东方／西方／全球化、理论思考／人生体验等会在其中占据相应的位置，而官方／精英／大众也能从中反映自身的理论诉求。

原载《河北学刊》2009 年第 2 期

通向中国话语建设

——当代中国美学的三次突围

高建平 *

在中华人民共和国成立 70 周年之际，回顾中国美学在这 70 年的历程，我们可以列出许多成就，看到众多美学知识的积累。然而，知识积累只是一个方面，并且是相比之下并不十分重要的方面。思考这 70 年的美学，更重要的是要思考其中活的东西，思考美学研究者们在其中的活动，他们的追求、努力和抗争。我们所具有的一些美学知识，常常是在过程之中产生的，是过程的痕迹。而过程的还原是对历史最好的阐释；同时，我们也能够在盘点知识时，形成立体的视角。本文立意于从 70 年来大量美学现象中选出三点，说明至少存在着三次突围，美学学科通过这三次突围实现了更新。

一、20 世纪 80 年代初对美的本质问题的突围

20 世纪 70 年代末至 80 年代初的中国"美学热"是以恢复 20 世纪 50 年代"美学大讨论"的姿态开始的。这里所讨论的问题，例如在 1978 年曾被热烈讨论的"形象思维"问题以及随后恢复的关于"美的本质"的论述，在 50 年代都已经被讨论过。当时有一个口号是"拨乱反正"，这是一个政治口号，在学术上也适用。这里的"乱"与"正"之别，也意味着通过批判"文革"时代的理论话语而返回"文革"前的话语。在

---

* 高建平，1955— ，男，深圳大学美学与文艺批评研究院教授。

一个新的语境中接续过去的讨论，其本身当然是有意义的。但是，如果阐释得不好，活的知识也会变成干巴巴的教条。

回望 50 年代，在中国出现了"美学大讨论"。这是当时开展的思想改造运动的一部分。在这场运动的开始，朱光潜写了《我的文艺思想的反动性》一文，批判自己的"主观唯心主义"思想。朱光潜写道："我的教育过程充分反映出半封建半殖民地时代的特色。……我原已在封建教育过程中养成的那些颓废思想，在西方反动的浪漫主义文学里，特别是较后起的颓废主义文学里，很快地就找到了同调，一触即合。"①这一检讨符合当时的时代要求。"美学大讨论"所设定的目的，是实现思想意识形态的清理，完成反帝反封建的任务，这时的朱光潜也就主动地将此前的自己设定为反面教材，从而通过"大讨论"，通过学习马克思主义，在中国建立新的美学话语体系。

这时，美学处于一个新的创造时期。当一些美学家改变视角，放下既有知识的种种包袱，直接面对问题时，其思维有被激活的可能。这些参与者围绕着美的本质问题进行了热烈讨论，形成了一些具有原创性的理论。当然，这也是一个对外封闭的时期。反帝反封建、改造半封建半殖民地文化的中心任务，也造成一段时间里对引进西方美学和继承古典美学的中断。

现在有一种倾向认为，这一时期的中国美学都是苏联美学的翻版。这种认识是不对的。比较同一时期文学理论和美学上的中苏关系，其间有着明显的区别。50 年代的文学理论教材模式的确定，主要是通过季摩菲耶夫的《文学原理》②的中译本、毕达可夫以"文艺学引论"为名的讲稿的出版③，以及其他几本苏联教材的引进。当时中国学者编写的文论教材都以这些教材为蓝本，再加上毛泽东《在延安文艺座谈会上的讲话》中的一些论述以及一些中国文学的实例。许多后来高校的文学理论教材

---

① 朱光潜：《我的文艺思想的反动性》，《美学问题讨论集》第 1 集，作家出版社，1957 年，第 3—4 页。

② 季摩菲耶夫：《文学原理》，平明出版社，1955 年。

③ 毕达可夫：《文艺学引论》，高等教育出版社，1958 年。

的编写者，都是当时北京大学"毕达可夫班"的听课生①。

同时，20 世纪 50 年代的中国美学正是从对朱光潜美学的批判开始的。这种由朱光潜自己带头进行的批判运动，激发了学术界理论创造的活力，尽管参加者有着各种各样的学术背景，有着不同的理论和现实考虑，但从总体上讲，这些讨论基本上是独立思考的结果，因而具有重要的学术价值。

朱光潜的美学在 20 世纪 50 年代有一个转变过程。从 20 世纪 30 年代以《文艺心理学》为代表的、对当时西方学界流行的以"审美态度说"为主体的诸美学理论的综合，到 20 世纪 50 年代实现唯物主义转向，从洛克、狄德罗、车尔尼雪夫斯基等人的书中汲取资源，在论争中实现美学理论的变化和重组。朱光潜的美学一向有兼收并蓄的特点，因此具有理论上的灵活性，不追求体系上的一以贯之。蔡仪的美学有着从日本学习到的左翼美学的背景，在中国语境中致力于理论的原创。李泽厚的美学固然最早有对车尔尼雪夫斯基、普列汉诺夫等人思想的吸收，但很早就致力于在"实践"概念上建立开放的体系。这为他此后在 20 世纪 80 年代形成"积淀""有意味的形式""文化心理结构"等概念预留了空间。对于所有这些创造，我们若用"苏联体系"的简单表述概括并"一棍子打死"，是不对的。

这一时期的中国美学，没有像文艺理论界那样照搬一些翻译来的书，或直接套用苏联的模式。蔡仪的《新美学》与波斯彼洛夫的《论美和艺术》有一些对应之处；李泽厚的一些论述他的美学体系的论文，例如《论美感、美和艺术》《美学三题议》，与斯托洛维奇的《审美价值的本质》等书也有一些对应之处。这种对应，更多是受到对马克思、恩格斯原著的解读和 19 世纪至 20 世纪早期的一些左翼美学家观点的启发而形成的，在很大程度上不同于对同一时期苏联教材中的成熟体系和框架的引入。无论是蔡仪在 20 世纪 40 年代写的《新美学》，还是李泽厚在 20 世纪 50 年代论争中写作的系列论文，都具有生机勃勃的原创性。他们不

---

① "这 15 位正式学员真正从事文艺理论研究的并不多……那些从全国高校抽调来的老师却成为文艺理论教学与研究的骨干。他们构成了 20 世纪 50 年代以后中国文艺理论研究的一道亮丽景观"（李健：《胡经之评传》，黄山书社，2015 年，第 28 页）。

是把美学作为既定的知识教条来传播，而是在其中展现理论的勇气，透露出创造和发现的愉悦和兴奋，以及在论争中对信念的坚持。

至于其他流派，像朱光潜的"主客观统一派"，以及吕荧和高尔泰的"主观派"，更谈不上对苏联体系的搬用。从这个意义上讲，50 年代的美学建设呈现出与文论建设完全不同的风貌。这一时期的美学讨论具有多重资源，既不来源于一家，也没有归于一家，而是在争论中取得了许多成果。在学术发展中有活的东西，也有死的东西。活的东西是不断的否定性探索和创新，死的东西是僵化的、化为常识的知识。20 世纪 50 年代的这些知识，实际上经历了一个从充分具有活力到走向僵化的过程。

当然，"反帝反封建"口号在 20 世纪 50 年代对人文学科有着深刻影响，对西方的和古典的美学在总体上是持排斥态度的。毛泽东在 1964 年提出"古为今用，洋为中用"方针。这一方针在中国影响深远，至今仍被我们沿用。然而，在不同时期人们对其解读是不同的。这两句话原来是毛泽东在读了一位名叫陈莲的中央音乐学院学生的来信后所写。这位学生发现，现代京剧《智取威虎山》《芦荡火种》《奇袭白虎团》《红嫂》的演出受到中央的重视，而音乐学院的教学却"长期地、大量地、无批判地学习西方资产阶级的音乐文化"①。毛泽东读完这封来信后表示肯定，在批示中写了这八个字。显然，毛泽东原来的意思是要改变古代和外国的文艺占据中国舞台的局面，通过学习中外文艺的技巧，创造出革命的、民族的、大众的文艺来。

这种"古为今用"和"洋为中用"所要实现的，是对既有的古代和西洋艺术的改造。用什么进行改造？依靠的还是理论的力量。因此，美学理论在这时是艺术改造的动力之源。这时的理论本身是外向性的，致力于改造既有的艺术。20 世纪 50 年代如此，是要反帝反封建，到了 20 世纪 60 年代，改造的对象就变成了"封资修"，进一步与苏联影响拉开了距离。

到了"改革开放"时代，仍然是理论先行。美学在这个过程中起到

---

① 参见孙国林《"古为今用，洋为中用"文艺方针是怎样诞生的》，《文艺理论与批评》2010 年第 4 期。

了重要的作用。通过围绕"形象思维"的讨论、围绕马克思《1844 年经济学哲学手稿》的讨论、围绕"人性、人道主义"问题的讨论，美学研究实现了"拨乱反正"和思想解放，推动了新时期文艺的繁荣。

二、面对第二次禁锢出现的新的突围要求

20 世纪 50 年代至 60 年代的"美学大讨论"，依据当时所具有的理论资源，尝试构建体系性的假说。当时出现的几派美学都是在这一争论中形成的。到了 80 年代，这种原有的理论活力逐渐丧失。研究者进一步将当时的观点体系化，这本身具有一定意义。但是，这种体系化和知识化却也导致了自身的僵化。

记得十多年前的一天，我坐在地铁上，一位小姑娘坐在我旁边，手执笔记本，口中念念有词："朱光潜说，美是主客观的统一；李泽厚说，美是客观性和社会性的统一；蔡仪说，美是客观性和典型性的统一……"简单的几句话，她一遍又一遍地重复，想背熟又怕背得不熟。我听得心里发痒，很想对她说：美学可不能这样学。但是，她不认识我，只是地铁同座，萍水相逢都算不上，她会听从我的话吗？显然，她是去考试的。一会儿，车到站了，小姑娘下车消失在人群中。我平时很少参与美学基础课的教学，除了带博士生外，与这样的年轻学生接触不多。这次偶遇使我想了很多。如果我那天劝她不要这么学美学，会有几个可能：一是她不听，继续这样考试，后来通过了；二是她真的听了我的话，考试却没有过关。然而，有一个后果可能不可避免：这位青年学生从此会恨这门折磨她的枯燥无味的学问，甚至拒绝读任何美学书。我的意思是：如果学美学只是背这么几句话，对美学这门学科将是极大的伤害。

在 20 世纪 80 年代，美学的僵化很快随着思想解放运动的进一步开展而被突破。"古为今用，洋为中用"这一方针，在这时就具有从理论上进行自省和反思，从而打破封闭、在思想文化上实现开放的含义。这与 50 年代面对既有的古代和西洋艺术，在理论指导下进行改造，从而实现艺术上的创新，有着重要的区别。"美学热"对中国美学的推动是极其巨大的，主要体现在如下两个方面——

　　第一是掀起"翻译热"，不再凭空制造大体系。过去几十年中，三代人持续努力，实现了美学思想引进和研究的接力。20世纪80年代，朱光潜担任中华美学学会会长。由于年长，他并不经常参加美学会议，但常常给会议写贺信。他的贺信中总有一个内容：教导青年要学好外文。朱光潜和宗白华分别翻译了黑格尔的《美学》和康德的《判断力批判》，这一代美学翻译家，包括缪灵珠、罗念生等，注重经典的翻译，译出了西方美学的许多基本文献。在他们之后，李泽厚主持"美学译文丛书"，组织出版了像克莱夫·贝尔、苏珊·朗格、鲁道夫·阿恩海姆等活跃于20世纪中期的美学家的著作。到了21世纪，一些新的译丛出现，进行与西方更为同步的翻译，提供更新的知识。这种对西方同时代人著作的翻译，有着更为强烈的对话意识。我们是无法与康德、黑格尔对话的，翻译只能提供基本文献。我们也很难与贝尔和朗格对话，只能用他们的思想来帮助我们实现知识的更新。而对西方同代学者的翻译，能够使我们提高对话意识，从中国立场介入，进行思考、对比和分析，从而推动中国美学的发展。

　　第二是"古典热"。这一时期，出现了大批中国美学史和中国文学批评史方面的书籍。中国美学思想有着悠久的传统，但中国美学史的写作在20世纪80年代才出现，这看上去让人很难理解，但其实并非出于偶然。与西方美学的引进一样，这也是针对20世纪50年代以来形成的美学知识固化所做的突围。20世纪80年代中期，"美学热"之后如何发展美学研究，成为许多学者颇感焦虑的问题。为了突破已有的几大派，走出围绕"美的本质"问题形成的固化的知识体系，寻求美学研究的新活力，一部分美学研究者走向了中国古典美学。这时出现的几部美学史，例如叶朗的《中国美学史大纲》，李泽厚、刘纲纪的《中国美学史》，蒋孔阳的《先秦音乐美学思想论稿》等，都具有开辟新领域的拓荒意识。此后，这方面的研究有了很大发展，出现了如断代史、概念史、专题史等。

　　这两方面的力量，对于推动美学的发展本来是一件好事，但中国美学的发展却陷入新的困境之中。一些研究西方美学的人片面强调美学的普遍性，而忽视其对特定民族和文化的适用性。美学应植根于民族与文化生活，西方美学中的基本原理在不同民族的运用过程中会出现许多变异。还有一种情况，有的研究者看到西方美学的一些新理论后，将之当作时尚理论来宣扬。接受西方美学，首先要有中国学者的主体性，面对中国的审美和艺术现实，应当以一种开放的胸襟与各种引进的理论对接。然而，追寻前沿、追逐时尚的情况并不少见。前沿与时尚的区别就在于，前者是问题导向，而后者是外观导向。正视学科所面临的问题，可以引导学者走向前沿；而追求形式的翻新，则只会使学术时尚化。

在研究古代美学的学者当中，也有一些人把"中国主体性"替换为"古代主体性"。他们认为，只有古代的中国才是纯粹的、不受外来影响的中国。这些研究者用"纯粹性"来为自己"壮胆"，认为对"真正的"中国的寻找，是他们理论有效性的依托。实际上，一个纯而又纯的中国并不存在。中国的思想、哲学、美学，总是随着历史的发展而发展，一次又一次地随着外来营养的注入而发生脱胎换骨的变化。同质化会造成衰弱和活力的丧失。不断吸收外来的影响，才是中华文明仍然保持活力的原因。对古代和西方思想资源的开拓，使美学具有了前所未有的活力，形成了一代人的美学繁荣。

在以中为体的"中体西用"和以西为体的"西体中用"之间发生过争论。争论本身是很好的，但下一步却是不争论，从而形成二元对立，老死不相往来，各自发展或不发展。20世纪50年代形成的美学上的几大派，在争论中形成，有着理论创立时期的冲动，以及直面艺术和现实问题的意识。这些理论到了80年代变得知识化，在许多情况下，也变得僵死、教条化。

然而，理论中的动与静总是相对的，多种因素并存其中。知识在生产，形成积累，进而在传承过程中形成教条。一些化不开的争执，常常是由于固守教条导致的。无论"洋框框"还是"古框框"，都要依照"古为今用，洋为中用"方针，通过面向当下实践实现自主创新，从而使理论恢复生机。

三、国际对话的新困境与第三次突围

在迎来了全球化时代以后，中国美学就在一个不同的语境中生长着。

随着中国在世界上的影响力提升，国外学者对中国美学的兴趣也在日益增加。中国美学家也正在积极参与国际美学活动。从 21 世纪开始，在中国召开了一系列重要的美学会议。这包括 2002 年在北京召开的"美学与文化：东方与西方"国际学术研讨会，2006 年在成都召开的"美学的多样性"国际美学研讨会暨国际美学协会执委会会议，2010 年在北京召开的第十八届世界美学大会。几次会议，打开了中国美学的大门。同时，21 世纪以来，中国美学家对在世界各地召开的世界美学大会以及各种国际美学学术会议的参与度也越来越高。参与世界对话，是中国美学健康发展的一个重要条件。

　　然而，在中国学术"走出去"的过程中，也存在着一些问题。在国际上，目前中国学者有两种类型的研究和文章最受欢迎。其一是向国外学者展现一些中国古代文化的常识，讲述中国特有的概念、艺术形式和艺术特点，如此等等，以满足国外学者的好奇心，针对他们原有的对中国古代的想象作一些补充，使之得到丰富。但中国文化是一个丰富多彩的宝库，只有对其深入研究，寻找其现代意义，形成与当代生活的对话，才能使这种内容加入主流思想和学术前沿之中，获得交流的有效性。仅仅展示一些自身文化的"奇异性"，并不能起到文化交流的作用。其二是讲述外国人物、思想、作品在中国的历程，展示一些在西方学界被关注的人物、思想和作品如何到了中国，在中国有什么样的遭遇，接受过程中产生了哪些故事。对于西方人来说，这是他们的思想在中国的回声。只要换位想一下，就很好理解。如果有中国的人物、思想、作品在遥远的国度产生影响，我们也同样会感兴趣。然而，这并不能成为学术的主流。讲讲某位西方美学家的著作在中国有多少译本，有什么样的解读，西方相关的杂志一定喜欢刊登这样的文章。但它们毕竟只能提供一些知识，无论对于中国还是西方的理论建设，都起不到什么作用。

　　这两种研究都有意义，但并不是最重要的，充其量只是知识的展示和梳理。中国美学的"走出去"，具有不同的性质。仅仅通过各种方式提高中国学术的能见度是不够的，关键还在于对当代世界美学建设的参与度。克服了封闭状态，让西方学界了解中国美学中有什么、发生了什么，这些都很重要，都很有意义。但是，这方面的工作，对于推动中国美学的发展、中国美学话语的建设、扩大中国美学的影响而言，作用比较有限。让国外学者获得一些关于中国古代的知识，如果不能同时提供什么理论启示的话，那也只能满足他们的好奇心。让国外学者获知一些关于西方学者在中国的影响情况，如果不能从这种理论的旅行中看出文化对理论的孵化作用，而只是向西方学界展示其思想在中国影响的细节，也还只是次等的研究。

中国理论中有很多原创的东西。法国学者弗朗索瓦·朱利安写过不少关于中国思想的书。但他说自己不是汉学家，对他来说，中国不是对象，而是方法。中国是他所发现的唯一处于印欧语系之外、却又有很发达的古代思想的国度。因此他要从中国思想中得到启发，发展自身的思想。这种观点很有意义，也对我们有所启发。中国人可以把西方当作对象，那是一些对某一西方学问做研究的专门家所为。他们的研究做好了，也很有用。建立中国的学科体系，也要包括这样的学问。但是我们还需要有这样的一些人：他们将西方当作方法，从西方与我们的不同之中受到启发，丰富我们自身。在面对西方学问时，应当从中受到启发，但还是要从自身的学术传统中成长起来，从而建立中国美学的话语体系。

做什么层次的事，深刻地影响着做成之事的层次。"走出去"如果只是送去知识、提供展示，而不是当代理论建设意义上的参与，中国的学术就将永远处在非主流的状态。中外思想文化和美学的交流，并非总是有利于中国美学的话语体系建设。在西方美学的引入和中国古代美学研究的热潮之中，我们还是要持守"古为今用，洋为中用"的立场，吸取外国与古代美学思想的精华，为当代美学建设服务。

知识的输送固然是一件可做的事，但是，通过参与，在交流中建设中国美学的话语体系，才是更为重要的。

结语：面向现实，解决问题

以上我们总结了三次突围。实际上，突围是理论建设中会持续并循环发生的现象。思想转化为知识，知识固化为教条，现实生活不断为理论注入新的活力，问题导向成为理论发展的重要推动力。在建设中国美学的话语体系的过程中，已生产出的知识固然是财富，可能成为发展的"脚手架"，但它们也可能成为限制发展的障碍。我们要做的是在理论探索中注重理论"脚手架"的建设，在创新的要求下不断铺路架桥。将美学的话语建设视为一个过程，在新陈代谢中不断注入活力，使美学永葆青春，是我们走在世界前列的保证。

中国美学 70 年的发展，使我们走到这样一个节点上：知识和经验积累到了一个程度，需要在原创上做出努力。过去的"凭空建造大体系"是不对的，要在充分吸收古今中外理论资源的基础之上，从"美学在中国"走向"中国美学"，面向当下的审美和艺术实践，建构起中国美学的话语体系来。面向一些基本问题，为美学理论的话语体系建设打几根桩、立几根柱，这是我们站在今天这个时间节点上需要做、也能够做的事。

原载《文艺研究》2019 年第 10 期

苏联经验与新中国美学发生的史与思

——以 20 世纪五六十年代中苏美学讨论为中心

李圣传 *

　　美学作为一门学科话语，很长一段时期内在中国都是极为陌生的，尤其是要从马克思主义立场进行美学批评与话语重建，无论是哲学素养还是知识水平，都是一个更高层次的理论要求。发生于 20 世纪五六十年代的"美学大讨论"，正是在这种学术境况下仓促上演。在批判朱光潜"西方资产阶级唯心主义美学"的大环境与"百家争鸣"的小气候中，要想真正从学理层面对美学问题加以学术层面的论辩并非易事，因而急需率先学习和普及马克思主义美学常识，以便进一步运用和讨论。于是，在各行各业"以苏联为师"的政治语境中，从"苏联经验模式"中寻找理论的话语资源，成为了中国学界讨论美学、展开美学论辩，并形成不同观点相互争鸣的外部推手。

　　现在看来，中国美学讨论中形成的各派美学观点，在深层话语机制上正清晰体现着苏式美学模式的话语膨胀及其范式推演。蔡仪"客观派"、李泽厚"客观社会派"均代表着苏联"斯大林时期"的美学思想，在论争中也始终以权威自居。朱光潜"心物关系说"、高尔泰"美即美感说"作为上一时段西方美感论在 1949 年后的余韵回音，只能选择艰难的"苏化置换"以获取生存权和话语权（朱光潜"主客观统一论"），否则只能在政治批判中提前退场（高尔泰"主观论"）。当然，这种"域外经验"的"模式选择"及"话语更替"有着更为深层的运作机制，即政治语境

---

*　李圣传，1982—　，男，首都师范大学艺术与美育研究院副教授。

中发源于"延安整风模式"中毛泽东"讲话"而来的苏联"社会主义现实主义"的主导性文艺原则。这种"苏化"倾向及"革命力量"在1949年大一统的学术语境中成为全国性推广的话语生产机制，具有唯一有效的合法性。正基于此，从域外之美、模式之鉴、影响之源三个层面出发，深入系统地考辨苏联美学的讨论状况及其对新中国美学的发生和影响，并对中苏美学的复杂性源流关系予以重新审视，对于厘清和反思特定时段内中苏美学的理论形态及其话语关系均有着极为重要的意义。

一、域外之"美"：斯大林模式下的苏联美学

自20世纪30年代到50年代初期，苏联形成了以大批判、大斗争为主要手段的思想文化模式，致使思想文化界理论趋于简单化、教条化和凝固化。尤其是关于资产阶级文化的理论，将资本主义文化视为剥削阶级的意识形态载体，必须肃清和抛弃，进而以钦定风格流派的方法代替各种风格的自由竞争，由此造成马克思列宁主义的片面狭隘。尽管50年代中期赫鲁晓夫冲击了斯大林思想文化模式，意识形态领域的"解冻"在一定程度上恢复了马克思主义的理论活力与生机，但因领导集团的思想局限，始终未能彻底打破斯大林思想文化模式，造成文学艺术问题的阻滞。反映到美学问题上，则集中表现在五六十年代关于"美的本质"问题的论争中，讨论持续多年，并形成"自然派""社会派"与"主客观统一派"三足鼎立的局面。

（一）"自然派"

受战后反西方及反美学的孤立主义运动以及庸俗化唯物主义的影响，苏联在20世纪50年代初中期形成了以德米特里耶娃、波斯彼洛夫、伊万诺夫、斯莫利亚尼诺夫、叶果罗夫、里曼采娃等人为代表的"自然派"美学。"自然派"在方法上严格谨守哲学认识论，主张"要根据反映论来解决艺术中的美的问题"[1]。这种从反映论出发进而将美的审美特性"客观

---

① H. 德米特里耶娃：《美的美学范畴》，《论苏维埃艺术中美的问题》，上海人民美术出版社，1957年，第44页。

实体化"的理解在波斯彼洛夫的思想中得到集中体现：

新学派的拥护者们有时把不同意他们观点的人轻蔑地称为"自然派"，而高傲地自称为"社会派"。实际上，反对他们的人并非"自然派"，而是唯物主义者。后者坚信，审美的感受、认识和关系离开物质的审美客体就不能存在。新美学派则丢弃了这个客体。他们是在主观性这个极不稳固的沙滩上建造其"审美"大厦的。①

"自然派"对"美的本质"的理解囿于"主客模式"的认识论框架内，强调对"客观现实"的唯物反映，这种庸俗唯物主义的理论倾向显然深陷于斯大林的思想文化模式内。正如叶果洛夫所宣称的："列宁的反映论过去现在和将来都是彻底科学地理解艺术、现实主义本质、艺术家在认识生活过程中的积极作用、艺术中的真正创新和艺术形式与种类的多样化的哲学基础，是同美学中的资产阶级思想和修正主义作斗争的方法论基础。"② 将艺术中的形式、流派、风格与"资产阶级文化"对立起来，对这门发源于西方的"感性学"学科话语而言，简直是根底上的伤害。这种美学破坏也烙印在了"自然派"的美学主张中，这尤其反映在两个方面。

一方面，纯粹从"客观自然属性"尤其是从自然现象的和谐、均称、协调等物理属性出发找寻美。捷林斯基宣称："美存在于自然界里，它是不依赖于我们的主观感受的客观现象，对于这个论断似乎谁也不会发生怀疑。"③ 伊万诺夫也认为审美属性存在两种形式：一种是"自然界给予的"且"不以人对它们的关系为转移"；另一种尽管"由于人的出现，才产生了美"，却是"为社会存在的客观过程所制约"因而"仍由客观所决定"。④ 美的客观自然属性，集中体现在事物的合理性、一致性、节奏、韵律等物质本身属性中，罗马年柯认为：

我们赞赏花卉，赞赏花朵的娇嫩的色泽，它的匀称和形式，并且由于这是天然的、不假人工雕琢、而又是匆匆一现的美而更为之心醉。……

① 格·尼·波斯彼洛夫：《论美和艺术》，上海译文出版社，1982年，第23页。
② 叶果洛夫：《美学问题》，上海译文出版社，1985年，第3页。
③ 捷林斯基：《谈美》，《现代文艺理论译丛》第3辑，人民文学出版社，1962年，第9页。
④ 伊万诺夫：《论客观现实中审美的两种形式》，《现代美学问题译丛》（1960—1962），商务印书馆，1964年，第114—116页。

当然，矿物、花卉、灌木丛、树木或森林以及整个风景，它们的美是在人类出现以前就已存在，并且不依赖于人类而客观存在。①

"自然派"主张美的客观性在于现实对象本身固有的属性，但为什么不同时代、不同人那里，美学标准会有不同的变化呢？对此，德米特里耶娃解释说："美是客观地存在着的。可是对它的感觉能力本身是随着具体历史条件而发展的，而这些条件就会产生新的审美要求和美学理想。"②此外，艺术与生活对客观现实的反映也不同，是"通过形象反映现实，通过个别体现一般，通过个性体现典型"③。因此，自然界中有的事物美，有的事物不美，这便涉及自然属性中植物界和动物界的种及属的典型性、优越性问题。

另一方面，从自然事物的"种"和"属"出发，用自然科学的认识代替审美的把握，并对无机自然界、有机现象及社会生活现象的等级优劣加以机械划分，以此作为美的尺度去确定自然美。"自然派"美学认为：无机自然界的美主要体现在"机械规律性造成的组织性"上，如天体的空间转动、大海沙漠的趋向平稳、潮汐浪花的节奏等等，都是无机自然存在的"组织性"表现，人的感知正是这种"自然生活的客观审美属性"④的反映造成的；有机生命的美则表现在"类的优越性与进化程度"，并要从"门""纲""属""种"的"相对优越性"进行比较。与从客观事物所属的"进化程度"和发展水平的"相对优越性"对有机现象加以"审美"评价类似，对于"社会生活现象"的美则要根据"社会结构和社会本质的差异"加以判定。如原始公社时期生活中的美主要体现在人体美与"种族特性"上，阶级社会生活中的美则体现在人的性格和活动中积极的和消极的道德品质上。然而，无论何种审美属性，"审美观点是以这些现象的生活中的一个特殊方面作为自己的对象的，这个方面独立存在着，不以认识它的人的意识为转移"⑤。

---

① B. 罗马年柯：《自然美的现实性》，《现代美学问题译丛》（1960—1962），商务印书馆，1964年，第63页。

② H. 德米特里耶娃：《美的美学范畴》，《论苏维埃艺术中美的问题》，第50页。

③ 同上书，第51页。

④ 格·尼·波斯彼洛夫：《论美和艺术》，第81页。

⑤ 同上书，第125页。

很显然，在持"自然说"的美学家眼中，自然现象或事物的"美"并不是人们主观地"加"到具体现象中去的，而是生活现象本身具有的"客观审美属性"。强调美的"客观自然性"，主张对象的审美本质由其"客观特性"所决定，始终是"自然派"学者在美学争论中的底线与前提。

（二）"社会派"

到 50 年代中后期，思想文化领域的"解冻"使得马克思主义复苏了一定的活力，尤其是围绕新发现的《1844 年经济学哲学手稿》中关于"自然人化"的美学观点，开辟出一条新的追寻"美的本质"的路径，并形成了以万斯洛夫、斯托洛维奇、鲍列夫、塔萨洛夫、加尔彼林等为代表的"社会派"美学。"社会派"学者在观点上主张美的客观性和社会性，认为"现实中的审美特性是在社会历史实践过程中客观地形成的"[①]。在方法上，"社会派"仍坚持哲学认识论，强调"人的意识同这种意识所反映的对象是否相符"，并认为"美学中的唯物主义或唯心主义首先就表现在对现实审美属性的本质这个问题的解决上"[②]。尽管"社会派"美学在讨论后期逐步转向价值论美学与符号学美学，但在相当长时段内，其"主客模式"的二分原则仍根深蒂固，也引发了最为热烈的反响。其思想内核有二。

一是主张美的"客观性"与"社会性"。针对"自然派"美在"客观自然属性"的观点，万斯洛夫在 1955 年便提出美的"客观性"关键在于"社会性"，美是人们通过劳动在社会历史实践中逐渐发展形成的："美只对于人才存在，因为感受、理解和评价美的能力，是只有人才有的能力，这种能力是在人们的社会历史实践中发生和发展的。"[③] 斯托洛维奇在考察艺术与现实审美关系的发展历史时也强调："审美特性和对现实的审美关系只是在人类社会发展的一定阶段上才产生的。在人以前，自然界并不

---

① 列·斯特洛维奇：《论现实的审美特性》，《美学与文艺问题论文集》，学习杂志社，1957年，第 48 页、55 页。
② 斯托洛维奇：《现实中和艺术中的审美》，生活·读书·新知三联书店，1959 年，第 5 页。
③ 伏·万斯洛夫：《客观上存在着美吗？》，《美学与文艺问题论文集》，第 4 页。

具有审美特性。"①

在此，"社会性"，即"人类社会历史实践"较好理解，关键是对"客观性"的把握，直接决定"社会派"思想的历史局限所在。斯托洛维奇认为："证明审美属性的客观性，即是证明审美属性的产生和存在不是不取决于人和人类社会，而是不取决于人的意志和意识，尤其是不取决于能够在某种程度正确反映这些属性的审美意识。"②他还指出，"自然派"美学的根本错误在于"没有注意到审美的社会本质，包括和谐、对称和节奏的审美意义"，因为：

物、对象中规律性的具体表现——节奏、均称、和谐、对称、"合目的性"、完美等——由于人的劳动活动而获得审美意义，因此，它们的审美属性所具有的不是自然的内容，而是社会——人的内容。③

可见，"社会派"美学家始终从客观事物以及社会历史内容的辩证统一中考察审美特性，将事物和现象的审美属性看成社会性的客观存在，是社会历史发展的结果，而人的意识也仅仅是对外部事物的客观存在的反映。

二是引入"自然的人化"。"社会派"美学家在理论阐述中最为核心的理论依据就是新发现的马克思《1844年经济学哲学手稿》中关于"自然人化"的思想。正是引入这一观点，"社会派"美学家得以在论争中对"自然派"美学形成理论冲击。万斯洛夫在《客观上存在着美吗？》一文中便认为美作为现实中的现象，是在人的劳动实践中产生的，而只有当自然界成为"人所掌握了的世界的时候，自然界才是美的"④，尽管"月亮、星星、群山、大海并没有被人们的活动所改变"，但"从它们在人们活动中发挥的某种作用来说，它们被人们的实践所掌握"⑤。斯托洛维奇也通过引入马克思"自然人化观"强调"'人化的自然界'是人的一切感觉和感受的基础"⑥。然而，"自然派"对此却产生质疑，认为"价值的客观性与自然现象的客观性是不同的，自然现象的客观性仍是不依赖于人类

---

① 列·斯特洛维奇：《论现实的审美特性》，《美学与文艺问题论文集》，第51页。
② 斯托洛维奇：《现实中和艺术中的审美》，第28页。
③ 同上书，第44、47页。
④ 伏·万斯洛夫：《客观上存在着美吗？》，《美学与文艺问题论文集》，第2—4页。
⑤ 万斯诺夫：《美的问题》，陕西人民出版社，1987年，第71页。
⑥ 列·斯特洛维奇：《论现实的审美特性》，《美学与文艺问题论文集》，第51页。

而存在，所以自然现象的审美属性也并非'社会的、人的意义'、'社会素质'和'人的涵义'"①。对此，斯托洛维奇回应说："马克思是把未经改造的自然的'人化'同人类改造自然紧紧相联系的"，"这不是主观上的'人化'，而是自然现象同社会的人和人类社会之间在社会历史实践过程中所形成的实际关系和客观关系"②。

可见，"社会派"美学以马克思"自然人化"作为理论武器，将审美的本质看成客观的社会性，是人类社会历史实践发展的历史生成。当然，持"社会说"的美学家内部观点也存在分歧。与斯托洛维奇、鲍列夫"把审美对象不合理地客观化，忽视具有创造性的个性"不同的是，万斯洛夫、塔萨洛夫则"比较注意美所包含的人的内容和主观的因素"，重视"社会实践产生美的过程不是一个纯客观的过程，而是有人的审美意识参与其间的过程"③。应该说，"社会派"美学家开始注意到"人"的问题，意识到"主观因素"在美的问题中的不可或缺性，只不过在与"自然派"的论争中为凸显自己的"客观性与社会性"的理论立场以及回避"主观"即"唯心"的政治嫌疑，因而极力加强对"客观性"的论述。

（三）"主客观统一派"

为寻求不仅以认识论为依据还以马克思列宁主义哲学其他部分为依据以便更全面把握美学问题的途径，部分美学家将兴趣逐渐转移到"人"的方面，强调审美活动中人的主观意识的维度，由此形成美学问题上以布罗夫、卡冈、图加林诺夫、纳波洛娃等人为代表的"主客观统一派"（布罗夫本人称为"综合的"观点④）。在《艺术的审美实质》一书中，布罗夫旗帜鲜明地指出："美是以客观性质作为基础的，但是它（这种性质）

---

① 里曼采娃：《关于审美本性问题》，《现代文艺理论译丛》第 3 辑，第 65 页。
② 斯托洛维奇：《审美关系的客体问题》，《现代文艺理论译丛》第 3 辑，第 93 页。
③ 参见贾泽林等编《苏联当代哲学（1945—1982）》，人民出版社，1986 年，第 385 页。
④ 布罗夫试图调和"自然派"与"社会派"之间的理论分歧，既不赞成"自然派"学者将美理解为与人无关的东西，也不赞成"社会派"学者关于在审美地掌握自然界时自然内容完全被社会性所替代、客观存在的只是社会实践的主张。布罗夫主张"审美既有自然基础，又有社会基础，审美内容是自然内容和社会—人的内容的结合"，并认为这种"综合的"观点并不是"折衷主义立场"。参见布罗夫《美学：问题与争论——美学论争的方法论原则》，文化艺术出版社，1988 年，第 29—31 页、第 69 页。

没有主体是不能体现为美的"，"审美问题的关键就在于客体与主体的辩证关系"，"'纯粹'客观的、绝对的美，严格说来，是不存在的"，而"没有人也就没有真理，没有谬误，没有美，没有丑，因为没有意识"①。因此，美是主客观辩证的统一。布罗夫对于艺术"审美本质"的这一论说瞬间引发了"社会派"和"自然派"在"审美问题"上的分离与论争。"自然派"学者因主张美在客观自然本身，而"从不同角度指责布罗夫抹煞了美的客观性，混淆了客观真理和美的区别，从而把客观存在的美看作客观现实的主观反映的产物。同时，他们又从不同方面吸收、发展了布罗夫的看法中符合自己一派观点的部分"；"社会派"学者则批判布罗夫"在贯彻马克思早期著作中关于'人的对象化'的思想不够彻底，没有运用它来揭示美的根源及其社会客观性质"②。正是围绕着布罗夫书中提出的艺术"审美"的对象、本质、内容、范畴等问题，苏联美学界才形成了"自然派""社会派"与"主客观统一派"之间不同观点的相互争鸣。因此，布罗夫关于"艺术的特殊本质是审美"等论点对苏联美学的历史发展影响巨大。仅就"主客观统一派"理论主张而言，其核心思想主要体现在两方面。

一是主张"人对现实的审美把握"。布罗夫认为："审美问题的关键就在于客体与主体的辩证关系"，而"只有在马克思列宁主义反映论的基础上才能极其明确地阐明这个问题的辩证关系"；然而，尽管美学的"哲学前提"十分必要，但"艺术作为一种特殊的审美意识形态"主要是按照艺术的审美规律"通过人的活动表现出来"，这种"审美的把握"主要通过劳动实践来实现，因此"审美的真正标准，就应该在人的社会生活条件、他的社会实践的领域中去寻找"。③因此，从人的社会历史实践的角度去把握和分析美，在"人与现实的审美关系"中去解决美学问题，成为"主客观统一派"美学的逻辑出发点。

二是坚持美是"自然性与社会性、主观性与客观性的辩证统一"。作为"自然说"与"社会说"的理论调和，"主客观统一说"在批评修正两

---

① 阿·布罗夫：《艺术的审美实质》，上海译文出版社，1985年，第256、197、199页。
② 参见刘宁《苏联美学现状简介》，《美学讲演集》，北京师范大学出版社，1981年，第269—270页。
③ 阿·布罗夫：《艺术的审美实质》，第239—240页。

派观点时实际上也在美学论点上别立一家。首先，针对"自然派"美学，卡冈通过引用罗马年柯的观点，批评其"理论误区"在于企图证明自然美的纯物质性，并将自然界中匀称、适宜、和谐、丰富多彩的形式等"物理的和生理的本性"看成美，把"审美素质同对象的物理结构混为一谈"。其次，针对"社会派"美学，卡冈认为其"理论误区"不在于理论的表述上，而更加深刻地体现在将审美的客观性看成不依赖于人的意识的社会性上："斯托洛维奇、万斯洛夫和鲍列夫断言，审美属性具有双重性，即自然性和社会性，同时又想证明这种属性的纯粹客观性，即它们依赖于整个社会，依赖于整个社会实践，而不依赖于个人的意识。他们解决这一矛盾的唯一方法是，赋予自然本身以社会意义，给自然界'注入'某种社会内容"；然而，"审美属性在这里就像在'自然派'的理论中一样也消失了，不同的只是，在那里，审美溶化在物理的、自然的因素中，而在这里，则溶化在社会的、具有社会意义的因素中"①。最后，与布罗夫相似，卡冈还批评了"自然派"与"社会派"在解决美的问题上的不足，认为"美"的概念具有双重内容，"既凝聚着客体的一定的属性，也凝聚着主体的一定的状况"，"美"与"真"不同，"真"是客体本身所具有的那些联系和关系的主观反映，而"美"则是主客体的相互作用，因此，"科学的认识"和"审美的掌握"是有区别的。在审美活动中，人的判断不仅反映了对象的素质，而且也反映了人对对象的感知，而审美中主观因素是极其重要的，它既是个人的因素也是社会的因素，在美学中承认"主观因素"并不就意味着"主观主义"。对此，卡冈还严肃地指出：

我国美学家对"主观因素"这个概念不应该再感到丧魂落魄似的恐惧了，他们终归应该理解到，承认主观因素的巨大意义，不论是在哲学中，更何况在美学中，都不是主观主义②。

卡冈认为，由于"自然派"对庸俗唯物主义的沉醉，"社会派"对主观因素的理论恐惧，它们都没有真正揭示审美的本质内涵。现实的审美属性充满着主客观辩证法，它既是人对现实审美关系的确证，也是现实

---

① M.C. 卡冈：《论自然的美和美的本性》，《现代美学问题译丛》（1960—1962），第 93 页。
② 同上书，第 99—100 页。

的审美属性本身，只有当人与自然界的精神感知充分融合，自然界同人的社会理想联接贯通时，自然界才能放射出审美的光芒。

纵观整个苏联美学讨论，尽管在方法上一直寻求突破，尤其是努力找寻马克思主义认识论之外的其他方法论原则，但总体上仍用哲学认识论图解美学问题的复杂性，表现出一种烦琐的哲学倾向，尤其是在美学领域中重复唯物主义对哲学基本问题的"主客模式"之回答始终未有改观。抽象的哲学议论代替具体的生活及艺术事实的探析，从政治立场一味拒斥西方现代美学成果，也造成美学发展方向上的偏失。然而，正是如上文艺学美学观点，却源源不断地译介到新中国，并对1949年后整个人文社科思想领域产生了难以估量的理论影响。

二、"模式"之鉴：苏联经验与"苏式美学"在中国

1949年后，新中国美学的发生是在破"旧"立"新"之思想改造的意识形态语境内发生的，其线索则由"批判胡适资产阶级唯心主义"过渡到批判美学领域之"胡适派"——"批判朱光潜西方资产阶级唯心主义美学"而来①。然而，批判发动不久，"百家争鸣"的提出扭转了"政治清肃"的批判初衷，转入"学术领域"予以美学研讨，由此形成了蔡仪"客观派"、李泽厚"客观社会派"与朱光潜"主客观统一派"三种最具影响且广为流传的美学观点，并成为"十七年"时期美学学科话语建设及其发生进程的基本框架。然而，饶有趣味的是，通过对中苏美学观点叠加及其遥相呼应之关系的细致爬梳和深入比照，不仅可体察中苏美学讨论在相似的意识形态语境中的同步共振话语关系，更可直观并反思苏式美学话语及其研究范式在当代中国美学发生与进程中的支配性地位。

（一）斯大林时期美学在中国：苏联"自然派"与蔡仪"客观派"之美学比较

以德米特里耶娃为代表的"自然派"美学形成于50年代初中期，但

---

① 李圣传：《美学大讨论始末与六条"编者按"》，《清华大学学报》(哲学社会科学版) 2015年第6期。

从苏联美学的逻辑发展史来看，其核心思想的理论基础可溯源到 30 年代以来形成的列宁反映论和马克思主义认识论传统。此外，在无产阶级"社会主义现实主义"党性原则下，受个人崇拜和形而上学思想影响，美学问题也出现"简单化"倾向，如：宣扬"无冲突论"；提倡简单化的"典型论"；抹杀艺术中的个性问题；降低艺术性标准，把文学艺术变成通俗原理的图解；对西方美学思想的批判犯有简单化的错误；理论与现实相割裂，等等①。与哲学史上"唯物主义"与"唯心主义"的长期斗争一样，"斯大林时代"对"社会主义现实主义"的强调，客观上也使得美学艺术陷入"现实主义"和"非现实主义"的斗争中。作为三四十年代美学传统的延续，"自然派"美学对认识论和反映论的强调，使得其美学观点在"客观真理性"以及"客观典型性"的理论主张上烙上了机械唯物主义的时代特质。诸如"美是客观地存在着的"②，无机自然界具有较低的审美潜力，而有机生命"审美潜力则逐渐增强了，复杂化了"③等论点，均鲜明地体现了这一时代语境中简单化的理论倾向。

与苏联"自然派"美学观点极为相似的是"客观派"美学，尤以蔡仪为代表。蔡仪在新中国成立后的"美学大讨论"中进一步继承和发展了 40 年代《新美学》中"美是客观事物的本质"这一美学观，主张"物的形象是不依赖于鉴赏者的人而存在的，物的形象的美也是不依赖于鉴赏的人而存在的"④，"承认美是客观的，承认客观事物本身的美，承认美的观念是客观事物的美的反映，就是和唯物主义一致的，而这种论点就是唯物主义美学的根本论点"⑤。从蔡仪为代表的"客观派"与德米特里耶娃为代表的"自然派"美学的论述中不难看出两者间所蕴含的诸多理论共同点。

---

① 参见卡冈主编《马克思主义美学史》，北京大学出版社，1987 年，第 138—139 页；贾泽林等编《苏联当代哲学（1945—1982）》，第 378 页。

② H. 德米特里耶娃：《美的美学范畴》，《论苏维埃艺术中美的问题》，第 43—45 页。

③ 格·尼·波斯彼洛夫：《论美和艺术》，第 89 页。

④ 蔡仪：《评"论食利者的美学"》，《美学问题讨论集》第 2 集，作家出版社，1957 年，第 11 页。

⑤ 蔡仪：《批判吕荧的美是观念之说》，《蔡仪美学论文选》，湖南人民出版社，1982 年版，第 49 页。

第一，在"美在于物，是客观的"基本论点上，二者具有共同的理论主张。德米特里耶娃认为"美有着客观的基础"①，而且"美不是先验的意识形态。美是客观地存在着"②的。波斯彼洛夫也反复强调美"客观地存在于自然界，不依人的意识为转移"③。与此相似，蔡仪同样主张"美是客观现实产生的，它的决定者，它的标准，都是客观现实"，而"不是由主观的观念决定的"④。

第二，在"和谐""对称""典型"等"客观的美的标准"上，二者沿袭着相同的思维理路与阐释路径。德米特里耶娃认为"美是一个概括的概念，这一概念从很多自然现象中选择和抽象出规律性、和谐、匀称、各个组成部分的配置的一般属性"⑤。波斯彼洛夫更加明确地指出自然事物越是体现其"同类优越性""自然组织性"，就越能"唤起各种联想"，"审美认识就会更丰富和更深刻，而他们的审美感也会更加精细"⑥。与此相似，蔡仪同样认为"自然事物的美是在于它的个别性充分地显著地表现着种属的一般性"⑦，而艺术就是"人们对于现实的典型性的认识的表现"⑧。

第三，在"社会存在决定社会意识""美感是对美的反映"等思维方式上，二者遵循着共同的哲学原则，尤其是列宁在《唯物主义与经验批判主义》中所阐明的唯物反映论原则。德米特里耶娃正是依循列宁"唯物主义与经验批判主义"原则理路，认为"我们的感觉乃是意识与外部世界的实际联系，并提供出客观存在着的对象的真实的反映、真实的照片"⑨，并明确地指出"我们要根据反映论来解决艺术中的美的问题"⑩。同样，蔡仪在与朱光潜的美学激辩中，据理力争的常规武

---

① 尼·阿·德米特里耶娃：《审美教育问题》，知识出版社，1983年，第112页。

② Н.德米特里耶娃：《美的美学范畴》，《论苏维埃艺术中美的问题》，第44页。

③ 格·尼·波斯彼洛夫：《论美和艺术》，第64页。

④ 蔡仪：《唯心主义美学批判集》，人民文学出版社，1958年，第10页。

⑤ Н.德米特里耶娃：《美的美学范畴》，《论苏维埃艺术中美的问题》，第44—45、51页。

⑥ 格·尼·波斯彼洛夫：《论美和艺术》，第80—81页。

⑦ 蔡仪：《唯心主义美学批判集》，第127页。

⑧ 蔡仪：《新美学》，群益出版社，1951年，第220页。

⑨ Н.德米特里耶娃：《艺术形象是反映现实的形式》，《论苏维埃艺术中美的问题》，第24页。

⑩ Н.德米特里耶娃：《美的美学范畴》，《论苏维埃艺术中美的问题》，第44页。

器就是"存在决定意识"这一马克思主义基本原则:"唯物主义的根本观点,认为客观存在不依存于我们的意识,而我们的意识则反映客观存在。"①

第四,坚持"客观真理论",将科学真理的知识型追问套用到美学问题上,将艺术反映现实的方法仅仅视为"客观存在的真实的摹写、真实的照片"。在德米特里耶娃看来,现实主义艺术的关键在于"揭示真理",将艺术内容的"真实性"客观真实地充分体现出来,并认为对这种"社会生活的规律性的明确的、正确的认识"乃是"社会主义现实主义艺术的头等重要的任务"。② 与此相似,蔡仪同样提倡现实主义"客观真理"的美的本质思想,认为"艺术要描写现实的真实,要以形象反映客观事物的本质规律,这是合乎反映论、合乎现实主义的原则的","艺术的美必然是基本上在于艺术的描写现实真实"。③

值得进一步追问的是:对苏联"自然派"与蔡仪"客观派"美学在理论主张上的这种观点相似性、重叠共振性,该如何作出合理解释呢?究其原因,大体有三:

其一,都是苏联"列宁哲学阶段"哲学认识论思想的美学延续,只不过蔡仪"客观典型论"思想经由日本"唯物论研究会"而来,而苏联"自然派"则是传统的斯大林时期美学思想的前后承续。中国美学讨论中,蔡仪"客观典型论"美学思想实际早在40年代出版的《新美学》中即已成型。而40年代蔡仪试图以"新方法建立新美学"的方法尝试,其直接的思想起源是受日本留学期间"唯物论研究会"的影响④。蔡仪1933年前后参与的日本唯物论研究会,其理论活动主要是"吸取苏联哲学论战的成果,在'哲学的列宁阶段'的旗帜下"展开活动。当时唯物论研究会的主要学术活动就包括对"哲学(理论)的党派性问题"以及"辩证法、认识论、逻辑学的同一性或认识论的辩证法问题的争论"⑤,等等。

---

① 蔡仪:《唯心主义美学批判集》,第21页。
② H. 德米特里耶娃:《几个美学问题》,《论苏维埃艺术中美的问题》,第16页。
③ 蔡仪:《唯心主义美学批判集》,第59页。
④ 蔡仪:《美学论著初编·自述》,上海文艺出版社,1982年,第4页。
⑤ 参见战军、君超、润樵《日本战前的"唯物论研究会"》,《外国问题研究》1985年第3期。

很容易看出，蔡仪提倡唯物论，其所奉行的正是苏联列宁哲学阶段所宣扬的马克思列宁主义的哲学原则，强调理论的"党派性"和"真理性"。而无论是蔡仪归国后 40 年代写作的《新艺术论》《新美学》，还是 1949 年后"美学大讨论"中所倡导的"客观派"美学，正是这一时期"辩证唯物主义"美学观点的延续和发展，依然代表着苏联"列宁哲学阶段"的唯物反映论的哲学认识论潮流。同理，以德米特里耶娃、波斯彼洛夫为代表的"自然派"美学，也正是苏联三四十年代美学思想的延续，代表着传统唯物反映论的哲学要求，强调"客观真理性"和"党派性"，主张"社会主义现实主义"思想原则，强调美和艺术对事物客观真实的反映与摹写。

其二，1949 年前后，联共（布）中央的各种决议文件及日丹诺夫的演讲稿等代表着苏联主流意识形态的知识话语源源不断地翻译到中国，并被视为"马克思主义"的科学真理。与此同时，德米特里耶娃、涅陀希文等代表着苏联早期美学思想的论著也大量译介到国内。车尔尼雪夫斯基的《生活与美学》被多次再版，特洛菲莫夫的《马克思列宁主义美学的原则》也即时译介。所有这些倡导"唯物反映论"的哲学论著，进一步加强了中国学界在"以苏联为师"的政治语境中对"阶级性""人民性""党性"，以及"美在客观""美是对客观现实的反映和摹写"等苏联"列宁哲学时段"的认识论思想的知识认同与理论范式的借鉴、学习、运用。①

其三，无论是苏联"自然派"美学还是中国"客观派"美学，都将理论的基点建立在列宁的《唯物主义与经验批判主义》的哲学基础上，并将列宁阐明的"现实主义与典型"以及"客观真理论"的哲学认识论思想全盘套用至美学问题上。尤其是用哲学领域中的"主观/客观""唯心/唯物"的问题域硬性套索在作为学科话语的"美学"问题上，将科学真理的"知识型"追问方式镶嵌到人文领域中，从而导致了"美"的实体化，造成美学学科的错置。

---

① 可参阅 1949 年前后报刊资料上各种关于哲学艺术的论争文章，如：郑为《现实主义的美学基础》，《新建设》第 4 卷第 6 期；蓝野《关于现实主义美学》，《新建设》1952 年第 1 期。

总体而言，以蔡仪为代表的"客观派"美学在理论主张、思维方式、学理路径上，都与苏联"自然派"美学有着同根同脉的血肉渊源，均代表着苏联斯大林时期"列宁哲学阶段"的唯物反映论美学要求。苏联三四十年代"批判资产阶级唯心主义"、倡导"社会主义现实主义"的"客观真理"的哲学认识论的思维原则与方法论要求，在中国"客观派"美学家身上同样体现得淋漓尽致。

（二）"后斯大林"美学在中国：苏联"社会派"与李泽厚"客观社会派"之美学比较

50 年代中期后，随着对个人崇拜的批判，苏联社会不仅文学创作出现了"解冻"期，美学也同样活跃起来。尤其是 1956 年《1844 年经济学哲学手稿》的出版，不仅为美学研究提供了新的材料，更将"人"的审美活动和审美意识之研究推向前沿。这其中，以万斯洛夫、斯托洛维奇为代表的"社会派"美学家正是从"手稿"中获得启发，并积极引用"自然人化观"从社会历史实践层面进行思考，逐渐形成了苏联美学界"实践观点的美学理论"，还获得了"社会派"的称谓。

在"一边倒"的政策下，苏联学界的这些思想在国内几乎有着同步译介。正是在苏联文献的"前置性阅读"和"经验模式"的学习借鉴中，加上本土美学论争的话语影响，青年李泽厚也在马克思"自然人化"的理论支撑下建立起了"客观社会派"的美学框架。正是基于对苏联"社会派"美学的话语挪借，李泽厚在《美的客观性与社会性》一文中才得以依循万斯洛夫《客观上存在着美吗？》一文的逻辑思路，依次从"美是主观的还是客观的？"和"美能脱离人类社会而存在吗？"两个方面加以申说，最终提出了"美的客观性和社会性是统一的"这一核心论点。细读和比较苏联"社会派"与李泽厚"客观社会说"则可见其因袭：首先，均是从批判"自然派"/"客观派"入手进行美学立论，进而提出自己的美学观点；其次，均是借助马克思《1844 年经济学哲学手稿》中"自然人化观"重新阐释"美的本质"，既否认"自然派"（客观派）美学"美在客观"之机械唯物主义的偏差，又批判"主客观统一派"美学在揭示美的根源及"社会客观性"上仍不彻底，主张"客观性"

是"不以人的意识和意志为转移的社会生活现象和人的社会关系"（斯托洛维奇），是不依存于人的意识的"客观性社会存在"（李泽厚）。何其相似！

由此可见，以李泽厚为代表的"客观社会派"及其"自然人化"美学思想的形成，除了受本土美学资源的诱导刺激外，更是对苏联"社会派"美学的话语挪用与理论发挥。应该承认，不仅李泽厚美学思想受到了"苏联模式"的美学启发，整个 20 世纪 50 年代的中国美学讨论均是在苏联理论话语的"前置性"阅读下展开的。中苏美学界在同一时间域内关于"美的本质"问题的讨论，既是"马克思—列宁—斯大林"主义在"主客观模式"之思维框架内的一场同步共振的哲学争辩，又同是一场以"社会主义现实主义"作为唯一合法的思想原则的美学批判。如果说蔡仪的"客观典型说"与德米特里耶娃、波斯彼洛夫为代表的"自然派"相似，体现着斯大林时期唯物主义客观反映论的美学要求，那么李泽厚的"客观社会说"则与万斯洛夫、斯托洛维奇为代表的"社会派"近似，体现着"后斯大林"时期美学试图超越机械唯物主义的哲学认识论的初步尝试[①]。

（三）扬弃与别宗：苏联"主客观统一派"与朱光潜"主客观统一派"之美学比较

尽管朱光潜 1949 年后倡导的"主客观统一说"是早期"心物关系论"的话语变体，但朱光潜与布罗夫、卡冈等人在美学讨论中的观点同样极为相似。当然，苏联"主客观统一派"与朱光潜"主客观统一说"之所以如此相似，其原因更多存在于各自美学论争的思考调整中，而且在理论原点上，也有着不同的思想背景和理论来源。

首先，以布罗夫为代表的"主客观统一说"出现的语境是"自然派"与"社会派"的"争芳斗艳"，其出场的目的旨在"调和"与"纠正两派观点上的偏颇"，以一种更加理性的观点说明艺术的审美本质。而以朱光

---

① 参见李圣传《"实践美学"的苏联缘起与本土变异：李泽厚"客观社会说"与苏联"社会派"美学的比较阅读》，《四川大学学报》2016 年第 2 期。

潜为代表的"主客观统一说"则是在思想改造的意识形态"话语压力"下对前期"心物关系论"美学思想的"策略调整",从"纯粹主观唯心的""西方资产阶级美学"思想中走出来,企图用一种"马克思列宁主义"的唯物论思想重新加以理论武装,进而提出了作为"美的条件"的"物甲"加上作为"意识形态性"的"物乙"这一自然性与社会性、主观性与客观性相统一的"主客观统一论"美学。

其次,与苏联"主客观统一派"旨在"调和""自然派"与"社会派"、试图走一种更加"综合整体性"的美学路径不同,朱光潜"主客观统一说"的提出更多的是一种"安全系数"上的考虑。此外,朱光潜 1949 年后也的确开始对"唯心主义"予以反思和批判,这在 1947 年《克罗齐哲学述评》中已经反映出来。即是说,朱光潜更加倾向"左翼"所宣传的"唯物论"思想在哲学本质上的彻底性,同时,作为一位经验主义美学家,却又不忍割舍自己多年苦心吸纳与经营的西方"唯心论"美学传统。因此,在美学大讨论中,朱光潜才既要"客观"(这是他反复思考后的思维转向,是他所信奉的哲学本质),又要"主观"(不愿割舍的前期西方体验论、直觉论的美学思想),进而提出了"美是客观与主观的统一"这一观点。

再次,与苏联学界以布罗夫、卡冈为代表的"主客观统一派"美学更多地体现在学术规律自身的发展演进上不同的是,以朱光潜为代表的"主客观统一派"美学更多地体现在外界学术环境挤压下学术策略的话语调整中。尤其是通过不断的论争与调整,朱光潜还在论辩中将早期"直觉论"美学发展而来的"审美认识论"上升到了"美学的实践观点"①的维度上,有力推动了美学讨论的发展以及美学话语的转型。

此外,苏联"主客观统一派"在起点上紧紧围绕马克思"手稿",强调"人"的社会实践对审美认识的重要影响。朱光潜"主客观统一说"则起于政治围攻中对前期西方"直觉论"心理学美学渊源的"心物关系

---

① 朱光潜:《生产劳动与人对世界的艺术掌握——马克思主义美学的实践观点》,《美学问题讨论集》第 6 集,作家出版社,1964 年,第 208 页。

说"的话语调整，并终于马克思主义"美学的实践的观点"。当然，毋庸置疑的是，从理论缘起上看，则均是苏式美学话语范式推广运用下的学习、借鉴与阐发。对此，朱光潜也毫不避讳地指出："我们现在建设美学，必须从马列主义哲学的基础出发；而从马列主义哲学基础出发，必须以苏联为师。"①

从某种意义上看，由早期"心物关系说"到"主客观统一说"的转向，不仅预示着朱光潜在批判调整中马克思唯物主义思想改造的完成，还意味着通过意识形态的美学大讨论话语平台，朱光潜美学思想在"苏化"语境主导下渐趋完成了对早期西方"直觉论"美学思想的根基性置换。由此，也意味着新中国美学完成了"苏式美学模式"对"欧美美学模式"的典范性替换。别立新宗，正是"模式"之鉴的意识形态话语语境内新中国美学发生的理论缩影。

三、影响之源：新中国美学建构的政治逻辑

从中苏美学讨论呈现的流派形态、理论模式、知识范型看，两者遥相呼应、一脉相承，尤其是中国美学讨论，处处见出对苏式美学话语及其研讨范式的借鉴与移植。现在看来，这种"模式"的传递与话语的"叠合"并非历史的偶然，而是有着深刻的理论必然性，这也是新中国美学发生和建构的内在理路与政治逻辑。

新中国成立之初，文学艺术等思想文化领域仍需通过"整风学习"以"澄清文艺界各种错误思想"进而"建立党对文艺工作的有效领导"②。但在党制定的文艺政策中，"党对文化艺术的绝对领导权"又摆在了既定的框架内，尤其是"毛泽东文艺思想"被立为文艺界统一战线"具体应用"的指导原则③。在毛泽东看来，对这种思想的分化就需要重新进行马列主义的思想教育以便达到整合，早在延安时期就反复提及："新的政治

---

① 朱光潜：《把美学建设得更美！》，《文汇报》1959 年 10 月 1 日。
② 《毛泽东文艺论集》，中央文献出版社，2002 年，第 138—139 页。
③ 周扬：《新的人民的文艺》，《中国当代文学史史料选》（上），长江文艺出版社，2002 年，第 161 页。

力量，新的经济力量，新的文化力量，都是中国的革命力量，它们是反对旧政治旧文化的。这些旧东西是由两部分合成的，一部分是中国自己的半封建的政治经济文化，另一部分是帝国主义的政治经济文化，而以后者为盟主。所有这些，都是坏东西，都是应该彻底破坏的。……这种文化，只能由无产阶级的文化思想即共产主义思想去领导，任何别的阶级的文化思想都是不能领导了的。……中国无产阶级的科学思想能够和中国还有进步性的资产阶级的唯物论者和自然科学家，建立反帝反封建反迷信的统一战线；但是决不能和任何反动的唯心论建立统一战线"①。

新中国成立后，朱光潜曾自述："我的错误根源在于从洋教育那里得来的那一套'为学术而学术'的虚伪的超政治的观念。事实上主张超政治便是维护——至少是容忍——反动的政治，如果加以鼓吹，也便是反革命。从前我也有过'中间路线'之类的幻想，现在我看明白了：从五四运动之后，中国知识分子根本上只有两条路可走，不是革命，便是反革命。在革命和反革命的猛烈斗争中标榜'中间路线'，鼓吹'超政治'，迟早总要卷进反动政权的圈套里去，和它们'同流合污'。"②但必须区分的是：对胡适、朱光潜等"西化"背景学者的"政治高压"绝非仅仅是"新"与"旧"之间"阶级立场"的简单转换，而是上升到了不同政治意识形态之间的文化冲突与对撞。对胡适、朱光潜等人的思想改造不但代表的是对旧社会、旧文化的"抛弃"与"清理"，更是新的组织机构中新生文化政权的巩固与权威的确立。新旧两种不同形态间的文化结构性矛盾远远超出了简单的意识形态决定论。这种文化结构性矛盾除了不同政治意识形态的冲突与碰撞外，更表现在高度组织化和制度化的结构性矛盾中。这种结构性矛盾与革命性力量形成的历史张力，为美学讨论的发生和演化提供了原始动力。

与文艺问题不同，40 年代以前的中国美学主要以翻译介绍西方美学为主（以朱光潜为代表），其影响范围相当有限，不仅大众对之较为陌生，党中央对美学问题也没有任何指示，这既为美学讨论留下阐释空间，

---

① 《毛泽东文艺论集》，第 28、32、42 页。

② 朱光潜：《努力改造思想，做一个新中国的人民教师！——最近学习中几点检讨》，《人民日报》1951 年 11 月 26 日。

也为苏式美学话语的渗入提供了广阔的舞台。1949 年后，朱光潜及其代表的西方美学被视为"资产阶级唯心主义"，成为被批判和肃清的对象，而"苏式美学模式"自然而然地成为替换"西化美学模式"的样本和参照。周扬曾明确以"兄弟和学生"的身份表达了对苏联学习的诚恳态度：

在我国向社会主义过渡时期，对资产阶级唯心主义及其在文学上的反现实主义倾向的斗争就显得更加重要和更加迫切了。在这个斗争中，苏联文艺界对反动的世界主义和狭隘民族主义以及资产阶级思想的其他各种表现的有力批判，特别是苏共中央关于文学艺术问题的有名的历史性的决议大大地帮助了我们[①]。

正是在"全面学习苏联"的运动中，大到国家体制，小到企业的经营管理，都不假思索地照搬苏联经验，迷信"斯大林模式"。在苏联被视为"榜样"和"先生"的前提下，苏联马克思主义美学大量译介涌入中国，不仅为确立中国马克思主义美学奠定了新的理论基础，还在"苏联阅读经验"中为新中国美学的建构提供了"体制原型"和"理论原型"，更为美学讨论的发生预设了"政治前提"和"学术前提"：在政治上，必须坚持马克思列宁主义的文艺指导原则，坚持"现实主义社会主义"的文艺方针；在学术上，只能是在苏联文艺的"师承"中进一步进行学术探索，这是苏联文艺话语作为阅读范式的必然结局。由此，可以说，在讨论发动之前，实际上中国美学大讨论的思维空间、理论方法及其话语形态均已提前定型。

总体而言，在批判和清除"西方资产阶级唯心主义"以重新确立马克思主义指导地位的破"旧"立"新"语境中，新中国美学也阻断了与欧美美学和中国古典美学的话语关联，并在"一边倒"外交方针下全面学习、借鉴与挪用苏式美学话语及其理论范式，由此确立了新中国美学讨论的话语形态以及"十七年"美学学科建设的基础框架。可以说，"苏联经验"的模式引进与话语移植，既为新中国美学的发生提供了讨论主题、学术资源以及理论方法指南，还为中国美学界普及美学知识和培育

①　周扬：《周扬的发言》，《苏联人民的文学（第二次全苏作家代表大会报告、发言集）》（下），人民文学出版社，1955 年，第 22—23 页。

美学人才起到一定的效果。但与此同时，在"苏式美学话语"充分复制与膨胀的过程中，新中国美学也在"主客二分"之认识论美学层面烙上了苏式美学话语的"同一性"底色，而以朱光潜为代表的西方近现代美学新潮重新回至古典美学的范式之中，直至 80 年代感性解放潮流下对西方现当代美学及中国古典美学话语的重新补接才得以在变革中求得突破与复苏。

原载《文学评论》2017 年第 5 期

从建国以来三本美学教材看新中国美学发展的三个时期

林代贵 *

一、新中国美学发展的三个时期

新中国美学的发展到现在为止大致可以分为三个时期。第一个时期是 1949 年建国到 20 世纪 70 年代末 80 年代初；第二个时期是 20 世纪 80 年代到 90 年代中期；第三个时期是 20 世纪 90 年代中期至今。

中国美学发展的第一个时期，是一个单调机械的时期。由于众所周知的原因，整个美学理论领域和其他领域一样，深受"苏联模式"的影响，呈现出比较僵化的唯物主义思想，简单地以唯物主义和唯心主义的斗争概括整个美学的历史，美学研究中充满了很强的政治性色彩。研究的内容也主要是马克思主义的美学，西方现代美学是受到严厉批判的"颓废"的资本主义美学，因而只是很少的被引进和介绍，也很少有人专门研究西方美学，特别是西方现当代美学。中国美学发展的第二个时期是一个热情但有些混乱的时期。20 世纪 80 年代人们解除了禁锢，走出了国门，人们欢欣鼓舞、满腔热情地投入社会建设的各个领域，改革开放的中国呈现出前所未有的生机与活力，在经济阔步发展的同时，神州大地也兴起了一股文化热，整个文化事业呈现出蓬勃发展、一片繁荣的大好形势。"美学热"是 20 世纪 80 年代各种热潮中的一个热潮。人们对美的探索和研究热情空前高涨，西方各个美学流派、美学观点飞快地被

---

* 林代贵，1955— ，男，重庆市大渡口电大副教授。

引进到中国，人们的美学知识、美学视野在短时间里迅速膨胀，那是一个充满热情、豪气和进取的 20 世纪 80 年代，是一个有气魄和理想的 80 年代，是一个有某种浮士德飞奔精神的 20 世纪 80 年代，美学和其他学科的研究一样，人们都有一种包容古今中外、建立自己庞大体系的气魄与愿望。但是，由于我们对西方美学特别是众多现当代美学的认识和消化还不够深入，因而在建立自己庞大美学思想体系的时候，各种材料有堆砌之嫌，热情有余而沉着不足，显得有些杂乱，这是 80 年代美学的特点。进入 20 世纪 90 年代以后，由于社会主义市场经济建设的进一步推进，中国进入了一个持续稳步发展的时期。美学研究在经过 20 世纪 80 年代的急进之后，进入一个相对冷静、和平发展的时期。古今中外各种丰富的美学资源放在人们面前，人们可以自由选择和应用，人们不再为能拥有这么丰富的资源而激动。美学进入一个学科化和沉静化的时期，人们更多的思考怎样以这些美学资源为背景，以某一理论为基础，建立自己的适合时期发展需要的美学理论。"博中取一，为我所用"的研究方式是中国美学发展第三个时期的主要特点。

建国以来我们自己编写的在高等学校中使用的美学教材是中国美学这种发展历程的见证。教材的建设与中国美学发展的历程是同步的。从高校中使用的美学教材来看，有三本富有代表性的美学教材，恰好体现了中国美学发展的这种进程和特点。第一本是王朝闻先生主编的《美学概论》，这本在 20 世纪 80 年代前编写的有影响的通行教材淋漓尽致地体现了中国美学发展第一阶段的特点。第二本是叶朗先生主编的《现代美学体系》，1988 年由北京大学出版社出版，这本教材是 20 世纪 80 年代中国美学研究成果的结晶，具有 20 世纪 80 年代美学的优点和缺点。第三本是教育部 21 世纪高等教育课程改革教材，复旦大学朱立元先生 1998 年开始主编，2001 年出版的《美学》一书，它体现出新中国美学发展第三个阶段的特点。

二、机械单调的 20 世纪 50—70 年代

王朝闻先生主编的《美学概论》酝酿于 1961 年冬，1964 年已经写

出了40多万字。它组织了全国高等学校和科研单位20多位专业工作者，包括美学界著名人物如李泽厚、杨辛、刘纲纪等共同编写，而且曾经一段时间它是中国高等学校文学科的主要和唯一一本教材，具有极大的影响，因此《美学概论》里的思想具有极大的时代普遍性、典型性。

《美学概论》主要分为六章：审美对象、审美意识、艺术家、艺术创造、艺术作品和艺术欣赏与批评。它是很明显按照物质与精神、经济基础与上层建筑的二元对立思维模式来结构和组织整个美学体系的。物质决定精神，经济基础决定意识形态，而精神对物质世界又有反作用。因此，《美学概论》全书也有这样一个潜在的决定与被决定的逻辑体系：审美对象就是客观物质，审美意识就是主观精神，审美对象决定审美意识。审美对象和审美意识的统一就是艺术家；艺术家主观能动性中主客观的辩证运用的过程就是艺术创造；艺术创造的结果就是艺术品。艺术批评和欣赏，是艺术作为社会意识形态再对社会存在发生反作用。整个美学有这样一个链条：

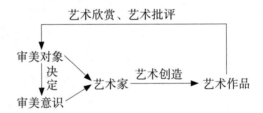

这样一个作用与反作用的链条是我们熟悉的马克思主义物质第一性、意识第二性的形象体现。

当时，我们知道的西方美学理论并不多，特别是西方现当代美学理论，我们更是几乎一无所知。因此，《美学概论》里也几乎没有提到什么现当代的西方美学，它提到的西方美学主要是西方的一些古典美学。对于西方的这些古典美学，它也是采取这样的思路：马克思以前的一切理论，都是为马克思出现做准备，都在以各种方式通向马克思。马克思以前的理论都要进行两种区分，第一种是唯物主义和唯心主义的区分，第二种是机械论和辩证法的区分。唯物主义者如亚里士多德、狄德罗、车尔尼雪夫斯基等有可取之处但也有局限。唯心主义者如柏拉图、普洛丁、康德等都是被批判的对象。这种唯物主义和唯心主义的斗争的螺旋式发展最终导致了马克思主义美学的诞生。马克思以后的西方理论即现代西方美学，是腐朽颓废的，是批判的对象和反面教材。在审美意识上，柏拉图、夏夫兹博里、哈奇生、康德"他们从根本上否定哲学反映论原则，以各种方式歪曲和否定审美意识的客观内容和社会性质"。而亚里士多德、博克、费尔巴哈、车尔尼雪夫斯基"都认为审美意识是对客观对象的认识和反映，是现实生活的产物，并且有生理-心理的物质基础"。总之，整个美学体系以是否承认物质第一性、意识第二性为标准分为两大阵营，承认物质第一性的就是进步的，而不承认物质第一性，不承认美、意识是对客观事物的反映就是落后的。整个历史就是这样一个进步与落后相互斗争，而以唯物主义的最终取胜而告终，带有很强的机械性和政治性色彩。这与当时整个时代视野的局限是分不开的。

《美学概论》是新中国美学发展初期的典型作品。

三、大而略乱的 20 世纪 80 年代

叶朗先生主编的《现代美学体系》1988 年由北京大学出版社出版。它是中国美学发展到一个新的历史时期的产物，它表现出一种急切的愿望，就是要摆脱过去美学研究中那种机械唯物主义、僵化政治性的影响。同时由于被以前那种美学知识的单一贫瘠弄怕了，所以现在一下子有了中外这么多可用的美学资源，便极力想尽可能地把当时获得的丰富的美学资源统统涵盖、搜罗和映射在自己的作品里，生怕失去了什么而"不全面"，这使他的作品成了一个庞大的、想要无所不包但总是显得有些零乱的体系。

叶朗先生在书的《序言》中提出了"建设一个现代美学体系"的原则："传统美学与当代美学的贯通；东方美学与西方美学的融合；美学诸多相邻学科的渗透；理论美学和运用美学的并进。"从这个试图要包罗万象的原则中我们就可以明白作者想要建立庞大体系的愿望。这愿望是由于经过禁锢的人们面对突然间丰富的西方美学资料和中国自己古典时期丰富美学资料的开掘而爆发出的豪情。《现代美学体系》给自己提出的论述范围是这样八个包罗万象的分支学科：审美形态学、审美艺术学、审

美心理学、审美社会学、审美教育学、审美设计学、审美发生学和审美哲学。从这八大块的划分来看就知道作者庞大的体系。而且在论述每一部分时，作者一般都是从中国和西方两方面同时论述，中西兼容。例如讲到"审美形态"，西方是希腊、希伯来的"双希"审美，中国则是儒道两家的"复调"审美，西方"优美、崇高"，中国则有"中和"；艺术研究，有西方艺术研究的回顾，则对应有中国艺术研究的回顾。总之，作者在论证所有问题时，想到的都是中西合璧，尽可能地详细周全。

除了这种寻求百科全书式的庞大体系的鲜明特点之外，《现代美学体系》另一个显著特点就是对"意境""感兴""中和"等中国古典审美范畴进行了深入的研究，这些理论成为《现代美学体系》的一个重要部分，也是它的一个重要的理论贡献。这表明了这一时期美学研究中以马克思主义思想为指导，注重中西兼融的过程中特别关注中国自己固有的美学资源的时代特色。同时，整个《现代美学体系》也十分自觉地避免了过去那种僵化的、教条式的唯物主义思维模式，摒除了狭隘的政治化的态度，用一种真正辩证唯物主义和历史主义的态度客观地研究评价整个美学。比如把亚里士多德、博克、贺迦兹一系的唯物主义称为经验——实证传统，把柏拉图到黑格尔一系的唯心主义称为形而上传统，有意避免了唯物、唯心的二元对立，表明了对以前那种僵化二元论的反对立场。

80年代是中国美学发展的一个高峰，这一时期西方19世纪中期以来的形形色色的现代美学思想和美学流派都纷纷介绍到中国，从叔本华的唯意志主义、尼采的超人哲学、柏格森的生命之流、弗洛伊德的无意识、萨特的存在主义和各种信息学美学、系统论美学、符号论美学和各种现代派文学、先锋派文学都以令人眼花缭乱的速度在中国亮相，西方近百年来的美学思想的流变在中国20世纪80年代以来的10多年里几乎一一上演了一遍，人们对某一流派的思想还没有来得及消化，便又去追赶另一个流派的观点，人们有一种赶时髦总赶不上的感觉，人们那时爱说的一个词是"知识爆炸"。拼命引进新的流派、新的观点和新的思想，这就是80年代的风格，这是80年代的优点，但这也是80年代的缺点，优点是信息量大，视域广，但缺点就是对每一个信息研究不够深入和仔细，蜻蜓点水，点到为止；而且各种观点堆放在一起，由于没有很好的消化，显得零乱散漫，这是它最大的缺点。从《现代美学体系》这本教材中我们完全可以看出新中国美学第二个发展时期的风貌。

四、学科化的 20 世纪 90 年代以后

20 世纪 90 年代中期以来，那种广泛的社会性的美学热潮已经不复存在了，美学相对沉静下来。没有了 80 年代的那种豪迈之情和庞大体系的追逐，但另一方面也使得美学获得了更深入的冷静思考，美学获得了更学科化、专门化的发展。人们更加注意使美学变成一门真正的社会科学，更加注重避免过去的政治化和教条化的研究，美学成了一门真正的专业形态的学科，它的政治性开始完全淡出。学科化是新中国美学发展第三个时期的特点。

这一时期人们开始自觉地思考和回顾美学自身发展的经验和教训，自觉地进行美学学科化的建设。这一时期的资料性储备相对比较完整了，人们不再急切地想要在一个体系里包纳万有，而是开始自觉地在马克思主义为指导的前提下，有意识地只对某一个理论进行深入研究，并以之为创造自己理论的逻辑起点和核心范畴，构思适合时代需要的美学理论。这时的美学理论摆脱了机械唯物主义思想的影响，以已有的美学成就为依托，整体上显得逻辑紧凑，思辨性强、学理性强，有精妙而小巧的学院派特色。比如这时的生命美学，受到西方非理性主义的生命美学的影响，抓住个体感性"生命"这个核心范畴构建思考中国当代的生命美学理论，只从生命这一个视角入手细细道来，揭示美学的价值，凸显了美学某一方面的价值，不求大而全，反倒让人觉得深刻有力，大有收获。

作为教材来说，朱立元教授 1998 年开始主编，2001 年由高等教育出版社出版的《美学》一书，作为教育部面向 21 世纪课程改革的教材，正是在反思、总结过去几十年国内美学研究的经验和教训的基础上，寻求美学基础理论研究新的突破的一个最新成果。它体现出了新中国美学发展第三个时期的时代特色。《美学》在以马克思主义唯物史观为指导的前提下，吸收了现象学和存在本体论思想的合理内核，借鉴了一些国内和国际美学研究的最新成果，以实践论作为哲学基础，以人的生存创造

活动为核心重新系统地思考和阐发了美学原理的一些基本问题，并由此基本上建立起了作者自己思考多年的实践本体论（存在论）美学的思想体系，突破了传统研究方法与认知方式的束缚，提出了一些崭新的命题，令人有耳目一新之感，可以说是近年来美学基本原理研究领域的一个大胆尝试与重大收获。

全书的内容共分为五大部分：第一部分是审美活动论，第二部分是审美形态论，第三部分是审美经验论，第四部分是艺术论，第五部分是审美教育论。

《美学》把审美活动论作为全书的逻辑起点。在这部分里它避开了以往美学研究在"美的本质"这个问题上的纠缠，突破了长期以来在美学研究领域里主、客二分的认识论研究方法的局限，它以人的审美实践、人的生存创造活动为贯穿全书的主线来思考审美形态、审美经验、审美教育以及艺术等美学的一系列基本问题。它把审美活动看作人类对自己生存方式的一种认同和确证，人类对自己理想生存状态的一种追求，是人与世界本己性的精神交流，是最具个性化的精神活动。指出审美活动在本质上是一种价值活动，是最能体现人的本质特点的一种活动方式。在此基础上它提出了一种崭新的美学观："审美是一种基本的人生实践""美是一种特殊的人生境界"，从而使美学获得了存在论的基础和现代性的视野。这样，《美学》把美看作人的一种基本的实践活动，和人的生存实践联系在了一起。它的研究起点不再是把美作为一个抽象的僵化的客体来看待，不再是把美看作对外在世界的单纯反映，而是认为美就是人们的创造性的审美实践活动。而《美学》全书也正是以审美活动是一种人生实践活动为内核，把审美活动作为贯穿全书的基本思想，合理而自然地生发出了其他美学基本问题：审美活动的结果是各种审美形态，审美活动中凝结的是审美经验，审美活动的集中体现是艺术活动，审美活动的引导是审美教育。五个部分的内容都是人和世界审美关系的自然延伸，它们既各有分工，又互相紧密联系，审美活动论是全书的出发点和立论基础，后四部分都是审美活动在各个层面的展开，所以每一部分和章节之间都有着不可分割的内在联系，以此形成了一个结构完整而精巧的理论系统。整个美学世界在《美学》中成了一个自然生发的有着内在连贯性和逻辑性的动态系统。

而且这本《美学》有意识地倡导一种切入人生、鼓励审美创造的审美观,希望由此对读者树立健康、进取的美学观、人生观产生一定的影响。这也表现了美学研究者在面对当前社会现状时的现世情怀。

我们可以看到,新中国美学发展的第一个时期,资料奇缺、内容单一,而且深受政治话语的影响,整个美学研究片面畸形的发展,基本上只有马克思反映论美学思想的内容。这从王朝闻先生的《美学概论》中可见一斑。而20世纪80年代以来的第二个时期由于解禁导致的开放视野和丰富材料的获得,人们便急于把一切内容都纳入自己的体系内,马克思主义的、中国古典的、西方古典的、西方现代的等都一股脑儿地收入自己账下、归为己有。这种急于显示自己的丰富是因为以前太过封闭和缺乏,所以认为越丰富越科学、越丰富越正确,混乱就在所难免。叶朗先生的《现代美学体系》是这一时期特色的体现。而20世纪90年代以来人们则比较冷静地选择部分内容来为我所用而不再求全责备了,如《美学》则基本上是在马克思主义方法论原则下,以现象学的存在主义为连贯整个美学内容的潜在的理论起点,美学的秩序性、内在逻辑性和科学性也得到了加强,这表明中国美学正健康地向前发展。所以,我们可以说,这三大美学教材是新中国美学发展三个时期的见证,是这三个时期美学发展成就的集中体现。

原载《西南民族大学学报》2004 年第 4 期

西方美学史：接着朱光潜讲

——新时期西方美学研究的一个考察

张 军*

美学学科在中国的开启、发展和成熟已走过百年历程，其最初的发端有赖于西方美学思想的引进。1949 年以前，蔡元培、朱光潜等先贤对西方美学的输入为美学这一现代学术建制在中国的确立做了铺垫。1949 年以后的很长一段时期，由于社会政治文化的原因，我国的西方美学研究处于偏斜状态，但 20 世纪五六十年代朱光潜和汝信等诸贤的西方美学史研究特别是朱先生《西方美学史》上下卷的出版奠定了中国西方美学史研究的基调。《西方美学史》以时间为段，以人物和典籍为纲，结合时代文化背景看西方美学思想产生的根据，其历史和逻辑相统一、美学理论与文艺现象互相阐释等原则构成了后来西方美学史研究的基本范式。随着时代文化环境以及学术研究的演变，朱光潜《西方美学史》的缺陷却渐趋明显，主要是囿于草创阶段学科本身的非成熟性以及意识形态等原因，该书存在着在史实方面史料欠全面、在史论方面局限于意识形态等弊病，而且写作的时间跨度也直到现代的克罗齐为止。

与半个世纪前相比，今天的西方美学史写作的语境有了新的变化。在全球化的文化冲突与共生中，中国人的西方美学史书写要表达学术史研究的历史感和当代性，前者要求我们呈现美学思想的历史形态，后者则要在学术研究中表达主体意识，即立足于本土现实的文化视域。中国当代的西方美学史研究应该继承朱光潜的研究范式，表达中国当代学

---

* 张军，1975— ，男，四川外语学院国际商学院讲师。

人对西方美学的观看和思考。这种思考和观看的特点，一是中国人的"看"，二是当代的"看"，三是，这种"看"服务于中国的美学基本理论建设。中国人对西方文化的"看"不同于西方人对自身文化的"看"，也不同于第三世界其他民族对西方文化的"看"，这种"看"体现了现代性语境下中西文化冲突和交融中的中国人的本土意识，同时这种"看"是当代的"看"，不是学术开放之前的"看"，它摆脱了中国此前的意识形态局限。当然，这种"看"的视域仍然是有历史局限性的，但这种局限和视域是合法的，它是中国传统的现代演化、西方文化的百年输入和马克思主义的中国式实践三者共同赋予我们的。我们无法超越它，只能利用它发掘西方美学思想的精华以服务于中国当代美学基本理论的建设。本文拟从当代文化语境和学术所应有的范式出发，参照朱光潜、宗白华等诸贤筚路蓝缕之功，考察 30 年来中国的西方美学史研究，为新世纪中国美学理论建设提供思想借鉴。

一

查中国国家图书馆、北京大学图书馆、复旦大学图书馆等资料库近30 年来中国学界的西方美学研究现状，西方美学史论著共 17 本，大多是教材性读本。这些论著的特点，一是遵循朱光潜先生奠定的体例，以代表性人物为焦点，以时代为界限，围绕核心论著展开美学思想。二是具体论述大多延续朱光潜、汝信和缪朗山先生，少有突破。原因是，三位先生谙熟西方语言，对西方美学的发展源流和思想内蕴了然于心，后人如在语言和资料占有上没有突破性进展，很难在学术上取得新的面目。专题类著作即从范畴或断代史的角度对西方美学的研究近 10 本。此类著作值得注意的是朱立元的《西方美学范畴史》、蒋孔阳的《德国古典美学》和黄克剑的《美：眺望虚灵之真际：一种对德国古典美学的读解》，前者从范畴史的角度梳理西方美学，后两者对德国古典美学的解读代表了中国当代对于西方古典美学这一阶段的理解，其中许多观点深具启发性。古希腊罗马美学的研究性论著有三本，多以翻译文本为文献资料。中世纪基督教美学的研究近年才有比较多的突破，但大多依据的是英语文献。此外，是对西方美学重要人物美学思想的研究。古希腊和德国古典美学是西方美学最重要的时期，对其代表人物美学思想的研究是美学学术的重要指标。查图书馆，柏拉图美学的研究性专著有两本。陈中梅主要是从语言文献的角度讲述柏拉图的诗学，对于长期从非希腊文和翻译文本研究柏拉图的现状是一个突破；王柯平的《理想国的诗学研究》注重从当代视域比如身体美学等视野发掘柏拉图诗学的新的意义。康德美学的研究性著作最多，共9本，代表性的是曹俊峰的《康德美学导论》和戴茂堂的《超越自然主义：康德美学的现象学诠释》，前者以概念术语为焦点，结合康德其他两个批判，把康德美学的基本思想讲清楚；后者从当代西方现象学的视域开拓康德美学的新的视野，代表了不同的学术取向。但相比西方学界，中国的康德美学研究仍然不够。黑格尔美学的研究性论著只有三本。三本都是20世纪40年代出生的学人所写。这三本著作依据的是翻译文本，且都发表在20世纪80年代，这一方面说明黑格尔美学仍然有开拓的空间，另一方面，说明黑格尔在中国确实不是学术热点，没有得到年轻学人的关注。席勒美学的研究性专著有两本，都出版于80年代。最近从审美现代性研究席勒在中国还没有化为学术成果。

目前西方古典美学的研究成果主要是20世纪30年代和40年代出生的学者所贡献的。他们从翻译文本继承朱光潜、宗白华先生开创的西方美学研究的大业，在某些局部方面对西方美学研究予以突破，是难能可贵的。但整体上看，由于当代中国政治文化的原因，他们的学术有自身难以克服的缺陷。相比朱光潜、宗白华、缪朗山等诸位先生，他们没有西学和语言的优势；相比50年代出生的学者，他们又多了意识形态的束缚。但这样一来，西方美学的开拓反而有了许多可能的空间，一是从语言和材料方面突破现有格局，比如希腊语对于柏拉图和亚里士多德美学，拉丁语之于基督教美学，德语之于德国古典美学等都是必须的。基于语言的突破，后辈学者当大有可为之处。二是从新的思想视野突破现有学术观念，赋予经典以新的生命，这就需要对美学前沿问题具有理论的敏感性，特别是对西方学界的美学研究应了然于心。三是国别美学史研究还没有起步。从古希腊罗马延续到现代，英国美学、德国美学和法国美学等都有了自己的历史，它们各具有自己的民族文化特性。因此，从民族文化视角书写国别美学是应该开展的课题。四是比较文化视野中的美学发展交流史还没有展开，比如德国美学对于法国的影响，康德美学之于新康德主义，黑格尔美学之于新黑格尔主义，柏拉图与新柏拉图主义美学的关联等影响研究都是可能展开的论题。

二

经过 30 年的思想开放和学术积累，中国西方美学史研究界的时贤认为，西方美学史研究的学术储备已完成，总结百年西方美学史研究的时机已成熟，于是有了汝信先生主编的《西方美学史》四大卷的出版。这套巨著的作者集中了中国西方美学研究的中坚力量，代表了中国学界 30 年来西方美学史研究的成就。现就这套书为个案，分析中国学界的西方美学研究的学术取向，为中国西方美学研究的进一步开展提供参考。

在我看来，本书在如下几个方面值得注意。一是书写体例。作者在展现每一阶段美学思想的时候，都把美学思想放在文化背景中加以考察。美学思想是整个社会文化机制的产物，它与其他思想具有关联性。纯粹的思想流变不可能阐释自身，美学的产生不能在自身中得到说明。一个时代、一个民族的哲学、政治、宗教、文学艺术、社会伦理等文化状况构成了美学思想产生的背景。本书遵循朱先生开创的以时代为纲，以国别为目，以人物为点的论述模式。二是书写对象。美学思想史可分为小美学史和大美学史，前者为美学理论史，后者则扩大为审美文化史、审美意识史或审美风尚史。具体到本书的写作，前者需要分析美学专著，甚至到哲学、伦理学等著作中寻找关于美学的思想片语，因此必须阅读大量原著，从其思想的整体中把握其美学观点，这特别表现在作者对西方早期美学如拜占庭美学、前经院美学、经院美学等研究中。后者则需要对艺术作审美的离析，从审美批评的高度分析文学艺术作品，进而把握其所呈现的审美意识，这就是本书中对莎士比亚、高乃依、拉辛、拉伯雷等人的审美批评，这一部分显示了美学作为抽象思辨理论对于文学艺术的深刻洞察力。把审美意识、审美风尚纳入美学史的写作，美学史不再在体系、范畴、概念中打转，美学思想与时代的审美意识、艺术美学联系起来，复杂的文艺思潮与抽象的理性思考构成互释，这就开创了一种新的美学思想的研究模式。美学思想不再是抽象的逻辑演绎，而是活生生的、具有源头活水的、来源于现实的审美意识的理论。三是史料发掘和观念创新。对于历史书写而言，史料的发掘无疑最为重要。因时空局限，且许多史料均已翻译过来，中国学界的西方美学史史料方面的出新就显得非常困难，但作者还是力求多收集资料，而史料的收集往往意味着美学思想的丰富和历史的重新书写，如本书对英国经验主义美学家霍姆的论述。除了史料的发掘外，作者还对许多具体的美学观点、学界的传统定论加以重新推敲，对西方经典美学进行再认识。比如前此学界认为，赫拉克里特主张艺术模仿自然，所以其艺术观是现实主义的，但作者根据原始文献指出，赫拉克里特所说的模仿自然不是再现自然，而是模仿自然的生成规律。这就在具体细部上推进了美学研究。再如朗吉努斯的崇高理论，学界一直争论不休，一种意见认为，朗吉努斯的崇高理论只是修辞学理论，真正美学意义上的崇高出现在近代，是主体性哲学的结果，在古希腊罗马时代，主体性还没有出现，因此不可能产生美学意义上的崇高范畴。本书作者认为，修辞学传统重视形式，而朗吉努斯的崇高理论重视精神状态表达的真诚，侧重点在内容而非形式方面，因此，崇高在朗吉努斯那里不是修辞学范畴，而是审美范畴。虽然这一观点值得再探索，但作者的论据是确凿可信的。在古希腊罗马美学部分，作者引用了大量西方的研究成果，开阔了中国学界的视野，原始文献的多重意义和阐释的多维视野就呈现出来。

此外，本书遵循历史主义书写原则。作者不勉强古人，不以今度古，而是把古人的思想放在其产生的特定历史背景中看其贡献。比如，传统学界认为，"三一律"对于艺术创造是束缚，其积极意义似乎蔽而不显。本书作者认为，对于前此中世纪民间戏剧的结构松散、节奏拖沓等毛病，"三一律"使戏剧节奏紧凑，简洁有序，奠定了现代戏剧的雏形，这一评论就把"三一律"的历史功绩呈现出来了。在写作中，作者总是把每一思想家的具体观点放在西方美学思想的历史流变中加以考察，比如培根的比例学说，在历史的考察中又给予其现代立场的评论；比如荷加斯的形式美学思想，作者从西方形式美学的传统即古希腊形式美学看其思想来源，从当时自然科学思维方式的兴盛看其思维背景，又从 20 世纪西方现象学对自然科学思维方式的批评角度看荷加斯形式美学思想的局限，这就把历史意识和当代意识结合起来了。作者还善于创造性地解释对象的思想，比如传统上，我们对于西方古典文学理论中的类型化方法是持批评态度的，但没有进一步追溯这种创作方法的思维根源。作者借助维柯的"可理解的类概念"解释了类型化创作方法的思维根据，认为它是人类早期思维规律在文学创作中的反映，类型化人物的出现在人类文学创作中是一种必然的现象，随着人类社会生活的发展和思维的复杂化，文学创作中就会出现新的塑造人物性格的丰富复杂的方法。

除了书写主流美学，本书的一个特色是挖掘支流美学。在此前西方美学史论著中，美学史的对象局限于主流经典，支流的非经典的美学思想则略写甚至不写，这就使西方美学思想的历史长河被间隔甚至中断，西方美学史具有非完整的片段性。美学史并不仅仅是主流和主干，它是支流与主流的合流，支流和主流构成了完整的复杂的网络。支流是过渡，是桥梁，有了它们，美学史的问题意识才可能连成一个整体，一个具有来源、开端、过渡和延续的思想长河才得以形成，没有支流的美学史就像没有余脉的山峰而显得突兀。比如智者美学对主体意识、自觉意识等的关注，就是前此古希腊的宇宙学美学到苏格拉底的人本主义美学的过渡，没有这一环节，苏格拉底和柏拉图的美学思想就不好理解。在希腊化和古罗马早期的哲学美学部分，作者给予斯多亚派、伊壁鸠鲁派和怀疑派的美学以 50 页的篇幅，从古希腊人本主义美学发展到中世纪神本主义美学就有了逻辑的连贯性。普洛丁是继柏拉图、亚里士多德以后古希腊罗马最重要的美学家，作者以大篇幅论说了普洛丁的美学思想，并指出，普洛丁不是基督教思想家，而是古罗马思想家，其思想没有超出古希腊罗马的范围。在普洛丁之后，一般的美学史就直接写中世纪，但在普洛丁去世后到东罗马帝国灭亡还有两百余年的时间，在这段时间里，受普洛丁影响的美学仍然存在和发展着，本书作者填补了这一空白，发掘了叙利亚新柏拉图主义和雅典新柏拉图主义美学思想。西方经典美学思想的粗线条因为有了这些过渡和桥梁才具有起承转合的连贯性和生命的整体性。为什么要书写支流美学呢？一是支流美学也是美学思想史的一部分，缺少这一环节美学史就不是完整体；二是一般而言，支流美学缺乏原创性，它们要么是对前人创造的承续，要么是对后人创造的启示，但如果缺少它们，前人的影响就无法体现，后人的创造也不会出现。有了支流美学，西方美学问题意识的起源、发展和承继就可以清晰地显现出来。

四卷本《西方美学史》集中展示了30年中国学界的西方美学史研究的成就，其学术思路和认知取向构造了中国学界在这一领域里的路标，成为此后西方美学史研究不得绕过的界碑。

三

如何书写历史特别是异文化的历史是一个常说常新的问题，按照基本原则，应把握两个方面，一是史实，就是史料的发掘，二是史论，就是当代意识即中国本土学人视野的表达。学术史的书写应根据原始文献对前人的思想遗产加以客观的呈现，但这种呈现不可能达到完全的客观，如何呈现、呈现什么本身决定于历史的前见和观看的视域，而时代意识最典型地表现在对历史的评价中，正是在这种评价和观看中，传统经典被赋予了新的生命，这就要求我们必须熟悉前人的研究，在前人研究的基础上提出新的富有时代意义的阐释。在百年西方美学的研究中，真正步入学术研究的正轨只有20多年的时间，通过各种教材、专著和论文的撰写，中国的西方美学研究渐渐走出意识形态局限，进入自由思想和纯粹知识的领地。在古典时代，西方美学没有成熟的学科形态，少有专门的美学著作，而美学本身又是一门交叉学科，这就给美学史的写作增加了难度。其一，美学思想存在于哲学、文学理论、艺术理论，甚至散文、随笔、杂文、书信等文体中，这就需要作者到所撰对象的原作整体中去仔细剥离分析其美学思想。其二，除了理论形态的美学理论，作者还需要从文艺作品如莎士比亚、塞万提斯等人的作品中梳理能够代表所撰对象本人美学思想的段落进而把握其美学观点，在此基础上分析作品的审美风格并总结其审美意识。其三，美学研究的对象涉及美的哲学、审美心理活动、艺术的哲学本质、人体美、自然美、社会美等多方面的内容。在鲍姆加通提出美学学科之前，西方美学并不如后来那样是研究感性与想象的学科，而是与神学、宇宙观、本体论、知识论等关系密切的知识形态，这就造成了早期美学思想的非独立性。这些都给西方美学的研究增加了困难。应该说，对于中国学界来说，西方美学的研究困难更多，但是考察发现，中国学界的西方美学通史硕果累累，厚实持重，甚至超越了西方学界。为什么中国学界的西方美学史越写越厚呢？美学是交叉学科，是否意味着美学的书写对象就要包罗万象呢？美学如果无限扩大自己的对象，是不是有消解美学本身的危险呢？现就近年中国美学界的西方美学书写中的"大厚本"现象提出一个值得商讨的问题。

在撰写西方美学通史时，有中国学者认为，美学对象包括哲学美学、文艺论美学、审美意识与审美风尚研究。也就是说，除了理论性的思想言论外，表现在日常生活和文学艺术作品中的审美意识也是美学史研究的对象。除了美的艺术品外，审美意识、审美风尚也表现在日常器物如服装、家具、园林、城市规划、工艺品等方面，但这一点难以展开，事实上，要真正深入地研究也是困难重重，除了资料收集的困难，这种研究还需要考古学、民俗学、社会学、历史学等多学科的通力合作，这一点不仅对于中国学人难以做到，就是对西方学界也是一个繁难的课题。但是，问题的另一面是，如果真把审美意识和审美风尚囊括其中，是否超越了美学的边界？事实上，正是如此，才导致了中国学界的西方美学史越写越厚的现象。

我们看到，在书写西方文学艺术家的美学思想时，学界的一种做法是，不是到书写对象所做的序言、后记、文论著作中，也不是到文学作品中去寻找能够代表文学家本人的美学思想的内容，而是直接以文学作品的分析代替对艺术家本人的美学思想的研究，作品的审美特征被等同于作者本人的美学思想。我认为，这种方法存在一定的疑问，因为一个作家的审美意识、美学思想、审美趣味可能并不表现在他的作品中，他的美学思想可能与其作品中所表达的审美意识是错位的，我们不能根据作品的审美分析就说这些审美特征是作者本人的美学思想。美学史是美学思想史，是思想的历史，因此，美学史应该书写作家明确的美学言论，而不是对其艺术风格的分析。对于那些没有明确的美学思想的作家和艺术家，我认为，其办法是找出该时代的美学范畴、美学概念，把他们的作品作为例证说明这些美学思想，其次是提炼出作品中能够代表其美学思想的部分。如果这两者都难以达到，就不应该进入美学史。除了到文艺作品中寻找美学思想，有些著作还从伦理学、宇宙论、认识论中剥离美学，美学当然与这些领域相关，但过于铺张就可能走向反面。在西方美学的早期，美学混杂于其他思想中，但如果铺张篇幅到其他领域寻找美学，就可能超出美学思想的限度，会把美学史越写越长。美学是交叉学科，美学思想与其他思想领域混杂在一起，但美学思想的书写不应该成为诸多学科的仅涉皮毛的牵连，这样有可能遮蔽了美学思想本身的逻辑的历史的东西。

从美学思想在人类思维中的逻辑进程看，首先是具象的文学艺术作品，在此基础上是文学艺术批评实践，文艺理论提炼于艺术批评，文艺理论的再抽象化就是美学，美学正体现了人类理性思维和理性创造力。如果美学研究停留在文艺批评或文艺理论的阶段，就淡化了美学的哲学本性。如果美学研究既包括美学思想，又有艺术评论和诗学理论，那么，什么是美学史的对象？如果美学思想史除了理论形态的美学理论外，还要分析艺术以及文学理论，那么美学思想史是不是没有自己的边界？与审美意识史、文学理论史是不是重叠？美学首先是哲学学科，它最典型的表现是哲学家的美学思想，其次是文学艺术的一般理论也就是艺术哲学，我认为这是美学史的主要对象。而审美意识史、审美文化史则是通过对各个时代文学艺术以及日常器物等的审美分析而来，这也可以说是广义的美学史的对象，但这一领域的研究，对于中国学界而言尤其困难。如何处理好审美意识、艺术风格、审美风尚在美学研究中的地位，如何克服这一领域研究的困难，这是中国美学界面临的重要问题。

在西方美学的研究中还有一个问题，特别是在福柯之后，我们必须重新思考，这就是美学思想与意识形态的关联问题。人们一般认为，美学思想是对审美活动的理性思考，是对艺术活动的理论把握，美学思想具有超越性，与意识形态距离很远。果真如此吗？看西方美学史上的柏拉图、普洛丁、康德、黑格尔等人，美学要么从属于政治理论，要么为宗教体验服务，要么以哲学本体论为目的，美学并没有获得独立的地位。美学并不是纯粹的思想，它也逃避不了权力对于知识的纠缠。作为意识形态的美学偏离了纯粹的审美活动，它把美学思想导向其他的意识形态部门，其结果是，艺术审美活动成为论证其他活动的附庸，艺术审美活动作为自由之思和人类解放的纯粹追求遭到了延误。美学与意识形态的关联是以前学界没有关注的问题，从意识形态角度可以看出美学思想的另一面貌，借助意识形态视角，我们将破除美学是纯粹知识的假象，从而获得对于美学思想的新知。

原载《甘肃社会科学》2009 年第 3 期

中国美学史书写的历史回顾与得失研判[*]

祁志祥[**]

"美学"作为一门独立的学科是从 1920 年代前后登陆中国的。用"美学"的观点梳理历史上关于"美"的认识，就诞生了美学史这一分支学科。在中国，最早的美学史是从梳理西方历史上对"美"的认识开始的，即朱光潜于 1960 年代完成、20 世纪 80 年代出版的《西方美学史》。有西方美学史，便不能没有中国美学史。1979 年，宗白华在《文艺论丛》第 6 辑上发表《中国美学史中重要问题的初步探索》一文，拉开了中国美学史研究的序幕。在其推动下，北京大学哲学系美学教研室包括叶朗、于民在内的一批年轻学者集体编选的《中国美学史资料选编》于 1980 年出版，为中国美学史研究作了初步的资料准备。宗白华的弟子林同华试图实现老师的理想，撰写了多篇中国美学史研究论文，江苏人民出版社于 1984 年以《中国美学史论集》为题出版。1981 年，为给编写集体项目《中国美学史》提供指导线索，李泽厚出版了《美的历程》。如果将此视为最早的源头，关于中国美学史的书写已走过 30 多年的历程，出版了十多种著作。其中，有写神型的，如李泽厚《美的历程》（文物出版社 1981 年版）、《华夏美学》（中国文联出版公司 1987 年版）；也有写骨型的，如叶朗《中国美学史大纲》（上海人民出版社 1985 年版）、王向峰《中国美学论稿》（中国社会科学出版社 1996 年版）、张法《中国美学史》（上海人民出版社 2000 年版）、王振复《中国美学的文脉历程》（四川人民出版社

---

* 本文为祁志祥《中国美学史》（5 卷，上海人民出版社，2018 年）的前言，单独刊发时有删节。

** 祁志祥，1958— ，男，上海政法学院美学研究中心教授。

2002 年版，该书 2004 年修改为《中国美学史教程》由复旦大学出版社出版）、朱志荣主编《中国美学简史》（北京大学出版社 2007 年版）、王文生《中国美学史》（上海文艺出版社 2008 年版）、于民《中国美学思想史》（复旦大学出版社 2010 年版）；有写肉型的，如李泽厚、刘纲纪主编五卷本《中国美学史》未完成稿（第一卷 1984 年由中国社会科学出版社出版，第二卷 1999 年由安徽文艺出版社出版）、敏泽三卷本《中国美学思想史》（齐鲁书社 1989 年版）、陈望衡《中国古典美学史》（湖南人民出版社 1998 年版）、陈炎主编《中国审美文化史》（山东画报出版社 2000 年版）、祁志祥三卷本《中国美学通史》（人民出版社 2008 年版）、叶朗主编八卷本《中国美学通史》（江苏人民出版社 2014 年版）。以上论著有的出自一人之手，有的为集体合作项目。30 多年来，美学观念及美学研究方法发生了很大变化，中国美学史也出现了多种不同的写法。在当前哲学社会科学探究中国路径，创造中国学派的时代语境下，回顾中国美学史书写的既有成果，对其中的得失作出客观评判及反思，探寻进一步发展之路，具有重要的学术意义。

一、如何理解"美学"概念，确定研究范围和重点

中国美学史是关于"美学"的历史。如何理解"美学"这一概念，直接关系到美学史研究范围和重点。可以说，有什么样的美学观，中国美学史就有什么样的写法。什么是"美学"？这里面存在着两个问题的争论：

一是怎么理解"美学"中的"学"字？"学"的本义是学问、哲学、学科，属于理论形态。"美学"学科进入中国之初，学者们便反复强调这一点。如萧公弼强调："美学者，哲学之流别。"[1] "美学者，情感之哲学。"[2] 吕澂在分析"美学的性质"时，从三个方面强调美学是一种"学的知识"。首先，"学的知识"与一般的知识不同，即它"不是关于各个

---

[1] 转引自叶朗总主编《中国历代美学文库·近代卷》下册，高等教育出版社，2004 年，第 641 页。

[2] 同上书，第 643 页。

事实的零碎知识"，而是关于"普遍于一切同类事实"的知识，所以是具有概括性的知识。其次，"这样概括的知识必被某种原理所统一着"，易言之，这种知识的概括性上升为一定的"原理"，所以"美学"常被后人称为"美学原理"。再者，"学的知识又是抽象的知识"，"凡知识愈概括、愈有组织、又愈抽象，那便愈成为学的。美学呢，现在就以关于美的概括组织又抽象的知识为主，所以说是种学的知识"①。陈望道认为，"美学"即"关于美的学问"②，而这学问即"抽象的哲学研究"。人们关于美的思想、意识也可能以艺术作品、审美文化的形态而存在，于是，美学衍化为艺术作品与审美文化，美学史呈现为美的艺术的历史和审美文化的历史，所以说美学史研究对象不仅包括理论形态的美学思想，还包括艺术形态、审美文化中的审美意识。如敏泽声称"中国美学思想史"即"审美意识、观念、审美活动的本质和特点的历史"。③他认为，"美学绝对不可以把创作中的审美活动排除在外"，但又指出，将文化、艺术中的审美意识都囊括进来后，美学史的研究范围就"相当广泛"了，"全面展开几乎是不可能的"，因此，他还是"把基本的和主要的范围放在有关美学思想的理论形态的著作中"。④朱志荣认为，美学史不应"只是美学理论史"，而应当是"理论与实践统一"的"审美意识"史。⑤在美的艺术发展视域下梳理中国美学思想史的代表作，是李泽厚的《美的历程》；在审美文化发展视域下梳理中国审美意识史的代表作，是陈炎主编的《中国审美文化史》；而敏泽的《中国美学思想史》与朱志荣主编的《中国美学简史》则试图在早期的审美实践与后期的理论形态两者兼顾中叙写中国美学史。不过，艺术作品与审美文化形态中的审美意识不是自己说出来的，而是由研究者解读出来的，具有不确定性。同时，分析、描述艺术作品与审美文化形态中的审美意识，不仅会无限扩大美学史的研究范围，冲淡美学史的研究重点，削弱美学史的理论品格，而且会侵占艺术史乃至文化史的学科领地，使得中国美学史与中国艺术史、中国审美文化史的疆域

---

① 吕澂：《现代美学思潮》，商务印书馆，1931年，第6—7页。
② 陈望道：《美学概论》，上海民智书局，1927年，第13页。
③ 敏泽：《中国美学思想史·序》，齐鲁书社，1989年，第1页。
④ 同上书，第2页。
⑤ 朱志荣：《中国美学简史》，北京大学出版社，2007年，第16页。

相互纠缠，混淆不清。因此，笔者对此并不认同，而主张重申美学是理论形态的学问，美学史是理论形态的审美意识史或美学思想史。在这方面，笔者赞同李泽厚、叶朗、张法的观点。李泽厚《美的历程》本来是为撰写《中国美学史》作准备的，但在组织集体撰写《中国美学史》时，他意识到《美的历程》将美学史聚焦于美的艺术的发展史之不足，而将美学史范围缩小到中国古代美学理论上来。该书的"绪论"指出，美学史有两种写法：一种是广义的美学史，研究的对象和范围是"审美意识"，广泛存在于"文学艺术和社会风尚"中；另一种是狭义的美学史，研究的对象和范围是"美学思想"，以"理论形态"表现出来。《中国美学史》"采取狭义的研究方式"，属于理论形态的美学史，是"我们民族在理论上对于美与艺术的认识的发展史"。[①]《中国美学史》后来未能完成，李泽厚本人出版了简要梳理中国古代美学理论演变历程的《华夏美学》，以弥补《美的历程》之不足。叶朗主张，"美学是一门理论学科"，"美学史应该研究每个时代表现为理论形态的审美意识"。[②] 其《中国美学史大纲》是这么写的，他后期主编的《中国美学通史》也贯彻了这一主张，所谓美学史是"理论形态的审美意识"史，不同于"审美文化史""审美风尚史"。[③] 张法声称，美学史是"审美理论史"，要尽量还原古代美学理论的客观事实。[④] 基于美学史是理论性的美学思想史的看法，笔者的《中国美学通史》"所关注的美学资料，是中国历史上关于感觉经验、情感经验，尤其是肯定性的感觉、情感经验及其对应的物态特点、规律的那些理论材料"。[⑤]

　　二是如何理解"美"在"美学"中的地位？美学是"美之学"，美学研究的重点、核心问题是"美"，美学是关于"美"的学说或理论思考，这是"美学"诞生之初的本义。鲍姆嘉通认为美是"感性知识的完善"，美学就是"感性学""情感学"。黑格尔认为美在艺术，所以美学就成了"艺术学"。美学传入中国之初，"美学"是"美之学"的学科概

① 李泽厚、刘纲纪：《中国美学史》第1卷，中国社会科学出版社，1984年，第4、6、5页。
② 叶朗：《中国美学史大纲》第1卷，上海人民出版社，1985年，第4页。
③ 叶朗主编：《中国美学通史》，江苏人民出版社，2014年，第1页。
④ 张法：《中国美学史》，上海人民出版社，2000年，第6页。
⑤ 祁志祥：《中国美学通史》第1卷，人民出版社，2008年，第11页。

念也随之传了进来，成为不容置疑的常识。如萧公弼说："吾人欲究斯学，须先知美之概念及问题。"[①]"不明美之意义、美之玩赏，而审美之观念必蹈谬误者也。"[②]吕澂说："为美学之对象者，必为美也。""为美学之中心问题者，唯美与丑。"[③]范寿康重申："美学……乃是研究美的法则的学问。"[④]陈望道认为"美学"即"关于美的学问"[⑤]，它主要就"美是什么"和"美的事物怎样才美"两个基本问题作抽象的哲学研究。李安宅说："美学在哲学里面，就是研究艺术原理或'美'的学问。"[⑥]蔡元培在给金公亮《美学原论》所作的序言中说："通常研究美学的，其对象不外乎'艺术''美感'与'美'三种。以艺术为研究对象的，大多着重在'何者为美'的问题；以美感为研究对象的，大多致力于'何以感美'的问题；以美为研究对象的，却就'美是什么'这问题加以探讨。我以为'何者为美''何以感美'这种问题虽然重要，但不是根本问题；根本问题还在'美是什么'。……根本问题的解决，我以为尤其重要。"[⑦]1948年，傅统先出版《美学纲要》，仍然重申："美学是研究美的本质的学问。"[⑧]正是由于对"美"的问题的重视，所以1950年代末美学大讨论中争论的焦点在于美本质。当时，李泽厚提出美学是"研究美和艺术的学科"，直到20世纪80年代末第二次美学热重新燃烧的时候，他依然认为这种说法"还有一定的适用性"。[⑨]出于同样的考虑，日本学者笠原仲二在1960年代至1970年代发表的研究古代中国人审美意识的论文结集为《古代中国人的美意识》而非《古代中国人的审美意识》。不过，由于美往往是由美感、审美决定的，于是美学研究的中心从"美"向"审美"转移，美学也从"美之学"演变成"审美学"。这种转移主要是从20世纪80年代、

---

① 转引自叶朗总主编《中国历代美学文库·近代卷》下册，高等教育出版社，2004年，第641页。
② 同上书，第646页。
③ 吕澂：《美学概论》，商务印书馆，1923年，第1、34页。
④ 范寿康：《美学概论》，商务印书馆，1927年，第6页。
⑤ 陈望道：《美学概论》，第13页。
⑥ 李安宅：《美学》，世界书局，1934年，第2页。
⑦ 金公亮：《美学原论》，正中书局，1936年，第2页。
⑧ 傅统先：《美学纲要》，中华书局，1948年，第18页。
⑨ 李泽厚：《美学三书》，安徽文艺出版社，1999年，第447页。

20 世纪 90 年代发生的，21 世纪以来有愈演愈烈之势。如 1987 年山东文艺出版社王世德的《审美学》，1991 年陕西人民教育出版社周长鼎、尤西林的《审美学》，2000 年北京大学出版社胡家祥的《审美学》，2007 年复旦大学出版社王建疆的《审美学教程》。同年，杜学敏发表《美学：概念与学科》一文，指出"中文'美学'一词是出生于清末的一个外来词，相对妥帖的译词应是'审美学'"①。2008 年，王建疆发表《是美学还是审美学》一文指出："美学表面上看起来研究的是美，而非审美，但实际上却研究的是审美。""就美学的实际存在而言，确切地说它应该是审美感性学，简称审美学，而不是什么美学。"② 在这种学术语境下诞生的中国美学史论著，大多喜欢标举"审美"，而回避谈"美"。叶朗批评"中国美学史主要应该研究历史上关于美的理论"的观点，认为这种观点"太狭窄"，指出"美学不限于研究'美'。美学研究的对象是人类审美活动的本质、特点和规律"。③ 敏泽撰写的《中国美学思想史》，是"审美意识、观念、审美活动的本质和特点的历史"④。陈望衡从"审美"角度，将"中国古典美学体系"理解为"审美本体论系统""审美体验论系统""审美品评论系统"。⑤ 张法也从"审美"入手，将中国古代美学范畴体系划分为"审美对象范畴""审美创造范畴""审美欣赏范畴"；此外还论及"审美主体""审美生成""审美原则""审美方式"等。⑥ 王振复的《中国美学的文脉历程》通篇从文化、哲学的层面切入"审美"问题，如"巫史文化与审美初始""诸子之学与审美酝酿""经学统一与审美奠基""玄佛儒之思辨与审美建构""佛学中国化与审美深入""理学流行与审美综合""实学精神与审美终结"等。人们标举"审美"，但究竟什么是"审美"，却人言言殊，成为一个比"美"更加扑朔迷离的概念。李泽厚曾一针见血地指出："审美关系是一个极为模糊含混的概念。什么叫'审美关系'呢？不清楚，这正是美学需要去探讨的问题，用它来定义美学使人更感糊

---

① 杜学敏：《美学：概念与学科》，《人文杂志》2007 年第 6 期。
② 王建疆：《美学还是审美学》，《社会科学战线》2008 年第 6 期。
③ 叶朗：《中国美学史大纲》，上海人民出版社，1985 年，第 3 页。
④ 敏泽：《中国美学思想史·序》，第 2 页。
⑤ 陈望衡：《中国古典美学史》，湖南教育出版社，1998 年，第 4—5 页。
⑥ 参见张法《中国美学史》的"导论""余论"，上海人民出版社，2000 年。

涂。"①中国古代文化典籍中是只有"美"而无"审美"的，由没有明确义界的"审美"切入中国美学史研究而造成的问题，是使美学史变成有学无美的历史。

笔者认为，感性认识的圆满完善在审美实践中被指称为"美"，事物的美是主体快乐的审美感受的物化，所以，"美"包含着"审美"，"美学"包含着"审美学"，但在中文话语中，"审美"不同于"美"，"审美"必须以对"美"的确认为逻辑前提，因此，"美学"是比"审美学"更加妥帖的学科概念，美学研究的重点应当是"美"。"美"存在于在现实与艺术中，"是被当作事物之属性的快乐"，②"审美"则是主体对事物中存在的"美"的感受认识。"美学"的确切内涵是研究现实与艺术中的美及其乐感反应的哲学学科，其中心问题是美的问题。因此，中国美学史聚焦的对象是古代人怎么看"美"的思想，是中国历代关于美的思考的理论史。

二、如何把握"美"及"中国古代美学精神"

美学史在评述历代关于"美"的看法时，研究者必须有一个统一的基本看法，这是取舍、评价前人各种"美"的思想观点的依据。有无关于"美"的统一看法，这一看法是否稳妥，直接决定着美学史书写的高下与成败。

在中国美学史的书写中，不可回避对于美的本质的思考。但按照美在实践的本质观去梳理中国美学史，则会将中国美学史写成社会实践史，造成中国美学史的书写大而无当，导致评述对象美学思想时与真、善纠缠不清，使美学史异化为美学以外的东西。而撇开"美在实践"的条条框框，按照历史上人们对美与艺术的朴素、真实看法去梳理美学史，又会造成史的撰写与论的设定之间的背离与矛盾。有鉴于此，对美本质的形上之思必须在解构传统实体性本体论的基础上重新展开。由此得到的

---

① 李泽厚：《美学三书》，第 443 页。
② 桑塔亚那：《美感》，中国社会科学出版社，1982 年，第 33 页。

美本质观是什么呢？1998 年，笔者提出"美是普遍愉快的对象"；①2013 年，又将美的统一语义表述、修正为"有价值的五觉快感对象与心灵愉悦对象"。②

在对"美"的统一规定性有了基本看法之后，必须进一步追问：中国古代怎样看"美"？或者说，中国古代美学精神是什么？

在对中国古代美学精神的思考、提炼中，研究者对"美"的看法同样很重要。李泽厚认为，美的根源在实践，参与他主编的《中国美学史》第一卷的编者们从"社会实践"角度概括出中国古代美学思想的六大"基本特征"：一是"高度强调美与善的统一"；二是"强调情与理的统一"；三是"强调认知与直觉的统一"；四是"强调人与自然的统一"；五是"富于古代人道主义精神"；六是"以审美境界为人生的最高境界"。在这种概括中，美之为美的独特性消失了。从逻辑上看，这六项特征可以进一步合并，如第五项可以和第一项合并，第六项也可以与第一项、第二项合并。而当美学史始终围绕上述几个什么都有、就是没有美的独特性的"统一"撰写时，势必异化为漫无边际、让人无法把握的东西。

叶朗在撰写《中国美学史大纲》时认为美学的研究对象"不限于""美"，而是"人类审美活动"；中国古典美学体系的"中心"不是"美"，而是"审美意象"。他特别强调："在中国古典美学体系中，'美'并不是中心的范畴，也不是最高层次的范畴。'美'这个范畴在中国古典美学中的地位远不如在西方美学中那样重要。如果仅仅抓住'美'字来研究中国美学史，或者以'美'这个范畴为中心来研究中国美学史，那么一部中国美学史就将变得十分单调、贫乏，索然无味。"③他还特别指出，"意象"的重心是"象"而不是"意"，"意象"的要义是意中之象，也就是"象外之象""景外之景"，是有限之境中藏无限之境，而不是"象外之意"。由此出发，他重新阐释老庄的美学价值，把老庄在中国美学史上的地位抬得比儒家还高，由此写成的中国美学史，就成了"意象"范

① 祁志祥：《论美是普遍愉快的对象》，《学术月刊》1998 年第 1 期。
② 祁志祥：《"美"的特殊语义：有价值的五种快感对象与心灵愉悦对象》，《学习与探索》2013 年第 9 期。
③ 叶朗：《中国美学史大纲》，第 3 页。

畴群的发生、发展及演变史。叶朗的《中国美学史大纲》作为最早的一部完整的、史论合一的中国美学史专著，其贡献不可抹杀，但以今观之，其中不免存在一些值得研判的问题。首先，"美"作为中国古代美学认可的快适对象，琳琅满目，千姿百态，"意象""情味""气和""格调""神韵"等等，都是被认为美的形态。因此，抓住"美"这个中心范畴来叙写中国美学史，美学史未必"十分单调、贫乏"，完全可以丰富多彩。其次，中国古代美学中的"意象"范畴作为"审美意象"，其实与"美"的范畴并不矛盾，而恰恰是"美"的衍生范畴。易言之，"意象"之所以为中国古代的美学范畴而非丑学范畴，说到底，是由于它使人们普遍感到快适、"审"到"美"、以为"美"，所以才称之为"审美意象"。因此，叶朗将"审美意象"与"美"对立起来，是不能成立的。再者，"意象"的本义不是"象外之象""境外之境"，而是"象外之意""境外之韵"，"意象"的"意"作为主体无限的意味，不能被忽略。复次，"意象"并不是道家纯客观的"天道"观念的衍生物，而是儒家人道与天道、主体与客体对立统一的产物，是有限、有形之象藏无限、无形之意的审美范畴。因而，将道家在中国古代美学史上的位置抬得比儒家还要高，显然是欠妥的。中国古代美学曾如李泽厚所揭示，是以儒家思想为主体，道家仅处于互补位置上。最后，中国古代美学史不能简化为"意象"范畴史，只有从"美"的多元形态入手而不是以"意象"为中心，中国美学史才能有丰富多彩的全面呈现。

在对中国美学史进行系统研究的基础上，叶朗 1999 年主编、出版了以审美活动为研究对象的《现代美学体系》。大概是发现完全取消美本质的回答不可行，所以在 2009 年出版的《美学原理》中，他一方面继续维护其关于美学的研究对象不是"美"而是"审美活动"的原有观点，另一方面又在首章中提出并论证"美在意象"。这时，"意象"从其早期认可的中国古典美学体系的中心范畴上升为囊括中西美学理论的美学原理关于"美"的本体范畴。但在其主编的《中国美学通史》中，却不见对"中国美学的基本精神"的概述。尽管叶朗在通史写作中将美学研究的对象重新回到"美"，提出美学史是"美的核心范畴和命题"的发展史。但由于其认为"美在意象"，一部约 300 万字的篇幅中总是聚焦"意象"理论，不仅材料不足，而且也会导致严重的单一化，所以在"意象"学说之外，便填塞着各卷作者关于"审美活动"思想的评述。虽然从篇幅上看，叶朗主编的《中国美学通史》比之前他独自撰写的《中国美学史大纲》有大量增加，但从史论统一性、逻辑自洽性、思考深刻性、表述严密性来看，前者较之后者不能不说是一种倒退。

与叶朗的观点相似，陈望衡也认为："在中国古典美学中，处于审美本体地位的是'象''境'以及由它们构成的'意象''意境''境界'等，这才是中华民族的审美对象。如果硬要仿照西方的美学提问：什么是美或美在哪里？那么，美就在'意象''意境''境界'。"不过，在他看来，"意象"只是中国古代"审美本体论系统"的"基本范畴"，在此之外，中国古代美学还有以"味"为"核心范畴"的"审美体验论系统"，以"妙"为"主要范畴"的"审美品评论系统"，以及"真善美相统一"的"艺术创作理论系统"。① 这就使其《中国古典美学史》的呈现较之叶朗的《中国美学史大纲》有了更大的丰富性。

王文生认为，中国古代美学的核心范畴是"情味"，其《中国美学史》（上海文艺出版社，2008年）的副题即为"情味论的历史发展"。以味为美，这是中国古代建立在大众审美实践基础上的具有民族特色的美本质观；而以情为味为美，是主张从心所欲不逾矩、礼以养情适情的儒家美学的基本观点，也是中国古代抒情文学的基本特点。而于民则将中国古代美学的核心范畴概括为"气"与"和"，其《中国美学思想史》（复旦大学出版社，2010年）即是以"气"与"和"贯穿全篇的美学史。王文生、于民的美学史书写恰好可对叶朗、陈望衡的观点起到某种互补、纠偏作用。不过，在将一部范畴多元、思想丰富的美学史写成单一的范畴史这一点上，王文生、于民之作恰恰与叶朗所著具有同样的缺失。

张法对中国古代美学精神的理解乃是对李泽厚《华夏美学》观点的化用，如他认为构成中国美学史的主体部分是"士人美学"，主要由儒、道、屈、禅、明清思潮五大主干组成。但在继承、化用李氏观点之外，张法也有自己的独特领会。他认为中国古代美学贯穿始终的根本性范畴

① 陈望衡：《中国古典美学史》，第2、1、4、11、16页。

有五：一是"气韵生动"，这是"中国美学内在生命"；二是"阴阳相成"；三是"虚实相生"，它们是"中国美学的基本法则"；四是"和"，这是"中国美学最高理想"；五是"意境"，这是中国美学的"审美生成观"。较之叶朗、王文生、于民乃至陈望衡，张法对中国古代美学范畴的认识精细、丰富了很多。不过由于太过丰富，似乎又有细碎之嫌。朱志荣在其主编的《中国美学简史》绪论中，从思维方法、范畴特点、理论形态三方面论及"中国美学的基本特征"："思维方法"是感悟、比兴、情景交融、物我合一、天人合一；"范畴特点"是与哲学范畴相通、体现生命意识、贯通自然感悟与社会特征、借鉴佛教范畴；"理论形态"是诗性表达、具象特征、生命意识、重机能轻结构。后两项与我们所说的"中国美学基本精神"相交叉，但并不完全重合。

　　与上述诸位学者的认识不同，笔者从美是普遍的愉快对象出发，对中国古代美学精神作了独特的研究和揭示。在中国古代人看来，"美"是一种"味"、一种能够带来类似于"甘味"的快适感的事物。不仅视听觉的快感对象是"味"，五觉快感乃至心灵愉悦的对象也是"味"，"仁义之悦我心，犹刍豢之悦我口"。这是"味美"观。中国美学以什么为"至味""至美"呢？大抵儒家美学以心灵道德的表现为至味、至美，道家、佛教美学以天道、佛道的象征为至味至美。这是"心美"观和"道美"观，体现了美与善、真的交汇。美不只是心灵的意蕴、道德的寄托、真理的化身，而且包括符合特定规律的形式。参差错落、变化统一的形式就是会产生美的文饰效果。这是关于形式美的"文美"观，体现了美区别于善、真的独特性。中国美学处于天人合一的文化系统中，天人感应、物我同构被视为美的快感的发生机制和心理本质，所谓"同声相应，同气相求"。这是物我同构为美观。以"味"为美、以"心"为美、以"道"为美、以"文"为美、同构为美（适性为美）等五者复合互补，构成了中国古代美本质思想的系统。在此本根之上，儒家美论、道家美论、佛家美论又呈现出不同的形态和枝节的差异。它们殊途同归，最终在美感特征论、审美方法论上留下了相应的印记。上述美论和美感论共同构成中国古代美学精神，是中国古代美学史考察的焦点和运行的轴心。

三、如何理解中国美学发展的历史分期

任何学科的思想史都有其独特的演变规律与时代特征，这是学科思想史分期的学理依据，中国美学史也不例外。在这里，最应防范的做法是简单地以朝代的更替作为学科思想史的分期，叶朗主编的八卷本《中国美学通史》将上古至 1949 年中华人民共和国成立前的中国美学史分为先秦、汉代、魏晋南北朝、隋唐五代、宋金元、明代、清代、现代八个阶段，至于为什么要这样分期，其时代特征及其相互联系是什么，卷首的总序中并未作统一的说明。尽管各卷概述中对各时期美学风貌有一定的说明，但它们之间的联系及整体脉络是需要有更为综合的、高屋建瓴的说明的。

中国美学史的历史分期必须以中国美学精神发展形成的时代特征为依据。叶朗认为，中国古代美学体系的中心范畴是"意象"，《中国美学史大纲》据此划分中国美学史的历史阶段，得出了如下逻辑把握：先秦两汉为中国古典美学的"发端"，魏晋南北朝至明代为中国古典美学的"展开"，清代前期为中国古典美学的"总结"，近代为西方美学的借鉴期，而李大钊美学是"对于中国近代美学的否定"，为"中国现代美学的真正的起点"。[①] 其实，中国古代美学的中心范畴未必是"意象"，将中国古代美学史分为"意象"范畴发展演变的三个阶段未必经得起推敲；将魏晋南北朝至明代这么长的阶段视为中国古典美学的"展开期"也显得过于粗疏；至于将李大钊美学视为"中国现代美学的真正的起点"，更是匪夷所思。王文生将中国美学史的分期以"情味"论来展开。他认为，孔子是情味论的源头；魏晋南北朝是情味论的萌芽和形成阶段；唐代是情味论的确立阶段；宋、元、明、清是情味论的发展阶段；而20世纪西方文学反映论进入中国后，中国美学则是情味论"消减"的阶段。于民在《中国美学思想史》中划分中国古代美学思想历史阶段是围绕"气"与"和"两个核心范畴展开的：新石器时代是"审美艺术的产生"时期；

---

① 叶朗：《中国美学史大纲》，第 10 页。

夏商时代是"崇敬狰狞的兽形之美"时期；西周是中国古代美学思想的"奠基时期"，"气"与"和"两个范畴开始建立；春秋战国是中国古代美学思想的"展开"时期，"气化"与"谐和"范畴得到发展，美与善、文与质、乐与悲、雅与俗、音与心等范畴应运而生，儒家、道家的美学观正式出现；两汉时期是"审美重点从人到艺术的过渡"阶段；魏晋六朝是"人格审美的顶峰"与"艺术品鉴的美学升华"阶段；隋唐五代是"意境的追求与生成"阶段；宋代至明中期是"儒道释相融的审美观的形成"阶段；明后期至清中期是"中国古代审美气化谐和论从巅峰到总结"的阶段。然而，正如中国美学史并不只是"意象"范畴的演变史，中国美学史也不只是"情味"范畴、"气化谐和"范畴的演变史，所以王文生、于民对中国美学史的历史分期同样不能当作中国美学史整体的历史分期。

李泽厚、刘纲纪主编的《中国美学史》将中国古代美学精神划分为儒家美学、道家美学、楚骚美学和禅宗美学四大思潮，将中国美学的发展过程划分为"先秦两汉时期的美学""魏晋至唐中叶的美学""晚唐至明中叶的美学""明中叶到戊戌变法前的美学""戊戌变法到二十世纪八十年代"五个阶段。《中国美学史》原计划写五卷，或许就是按照这五个阶段来设计的。其实这种划分也不尽稳妥。如以屈原为代表的楚骚美学实际上可归入儒家美学；与儒家美学、道家美学并列的"禅宗美学"其实是"佛教美学"的一支，以此取代丰富多彩的"佛教美学"，乃是以偏概全、投机取巧的做法；而无视玄学美学的特殊追求，不能不说是一大疏漏；至于将魏晋南北朝与隋唐视为一个整体阶段，更是不符合美学史实际的。所以也为刘纲纪执笔的《中国美学史·魏晋南北朝编》所否定。《中国美学史》出版了第一卷后便无以为继，李泽厚后来在《华夏美学》中对中国美学史的时代特征、历史脉络和标志性美学范畴作了整体思考，认为先秦两汉是一个阶段，哲学基础是儒学，主张美在"礼乐""人道"，审美客体范畴是"气"，审美主体范畴是"志"，连接审美主客体的中介范畴是"比兴"。六朝隋唐是一个阶段，哲学基础是庄子和屈原。庄子美学主张美在"自然"，审美客体范畴是"道"，审美主体范畴是"格"，连接审美主客体的中介范畴是"神理"；屈原美学主张美在"深情"，审美客体范畴是"象",审美主体范畴是"情",连接审美主客体的中介范畴是"风骨"。宋元美学是一个阶段,哲学基础是禅学,主张美在"境界",审美客体范畴是"韵",审美主体范畴是"意",连接审美主客体的中介范畴是"妙悟"。明清、近代美学是一个阶段,主张美在"生活",审美客体范畴是"趣",审美主体范畴是"欲",连接审美主客体的中介范畴是"性灵"。① 在这里,李泽厚将六朝与隋唐视为一个由庄学、屈骚主宰的整体是很不恰当的。六朝的美学是以玄学为哲学基础的美学。玄学主张适性自然。这个自然,开始指庄子无情无欲的自然,它表现为克制自然情欲的"雅量",后来发展为魏晋名士改造了的超越名教、任情而为的自然,它表现为《世说新语》所记载的"任诞"。而隋唐为整顿六朝情欲横流造成的社会问题,恰恰重新举起儒家道德美学的大旗,代表人物有王通、韩愈、白居易,其标志性美学范畴恰恰不是"深情",而是"儒道"。隋唐的这个"儒道"范畴,到宋元发展为"理学"范畴,二者在崇尚儒家道德理性这个大方向上是一致的。所以崇尚儒家道德美学的隋唐宋元是一个整体,它与崇尚自然情欲之美的魏晋南北朝形成鲜明对照。至于将明清与近代视为一个整体,更是不合常理。明清美学是在中国文化的独立语境中完成的,它以求真务实的"实学"为哲学基础展开了对隋唐、宋元道德美学的反叛,走向了对性灵趣味的追求。而近代美学则是在西方人文观念的促进下出现的不同于传统美学的新美学形态,是古代美学向现代美学转型的过渡时期。

基于对中国古代美学范畴、特征、精神的特殊理解,陈望衡、朱志荣对中国美学史都有自己独特的分期。陈望衡认为,春秋战国是中国古典美学的"奠基期",两汉至南北朝是中国古典美学的"突破期",唐宋是中国古典美学的"鼎盛期",元明是中国古典美学的"转型期",清代是中国古典美学的"总结期"。将"汉代"纳入"突破"期,令人费解;在"突破"之后另立"鼎盛",似有同义反复之嫌,它没有揭示唐宋美学与六朝美学价值取向上的根本不同;在"鼎盛"期中不见隋代美学的论述,实属一大遗漏;仅依据戏剧小说的通俗审美形态就将元明视为中国

---

① 李泽厚:《美学三书》,第 427 页。

古典美学的转型期，忽视了元代追求载道之美、明代崇尚唯情之美的重大区别；清代作为中国古典美学的总结期，将深受西学影响的王国维列入，也不够稳妥。朱志荣将先秦两汉视为中国美学的"萌芽兴起期"，将魏晋隋唐视为"发展期"，将宋元明清视为"转型期"，将"现代"视为"新变期"。这种分期大而化之，似乎有点勉强。如前所述，隋唐宋元美学是魏晋南北朝美学取向的反拨与矫正，因而将"魏晋隋唐"视为一个整体恐怕站不住脚；明清与宋元美学取向也有诸多不同，将"宋元明清"视为一个时期也值得辨析。张法的划分也独具匠心。他将中国美学史分为"远古美学"时期，是"礼""文""中""和""观""乐"等基本美学范畴的形成阶段；"先秦和秦汉美学"时期，标志着"中国文化结构与审美方式的确立"；"魏晋南北朝美学"时期，标志着"中国美学理论形态的产生"；"唐代美学"时期，以"意境"理论为标志，是"中国美学理论形态质的完成"阶段；"宋元美学"时期，以文人画理论为标志，是中国美学的"顶峰"阶段；"明清美学"时期是中国美学从冲突走向整合的"总结期"。这种划分史论合一，逻辑自洽，较为精细，可供参考。

　　与上述诸位的美学史分期迥异其趣，笔者紧扣中国古代美论"味美""心美""道美""文美"、同构为美的复合互补系统考察中国古代有美无学的历史运动及其时代特征，对中国古代美学史分期作出了另一种解读：先秦、两汉是中国美学的奠基期，各家（如儒、道、佛）美学观的初步建构直至两汉才大功告成。魏晋南北朝是中国美学的突破期，在玄学"人性以从欲为欢""越名教而任自然"的"适性"美学思想的推动下，情欲从理性的约束中挣脱出来，形式从道德的附庸中解放出来，出现了以"情"为美的情感美学和以"文"为美的形式美学两大潮流，广涉人生和艺术领域。其时，佛家美学与道教美学也迎来了第一个高潮，并与玄学美学交互影响，相映生辉。隋唐宋元是中国美学的反拨与发展期，儒家道德美学成为这个时期一以贯之的美学主潮，用以反拨、矫正六朝情感美学和形式美学造成的社会流弊，同时，形式主义诗学和表意为主的诗文美学余波尚存，并在新形势下获得变相发展。与此同时，佛教与道教再度繁荣，出世的道德美成为这个时期书画美学和园林美学的主要追求。明清是中国美学的综合期，在吸收、总结中国古代美学思想成果的基础上，诞生了许多集大成的美学论著，以"道"为美与以"心"为美、以"情"为美、以"文"为美的思想多元交汇，矫正了前一时期道德美学的板结偏向。近代是中国美学的借鉴期，中国美学借鉴西方美学的观念和方法，探讨美的本质和文艺的审美特征，译介与建构现代美学概论，呈现出中西合璧的特色，标志着有美无学的古代美学向有美有学的现代美学学科过渡。

在《中国美学全史》第五卷，笔者认为，"五四"前后是中国现代美学的第一个阶段。从1915—1927年"五四"前后这段时期，是中国现代美学学科和文艺学科宣告诞生的阶段，也是主观价值论美学占主导地位的阶段，同时还是新的价值追求进一步发展并运用美文学样式加以宣扬的阶段。美学作为有美有学的"美及艺术之哲学"，经过蔡元培、萧公弼、吕澂、陈望道等的译介和建设，在中国学术界落地生根。从1928年"革命文学"论争到1949年新中国成立，是中国现代美学发展的第二个阶段，是主观论美学与客观论美学交互斗争并最终走向客观论美学的阶段。承接五四时期价值论美学的主观倾向，先有李安宅的《美学》对"美是价值"学说加以重申，继而朱光潜富于创造的主观经验论美学风靡整个1930年代，后来宗白华、傅统先的美学学说不外是对朱光潜的发挥与改造。与此同时，以客观唯物论美学为标志的新美学学说在与主观论美学的斗争中逐渐崛起。在马克思主义唯物论美学的总原则下，诞生了蔡仪的《新艺术论》与《新美学》，提出"美即典型"，美的艺术即典型形象的塑造，这是客观唯物论美学系统而独特的创构。中国当代美学的第一个阶段是20世纪五六十年代，这是中国化美学学派的产生期。围绕着美本质开展了美学大讨论，讨论中诞生了朱光潜的主客观合一派，蔡仪的客观派，吕荧、高尔太的主观派，李泽厚、洪毅然的社会实践派，以及继先、杨黎夫的价值论派。中国当代美学史的第二个阶段是20世纪八九十年代，这是中国式美学学科体系的建设、创新阶段。伴随新方法论热，20世纪80年代诞生了不少新的美学学说，如黄海澄建构的系统论、控制论美学原理，汪济生建构的一元论、三部类、三层次美论体系，王明居建构的模糊美学原理等。而美学与心理学的交叉联姻催生了一批研究美感心理和文艺心理的重要成果，如彭立勋从辩证唯物论角度对以往美感研究成果的总结，滕守尧应用格式塔美学成果对审美经验的个性化探索，金开诚提出的"三环论"文艺心理学原理。世纪之交以来是中国当代美学的第三阶段，这是美学的解构与重构阶段。一方面，美的本质被取消，不仅不能成为美学研究的起点，而且美的规律、特征、根源等也不再被研究，美学不再是"美之学"，而是"审美之学"。美的本质论被解构了，美学体系的起点是什么？本体是什么？美学如何讲？按什么顺序、逻辑讲？于是，美学开始了新的重构，从而诞生了超越美学、新实践美学、意象美学、生命美学、生态美学、乐感美学等。

四、美学史书写中应当处理好的几个技术问题

确定了美学史叙述的主要对象范围，对美的形上本体有一个长期、深入且通达、稳妥的思考认识，对中国古代美学精神有一个全面而相对准确的提炼概括，对中国美学史不同阶段的时代特征和前后联系有一个相对合理的抽象分析，这是美学史成功书写的基本保障。在此基础上，还有一些美学史书写的技术问题需要审慎地处理好。

1. 哲学美学与文艺美学的关系。美学学科在初生时是指研究感觉、情感规律的哲学分支。后来，由于黑格尔主张美只是艺术的专利，美学即关于美的艺术之哲学，所以文艺美学成为美学研究的主导。但审美实践表明，美不仅存在于艺术中，更大量存在于自然、社会生活中。美学不仅是对艺术美的思考，更呈现为"文艺美学""艺术哲学"，而且是对现实美的思考，表现为"自然美学""人生美学""哲学美学"等。实际上，美学是对存在于自然、人生、艺术中的美的哲学思考。因而，文艺美学乃是哲学美学的逻辑延伸，哲学美学是本，文艺美学是末；哲学美学是体，文艺美学是用。撰写中国美学史不仅要关注历史上的文艺美学理论，更要关注历史上的哲学美学理论，可惜现有的中国美学史著作在这个问题上大多本末倒置。究其原因，除了认识有偏之外，哲学美学不易把握，也是一个重要原因。比如，中国古代哲学美学，不同的世界观就有不同的美学观，进而形成了儒家美学、道家道教美学、佛家美学、玄学美学

等，佛家美学中又有大乘、小乘、般若学六家七宗以及禅宗、天台宗、华严宗、净土宗、三论宗、法相宗等不同宗派的美学观，这就给美学史书写带来巨大难度。同时，文艺种类繁多，文艺美学呈现为文学美学、绘画美学、书法美学、音乐美学、园林美学；文学美学中又分解为散文美学、诗歌美学、词论美学、戏曲美学、小说美学等，这些也给美学史书写带来巨大挑战。在中国美学史书写积累了大量成果的今天，任何写神型、写骨型的同类著作均远远跟不上学科史内在发展要求，而要在写肉型著述方面有所作为，则必须从哲学美学出发走向文艺美学，在长期、广泛的知识储备的基础上完成对历代哲学美学与文艺美学思想的完整反映。笔者的三卷本《中国美学通史》正是这样着手努力的，它描画了一部融儒、道、墨、法、佛、玄等哲学美学及诗、文、书、画、音乐、园林等文艺美学于一身的多声部、复调式美学史全景图。

2. 超功利审美与审美功利主义的关系。美或审美与功利的关系是美学研究中最混乱的关系，不要说美学史书写者，即便是许多美学理论工作者也是在云里雾里。究其原因，康德难辞其咎。康德在《判断力批判》"美的分析"中一方面强调"美"是"无一切利害关系的"，① 另一方面又在"崇高的分析"中说"美是道德的象征"，② 而"道德"恰恰是功利的凝聚。康德美学的这个自身矛盾被一般读者粗心地忽略了。人们只记住他对美的无功利性的强调，却有意无意地忘记了他对崇高的功利性的肯定。其实，康德对美的无功利性分析只相对于狭义的"自由美"（即形式美）而存在，他所说的作为"道德象征"的美的功利性恰恰是相对于"附庸美"（即内涵美）而存在的。既然"有两种美，即自由美和附庸美"，前者是"为自身而存的"美，后者是"隶属一个特殊目的的概念之下"的"有条件的美"。因而，美既是超功利的——指自由美、形式美，这是美或审美的狭义、自律；也是功利的——指附庸美、内涵美，这是美或审美的广义、他律。事实上，这两种用法遍布于我们日常的审美实践中。比如，航天专家说他们在设计航天飞行器时也考虑到"审美"，产品设计

---

① 康德：《判断力批判》上卷，商务印书馆，1996 年，第 48 页。
② 同上书，第 201 页。

师说须关注商品外观的"审美"，等等，这里的"审美"不言而喻都取其狭义，指创造自由的、超功利的纯形式美。而在另外一些场合，我们赞美某人"心灵美"，说某人是"最美司机""最美女教师"云云，这里的"美"显然是指广义的功利美、内涵美。内涵美所涉及的功利，不仅与利他的道德"善"相关，也与可以认识自然、改造自然的"真"相连。而功利性的真善内涵之所以会与"美"发生交叉，只存在于产生愉快感的地带。因而，美学史的研究对象既要聚焦于普遍带来超功利快感的自由美、形式美的理论思考，也要兼顾能够产生功利快感的附庸美、内涵美的思想言论。这样，既可避免视野太过局促狭隘、作茧自缚，也可防止因漫无边际而不可收拾。

3. 合理的叙述结构和评述方式。写肉型的美学史面对的评述对象面广量大，它们派别不一、门类不一、时间不一，愈是到后来，端绪愈益纷繁，如果找不到一个合理的叙述结构，不仅会让读者难以有效把握书中的内容，而且会打乱自己的叙述条理和步骤。此类教训，在观看李泽厚、刘纲纪的《中国美学史》第二卷以及叶朗主编的美学通史各卷时都可以感受到。笔者的《中国美学通史》叙述结构是：先横后纵，即在每一历史分期中先按哲学美学、文艺美学的不同类别对选定的评述对象进行归类，然后再按时间顺序逐个评述个案对象。在评述方式上，避免"……的美学思想"之类的千篇一律的命题方式，而是提炼出具有对象个性印记的标题彰显文眼，并在具体评述中按世界观→美学观（美论→美感论）→艺术观（本体观→门类观）的理路剖析其美学思想的生成机制、转换关系和相互联系，努力使评述对象的美学思想呈现为具有独特个性的有机整体。如此这般，不仅使全书的若干评述对象合而成一个纵横交错、各就各位、各司其职、有条不紊、相互支撑、富于张力的美学大厦，分而为精气饱满、层次丰富、各具魅力、异彩纷呈的单篇论文。

4. 纵向照应与横向顾盼。当一部篇幅巨大的美学史面对众多的评述对象时，纵向贯通与横向联通的要求自然要提到著者面前。这个问题解决不好，众多的评述对象势必成为一盘散沙。为了纵向打通、前后照应、一以贯之，笔者在撰写《中国美学通史》（人民出版社，2008 年）前作了长期准备，从而保证了多条美学思想的历史脉络能够齐头并进、贯穿始终，力求使全书集中国儒家美学史、中国佛教美学史、中国道家道教美学史、中国玄学美学史、中国文学美学史（包括中国小说美学史、中国戏曲美学史、中国词论美学史）、中国书法美学史、中国绘画美学史、中国音乐美学史、中国园林美学史等若干条线索于一体，每一根线索在每个时代都有交代。为解决横向联通、左右兼顾的要求，在设定了美学史的分期后，注重挖掘、分析每个时期哲学美学、艺术美学不同门类代表之间的思想联系和相互影响，让它们共同指向、凸显每个时期美学的时代特征，并设"概述"一节揭示这种横向联系。在此，笔者不得不对叶朗主编的《中国美学通史》表示遗憾。该书成于笔者的美学通史出版多年之后，以反映中国美学史的"整体性"和"系统性"相号召，参编人员众多，本来可以将纵向贯通与横向联通的工作有所推进，但结果恰恰相反。比如，某条美学线索原始表末、一以贯之的历史"整体性"在《中国美学通史》中处于被忽视状态。以《隋唐五代卷》为例，该卷突然出现了佛教美学两章。而佛教在东汉就传入中国了，到魏晋南北朝时期形成第一个高潮，在宋、元、明、清时有所发展与存续，但在相应的各卷中都没有关于佛教美学的专章评述。《隋唐五代卷》另以"道教与美学""绘画美学""书法美学""音乐美学""园林美学"为章目切入美学书写，但前后各卷均看不到相关的专门论述，也就是说，这些史的线索是前后互不贯通的。再如，横向联系的"系统性"。从大处看，自魏晋南北朝起，各种哲学门派和艺术门类的美学理论日趋齐备且交相辉映，它们本当在通史各卷中得到完整系统的表述，却没有这些表述。从小处说，仍以《隋唐五代卷》为例。在考察佛教与美学的联系时只列"禅宗与美学""华严宗与美学"两章，而"天台宗与美学""唯识宗与美学""三论宗与美学""净土宗与美学"则付诸阙如；该卷考察"诗歌美学"，却对这个时期不可或缺的"散文美学"未从置喙。如此等等，不一而足。一个在纵向贯通的"整体性"与横向联通的"系统性"上存在如此明显的缺失，"通史"之"通"，何以立足？

5. 是立足于单干还是满足于合作？文章千古事，得失寸心知。人文社会科学研究是独立性很强的个体劳动。优秀的学术成果往往是个人长期积累、思考、研究的结果。美学史书写也是如此。从已经出版的相关著作来看，除了陈炎主编、四位年龄相近、学养相仿、各有专攻的学者分别负责一卷的四卷本《中国审美文化史》实现了水平均衡的无缝对接、获得了少有的成功外，其余出自众手的合作项目大多乏善可陈，问题多多。究其原因，主编是否有清晰的思路和高度负责的精神、参编者是否有认真虔诚的态度和专门、相应的积累至关重要。人的知识结构不同，学术储备不同，思维水准不同，表达方式不一，仓促之间合作产生的集体成果势必流于结构不一、水平参差、矛盾百出的面子工程。正如钱理群曾经批评的那样：这些所谓"造大船"的"学术工程"，"就是由某某教授挂帅——更多情况下是挂名——搞'大兵团作战'"，其实"是'大跃进'时代'大搞科研群众运动'的做法"，是浪费纳税人钱财的"花钱工程"。因此，只要力所能及，笔者主张尽量坚持独立研究。相对于众人合作反而可能于事无补，独立研究对于保证成果的质量则有得天独厚的优势。特别是历史时期的划分、时代特征的对比、同时期不同研究对象的横向联系，只有一个人去做研究时，方可看得出来。如果各人分管一段一摊，各自为政，是无法完成这种纵向对比和横向比较的。中国美学史尽管面广量大，但在前人作了大量资料编选和研究成果的基础上，通过持续不懈的努力，独立的个体研究是可以一己之力完成的。总之，无限风光在险峰，有待学人共同为之努力。

原载《河北学刊》2017 年第 4 期

中西美学比较研究综述

刘成纪　席　格 *

20 世纪初叶，王国维将西方美学引入中国，并用康德、叔本华的思想对中国古典美学的问题进行了卓有成效的分析。从 20 世纪中国美学的发展看，王国维给后人留下的遗产不仅是思想的，而且是方法的。这种方法就是"以西解中"，就是用西方美学的观点方法重释中国传统，后来，从蔡元培、宗白华、朱光潜直至中国当代的美学研究者，他们对中国美学的研究大抵脱不了西学的背景。也就是说，所谓中国近代以来的美学史，首先是一部西方美学的影响史，然后才是中国美学自身的历史。

什么是中国美学？它是指中国人研究的美学还是指用汉语书写的美学？是指中国传统美学精神的承传，还是指现代中国人的独特创造？对于这一问题，我们可以做出不同的回答，但有一点可肯定的，即在现代学术语境下，说中国美学，就意味着西方同样在场；"中国美学"这一概念之所以成立，就在于它与西方美学的异质性被不断发现。从这个角度看，中西美学比较，是中国美学获得自己合法身份的前提，也是建构当代形态的中国美学的基础。

2003 年，国内美学界在中西美学比较方面有许多值得注意的研究成果。一些基本理论问题得到澄清，范畴之间的辨异进一步深化；比较美学所涉猎的范围有新的拓展，在比较中寻找中国美学身份的意向进一步强化了。

* 刘成纪，1966—　，男，北京师范大学哲学与社会学学院教授；席格，1978—　，男，河南省社会科学院文学所助理研究员。

一、中西美学整体特征的比较

从整体角度把握中西美学的异质性，是为中国美学定位的必要前提、关于这一问题，陈望衡、张黔在《中西美学本体论比较》①一文中指出，中西美学的差异，在根本上表现为本体论层面的差异。中国美学是"自然本体"，也即以道为体，其美的本质是真，这种真是本体意义上的真，而西方美学则是以神为本体，其美的本质是善，这种善是神性意义上的善。作者进一步指出，导致中西美学本体论分野的关键在于对言的认识的分歧。中国美学以象悟道，言处于次要的工具性的地位，象、境与自然同一，注重的是感性；言在西方则是与上帝同一，它本身就是上帝的意旨，就是目的，处于中心地位，注重的是理性。对于言的认识，需要逻辑辨析和理性思考，这决定了西方美学重认识；对于象、境的把握则必须进行感性体验，要在体验中领悟大道。这决定了中国美学重体验。作者通过对西方美学史中古希腊、中世纪、近代三个阶段的分析指出，西方美学的主线是认识论，体验论只是副线。比较言之，中国美学则是以体验为主，形成了一个以"游""味""妙悟"等构成的完整的体验理论。

寇鹏程在《中西美学的根本出发点》②一文中指出，中国美学的根本出发点是"人"，中国美学是围绕着"人"来谈美的，从而使它成为一种感悟美学；而西方美学的根本出发点是"物"，这种以"物"为中心的倾向表现出一种"求知"的精神，决定了西方美学是一种理性分析的美学。他还在《主客二分而不"裂"：中国美学与西方美学的本质区别》③一文中指出：人们普遍认为，中国美学是主客不分的"天人合一"。西方美学是主客二分的天人相对。这是一个简单化甚至是错误的观念。在他看来，中西方美学都存在着主客区分，所不同的是，西方美学在主客二分之后完全走向了二者的绝对分离或分裂，将主客体完全对立起来；而中国美

---

① 陈望衡、张黔：《中西美学本体论比较》，《民族艺术研究》2003 年第 3 期。
② 寇鹏程：《中西美学的根本出发点》，《贵州大学学报》2003 年第 5 期。
③ 寇鹏程：《主客二分而不"裂"：中国美学与西方美学的本质区别》，《河北学刊》2003 年第 1 期。

学则是在主客区分之后，一直努力追求两者的统一。中国美学通过兴寄于物，即"比兴""比德""畅神"等方式，在主客关系中进行审美活动，并最终实现对主客对立关系的超越。也就是说，中国美学既主客二分又分而不裂。与这种从主客关系分析中西美学差异的倾向大体一致，汪振军认为，心物关系是美学研究的基本问题，他在《从心物关系看中西美学的差异》①一文中指出，中国美学立足于心物感应说，西方美学立足于摹仿说。前者注重的是物我合一，倾向于善，侧重于表现，讲究抒情；后者则是注重物我分离，倾向于真，侧重于再现，讲究叙事。这种区别分别形成了中西艺术对意境美和悲剧美的不同追求。

二、中西美学范畴的比较

范畴比较是中西美学比较的常规性问题，2003 年这方面的成果大体表现在以下两个方面：

首先，中西美学范畴的平行比较。李家骧在《中西意境层深论比较》②一文中指出，层深是意境的要义，讲的是意境的层层深入。中西美学都涉及意境的层深问题，但由于中西方在民族性格、艺术传统、思维方式和文化底蕴上的差异，决定了他们在对意境层深的理解上出现了区别。邢洁在《论"传神"与中西审美精神》③一文中指出，"传神"体现了中国美学重"无"的智慧取向，重"省"的审美意识；与西方追求刻肖外物的真的境界，重"有"、重再现的美学思想形成了对比。季桂起的《中国古代怨情说的美学内涵与文化特征》④将中国古代的怨情说与西方的悲剧作了比较，认为前者具有阴柔的哀怨之美，后者则是阳刚的崇高之美，但二者在所指内容上又具有相近之处。钱文彬则从接受美学的角度来分析中国古代的诗味论。认为诗味论像西方现代的接受美学一样，都是从读者的视角来探讨美学问题，都关注读者的想象力，强调作品语言的含蓄性和

---

① 汪振军：《从心物关系看中西美学的差异》，《新乡师范高等专科学校学报》2003 年第 1 期。
② 李家骧：《中西意境层深论比较》，《台州师范学院学报》2003 年第 1 期。
③ 邢洁：《论"传神"与中西审美精神》，《锦州师范学院学报》2003 年第 3 期。
④ 季桂起：《中国古代怨情说的美学内涵与文化特征》，《宁夏大学学报》2003 年第 6 期。

意义的丰富性。但诗味论又不局限于读者，具有辩证的因素。①

　　其次，是运用西方美学范畴梳理中国古典美学中的相关理论。比如，张晶的《审美静观论》②首先分析了康德、叔本华等人的静观理论，然后提及中国的"虚、静"。他认为，中国虽然没有系统的审美静观理论，却有丰富的历史资料。比较言之，西方讲静观，强调审美的无利害性，强调主体以视觉感官直观对象的形式或表象，由此引起的快感不同于一般的感官满足和道德的善。中国的"静观"则偏重内在的视象，很少对具体外物的直现，强调主体对世界的返照，以及由此而得的形而上的意义视域。程金海则对中西方的审美直觉理论进行了比较。③他认为，虽然审美直觉的本质特征是感性和理性的统一，但中国美学中的审美直觉是感性统一于实践理性，西方美学中的审美直觉是感性统一于认知理性。这种差异影响到了双方对审美直觉发生机制的不同理解：中国讲"工夫"，西方重"天才"。黄健云的《中国移情说的特色及美学价值》④一文，通过对中国移情说特点和价值的分析，指出中国的移情理论与西方相比而言，正确处理了审美主客体的关系，追求物我两忘、情景和谐统一。与此相关，沈燕将中国诗学中的"兴"与西方的移情进行了比较。她认为，"兴"与"移情"都是审美体验和审美心理过程，都体现了审美主体与审美对象的交融状态，即物我同一。但是，由于中西方对审美对象（物）的理解有本质区别，即西方是物理意义上的物，中国是生命意义上的物，这就造成了两者的本质区别，即："兴"的哲学前提是物与我的生命一体化，而"移情"的前提则是主客二分的"心物二元论"。⑤

　　另外，关于审美功利性问题，王玉在《浅谈中西方审美功利性的差异》⑥中认为，由于社会历史文化传承和艺术实践的不同，中国文化形成了审美功利性的一元价值取向，在西方文化中则是功利性和非功利性二元的价值取向。

① 钱文彬：《浅析诗咏论的接受美学蕴涵》，《荷泽师范专科学校学报》2003年第3期。
② 张晶：《审美静观论》，《吉林大学社会科学学报》2003年第2期。
③ 程金海：《融通与歧异——中西审美直觉比较论》，《江淮论坛》2003年第3期。
④ 黄健云：《中国移情说的特色及美学价值》，《高等函授学报》2003年第3期。
⑤ 沈燕：《"兴"与"移情"之比较》，《安徽电力职工大学学报》2003年第1期。
⑥ 王玉：《浅谈中西方审美功利性的差异》，《喀什师范学院学报》2003年第1期。

三、中西古代美学思想比较

先秦美学与古希腊美学作为中西美学的源头，历来是学术界探讨中西异同的热点，2003 年也不例外，赵玉在《柏拉图与老子的美学思想比较》①中指出，柏拉图注重逻辑推理与概念分析，排斥感性而推崇理智；而老子则是既不排斥感性也不排斥理智，是一种综合式的观照与体悟。寇鹏程对柏拉图与孔子的美学思想进行了比较，他认为，柏拉图的美学是研究"美本身"的知识美学，孔子的美学具有浓厚的现世情怀和生命意蕴。②

庄子美学是历年来中西美学比较的重点，2003 年有以下文章值得关注：宋雄华在《中西美学会通与对话的个案研究》③一文中，对庄子和康德美学的自然观进行了比较。他认为，庄子强调自然美本身的自然特性，而康德则强调艺术美中见出的自然性；庄子重视自然而然的没有见出主体实际创造的自然美，康德重视自然而然地体现了人的主体创造性的艺术美。阎伟从审美观照的角度对柏拉图的"迷狂说"和庄子的"心斋说"进行了对比分析。他认为，二者都是受原始思维影响的一种关于世界本体论认识的"诗性智慧"，但在审美观照途径上却产生了巨大的差异。比较言之，柏拉图的"迷狂"虽有某种审美心理内涵，但总体上还是一种哲学本体意义上的理性直观；庄子的"心斋"则是以审美心理体验的方式通向道。同时，"迷狂说"要求把审美主体与对象间离开来，以主体的绝对自由直观美的本体；"心斋说"则强调主体与对象的亲密交会，强调以虚静的心灵容纳世界。④王明强则对庄子与柏拉图的一些基本美学范畴作了比较。他认为，道和理念分别形成了庄子和柏拉图审美本质论的核心范畴，而对道的体悟和对理式的凝神观照则分别形成了他们审美体验论的核心内容。⑤

---

① 赵玉：《柏拉图与老子的美学思想比较》，《济南大学学报》2003 年第 1 期。
② 寇鹏程：《知识美学与生命美学——从柏拉图与孔子美学的比较看中西美学的根本差异》，《浙江树人大学学报》2003 年第 6 期。
③ 宋雄华：《中西美学会通与对话的个案研究》，《华中师范大学学报》2003 年第 1 期。
④ 阎伟：《柏拉图的"迷狂说"与庄子的"心斋说"——中西古典审美观照理论之比较》，《江汉论坛》2003 年第 10 期。
⑤ 王明：《庄子与柏拉图审美观之比较》，《山东社会科学》2003 年第 5 期。

　　除庄子之外，禅宗也是 2003 年中西美学比较中的热点，刘伟铿在《论惠能对中国和世界思想文化发展的杰出贡献》①中指出，惠能在世界文化史上，成功地走出了一条把外来异质文化彻底本土化的道路。研究他如何将印度佛教中国化，将为我们今天如何面对外来文化提供有益的借鉴。邓绍秋则比较了禅宗和马尔库塞的美学思想，他认为，禅宗美学与马尔库塞的新感性说都追求审美解放、张扬自主性、反对传统，但两者又存在诸多不同。比如，在对待情感上，前者否弃欲望，后者激活欲望；在对待现实上，前者顺应现实，后者反抗现实；在对待时间的态度上，前者是忘却空观，后者是回忆想象；在对待语言的态度上，前者是不立文字，后者是建构体系。②同时，邓绍秋的《本心之悟与存在之思——禅宗与海德格尔美学》③还将禅宗美学与海德格尔进行了比较，认为两者在美的本体、显现和美的世界、对象等方面具有相似点，借助海德格尔美学，有助于考察禅宗生态美学在中国美学史上的贡献。李满则从审美感悟的角度切入，认为道禅美学与马克思主义美学在审美感悟问题上是相通的，个体都是通过与绝对理念的浑然合一以超越有限性和相对性，从而达到精神的绝对自由。同时他也指出了二者在绝对理念上的差异：道禅美学的绝对理念是宇宙本体论的道或佛，而马克思美学的绝对理念是人类本体论的人的本质属性和本质力量。④

　　此外，在中西古代美学思想比较中，还有一些文章值得注意。在美育方面，庞跃辉认为，中国古典美育思想特别重视发挥审美"净化"对"伦理教化"的重要作用，把提升人的道德境界视为美育的基本功能。而西方古典美育思想则十分强调"净化"对于"心理健康"的促进作用，把优化人的心理结构视为美育的基本功能。⑤在戏剧理论方面，张哲、王为群对李渔和莱辛的戏剧思想进行了比较。他们认为，李渔和莱辛都曾

---

① 刘伟铿：《论惠能对中国和世界思想文化发展的杰出贡献》，《肇庆师院学报》2003 年第 3 期。

② 邓绍秋：《马尔库塞的新感性理论与禅宗美学》，《荆州师范学院学报》2003 年第 3 期。

③ 邓绍秋：《本心之悟与存在之思——禅宗与海德格尔美学》，《学术交流》2003 年第 7 期。

④ 李满：《审美是一种自我同一性体验——兼论道禅美学感悟和马克思美学感悟的联系与区别》，《江西教育学院学报》2003 年第 5 期。

⑤ 庞跃辉：《中西美育"净化"说之比较认知分析》，《学术研究》2003 年第 7 期。

致力于戏剧通俗化的理论探索和实践，但李渔注重于戏剧艺术的表演层面，莱辛则更注重戏剧的内在悲剧精神。^①另外，陈望衡论述了王夫之的情感诗学与近现代西方美学中的情感本体论、审美态度论、艺术符号论和审美直觉论的相似性。^②

四、中国近现代美学家与西方

近代以来，由于西方美学进入中国，中国美学家的美学思想开始兼及中国和西方两个维度，由此，对中国美学家美学思想内在构成的研究，必然涉及中西美学的比较问题。2003年，这方面的研究成果相当丰硕，主要围绕以下人物展开：

（一）王国维

王国维是中国最早将西方美学引入中国的，他的很多富有创见的思想都受到了西方的影响。其中，张节末认为，王国维最大的贡献在于他将佛教的"境界"与西方的"纯粹直观"进行了对接，并由此提炼出了中国古典美学的最高范畴—境界—意境。他还认为，王国维美学的理论展开及其深度，体现了中西哲学美学比较方法的巨大优势；并且指出，对意境理论研究的突破有待于中印哲学美学比较的充分展开。^③关于古雅说，王定认为，这是王国维在康德美学思想的基础上提出的一个新的美的范畴，"形式之美之形式之美"是古雅的定义。^④辛刚国认为，受康德的影响，王国维从形式美的角度赋予了古雅全新的内涵，并在中国美学史上第一次创造性地将艺术形式提升到美学本体的地位，从一个侧面展示了中国古典美学向现代的转换。^⑤张青运认为，王国维的美学

① 张哲、王为群：《人性的启蒙：古典戏剧通俗化倾向的美学特征——莱辛与李渔戏剧美学比较之三》，《兰州铁道学院学报》2003年第2期。
② 陈望衡：《王夫之情感诗学与现代西方美学》，《船山学刊》2003年第3期。
③ 张节末：《纯粹直观与境界—意境——王国维中国美学理念探索》，《浙江大学学报》2003年第4期。
④ 王定：《论王国维先生的古雅说》，《中国文学研究》2003年第2期。
⑤ 辛刚国：《一切之美即形式之美——王国维论古雅》，《齐鲁学刊》2003年第6期。

体系继承了中国传统文化的血脉，但思想方法却是西方的。他把"真"作为核心审美范畴，利用西方现代认识论实现了中国古典美学的现代转换。[①]

康梅钧的《王国维文学美学思想中的德国因素》[②]分析了王国维文学美学思想对德国哲学思想的接受问题。他认为，王国维在阐明艺术与现实的关系以及"真""美"的内涵时，流露出明显的德国美学因素。陈鸿祥在《王国维在文艺美学上的三大论说》[③]一文中指出，王国维的"写人生""古雅说"与"游戏论"既是中国的又是西方的，体现出他试图通过三个范畴融合中西美学思想的努力。

（二）梁启超

在中国近现代学者中，梁启超向来以积极姿态面对中西文化撞击的现实情景，并试图在中西融会中开辟学术新境。金雅指出，梁启超根据他所处时代的实际情况，提出了著名的中西文化"结婚论"。在这种文化理念的指导下，他的美学思想体现出重化合、创新变、扬个性的鲜明理论风貌。[④]她的《梁启超美学思想的精神特质》[⑤]一文，则论及梁启超美学思想的尚实意识、趣味理想和人文品格等特征，认为这是他立足当时现实、回应西方人文主义传统的结果。

此外，姜桂华在《梁启超崇高美学思想初探》[⑥]中认为，梁启超虽然没有直接使用西方的崇高来谈论美，他的确有关于崇高的思想。他对崇高的理解注重人与社会关系的侧面，与康德等西方美学家侧重从人与自然关系方面谈崇高不同。李必桂比较了梁启超和康德对趣味理解的异同。他认为，趣味在梁启超和康德的美学思想中都占据重要地位，他们在看待趣味与目的的关系上有类似的矛盾态度。就其区别而论，梁启超对

---

① 张青运：《王国维美学范畴论》，《南通师范学院学报》2003 年第 1 期。
② 康梅钧：《王国维文学美学思想中的德国因素》，《井冈山师范学院学报》2003 年第 2 期。
③ 陈鸿祥：《王国维在文艺美学上的三大论说》，《徐州师范大学学报》2003 年第 1 期。
④ 金雅：《重化合·创新变·扬个性——梁启超美学思想的理论风貌》，《浙江学刊》2003 年第 2 期。
⑤ 金雅：《梁启超美学思想的精神特质》，《绍兴文理学院学报》2003 年第 3 期。
⑥ 姜桂华：《梁启超崇高美学思想初探》，《社会科学辑刊》2003 年第 6 期。

趣味、情感的理解是经验性的，康德则强调趣味的先验特征和快感的纯粹性。①

（三）宗白华

宗白华和下文言及的朱光潜先生是横跨中国现代和当代的美学家，但由于其涉及中西比较的思想成果主要是在中国现代时期完成的，所以均把他们放在现代部分来考虑。

关于宗白华，赵君在《寻觅宇宙间的"美丽精神"——比较诗学视域中的宗白华形上诗学》②一文中指出，宗白华以生命美学观消弭了"中国心灵"和"西方精神"之间的罅隙，重新审视了中西文化的精神，寻觅人类心灵的一体化，作者还认为，宗白华与海德格尔之间存在着很大的一致性。李丽认为，宗白华以其融会中西的美学思维方式以及学术性的比较目的，解读中西美学的差异，辨别中国传统艺术和美学区别于西方美学的根本特性，追问差异与美的关系，这种研究方法是中西比较方法论上的经典范例。③萧湛在《论宗白华美学的现代意蕴》④一文中认为，宗白华美学体系的哲学基础，源自对柏格森为代表的生命哲学和本土《易传》思想的综合吸收，并在此基础上实现了生命本体论的现代转换。这种背景使他的美学体系呈现出迥异于西方传统美学的独特面貌：

除此之外，云慧霞的《宗白华美学与德国生命哲学》⑤具体分析了20世纪德国生命哲学对宗白华生命美学的影响。她认为，宗白华生命美学观的独特之处在于，它建立在中国传统生命哲学的基础上，并对西方生命哲学进行了有效的整合，蔺熙民认为，生命节奏是宗白华美学与艺术问题的形上范型，西方科学理性思维和对歌德的研究对宗白华产生了很大影响。⑥

---

① 李必桂：《梁启超与康德"趣味说"之比较》，《武汉理工大学学报》2003年第3期。
② 赵君：《寻觅宇宙间的"美丽精神"——比较诗学视域中的宗白华形上诗学》，《暨南学报》2003年第4期。
③ 李丽：《中西文化交会碰撞中美学研究的经典范例——宗白华美学研究的目的及方法探析》，《中山大学学报》2003年第1期。
④ 萧湛：《论宗白华美学的现代意蕴》，《厦门大学学报》2003年第6期。
⑤ 云慧霞：《宗白华美学与德国生命哲学》，《求是学刊》2003年第3期。
⑥ 蔺熙民：《试论宗白华美学的形上范型之获得途径》，《宁夏大学学报》2003年第1期。

（四）朱光潜

像宗白华一样，朱光潜美学思想中的比较因素在 2003 年同样受到重视。樊波在《朱光潜"直觉"理论的中西美学背景及其现代意义》①一文中指出，直觉理论是朱光潜美学的核心内容，它既有西方美学的背景又有中国美学的底蕴。这一理论至今依然具有生命力，是建立中国美学学派的重要前提。刘向信具体研究了朱光潜早期美学思想形成、发展与克罗齐的关联。他认为，朱光潜以"形象的直觉"为核心的美学经验论，直接脱胎于克罗齐的相关美学观点，但在"艺术的独立性如何实现"的问题上又与克罗齐存在分歧。②肖鹰则认为，尼采和克罗齐对朱光潜形成了双重影响，二者构成了朱光潜美学的二律背反，但朱光潜以审美形象为统一点，将二者结合为自己的美学思想。③

此外，李杰在《朱光潜前期的人生美学》④中，分析了中西文化对朱光潜人生态度的影响，认为他"出世-入世二极性"的人生态度影响了他以美感经验为逻辑起点的美学体系。钟优民论及了西方"静穆"理论对朱光潜的影响，以及由此在国内引发的争论。⑤钟名诚的《20 世纪中国唯美批评理论探析——朱光潜的语言批评观》⑥分析了西方思想文化对朱光潜语言观的影响。

五、中国当代美学家与西方

近年来，美学界开始在中西比较的视野下讨论中国当代美学的思想成果，这是相当可喜的现象。它一方面说明，西方因素依然是中国当代美学不可忽视的因素，另一方面也有助于人们将 20 世纪中国美学作为一个整

---

① 樊波：《朱光潜"直觉"理论的中西美学背景及其现代意义》，《江海学刊》2003 年第 1 期。
② 刘向信：《直觉、距离与审美创造——克罗齐与朱光潜早期美学思想》，《齐鲁学刊》2003 年第 2 期。
③ 肖鹰：《尼采与克罗齐：朱光潜美学的二律背反》，《哲学研究》2003 年第 12 期。
④ 李杰：《朱光潜前期的人生美学》，《安徽警官职业学院学报》2003 年第 2 期。
⑤ 钟优民：《关于朱光潜"静穆"说的论争及其演变》，《社会科学战线》2003 年第 4 期。
⑥ 钟名诚：《20 世纪中国唯美批评理论探析——朱光潜的语言批评观》，《云梦学刊》2003 年第 6 期。

体来考虑。2003 年，这方面的研究成果主要涉及李泽厚、周来祥二人。

（一）李泽厚

阎国忠的长文《从认识论到本体论的跨越》① 对卢卡契与李祥厚的美学思想进行了比较。他指出，卢卡奇把社会存在当作马克思主义的哲学本体，从这种本体论出发讨论审美（艺术）特性。这种本体论没有为自然留下应有的位置，因而无法对自然美、对美的感性本质做出合理的说明。李泽厚把他的本体论叫作人类学本体论，审美与艺术被置于人类本体之下。但他关于"工具本体"与"心理本体"的二元设定使人类学本体论失去了内在的统一性，并最终导致了美与美学本身的解体。宋传东在《李泽厚美学批判》② 一文中指出，李泽厚美学思想体系的框架是康德的主体性和马克思的实践观，他的美学理论话语是康德、马克思和中国古代美学话语的混合。李泽厚虽然谋求按照自己的理论设想去整合中西文化，但是缺乏原创性。

（二）周来祥

李富华在《比较美学研究方法略论》③ 一文中指出，在中西美学之间，周来祥所强调的微观比较与宏观比较、求同中之异与异中之同、动态比较与静态比较相结合的原则，为比较美学的健康、深入发展提供了有普遍启示意义的方法论指导。薛富兴的《美的三大历史形态——周来祥和谐美学略论》④ 则以和谐美学的建构为主题，论及了周来祥先生的比较美学思想，即东西方美学史的分别研究，和东西方美学史的异同比较。周纪文的《构筑和谐美学的理论体系大厦——周来祥先生美学思想述评》⑤ 也涉及了类似的话题。

---

① 阎国忠：《从认识论到本体论的跨越》，《吉首大学学报》2003 年第 2 期。
② 宋传东：《李泽厚美学批判》，《安徽教育学院学报》2003 年第 1 期。
③ 李富华：《比较美学研究方法略论》，《思想战线》2003 年第 4 期。
④ 薛富兴：《美的三大历史形态——周来祥和谐美学略论》，《贵阳师范高等专科学校学报》2003 年第 1 期。
⑤ 周纪文：《构筑和谐美学的理论体系大厦——周来祥先生美学思想述评》，《阳山学刊》2003 年第 2 期。

另外，当代美学比较中还有一些文章值得注意。如章辉在《苏联影响与实践美学的缘起》①一文中，分析了与我国 20 世纪 50 年代美学大讨论同时出现的苏联美学大讨论，并对苏联美学讨论中出现的自然说、社会说与中国美学讨论中出现的类似观点进行了比较，这对深入了解实践美学兴起的原因是有重要意义的。蔡同庆的《车尔尼雪夫斯基与 20 世纪中国美学》②详细梳理了中国当代美学与车尔尼夫斯基美学思想的关系，并指出了对他的认识产生分歧的原因。

六、对中国美学中西方因素的反省

如前所言，现代形态的中国美学是在西方美学的影响下建立起来的。这种影响，意味着任何建构中国美学的努力都离不开中西比较这一前提。甚至中国美学的现代性，在某种程度上就是"西方性"；中国美学的现代转换，就是怎样以西方话语再造中国传统。2003 年，关于中国美学与西方美学的互动关系，以及如何看待中国现代美学中的西方因素等问题，成为学界讨论的重点，也为常规性的中西美学比较带来了新鲜气息。其中值得注意的观点有：

陈学祖在《中国诗学现代转型与西方美学：问题、论域及思维路向》③中认为，19 世纪末 20 世纪初，西方美学思想引发了中国知识界自觉的美学意识，直接推动了中国美学的现代转型，特别是西方诗歌美学在中国诗学由传统向现代的转型中起了关键作用。西方美学思潮是中国诗学观念从传统向现代衍变的外在动力和契机。李建盛认为，受西方美学的影响，20 世纪西方美学主要采用了诠释学、唯物认识论、自然科学方法论来建构自己的美学思想。在 21 世纪，应该从人文科学的角度来建构新的中国美学体系。④吴炫认为，对西方美学的研究应以中国当代现实问题为坐标，应对西方现代美学的局限性进行批判性研究。目前，这方

---

① 章辉：《苏联影响与实践美学的缘起》，《俄罗斯文艺》2003 年第 6 期。
② 蔡同庆：《车尔尼雪夫斯基与 20 世纪中国美学》，《江淮论坛》2003 年第 3 期。
③ 陈学祖：《中国诗学现代转型与西方美学：问题、论域及思维路向》，《江汉论坛》2003 年第 5 期。
④ 李建盛：《方法论与 20 世纪中国美学》，《北京师范大学学报》2003 年第 6 期。

面做得很不够。他认为，美学研究模式中应该增加批判环节；要实现批判观念和方法的更新，建立一种对中西方美学进行"双重局限研究"的批判性思维模式。①

孙津则在试图通过对中西美学形上学的再定位，探寻重建中国美学的途径。他认为，形上学就是道理，美学就是属美的道理。西方美学和现代中国美学共同的形上学错误，在于对美和美学的理解不得要领，即用哲学或其他学科来谈美和美学，抽去了美学本身的形上学。他认为，美就是自由的特征化，美学就是关于美本身的理论。西方美学的根本错误在于，把不是哲学的美学作为哲学的一个分支，把不属哲学的美学作为哲学的研究对象。只有认识到西方美学的这一根本错误，才能更好地建设中国美学。② 杨春时在《关于中国美学方法论的现代转型问题》中指出，中国当代美学的方法论具有古典性，而西方古典美学的方法论则实现了转型。他认为，中国古典美学方法论可以成为现代中国美学方法论的重要资源，同时又必须进行现代的改造。特别是要与现代西方美学方法论相结合，以达到互补、融合。③ 牛宏宝则谈到了用西方启蒙美学对中国传统美学进行矫正的必要性。他认为，中国传统美学因儒家诗教的影响，总是把审美与道德纠缠在一起。正是西方启蒙美学的引进，才确立了"超功利性"和"形象的直觉"两个支撑美学学科独立的原则，使美学与道德区别开来。④

另外，李建盛谈到了 20 世纪中国美学对西方审美经验理论的借鉴。他认为，这种借鉴大致经过了三个阶段：早期借助于现代西方自律性的审美经验理论，中期借助于唯物反映论简化了审美经验的复杂性和特殊性，后期在扩大了的西方审美心理学语境中理解审美经验问题，但仍然停留在审美经验的心理要素分析层面。⑤ 杜卫在《中国现代

---

① 吴炫：《西方美学理论应予批判性研究》，《学术月刊》2003 年第 7 期。

② 孙津则：《现代中国美学的形上学批判》，《文艺研究》2003 年第 1 期。

③ 杨春时：《关于中国美学方法论的现代转型问题》，《吉林大学社会科学学报》2003 年第 4 期。

④ 牛宏宝：《从儒家诗歌到"超功利说"——西方启蒙美学对中国传统美学的矫正》，《咸阳师范学院学报》2003 年第 1 期。

⑤ 李建盛：《20 世纪中国美学中的审美经验理论》，《中国文学研究》2003 年第 3 期。

的"审美功利主义"传统》①中指出，中国现代的审美功利主义思想是从中国的具体语境出发，对西方的"审美无利害性"误读的结果，但这种误读却是创造性的，即提出了"无用之用"的新命题。作者认为，审美功利主义已经成为中国美学的现代传统。它不仅已经对中国美学的发展产生了积极影响，而且在中国的现代化进程中具有潜在的思想价值。

西方美学在影响中国的同时，也反过来受到中国的影响。朱立元、刘旭光在《从海德格尔看中西哲学美学的互动影响》②一文中指出，海德格尔"此在在世"的存在论命题接受了老庄道论的影响。这一命题超越了西方"主客二分"的二元对立传统，同时又反过来对中国当代哲学美学思想产生了重要影响。由此，作者认为，这样的中西文化对话和思想互动是十分必要的。

七、全球化时代的中国美学

当今世界，伴随着经济和文化的全球化，美学研究中的中西比较问题已开始位移为全球化时代对中国美学的身份进行认定的问题。但必须看到，在西方文化处于强势状态的现实情景中，所谓的全球化往往意味着西方化；中国美学对自己在全球美学版图中身份的认定，依然离不开西方的参照。从2003年国内美学界关于这一问题的讨论情况看，中西美学比较依然构成了这一讨论的主干。

其中，翁礼明在《全球化语境下美学的困境与出路》③中认为，全球化中西方消费文化和文化霸权的入侵，为中国美学研究带来了诸多困境。中国美学要走出困境，就必须重塑中国美学的精英意识，实现古典美学资源的现代转换，并积极参与全球性美学体系的建构。张弘在《全球化语境与存在论美学》④中认为，全球化语境迫使当代中国美

---

① 杜卫：《中国现代的"审美功利主义"传统》，《文艺研究》2003年第1期。
② 朱立元、刘旭光：《从海德格尔看中西哲学美学的互动影响》，《华中师范大学学报》2003年第6期。
③ 翁礼明：《全球化语境下美学的困境与出路》，《内江师范学院学报》2003年第3期。
④ 张弘：《全球化语境与存在论美学》，《郑州大学学报》2003年第3期。

学的理论建设必须置身于国际范围的对话之中。中国美学应该致力于建构存在论美学，这样中国美学才具有自己的特色，才能在国际对话中找到自己的话语。彭富春认为，根据国内外的情况，中国美学在"实践美学"和"后实践美学"之后应该走出第三条道路。围绕这种"第三条道路"建构的新型美学体系，必须能够回答全球化在文化领域所带来的问题。[①] 杨维富认为，中国当代美学应该从中西哲学文化精神的整合中得到启示，在东西方平等"对话"的基础上自觉运用比较研究的科学方法论。他认为，比较研究是美学转型所必经的炼狱。这种方法架起了中西美学的桥梁，是通向东西方美学精神整合的道路。[②] 张涵在《建构新世纪中西美学对话的总体框架》[③] 中认为，中西美学在新世纪要获得发展，必须进行对话。这种对话的总体框架包括三个层面，即：在审美意识母结构层面上的对话；在自我或人格三元结构（理性、欲望、精神）层面上的对话；在全球化背景下世界美学走向亲和层面上的对话。

关于中国美学在世界美学中的地位，廖芹在《中国美学边际化地位审思》[④] 中认为，现代形态的中国美学发展了 100 多年，却一直处于边际的地位，原因之一就在于中西美学的关系处理不当：中西方美学交流不平衡，西方对中国知之甚少。在研究方法上，中国近现代美学受制于西方美学而疏于对民族美学传统的研究，忽视了传统东方美学的现代意义。作者认为，"现代美学"的建立，必须研究中国美学传统，同时要加强各民族美学之间的对话与交流。谭好哲认为，中国美学的现代性与西方有着不同的语境，在吸取借鉴西方理论时应当具有中国本土的语境意识。中国文学的审美现代性和美学研究的现代性与中国的民族性密切相关，美学研究应该在既是民族的又是世界的文化图景中展开。[⑤] 高建平认为，普遍的"美学"是不存在的，"美学"与各民族、文化的美学之间并不构成普遍与特殊的关系。中国美学的根基在于中国的文学

① 彭富春：《美学的第三条出路》，《郑州大学学报》2003 年第 3 期。
② 杨维富：《中国当代美学研究的出路》，《中国文化研究》2003 年第 1 期。
③ 张涵：《建构新世纪中西美学对话的总体框架》，《郑州大学学报》2003 年第 5 期。
④ 廖芹：《中国美学边际化地位审思》，《齐鲁艺苑》2003 年第 4 期。
⑤ 谭好哲：《语境意识与中国美学现代性研究》，《山东社会科学》2003 年第 6 期。

艺术实践和审美实践，西方美学的引入只是影响了中国美学的发展。①徐碧辉认为，我们只有从本民族的传统中寻找学术和思想的根基，才能够真正参与世界的美学对话与交流，我们必须在自己的基础上吸取西方。②

从跨文化角度看待中西美学的关系也是 2003 年美学研究的一个新视点。王柯平认为，"跨文化美学"能够做到"融贯古今，会通中外"。加强对中西美学互补性的研究，是追求世界范围内跨文化美学超越性创新的基础建设。③他还认为，进行跨文化美学研究是建构世界美学的契机。④

近年来，随着西方学者对东方（包括中国）美学的逐步了解，中国美学的价值日益受到国际美学界的注意，它在当代世界美学中的地位也被充分肯定。马其亚努（意大利）在《美学作为一种多界面理论的基础：东方的思想与感觉》⑤中认为，当今美学所要思考的最紧要的问题是心理上的"东方"理论。她提出为世界美学构造一种世界语或共同语的提议，谋求让人们了解东西方在思维方式和感觉方式上的共通之处。索妮娅·塞沃玛（芬兰）认为，只有在东方思想中，美学才会通过对古典的复兴找到新生的力量。她通过对中国和日本自然观念的分析，以及与西方自然态度的对比指出，东方诗性智慧对当代美学寻找新的出路具有重要价值。⑥R.舒斯特曼（美国）在《实用主义美学和亚洲思想》⑦一文中，着重探讨了实用主义哲学美学与中国古典哲学美学的关系。他认为，哲学在根本上要指向人生的保存、培育和完善，美学的最高作用是增进我们对艺术和美的经验。艺术是可以改善个人和社会的伦理教育的重要手段。在他看来，这种实用主义的美学观，在儒家哲学美学那里得到了理

---

① 高建平：《在多元文化的视野下建构中国美学》，《哲学研究》2003 年第 2 期。
② 徐碧辉：《让传统进入生活——中国传统美学的继承与创新》，《哲学研究》2003 年第 2 期。
③ 王柯平：《跨越文化的中西美学比较》，《哲学研究》2003 年第 2 期。
④ 王柯平：《建构世界美学的契机——"美学与文化：东方与西方"国际学术研讨会综述》，《人民论坛》2003 年第 2 期。
⑤ 马其亚努：《美学作为一种多界面理论的基础：东方的思想与感觉》，《哲学研究》2003 年第 2 期。
⑥ 索妮娅·塞沃玛：《大自然的诗性智慧在东亚古典美学中复兴》，《世界哲学》2003 年第 2 期。
⑦ R.舒斯特曼：《实用主义美学和亚洲思想》，《世界哲学》2003 年第 2 期。

论上的印证。同时，儒家哲学对于个人修养的重视，为他试图建立的身体美学提供了理论依据。卜松山（德国）则从如何翻译中国古代诗文的角度，论述了翻译中把握中国美学模糊性、暗示性特征的重要性。他认为中国美学的这种特征可以从法家、儒家、道家和阴阳家的思想中找到根据。①

原载《中国美学年鉴（2003）》，河南人民出版社，2006 年

---

① 卜松山：《译不可译之文——研究中国文化的方法》，《世界哲学》2003 年第 2 期。

逻辑学

有关逻辑学研究的文献分为以下 3 辑：第 1 辑，对于新中国逻辑学研究 70 年发展的回顾和评论，还有前苏联对于新中国逻辑学研究的影响；第 2 辑，关于形式逻辑（普通逻辑）教材和课程的改革，这是新中国逻辑学研究的重要方面；第 3 辑，关于何谓逻辑即逻辑观的讨论，涉及形式逻辑、数理逻辑、辩证逻辑的关系问题，讨论的宗旨是怎样建立中国特色的逻辑学知识体系。

新中国逻辑学 50 年

——在新中国哲学 50 年学术研讨会上的讲演

张家龙 *

各位专家：

在"新中国哲学 50 年学术研讨会"召开之际，我谨代表哲学所逻辑研究室向来自全国各地的专家学者表示热烈的欢迎，致以衷心的问候！

现在我以《新中国逻辑学 50 年》为题谈一点个人看法，不当之处请批评指正。

逻辑学是一门重要的基础学科。根据联合国教科文组织编制的学科分类，逻辑学是同数学、天文学和天体物理学、地球科学和空间科学、物理学、化学、生命科学并列的七大基础学科之一。

50 年来，新中国逻辑学的发展大致经历了三个阶段。

第一阶段，从新中国成立至 20 世纪 60 年代。全国各大学哲学系开设了逻辑学课程，形成了专门从事逻辑学教学和研究的队伍。1952 年全国院系调整后，北大哲学系和其他一些大学的哲学系建立了逻辑教研室，1955 年中国科学院哲学所和中国科学院数学所成立了逻辑研究组。

从全国范围看，第一阶段逻辑学的主要工作是从事文科逻辑学教材的编写，研究方向主要集中在传统形式逻辑和辩证逻辑，其次是中国逻辑史。从事现代逻辑研究的队伍很小，只有个别的一些研究成果达到国际逻辑学研究水平。从整体上说，我国逻辑学的研究被国际逻辑学发展

---

* 　张家龙，1938—　，男，中国社会科学院哲学研究所研究员。

的潮流远远地抛在后头。

值得一提的是，20 世纪 50 至 60 年代，中国学术界就形式逻辑和辩证逻辑的一些理论问题进行了广泛的讨论。毛泽东同志十分关心这场讨论，他多次会见逻辑学家，鼓励大家百家争鸣。这场逻辑大讨论延续了十多年，发表了几百篇文章。《哲学研究》编辑部先后编辑了《逻辑问题讨论集》共 3 集，于 1959 年、1950 年和 1962 年出版发行。根据毛泽东同志的建议，中央编译局编出《逻辑学论文集》共 6 集，收入了自 1953 年以来报刊发表的全部逻辑学论文，于 1958 年开始印出，未公开出版。为推动逻辑学的讨论，了解前人在逻辑研究方面的情况，中央政策研究室根据毛泽东同志的建议，从 1949 年以前出版的逻辑著作中选出 10 种，新译逻辑史著作 1 种，交三联书店以"逻辑丛刊"的名义于 1959 年至 1961 年出版。

我认为，20 世纪 50 至 60 年代的逻辑大讨论具有一定的历史意义。多少暴露了形式逻辑中极左思潮的错误面目，使广大逻辑工作者初步认识到形式逻辑这门学科的性质，我们可以概括成这样一句话即"只管形式，不管内容"，或者说："只管对错，不管真假"，这正是由弗雷格和罗素奠定始基的现代逻辑的精髓。正因为现代逻辑是在纯粹状态下研究思维的逻辑形式的一门科学，它才能在数学、计算机科学、人工智能、哲学、法学、语言学、经济学、心理学等诸多领域有着广泛的应用。我国 20 世纪 50 至 60 年代的逻辑大讨论为在中国发展现代逻辑打下了一个初步的基础。

但是，不幸的是我国的逻辑学教学和研究进入第二阶段即十年"文革"时期却遭到彻底的摧残，这时期正是国际逻辑学大发展的时期，我国的逻辑学不但停滞不前，而且与国际逻辑学研究水平相比倒退了几十年。

粉碎"四人帮"之后，迎来了逻辑学的春天，我国的逻辑学获得了新生，进入了第三阶段，这就是改革开放以来大发展的阶段。

1978 年由《哲学研究》编辑部和哲学研究所逻辑研究室发起召开的第一次全国逻辑讨论会向全国逻辑工作者吹响了"逻辑研究现代化"的号角。从此以后，我国的逻辑研究逐步转向现代逻辑。1985 年，中国社会科学院院长胡绳同志在金岳霖学术思想研讨会上说:"目前逻辑工作者正在为实现我国逻辑教学和研究的现代化而努力工作,……金岳霖教授早在 30 年代就为中国数理逻辑的教学和研究开辟了道路,逻辑工作者可以沿着这条道路向现代逻辑研究的深度和广度进军。"

到 1990 年,我国逻辑研究现代化取得了丰硕的成果,金岳霖学术基金会于 1990 年 6 月至 9 月举办金岳霖学术奖(逻辑学)评奖活动,从65 项参评作品中严格评出 12 项获奖作品,大多数属于现代逻辑的各分支领域,其中有些已达到国际逻辑研究水平。评审委员会指出,这次评奖活动标志着中国逻辑研究的现代化工作已经取得决定性进展,正在向国际逻辑水平进军。当时的中央政治局委员、中国社会科学院名誉院长胡乔木同志在看了评奖活动的简报后,写信给金岳霖学术基金会表示祝贺,指出:"基金会在这次评奖过程中注意到,中国逻辑研究的现代化工作已经取得决定性进展,正在向国际逻辑水平进军。这确是一个值得全国学术界庆贺的好消息,表明以金岳霖为代表的老一辈逻辑学家的辛勤耕耘已经在开花结果。"总之,1990 年的金岳霖学术奖(逻辑学)的评奖活动标志着我国逻辑研究的现代化工作已进入一个新阶段。

从 1990 年至今,现代逻辑的论著不断涌现,这些论著涉及模态逻辑、时态逻辑、弗协调逻辑、现代归纳逻辑、语言逻辑、现代逻辑史、古典逻辑理论的现代解释、逻辑哲学等领域,并且达到了国际逻辑研究水平。

这里我想列举一些在哲学战线工作的逻辑学者们所取得的主要成果:(1)在模态逻辑和时态逻辑方面。采用以一种模型"嫁接"到另一种模型上形成新模型的全新方法,解决了模态逻辑创始人刘易斯以来 80年一直未解决的 S1 系统的完全性问题;构造了多主体的认知逻辑系统,推进了对认知逻辑的研究。建构了时态逻辑的两个极小系统,丰富和发展了时态逻辑。(2)在弗协调逻辑方面。建构了一系列崭新的弗协调逻辑系统,如弗协调条件句逻辑系统、弗协调的模态逻辑和时态逻辑系统等,开创了弗协调逻辑研究的新方向。(3)在哲学逻辑其他一些分支方面,提出了关于疑问语句的新的形式系统,深化了对问题的逻辑探讨,推动了有关课题的研究;创建了适合一般命题逻辑的邻域语义学,并在这种语义学中讨论了相干逻辑的刻画框架和完全性问题，推进了对相干逻辑的研究；研究了现今所有无穷逻辑理论之间的联系和区别，补充了若干定理的证明，分析了重要成果的理论意义，从而使无穷逻辑成为全面系统的逻辑理论，把国际上已有的无穷逻辑成果向前推进了一大步。

（4）在自然语言逻辑方面。应用现代逻辑与现代语言学相结合的成果——蒙太格语法以及现代逻辑的广义量词方法，建立了汉语量化词组的部分语句系统；以现代逻辑为基础，提出了关于正确思维和成功交际的逻辑理论。这些成果丰富了国际逻辑界对自然语言逻辑的研究。

（5）在逻辑史方面。全面系统地研究了数理逻辑发展史和模态逻辑发展史；对世界三大逻辑传统之一的中国逻辑史作了全面系统的研究，出版了集体编著的五卷《中国逻辑史》。

以上的列举是不完全的。但由此可以看出，中国逻辑学家是有创造才能的，完全有能力自立于世界逻辑之林。

1993 年，中国逻辑学会编委会在《逻辑学研究专辑》创刊号上明确提出了"全面实现我国逻辑学研究的现代化，与国际逻辑学研究水平接轨"的战略目标。我认为，实现这一战略目标有以下 5 个根据：

第一，已涌现出一批具有现代逻辑素养的中青年学术带头人和骨干；

第二，有一批出国留学归国的逻辑学者；

第三，有一批具有很强的逻辑研究能力并有累累硕果的逻辑学博士和硕士；

第四，有一批已经达到国际逻辑研究水平的成果；

第五，有一批能进行国际学术交流的人员。

改革开放 20 年来，我国逻辑学的发展不但跨越了十年"文革"所造成的断层，而且正在向国际逻辑研究水平冲刺。我相信，再过 20 年，"全面实现我国逻辑学研究的现代化，与国际逻辑学研究水平接轨"的战略目标一定能够实现。

这里，这想引用毛泽东同志的几句话来形容我国逻辑学研究现代化的事业：

"我们正在前进。

我们正在做着我们的前人所从来没有做过的极其光荣而伟大的事业。

我们的目的一定要达到，

我们的目的一定能够达到。"①

最后，祝大会圆满成功！谢谢！

原载《自然辩证法研究》2000年增刊

① 《毛泽东文集》第6卷，人民出版社，1999年，第350页。

中国逻辑学 70 年：历程与反思

陈 波*

一、1949 年前的中国逻辑学

中国先秦逻辑与古希腊逻辑、古印度逻辑并称为世界逻辑发展的三大源流之一，但前者没有连续的发展历史，在汉代之后几乎就隐身不见了。尽管在晚明时期，李之藻曾与人合作翻译出版西方逻辑著作《名理探》，利玛窦、徐光启合作翻译出版了欧几里得的《几何原本》，但并没有造成多大的影响。在清朝后期，严复等中国学人出于救亡图存的使命感，翻译出版了一些西方逻辑著作，如《穆勒名学》、耶方斯的《名学浅说》和《辩学》，以及日本大西祝的《论理学》等，造成了很大的影响。在民国时期，有不少学子远洋留学，其中一些人在国外大学开始学习甚至研究逻辑学。这些学子陆续翻译和出版了西方包括日本的逻辑学著作，据不完全统计，在 1920—1940 年代间，"中国译介西方逻辑传统逻辑著作近 30 种，其中包括国外大学流行教材，如美国康乃尔大学教授兼该校研究院主任枯雷顿所著《逻辑概论》"①。与此同时，学有所成者开始撰写逻辑教科书，并在国内高级中学、师范学校和大学讲授逻辑学课程。其中比较重要的逻辑学教材有：蒋维乔的《论理学教科书》(1913)、张子和的《新论理学》(1914)、屠孝实的《名学纲要》(1925)、朱兆萃的《论理学 ABC》(1928)、王章焕的《论理学大全》(1930)、沈有乾的《论

* 陈波，1957— ，男，北京大学哲学系教授。

① 鞠实儿主编：《当代中国逻辑学研究（1949—2009）》，中国社会科学出版社，2013 年，第 2 页。

理学》（1936）和《高中论理学》（1938）、金岳霖的《逻辑》（1937）、章士钊的《逻辑指要》（1943），等等。

1920年，伯特兰·罗素来华讲学一年，曾在北京大学讲授数理逻辑，原定四讲，一讲后因病辍讲，该讲内容根据记录整理成书，于1921年由北京大学新知出版社以《数学逻辑》为书名出版；翌年，有人译介出版了《罗素算理哲学》。数理逻辑始为国人所知。1927年，汪奠基的《逻辑与数学逻辑论》出版，分别讲授传统形式逻辑和数学逻辑原理。这是由国人自著的首部数理逻辑教材。其他讲述数理逻辑的著作有：沈有乾的《现代逻辑》（1933）、汪奠基的《现代逻辑》（1937）、金岳霖的《逻辑》（1937）和牟宗三的《逻辑典范》（1940）。其中，唯有金岳霖的《逻辑》取得很大的成功，使用最广，影响最大。该书是金岳霖在清华大学讲授逻辑学的教材，分为四部：第一部讲授传统逻辑的推理理论；第二部对传统逻辑所存在的问题进行批评，特别是讨论主宾式命题的主项存在问题；第三部介绍怀特海和罗素的三大卷巨著《数学原理》（1910—1913）中的逻辑系统，包括命题演算、谓词演算、类演算和关系演算；第四部讨论逻辑和逻辑系统，涉及逻辑系统的完全性、一致性和独立性，逻辑的许多基本概念如"必然""矛盾""蕴涵"，所谓"思想三律"（即同一律、矛盾律、排中律）的性质与地位，等等。正是通过金岳霖的《逻辑》及其教学活动，为中国培养了最早一批现代逻辑学方面的人才。其中，不乏世界级的大家，如王浩；还有许多优秀专家学者，如沈有鼎、王宪钧、胡世华、周礼全、殷海光等。可以恰如其分地说，金岳霖是中国现代逻辑学的奠基者。

在逻辑史著作方面，最有影响的是胡适的哥伦比亚大学博士论文《先秦名学史》（英文，1922；中译本，1983），"这是我国第一部中国古代逻辑的断代史专著，也是用英文向西方介绍中国古代逻辑思想的第一部专著。其内容丰富，颇有创见，对后世进一步研究中国古代逻辑具有参考价值和启发作用"①。还有章士钊的《逻辑指要》（1943），该书既是一本逻辑教材，也是一部中国古代逻辑的研究著作，力图实现作者"融贯

---

① 周云之：《中国逻辑史》，山西教育出版社，2004年，第423页。

中西，特树一帜"的雄心壮志。

二、苏联逻辑教科书的影响

1949 年以后的十多年，出于当时情势，中国视苏联为"老大哥"，全面向苏联学习，逻辑学方面当然也不例外，一个最重要的标志是多部苏联逻辑教材的中译本出版，有些教材还有多种中译本。这些教材包括：维诺格拉道夫、古齐明的《逻辑学》（1950），这是一本由苏联教育部核定的中等学校逻辑教科书；斯特罗果维契的《逻辑》（1950），马卡洛夫主编的《逻辑教学大纲》（1956），高尔斯基的《逻辑学》（1957），高尔斯基、塔瓦涅茨主编的《逻辑》（1957）等。其中，斯特罗果维契的《逻辑》与高尔斯基、塔瓦涅茨主编的《逻辑》的中译本发行量最大，使用者最多。

从后两本教材的章节设置，可以大致知悉苏联逻辑教科书的形貌。斯氏的《逻辑》由 12 章组成：逻辑的对象；逻辑思维基本规律；形式逻辑与辩证法；概念，主要讲概念的本性、内涵与外延、种类等；概念的定义；概念的划分、分类；判断，主要讲直言判断的结构及种类等；判断（续），主要讲直言判断之间的真假关系、直言判断的否定等；推论、直接推论；三段论式；归纳法；证明。这本教材的内容限于亚里士多德逻辑，甚至没有涉及复合判断及其推理。高尔斯基、塔瓦涅茨主编的《逻辑》由 16 章组成：逻辑学的对象和意义；概念，主要讲概念的特征、内涵与外延、种类等；对概念进行的逻辑推演，主要讲概念的限制与概括、定义、划分及分类等；判断，主要讲判断的定义、结构与种类等；简单判断（即直言判断）的种类；复合判断的种类；推理、直接推理；三段论法；选言推理、假言推理和关系推理；归纳推理；判明现象的因果联系的方法，即穆勒五法；类比法；假说；证明；证明中的错误；逻辑的基本规律。与斯氏的《逻辑》相比，这本教材增加了复合判断及其推理的内容。

苏联逻辑教科书有两个共同特点：一是限于传统形式逻辑的内容，主要限于亚里士多德逻辑，即直言命题及其推理，有些增加了斯多亚派的命题逻辑的内容，即复合命题及其推理，但大都包含培根、密尔的归纳逻辑的内容；二是力求把对逻辑原理的阐释建立在马克思主义哲学的基础之上，即按照唯物辩证法的观点去阐释概念、判断、推理、真假以及逻辑思维基本规律，逻辑教科书中有不少本体论和认识论的内容，有的教材干脆设一章专谈形式逻辑与唯物辩证法的关系。这样的苏联逻辑教科书，形塑了后来二三十年内中国逻辑教科书的基本格局，内容上大体按如下顺序展开：逻辑学的对象和意义，概念，直言判断，复合判断，直接推理和三段论，复合判断推理，传统归纳逻辑，证明与反驳，逻辑思维基本规律。只不过有些教科书把逻辑思维基本规律放在教科书开头第二章，有些放在末尾一章；在对逻辑原理及其问题的探讨上，力求贯彻马克思主义哲学的立场、观点和方法。

顺便提到，上海人民出版社于 1981 年翻译出版了一本新的苏联逻辑教科书，即楚巴欣、布洛德斯基主编的《形式逻辑》。原作出版于 1977 年，系审定的大学哲学系教材，与前面的教材已经有很大不同，主要是吸收了现代数理逻辑的内容，其结构如下：导言；第一篇，普通逻辑：思维的基本逻辑形式和方法，包括如下 5 章：概念；判断，主要讲直言判断，也涉及复合判断与模态判断；形式逻辑的基本规律，即同一律、矛盾律、排中律和充足理由律；推理，主要讲直言推理与三段论、复合判断推理及归纳推理等；科学思维的逻辑方法，主要讲分类、定义、证明与反驳、公理化方法、求因果五法、假说与概率方法等。第二篇，符号逻辑，包括以下 6 章：命题逻辑的图表体系，命题逻辑公式的范式；命题逻辑的自然推理，形式化的三段论，谓词逻辑的自然推理，模态逻辑。显然，这是一个拼盘式结构，试图把传统形式逻辑与现代数理逻辑的内容拼接在一起，有"内容过于芜杂、缺乏内在联系"的弊端，但毕竟沿着传统逻辑与现代逻辑相结合的方向迈出了重要的一步。

三、毛泽东主导的逻辑问题大讨论

在 20 世纪前中期，中国学术界先后有两次逻辑问题大讨论，其背后都有苏联意识形态的影子。"20 世纪 30 年代前后，以苏联为中心，出现了一股以辩证法否定形式逻辑的浪潮。1930 年，苏联哲学界展开了对德波林学派的批判，其中包括把形式逻辑等同形而上学加以全盘否定。这是我国 30 年代批判与否定形式逻辑的背景。1940 年斯大林为形式逻辑恢复名誉，苏联哲学界对形式逻辑的批判暂告结束，1947 年苏联恢复形式逻辑的教学，1950 年斯大林发表了《马克思主义和语言学问题》，肯定了形式逻辑的作用，形式逻辑在苏联的地位有了根本性的变化。这是 50 年代影响我国逻辑学发展的背景。"①

1930 年代，一些左翼知识分子，如许凯兴、郭湛波、叶青、艾思奇、潘梓年、李达等，受当时苏联意识形态的影响，纷纷撰文，把形式逻辑等同于唯心主义以及与辩证法相对立的形而上学，甚至要求取消其作为一门学科或科学的地位。毛泽东在其经典著作《矛盾论》初版中也持有类似的观点，后在再版修订时删除。1953 年，马特发表《论逻辑思维的初步规律》一文，认为形式逻辑是低级逻辑、辩证逻辑是高级逻辑，重启了形式逻辑与辩证法关系的大讨论。1956 年，周谷城发表《形式逻辑与辩证法》一文，提出"辩证法是主，形式逻辑是从；主从虽有别，却时刻不能分离"的"主从说"，此说是对"高低级说"的一种挑战。周谷城的文章引起轩然大波，也引起了毛泽东的注意。毛泽东阅读了当时所发表的许多逻辑论战文章，并多次召开相关会议，要求按照"百花齐放、百家争鸣"的方针，支持这场有关逻辑问题的大讨论。1957 年 4 月 11 日，毛泽东邀请一些哲学和逻辑学学者到中南海谈逻辑问题，受邀的逻辑学者有金岳霖、周谷城、王方名、黄顺基等；在此前或此后，毛泽东还多次会见老友周谷城，与其探讨逻辑问题，并表达对其观点的支持。② 在毛泽东的参与、支持甚至主导下，这场关于逻辑问题的大讨论进行得十分热烈，持续了好多年，其间在报刊上发表的相关论文被结集为三大卷《逻辑问题讨论集》，分别于 1959 年、1960 年、1962 年由上海人民出版社出版。

1950—1960 年代所讨论的一些主要逻辑问题，如形式逻辑与辩证逻

---

① 鞠实儿主编：《当代中国逻辑学研究（1949—2009）》，第 8 页。
② 冯俊：《毛泽东主席邀请学者讨论逻辑学问题感言》，《教学与研究》2007 年第 5 期。

辑的关系，形式逻辑的对象、性质和作用，形式逻辑的客观基础，在形式推理中真实性和正确性的关系，形式逻辑的修正、改造和发展方向，归纳推理和归纳方法，等等，[①] 并不是严格意义上的逻辑技术问题，而是关于逻辑的哲学问题。这些讨论的积极后果是，把传统形式逻辑与唯心主义及形而上学剥离开来，将其奠定在马克思主义哲学的基础上，从而在当时的主流意识形态中取得了合法地位，使其后来有可能得到传播、普及和某种程度的发展。但这些讨论也产生了严重的消极后果：（1）由于受当时苏联的影响，讨论的对象局限于传统形式逻辑，对新的数理逻辑关注不够，甚至采取排斥和批判的态度，从而使中国的逻辑学研究失去了与当时的国际潮流接轨的机会，迟滞和延缓了中国逻辑学的现代化进程。（2）使哲学认识论、辩证法的诸多概念和范畴充斥于逻辑理论著述和教科书之中，许多原来对哲学而言是中性的逻辑技术问题，也被生拉活扯地安上了一条哲学尾巴，从而使本来作为哲学工具的逻辑反而过多地依赖于哲学。（3）养成了逻辑学界一部分人的空疏学风，不进行具体的创造性的逻辑研究，而热衷于就一些老掉牙的问题进行不着边际的哲学空谈。[②]

四、逻辑学在中国的两次大普及

1950—1960 年代，作为有绝对权威的政治领袖，毛泽东多次在谈话甚至中共文件中强调，写文章要讲逻辑，党政干部要学点儿逻辑。在他的号召下，党政干部和青年学生掀起了一股学逻辑的热潮，形成了逻辑学在中国的首次大普及。当时国内成立了一些相应的学术机构，选印了一些先前用中文出版的中外逻辑著作。例如，三联书店于 1960 年代编辑出版了《逻辑丛刊》，其中收录以下 11 本书：《名理探》（傅汎际译义，李之藻达辞），《穆勒名学》（穆勒著，严复译），《名学浅说》（耶方斯著，严复译），《辨学》（耶方斯著，王国维译），《论理学纲要》（十时弥著，田吴炤译），《新论理学》（张子和著），《名学纲要》（屠孝实著），《逻辑》（金岳霖

---

① 吴家国：《关于形式逻辑问题讨论的回顾》，《哲学研究》1979 年第 4 期。
② 陈波：《逻辑哲学导论》，中国人民大学出版社，2000 年，第 9—10 页。

著），《逻辑指要》（章士钊著），《逻辑与逻辑学》（潘梓年著），《逻辑史选译》（齐亨等著，王宪钧等译）。为了响应毛泽东的号召，由金岳霖、汪奠基、沈有鼎、周礼全、张尚水五位资深专家学者出面，编撰了《逻辑通俗读本》，全书分 5 章，主要讲概念、判断、推理、形式逻辑的基本规律、论证。此书的特点是概念明确、简明扼要、通俗易懂，适合初学形式逻辑的人使用。此书于 1962 年初版，1964 年再版，1978 年修订，书名改为《形式逻辑简明读本》，多次印刷，被广泛阅读，影响了好几代中国读者。

1977 年，在邓小平的主持下，中国恢复高考制度。1978 年，中国大学迎来了"文化大革命"后第一批经考试录取的大学生。同年，国家发出"向科学进军"的号召，青年一代求知若渴，读书在整个社会蔚然成风。由于仍受到毛泽东的影响，当时几乎所有的文科大学生都要学习逻辑课程。为了满足未能考上大学者的学习需求，国家开办了成人高等教育自学考试，在诸多专业中，形式逻辑都是必考科目。1981 年，彭漪涟、余式厚合著的《趣味逻辑学》一书出版，该书围绕逻辑原理讲故事，通过故事来说明逻辑原理，对读者具有很大的亲和力，受到热烈欢迎，我至今仍然清晰记得阅读此书所带来的愉悦。1984 年，吴家国受教育部委托编写的《普通逻辑自学考试大纲》出版；1989 年，吴家国、马玉珂主编的《普通逻辑原理》出版，此书大卖。除了正规大学、成人自学高考外，还有各种形式的民间办学，其中规模最大、最有影响的是中国逻辑与语言函授大学，据其官网介绍，自 1982 年开办以来，已培养各类学员 50 多万人，其中大部分学过形式逻辑。从 20 世纪 80 年代到 21 世纪初，逻辑自学考试培训班遍地开花，大学逻辑教师四处兼职授课，逻辑书籍的销售十分火爆，有些书动辄销售几万册或几十万册，甚至几百万册。这个阶段是形式逻辑在中国的第二次大普及。

顺便提及，陈波后来撰写的两本逻辑书在传播和普及逻辑知识方面也发挥了很大的作用：一是《逻辑学是什么？》，列入北京大学出版社"人文社会科学是什么"丛书于 2002 年出版，2015 年出版插图精装版；二是《逻辑学十五讲》，由北京大学出版社"名家讲座通识书系"于 2008 年出版，2016 年出版第 2 版。这两本书都受到广泛欢迎，分别销售数万册甚至几十万册。

五、大学逻辑通识教育的演变

从 1949 年到 2019 年，中国大学的逻辑教育可分为改革开放以前和之后的两个阶段。鉴于逻辑教学的重要性，下面用较大篇幅通过列示国内高校先后使用的主要逻辑教科书来说明这种演变。

1960 年代，由于与苏联的密切关系，中国人民大学成为中国高等教育的重镇。1958 年，该校逻辑教研室编撰的《形式逻辑》出版，该书大致遵循苏联逻辑教科书的路子，由如下 10 章组成：绪言，讲形式逻辑的对象和意义；概念；判断；形式逻辑的基本规律；推理，直接推理；直言三段论；假言三段论与选言三段论；归纳推理；类比与假说；证明。判断章末尾有一个附录：概念判断在汉语中的表现形式，重点探讨逻辑形式在汉语中的特殊表现与应用，这以后成为中国人民大学所编撰的逻辑教材的一大特点。该书出版后多次印刷，1980 年出版第 2 版，1984 年出版第 2 版修订本。第 2 版在内容体例上仍如第 1 版，但增加了两个附录：论说文的逻辑分析；逻辑简史。正如诸葛殷同所言，这两本书"国内发行量很大，产生了深远的影响"。①

1962 年，金岳霖主持编撰全国高等学校文科教材《形式逻辑》，参与者多为国内资深的逻辑学专家，如吴允曾、周礼全、晏成书、诸葛殷同等，于 1963 年完成初稿，由周礼全统稿，于 1965 年定稿，由于发生"文化大革命"，迟至 1979 年才正式出版。该书内容基本上仍局限于传统形式逻辑，但与苏联教科书相比有了很大扩展，由如下 7 章组成：形式逻辑的对象和作用；概念；判断，涉及直言判断、关系判断、复合判断和模态判断；演绎推理，涉及直接推理、三段论、关系推理、复合判断推理和模态推理；归纳推理；形式逻辑的基本规律，只讲同一律、矛盾律和排中律，不讲充足理由律；论证，兼及证明与反驳。后有附录：逻辑史资料。这本教材可谓是传统形式逻辑方面的优秀作品，最大的特点是内容精审，阐述准确，文字简洁典雅，例证经过精心选择，习题也经

---

① 诸葛殷同：《评〈逻辑学〉》，《自然辩证法研究》13 卷，1997 年增刊。

过精心设计。我当年多次认真阅读此书，做过其全部练习题，奠定了我在逻辑学方面初步的知识和技能基础。

1976年，"文化大革命"结束，中国开始了新时代征程。1978年5月，在北京举行的全国逻辑讨论会上，张家龙提交了题为《形式逻辑的现代化》的论文，主要批评国内传统逻辑教材中的诸多问题，提议用现代逻辑来丰富和发展传统形式逻辑，编写新的纳入现代逻辑精神、内容和方法的逻辑教科书。1979年8月，王宪钧在第二次全国逻辑讨论会上提交《逻辑课程的现代化》一文，提出要改革为高校文科生开设的逻辑学课程，将其现代化。张、王二人的主张在此后多年内引发了关于"逻辑现代化"的激烈争论，形成了关于逻辑课程如何现代化的三种主要主张：一是"取代论"，即用现代数理逻辑取代传统形式逻辑；二是"吸收论"，即在传统逻辑框架内吸收现代逻辑的部分内容；三是"并存论"，即认为传统形式逻辑和数理逻辑各有其优势和必要性，分别开设，和谐共存。几十年演变下来，最后占主导地位的还是由"吸收论"演变而来的"逻辑导论型"教材，兼及传统逻辑和现代逻辑的内容。

"吸收论"最成功的教材是由吴家国主编的《普通逻辑》，系教育部组织统编的高校文科逻辑教材，由国内11所高校的11名学养丰厚的逻辑学教师集体编写，由吴家国统稿，于1979年由上海人民出版社出版，后又作了三次修订，出版了四个版本，每次修订都纳入越来越多的现代逻辑内容。1995年，该书荣获国家教委颁发的"第三届普通高等学校优秀教材一等奖"。迄今该书累计印刷或已超过300万册，被广泛使用，产生了巨大影响。吴家国后来撰文谈到编写该教材的指导思想："普通逻辑应以传统逻辑的精华为其主体，适当吸收数理逻辑的基础知识，形成二者融合的教学体系；逻辑形式中不仅应包含有演绎推理，而且应包含归纳推理；三段论规则可以区分为构造规则、一般规则和导出规则，它们在层次上是不同的；矛盾律与排中律的适用范围并没有宽与窄的区别；充足理由律可以保留，但它不是普遍的逻辑规律，而是论证的规律；在论证中，应当把论证方法与论证规则协调起来，以消除逻辑矛盾。"①

---

① 吴家国：《〈普通逻辑〉二十五年回望》，《北京师范大学学报》2004年第6期。

随着改革开放进程的不断深入和发展，中国逻辑学界对世界逻辑教学状况的了解越来越充分，一些英文版逻辑教科书被国内学者认真研读。在陈波的筹划和安排之下，在西方大学被广泛使用的三部逻辑教科书的中译本出版：柯匹等的《逻辑学导论》（第11版），张建军等译，于2007年出版；2014年，又翻译出版了该书第13版。该书中译本在中国出版后颇受欢迎，持续畅销。赫尔利的《简明逻辑导论》（第10版），陈波、宋文淦等译，于2010年出版。卡哈尼等的《逻辑与哲学》（第9版），张建军等译，于2017年出版。胡泽洪等还翻译出版了柯匹的《逻辑要义》（2013）。在西方逻辑教材的影响之下，中国学者先后编撰出版了一批带有"逻辑导论"性质的教材。

首先要提到的是宋文坚主编的《新逻辑教程》，周北海、刘壮虎、李小五和邓生庆参与撰写，于1992年出版。该书凸显现代逻辑的框架，重点在于阐述现代演绎逻辑和现代归纳逻辑的基本内容，由如下10章组成：逻辑的对象、方法和意义；命题逻辑的公式；真值表、范式、形式证明；命题演算；传统谓词逻辑；谓词逻辑的公式；谓词逻辑的运算、推理和证明；模态逻辑；素朴集合论；归纳逻辑。在该书的基础上，由宋文坚主编、郭世铭副主编，北京大学逻辑教研室集体参与撰写的《逻辑学》，于1998年由人民出版社出版。该书由如下7章组成：绪言；命题逻辑；词项逻辑；一元谓词逻辑；谓词逻辑；归纳逻辑；逻辑方法。后有附录：应用逻辑简介，简要介绍了模态逻辑、时态逻辑、直觉主义逻辑、多值逻辑、自由逻辑等。与国内其他逻辑教材相比，这两本书均以现代逻辑为主，适当保留传统形式逻辑的有价值内容，对现代逻辑原理和方法的阐述也最为系统、深入和准确。可惜它们在国内大学使用得较少。

1984—1992年，陈波在中国人民大学逻辑教研室任教，在他的参与或主导下，由该教研室同人集体编写的《逻辑学》于1996年出版，包括如下10章：绪论；概念；命题逻辑；词项逻辑；谓词逻辑；模态逻辑；归纳逻辑；逻辑基本规律；证明与反驳；谬误。该书属于传统逻辑与现代逻辑的"结合型"，分别于2008年、2014年出版了第2版和第3版，在国内大学被相当广泛地使用。陈波到北京大学任教后撰写了《逻辑学导论》，于2003年出版，包括如下6章：逻辑是关于推理和论证的科学；

命题逻辑；词项逻辑；谓词逻辑；归纳逻辑；非形式逻辑。后有附录：形式化方法和形式系统。分别于 2006 年、2014 年出版第 2 版和第 3 版，删去附录。该教材更接近西方"逻辑导论型"，也被相当广泛地使用。

改革开放以来，国内先后出版的其他比较重要的逻辑学教材有：诸葛殷同等的《形式逻辑原理》（1982），中山大学逻辑教研室的《逻辑导论》（1996），何向东主编的《逻辑学教程》（1999），彭漪涟主编的《逻辑学导论》（2000），王路的《逻辑基础》（2004），黄华新、张则幸的《逻辑学导论》（2004），胡泽洪等的《逻辑学》（2007），南开大学逻辑教研室的《逻辑学基础教程》（2008），以及由多位逻辑学专家集体编撰的教育部"马工程"重点教材《逻辑学》（2017），等等。

六、数理逻辑的教学和研究

中国做数理逻辑教学和研究的分为两拨：一是中国逻辑学会下设的现代逻辑研究会，其中大多数人更多地关注数理逻辑的教学活动和教材编写，较少从事严格意义上的数理逻辑研究；二是中国数学学会下设的数理逻辑分会，其成员更多地从事数理逻辑研究，但较少与中国逻辑学会的成员接触和交往，故后者对他们所做的工作并不是太熟悉。我本人就是这样的代表之一，对中国数理逻辑的研究状况和具体进展不太清楚，以下的简略概述主要有两个来源：一是在鞠实儿主编的《当代中国逻辑学研究（1949—2009）》一书中，由赵希顺撰写的第二章"数理逻辑"（该书第 50—122 页）；二是我本人在改革开放后随中国逻辑学一起成长的经历和感受。

1930 年代至 1950 年代初，沈有鼎、王宪钧、胡世华、莫绍揆等从国外学成回国，数理逻辑开始在中国发展。尽管受到苏联批判数理逻辑的影响，到 1960 年代，中国数理逻辑的教学与研究还是有了相当程度的发展，翻译、撰写了不少数理逻辑教科书，胡世华、莫绍揆、沈有鼎等在国际顶级刊物《符号逻辑杂志》发表了多篇研究论文。1970 年代及以后，金岳霖的学生、美籍华裔数理逻辑家王浩多次回国讲学，其报告整理成《数理逻辑通俗讲话》正式出版（1981），中国学者得以了解西方数理逻辑发展的新状况和新进展。

改革开放后，给人印象最深的是一批数理逻辑教科书的编撰与出版，例如，胡世华、陆中万合著的《数理逻辑基础》（上、下册，1981），王宪钧的《数理逻辑引论》（1982），莫绍揆的《数理逻辑初步》（1980）、《数理逻辑教程》（1982）和《递归论》（1987），以及他翻译的克林的《元数学导论》（1987），王世强的《模型论基础》，张锦文的《公理集合论导引》（1991），哈密尔顿著、朱水林译《数理逻辑》（1987），晏成书的《集合论导引》（1994），等等。据我个人的认知，王宪钧的《数理逻辑引论》得到最广泛的使用，莫绍揆的《数理逻辑初步》也被广泛阅读，在传播数理逻辑方面所起的作用最大。

改革开放以来，中国学术界涌现出一批优秀的数理逻辑专家，如吴文俊、唐稚松、杨东屏、张锦文、周浩旋、洪加威、罗里波、沈复兴、丁德成、朱梧槚、李祥、李未、冯琦、张清宇、张羿、杨跃、赵希顺等，他们取得了许多具有国际水准的研究成果，活跃于国际前沿研究领域。①近些年来，复旦大学的郝兆宽、杨睿之与在新加坡任教的杨跃等合作，在推进集合论和哥德尔思想研究方面做了很多有益的工作。

七、辩证逻辑研究的一时兴盛

辩证逻辑被认为是研究辩证思维的形式、方法和规律的科学。从1949年到20世纪80年代末甚至20世纪90年代早期，辩证逻辑在中国大陆一时兴盛。在我看来，这是由多方面原因共同造成的结果：（1）中国传统哲学，如《周易》、老庄、佛学等，热衷于宏大叙事，讲究事物、现象之间的流转变化，讲究从不同的视角去看待同一问题，力求避免板滞、拘泥、执着，颇有辩证思维的味道。（2）以康德、黑格尔为代表的德国古典哲学在中国影响很大，黑格尔的代表性著作被冠以"大逻辑""小逻辑"的名称，其"正—反—合"的辩证法常被称为"辩证逻辑"。（3）继承和改造了德国古典哲学的马克思主义哲学在中国是主流意

---

① 鞠实儿主编：《当代中国逻辑学研究（1949—2009）》，第50—122页。

识形态，某些经典著作中提及和倡导"辩证逻辑"。（4）苏联哲学界倡导和研究辩证逻辑，有些著作被译成中文出版，如罗森塔尔的《辩证逻辑原理》（1962），阿里克塞也夫的《思维形式的辩证法》（1961），柯普宁的《辩证法、逻辑、科学》（1981）和《作为认识论和逻辑的辩证法》（1984）等，在中国学术界很有影响。

1980—1990年代，国内出版了很多关于辩证逻辑的研究著作，甚至编撰了多本教科书。国内辩证逻辑研究被概括为以下七种不同的研究进路：辩证逻辑与形式逻辑比较研究的进路；范畴理论的研究进路；科学方法论的研究进路；非经典逻辑的研究进路；现代逻辑与逻辑哲学新成果的辩证审视进路；应用研究进路；思想史研究进路。[①] 在思想史研究进路方面，周礼全的《黑格尔的辩证逻辑》（1989）被视为代表性作品。在这些研究中，也出现了不少有价值的洞见和成果，但总体说来，由于与唯物辩证法区分不清，许多研究成果的逻辑学味道不浓，没有得到广泛的接纳和认可。近年来，主要由于悖论研究的推动，国际学术界一些从事非经典逻辑研究的学者对辩证法的逻辑意义予以关注，有些国内学者（特别是某些次协调逻辑学者）也打出了"辩证逻辑"的旗帜与之进行建设性对话，成为国内辩证逻辑研究的一个较有活力的方向。

八、中国逻辑史研究的持续深入

我认为，在1949—2019年间的中国，与逻辑学其他分支相比，中国逻辑史研究是一个取得重要进展和丰硕成果，且依然充满争议而活力四射的研究领域。我同意如下的归纳概括：其间的"中国逻辑史研究大致分为三个时期，即新中国成立后前17年中国逻辑史研究的开拓期、20世纪80年代中国逻辑史的学科建设期和20世纪90年代至今的中国逻辑史研究的深化与反思期。……二期与三期的划分是以国家'六五'计划重点项目《中国逻辑史》（五卷本）1989年面世为标志，前期以学科建设为主体，后期研究与反思并重，形成不同的中国逻辑学立场"[②]。第一期的

---

① 鞠实儿主编：《当代中国逻辑学研究（1949—2009）》，第357—386页。
② 同上书，第396页。

代表性成果有：沈有鼎的《墨经的逻辑学》（1960 年代以论文形式发表，1980 年结集出版），詹剑峰的《墨家形式逻辑》（1956），汪奠基的《中国逻辑思想史》（1960 年完稿）、《中国逻辑思想史料分析》（1961）以及他当时发表的一些论文。①

下面着重谈谈中国逻辑史研究的后两个时期。关于究竟应该如何研究中国逻辑史、采用什么样的解释框架，在不同的研究者之间、特别是在不同代际的研究者之间，充满了争议和歧见，有不同的研究进路。其中，大致可以区分出如下两条主要进路：

第一条进路是选取某些西方的（狭义或广义的）逻辑理论——例如传统形式逻辑、数理逻辑、非形式逻辑、论辩理论或符号学——作为解释中国经典中相关材料的框架，通过参考这些背景理论来重构中国古代逻辑，通过比较研究来得出关于中国古代逻辑的优势和劣势的判断。坚持此条进路的学者大都强调人类思维的一般性和逻辑理论的普遍性，利用西方逻辑理论来解释中国经典，关注中西逻辑理论的统一性、相似性和融合性。有些研究者所选取的解释框架是西方传统形式逻辑，甚至是现代数理逻辑的观念、方法和技术。这类研究的代表性成果有：李匡武主编的《中国逻辑史》（五卷本，1989），系国家"六五"规划重点项目成果，还有与之配套的《中国逻辑史资料选》（五卷本，1991），孙中原的《中国逻辑史》（先秦卷，1987）和《中国逻辑研究》（2006），周云之的《中国逻辑史》（2004），等等。此外，宋文坚、程仲棠、王路等坚持用西方形式逻辑理论来解释中国典籍中的材料，但他们只把形式逻辑看作一种能够确保从前提必然得出结论的理论。根据他们的研究，中国古代不存在类似于亚里士多德逻辑的东西，因此中国古代没有逻辑——只有名学、辩学和论辩学。还有一些研究者，如李先焜、蔡伯铭、陈宗明、陈道德、曾祥云等则认为，符号学是研究中国逻辑史的更优范式；传统上以西方形式逻辑为范式的研究，任意截取中国古代典籍中的材料，对之胡乱解释，前后不融贯，背离典籍原意，有生搬硬套、简单比附、误读误释等严重弊端；而采用符号学范式，把中国古代逻辑看作包括语形、语义和语用的一种自然语

---

① 鞠实儿主编：《当代中国逻辑学研究（1949—2009）》，第 399 页。

言的逻辑符号学，可以更忠实地解读中国古代典籍的整体和原意，给出更合理、更圆融的解释。这方面的代表性研究成果有：陈宗明的《中国语用学思想》（1997），林铭钧、曾祥云的《名辩学新探》（2000），陈道德、曾祥云的《符号学视野下的先秦名辩学研究》（2017）等。

　　第二条研究进路着力强调逻辑与文化之间的相互关联，坚持运用建基于"历史分析和文化诠释"之上的比较方法，力图在中国文化原初特征的基础上来诠释和建构中国古代逻辑，凸显人类思维方式中的差异性和不同文化中逻辑理论的特殊性，反对把中国逻辑的材料硬塞进西方逻辑的框架之中并据此对两者作简单比附。坚持此进路的学者大都在南开大学获得哲学博士学位，受博士生导师崔清田教授的学术影响，以他为核心形成了中国逻辑史研究的"南开学派"。崔清田认为："逻辑学是关于逻辑思维的结构、形式的科学，受文化的影响；不仅具有逻辑的共同性，也具有特殊性。……特殊性，指逻辑学在不同历史和文化背景下显现的特点，如居主导地位的推理类型的不同，以及对推理形式表述方法的差异等。以这种逻辑观为前提和依据，不认同西方传统逻辑及符号逻辑是唯一的逻辑学，承认由于文化背景不同而具有各自特点的逻辑学，因而承认'中国逻辑'是中国国学中的一种学问，而不是发现于中国的西方逻辑学。'中国逻辑'具有相同于西方逻辑学的共同性，同时也具有不同于西方逻辑学的特殊性。"[1] 按这种方式所获得的主要研究结论是：中国古代逻辑是有别于传统形式逻辑的名学和辩学，后者以"推类"为主导推理类型，推类有类比推理的性质，属或然性推理。这方面的代表性成果有：温公颐、崔清田主编的《中国逻辑史教程》（1988 初版，2001第 2 版），崔清田主编的《名学与辩学》（1997），崔清田的《墨家逻辑与亚里士多德逻辑比较研究》（2004），王克喜的《古代汉语与中国古代逻辑》（2000），翟锦程的《先秦名学研究》（2004），刘明明的《中国古代推类逻辑研究》（2012），曾昭式的《先秦逻辑新论》（2017），等等。

　　鞠实儿沿着强调逻辑与文化相互关联的道路走得更远，其论述主张，逻辑学理论受到文化要素、社会环境、认知主体的动机等因素的影响，

---

[1]　崔清田：《关于中国逻辑史的五个问题》，《毕节师院学报》2011 年第 9 期。

不同文化的逻辑必定具有不同的特色，甚至可以说，不同文化也许会拥有不同的逻辑。文化相对性和逻辑多样性不能被西方传统中的形式的和非形式的逻辑容纳。为此，他提出了一个广义论证理论，主张用它来作为重构中国逻辑史的框架。① 鞠实儿与他的学生沿着这条路径发表了一些研究论文，但尚未见系统性专著问世。

还需要提到，近十多年来出版了几种总结和反思中国逻辑学近百年历程的著作，如赵总宽主编的《逻辑学百年》（1999），宋文坚的《逻辑学的传入与研究》（2005），以及本文多次引用的鞠实儿主编的《当代中国逻辑学研究（1949—2009）》（2013）。

中国对因明学的研究包括藏传因明和汉传因明。我同意如下判断："新中国对汉传因明的研究也分为三个阶段：1949 年至 1966 年为第一阶段……波澜不兴；第二阶段是从'无产阶级文化大革命'开始至结束，在大陆，因明研究和传习完全停止；1978 年至今为第三阶段，因明研究如枯木逢春，欣欣向荣。"② 据我所知，在第三阶段，有三位研究者取得了突出成绩：沈剑英，其因明著作包括《因明学研究》（1985）和《佛教逻辑研究》（2013）；郑伟宏，有多种因明著作：《因明正理门论直解》（2008），《汉传佛教因明研究》（2007），《因明大疏校释、今译、研究》（2010），《佛教逻辑通论》（2016）；张忠义，其因明著作包括《因明新论》（主编，2006），《因明》（主编，2007）和专著《因明蠡测》（2008）。进入 21 世纪后，因明学研究进入国家"抢救绝学"计划而获得大力支持，许多新近毕业的哲学博士亦投身于因明学研究之中，此领域目前热度很高，有一派欣欣向荣的景象。

九、西方逻辑史研究的寂寞推进

与中国逻辑史研究相比，西方逻辑史研究在中国大陆似乎从来就没有大热过，在这个领域内持续研究的学者数量也较少，但也取得了不少

---

① 鞠实儿：《论逻辑的文化相对性——从民族学和历史学的观点看》，《中国社会科学》2010 年第 1 期。

② 鞠实儿主编：《当代中国逻辑学研究（1949—2009）》，第 397 页。

成绩和进展。

在改革开放前，中国学人很少作系统的西方逻辑史研究，一般是在逻辑教科书中写入一点儿"逻辑简史"，常作为附录；翻译出版了几种逻辑史著作，例如，齐亨等著、王宪钧等译的《逻辑史选译》（1961），苏联波波夫著、马兵译的《近代逻辑史》（1964）等。周礼全比较系统地研究了亚里士多德逻辑，发表过一些论文，例如，《亚里士多德关于推论的逻辑理论》（1963），《亚里士多德论矛盾律和排中律》（1981）。1980年，中国逻辑学会成立了西方逻辑史研究会。这以后出版了一批西方逻辑史研究著作，例如，王宪钧的《数理逻辑引论》（1982），其中第三部分概述了从莱布尼茨到哥德尔的数理逻辑发展史；江天骥主编的《西方逻辑史研究》（1984），杨百顺的《西方逻辑史》（1984）和《比较逻辑史》（1989），马玉珂主编的教育部高等学校文科教材《西方逻辑史》（1985），朱水林的《形式化：现代逻辑的发展》（1987），郑毓信的《现代逻辑的发展》（1989），宋文坚的《西方形式逻辑史》（1991），郑文辉的《欧美逻辑学说史》（1994），卢卡西维茨著、李先焜等译的《亚里士多德三段论》（1995），刘晓力的《理性的生命——哥德尔思想研究》（2000），张留华的《皮尔士哲学的逻辑面向》（2012），郝兆宽的《哥德尔纲领》（2018），等等。但早期出版的一些书大都基于二手资料，缺乏可靠性和系统性。进入21世纪后，弗雷格、皮尔士和哥德尔受到学术界的较多关注，年轻学者如刘靖贤、张留华、刘新文、郝兆宽等发表了一些颇具分量的研究成果。

张家龙长期从事西方逻辑史研究，在这个领域内取得了重要成果。他与人合作翻译了两部重要的逻辑史著作：肖尔兹的《简明逻辑史》（1977）和《逻辑学的发展》（1985），后者是一部相当翔实、系统而严谨的逻辑史著作；撰写出版了多部逻辑史研究专著：《数理逻辑发展史——从莱布尼茨到哥德尔》（1993），《从现代逻辑的观点看亚里士多德的逻辑理论》（2016）；文集《逻辑史论》（2016）；主编《逻辑学思想史》（2004）。其中，《数理逻辑发展史——从莱布尼茨到哥德尔》是中国大陆首部全面系统地论述从莱布尼茨到哥德尔的数理逻辑史著作。它首先提出了研究数理逻辑史的方法论原则，将数理逻辑的发展分为前史、初创、奠基和发展等四个时期，采用逻辑方法与历史方法相统一的原则加以论述，总结出数理逻辑发展的外部动因和内在规律，阐明了社会实践和数理逻辑理论的辩证关系；对数理逻辑重大成果的论述侧重于逻辑方法的分析，对一些重大成果的哲学意义作了总结和概括。

王路早年作为周礼全的硕士研究生，受其指导研究亚里士多德逻辑，出版了专著《亚里士多德逻辑学说》（1991）。这是一部比较可靠且有深度的研究性著作。后来，王路翻译出版了《弗雷格哲学论著选辑》（1994），弗雷格的《算术基础》（1998），并出版了个人研究专著《弗雷格思想研究》（1996）。此外，他翻译出版了多种逻辑史原典或研究著作：罗斯的《亚里士多德》（1997），吉尔比的《经院辩证法》（2000），司各脱的《第一原理》（2004），奥卡姆的《逻辑大全》（2006），等等。

十、归纳逻辑研究的不断深入

根据任晓明等的研究，[①]20 世纪 80 年代，中国学术界引入了现代归纳逻辑，随后对归纳逻辑的研究实现了从古典归纳逻辑到现代归纳逻辑的转向，其中有三次一级的转向：从非形式研究转向形式研究以及形式研究与非形式研究的结合；从因果归纳逻辑转向概率归纳逻辑；从巴斯卡概率转向非巴斯卡概率。江天骥（1915—2006）在中国归纳逻辑研究中起到了关键性作用：1984 年，在沈阳开设关于现代归纳逻辑的系列讲座；1985 年，在《不列颠科学哲学杂志》发表英文论文《科学理性：形式的还是非形式的？》；[②]1987 年，出版专著《归纳逻辑导论》，系统讨论了现代归纳逻辑；20 世纪 90 年代，发表了一系列关于现代归纳逻辑的论文。此外，江天骥还影响其同事桂起权，并引导他的博士生（如朱志方、陈晓平和任晓明）以及中国许多其他大学中的同行转向归纳逻辑研究，最终在他周围集结了一个归纳逻辑研究的学派。

王雨田（1928—2012）在归纳逻辑的研究方面做出了重要贡献。他

---

① 任晓明等：《中国当代归纳逻辑研究概论》，《逻辑学研究》2010 年第 4 期。
② Tianji Jiang. "Scientific Rationality, Formal or Informal?", *The British Journal for the Philosophy of Science*, 36 (4), 1985.

曾负责国家 863 计划中的归纳逻辑与人工智能课题，主编《归纳逻辑导引》（1992）和《归纳逻辑与人工智能》（1995）。鞠实儿的《非巴斯卡概率逻辑研究》（1993）也是中国归纳逻辑研究方面的主要成果之一。该书系统地分析了沙克尔的潜在惊奇理论和科恩的归纳支持及归纳概率分级，由此建构了鞠氏的非巴斯卡概率的形式系统——一个具有类法则程度假设的句法系统。其他重要的归纳逻辑著作有：邓生庆的《归纳逻辑：从古典向现代类型的演进》（1991），李小五的《现代归纳逻辑和概率逻辑》（1992），任晓明的《当代归纳逻辑探赜》（1993），陈晓平的《归纳逻辑和归纳悖论》（1994）和《贝叶斯方法与科学合理性——对休谟问题的思考》（2010），桂起权等的《机遇与冒险的逻辑》（1995），熊立文的《现代归纳逻辑的发展》（2004），邓生庆、任晓明的《归纳逻辑百年》（2006），等等。

鞠实儿在 1993 年发表的一篇英文论文 [1] 中论证休谟问题在逻辑范围内不可解，或在逻辑中没有方法对它作出正面或反面的解答；他在逻辑学的范围之外给出局部合理性概念和归纳的局部辩护方法（LJI），并以此说明归纳法的合理性可以得到局部辩护、拒斥或悬置；他还给出了科学研究的局部归纳重建程序。2001 年，陈波撰文论证说，在休谟问题背后隐含着三个站不住脚的假设：休谟实际上接受了普遍必然的知识，追求演绎的必然性，并且要在感觉经验的限制下来说明因果关系的必然性和经验知识的普遍性。这些条件是相互冲突的，这使得休谟问题在逻辑上不可解。他对归纳推理提出了一个基于实践必然性的辩护，并提出了一个全面的归纳逻辑研究纲领。[2]

潘天群、唐晓嘉等在决策论与博弈论及其逻辑中做了不少有价值的工作。潘天群撰述、出版了多部决策论和博弈论方面有影响的著作：《行动科学方法论导论》（1999），《博弈生存——社会现象的博弈论解读》（2002），《社会决策的逻辑结构研究》（2003），《博弈思维——逻辑使你

---

[1] Ju Shier. "The Unsolvability of Hume's Problem and the Local Justification of Induction," *Epistemologia*, 16 (1), 1993.

[2] 陈波：《休谟问题和金岳霖的回答——兼论归纳的实践必然性和归纳逻辑的重建》，《中国社会科学》2001 年第 3 期。

决策致胜》(2005),《合作之道——博弈中的共赢方法论》(2010)等。近些年来,唐晓嘉与其指导的博士研究生在博弈决策逻辑方面做了很多有水准的工作。她在新近发表的一篇文章①中,从"决策理论研究需要什么"和"现代逻辑可以做些什么"这两个角度讨论了现代逻辑在决策理论研究中的多元应用价值:可以为决策研究提供形式刻画的语言工具,在形式刻画的基础上定义决策算法,描述并论证主体的策略能力;还可以揭示决策所面临的难题与困境,寻求解困思路。她还呼吁逻辑学者应投身于决策理论的研究中去,与决策论学者一道共同推动决策理论的发展,并推动新的逻辑理论和技术的创立。

十一、自然语言逻辑研究的兴起

1960 年代至 20 世纪 90 年代早期,以王方名、张兆梅、孙祖培等为代表,注重研究形式逻辑在汉语中的特殊表现和应用。这方面的代表性成果有:孙祖培的《文章与逻辑》(1986),陈宗明的成名作《说话写文章中的逻辑》(1989)。1960 年代以后,周礼全研读了奥斯汀和塞尔等的言语行为理论、格赖斯的会话含义学说以及语义学和语用学方面的其他文献,把自然语言逻辑研究引入中国。所谓"自然语言逻辑",是指透过自然语言的指谓性和交际性来研究自然语言中的推理的逻辑学科。

周礼全(1921—2008)对中国自然语言逻辑研究做出了巨大贡献。在 1960 年代,他撰文论证,形式逻辑应当研究自然语言表达式在特定背景下的具体意义。在 20 世纪 80 年代及以后,他主张,应在现代逻辑学、现代语言学和现代修辞学相结合的基础上进行自然语言逻辑研究,把现代逻辑应用到自然语言的分析中,建立新的逻辑系统,从而扩大和丰富逻辑理论的作用范围,为人们的日常思维和交际提供更为有效的工具。他主编的《逻辑学——正确思维和成功交际的理论》(1994)一书,力图贯彻自己的上述主张。该书把语用学分为三个层次:形式语用学、描述语用学和应用语用学。在作者看来,认知逻辑、道义逻辑、命令逻辑、

---

① 唐晓嘉:《现代逻辑在决策理论研究中的多元应用价值》,《湖北大学学报》2018 年第 3 期。

问题逻辑等属于形式语用学；语境、言语行为、会话含义、假设和修辞等属于描述语用学；演说、讲演、辩论和其他相关内容则属于应用语用学。他还发展了关于语境的语用概念和四个层次的意义。在其指导和影响下，出现了两代研究自然语言逻辑的中国逻辑学者：

第一代包括王维贤、李先焜、陈宗明，他们合著的《语言逻辑引论》（1989），系中国自然语言逻辑方面的首部专著。此外，个人专著有：王维贤的《语言学论文集》（2007），李先焜的《语言、符号和逻辑》（2006），陈宗明的《汉语逻辑概论》（1993）和《中国语用学思想》（1997）。在中国传播、研究符号学方面，这些学者做出了重要贡献。

第二代包括邹崇理、蔡曙山、黄华新、胡泽洪和夏年喜等。邹崇理、蔡曙山是周礼全的博士研究生。邹崇理聚焦于自然语言的形式语义学，如蒙塔古语法、范畴语法和转换生成语法等，著有《逻辑、语言和蒙塔古语法》（1995）、《自然语言逻辑研究》（2000）和《逻辑、语言和信息》（2002）。蔡曙山主要关注语言行为理论和语用逻辑，试图进一步发展奥斯汀和约翰·塞尔的工作并建立语用逻辑的形式系统，著有《语言行为和语用逻辑》（1998）和《语言、逻辑和认知》（2007）。黄华新主要研究认知语用学，如预设、隐喻、论辩等，与人合著《描述语用学》（2005）、《汉语句义的形式分析》（2011）、《符号学导论》（2016）、《逻辑、语言与认知》（2017）等；与人合译《隐喻的逻辑》（2009）和《语言的逻辑分析》（2011）；还与人合作主编了语言与认知方面的多套丛书。

第三代中国自然语言逻辑研究者正在成长过程中，其中廖备水的研究最为突出，他结合人工智能研究自然语言论辩及其逻辑，参与高水准的国际合作课题，发表了很多具有国际前沿水准的研究成果。

十二、哲学逻辑的传入与兴盛

根据陈波的表述，哲学逻辑是于1930—1940年代开始兴起的，自1950年代至今仍在蓬勃发展的一个新兴的逻辑学科群体。它以数理逻辑（主要是一阶逻辑）为直接基础，以传统的哲学概念、范畴以及逻辑在各门具体学科中的应用为研究对象，构造出各种具有直接哲学意义的逻辑系统。这个学科群体包括两大子群：一是变异逻辑，形式上表现为经典逻辑的择代系统，包括相干逻辑、直觉主义逻辑、自由逻辑、偏逻辑、反事实条件句逻辑、多值逻辑、量子逻辑、模糊逻辑等；二是应用逻辑，形式上表现为经典逻辑的扩充系统，如模态逻辑、道义逻辑、时态逻辑、认知逻辑、问题逻辑、命令逻辑、优先逻辑等，它们都是经典逻辑的扩充系统。①

用较短的篇幅对这个广大的研究领域作全面、准确的概述，几乎是不可能的，此仅介绍一些代表性人物的工作，以窥其全豹。

20 世纪 80 年代以来，国内先后出版了一批关于哲学逻辑的介绍性著作、教科书和研究专著。例如，王雨田主编的《现代逻辑科学导引》（上册 1987，下册 1988），该书是组织当时国内中青年学者编写的，对当时国外逻辑学现状作了近乎全方位的扫描。类似性质的著作，还有崔清田主编的《今日逻辑科学》（1990）。重要成果还有：周礼全的《模态逻辑引论》（1986），切莱式著、郑文辉等译的《模态逻辑引论》（1989），马库斯等著、康宏逵译的《可能世界的逻辑》（1993）、周北海的《模态逻辑导论》（1997），弓肇祥的《广义模态逻辑》（1993）和《认知逻辑新发展》（2004），周祯祥的《道义逻辑》（1999），李小五的《无穷逻辑》（上册 1996，下册 1998）、《条件句逻辑》（2003）、《模态逻辑讲义》（2005）、《人工智能逻辑讲义》（2005）和《动态认知逻辑专题》（国内英文版，2010），宋文淦的《问题逻辑》（1998），周昌乐的《认知逻辑导论》（2001），桂起权等的《次协调逻辑与人工智能》（2002），唐晓嘉的《认知的逻辑分析》（2003），杜国平的《经典逻辑与非经典逻辑基础》（2005），余俊伟的《道义逻辑研究》（2005），等等。以上研究成果都以某种方式为促进哲学逻辑在中国的传播和发展做出了自己的贡献。

张清宇（1944—2011）在哲学逻辑领域内具有广博的知识和研究兴趣，但主要研究弗协调逻辑，著有《哲学逻辑研究》（1997）和《弗协调逻辑》（2003）。前者系与郭世铭、李小五合著，比较翔实、准确地阐释了一阶逻辑、模态逻辑、时态逻辑、条件句逻辑、多值逻辑、相干逻

---

① 陈波：《逻辑哲学研究》，中国人民大学出版社，2013 年，第 13 页。

辑、直觉主义逻辑、弗协调逻辑和哥德尔不完全性定理。张清宇在弗协调逻辑领域内取得了一系列研究成果。"他在深入剖析了 daCosta 的弗协调逻辑系统的基础上，构建了弗协调条件句逻辑系统 PIW、CW、弗协调模态逻辑 CG′、极小的弗协调 G′、H 时态逻辑、弗协调逻辑系统 Z 和 ZnUS、极小的弗协调 U、S 时态命题逻辑系统，拓展了弗协调逻辑的研究方向，丰富了弗协调逻辑的理论系统，促进了我国的弗协调逻辑研究。"[1]

冯棉在哲学逻辑领域内主要研究相干逻辑、直觉主义逻辑和模态逻辑，出版了多种著作：《经典逻辑与直觉主义逻辑》(1989)，《广义模态逻辑》(1990)，《相干与衍推逻辑》(1993)，《可能世界与逻辑研究》(1996)，《相干逻辑研究》(2010)，《结构推理》(2015)，《相干与衍推谓词逻辑》(2018)。这些研究成果在促进哲学逻辑在中国的传播和研究方面发挥了重要作用。

徐明主要从事时态逻辑研究，与贝尔纳普等人合著英文著作 *Facing the Future: Agents and Choices in Our Indeterminist World*（牛津大学出版社 2001 年版），并在《符号逻辑杂志》和《哲学逻辑杂志》等逻辑学顶尖杂志上发表了 20 多篇论文。

周北海于 1999 年在《符号逻辑杂志》上发表论文，建立了一种新型模态逻辑语义框架——嫁接框架，证明了模态逻辑系统 S1 的完全性。2010 年，他与毛翊合作在国际著名期刊《综合》上发表论文，提出通名的四层语义学。

刘奋荣主要研究理性主体逻辑，发展出多个模型来解释信息如何动态地改变个人和其他主体的偏好。其英文著作《关于偏好动力学的推理》[2]用现代信息流和行动逻辑来发展一种整合性的新理论，解释了什么是偏好以及偏好如何改变。此外，还提供了动态逻辑系统，这些系统描述了造成偏好改变的外在触发条件，其中包括新信息、建议和命令。该书为许多领域（从哲学和计算机科学到经济学、语言学和心理学）建立

---

[1] 鞠实儿主编：《当代中国逻辑学研究（1949—2009）》，第 153 页。

[2] Fenrong Liu. 2011. Reasoning about Preference Dynamics. Springer. Synthese Library, Vol. 354, 2011.

了新桥梁，产生了广泛的影响。刘奋荣当前的研究集中于在社会背景下对信息流和决策作逻辑分析——这种分析既是关于个人主体的，也是关于群体的。

王彦晶主要研究认知逻辑，在国际 A&HCI 期刊发表了多篇论文。近年他提出并推进了认知逻辑方面的一项综合性科研计划——关于"知道是否 / 如何 / 为什么 / 什么 / 谁"（knowing whether/how/why/what/who）的逻辑，从而超越了关于知道一个命题（knowing that）的标准认知逻辑。①

十三、逻辑哲学的逐渐兴旺

1980—1990 年代，苏珊·哈克的《逻辑哲学》（1978）被中国逻辑学者广泛阅读。通过此书，逻辑哲学开始被中国逻辑学界知悉。据陈波的界定，逻辑哲学力图揭示隐藏在各种具体逻辑理论背后的基础假定、背景预设或前提条件，并质疑和拷问它们的合理性根据以及作其他选择的可能性。关于逻辑的哲学研究，主要是从两个角度进行的：一是认识论角度；一是本体论角度。②

陈波通过研读哈克的《逻辑哲学》及其他英文著作，对逻辑哲学有所了解，并逐渐开始了他的独立研究。在这一领域，他出版了四部著作：《逻辑哲学引论》（1990），《逻辑哲学导论》（2000），《逻辑哲学》（2005），《逻辑哲学研究》（2014），系《逻辑哲学导论》的修订增补版），其中有的著作面世后得到广泛阅读，并被一些高校用作教科书。他的《悖论研究》一书（2014）对悖论进行了相当全面的考察，对其中一些悖论作了较为深入的研究。从 2007 年开始，陈波已在国际 A&HCI 期刊发表 20 多篇英文论文，其中绝大多数属于逻辑哲学研究范畴。

王路在《逻辑的观念》（2000）一书中提出，逻辑只是一门考察从前提必然得出结论的学科；其他类型的所谓"逻辑"，例如"归纳逻辑"和"辩证逻辑"，都不是真正的逻辑，因为它们并不专注于"必然得出"的

---

① Yanjing Wang. Beyond Knowing that: A New Generation of Epistemic Logics, in Jaakko Hintikka on Knowledge and Game Theoretical Semantics, Springer, 2018.

② 陈波：《逻辑哲学研究》，第 17 页。

关系。该书在下述问题上引发了广泛和激烈的争论：什么是逻辑？人们应当如何研究逻辑？古代中国究竟有没有逻辑？应当如何研究中国逻辑史？人们应当如何学习西方哲学？他的另一本书《是与真：形而上学的基石》（2003）探索了"tobe"和"truth"在哲学上的重要性以及它们恰当的汉语翻译，也在逻辑和哲学领域内引发了激烈的争论。

张建军是最早系统研究悖论的中国学者，主要关注数学悖论、语义悖论、认知悖论、合理行动悖论以及悖论的一般认识论与方法论研究。他在悖论方面出版了多种著作，其中最有影响的是《逻辑悖论研究引论》（2002 年初版，2014 年修订）。在该书中，他讨论了悖论的组成要素、分类以及各种悖论的来源和特征；他还对多种解悖方案作了比较研究，探索了正确解悖的标准，并区分了悖论研究的不同层级以及相互之间的互动关系。张建军主编的《当代逻辑哲学前沿问题研究》（2014），考察和评价了自 1970 年代以来西方逻辑哲学领域内的新进展。

任晓明、桂起权在《非经典逻辑系统发生学研究》（2011）一书中对一些非经典逻辑系统，如模态逻辑、内涵逻辑、道义逻辑、直陈条件句的逻辑、归纳概率逻辑、模糊逻辑、量子逻辑、多值逻辑、次协调逻辑、形式化的辩证逻辑和论证逻辑等作了发生学式的考察，由此引出的结论是：逻辑哲学的中心问题就是形式系统内外的推理有效性概念是否恰当符合的问题。他们强调指出："与科学哲学界可错主义已经占上风的情况相对照，目前我国逻辑界知识无误论的影响还太强大，这很可能成为逻辑'改革与开放'的一大思想障碍！逻辑的改革理应胆子更大些、步子更快些！新的实践必将开拓逻辑新领域，冲破旧的划界标准。人们绝不会因看到'不是逻辑'的警示牌而停止前进。逻辑革新论者要善于以逻辑哲学为武器，鼓励对经典系统的各种背离以及各种竞争对手的出现，也就是为新的非经典逻辑鸣锣开道！"[1]

胡泽洪重点关注真理论和自由逻辑及其在哲学上的特征，出版了两部逻辑哲学著作：《逻辑的哲学反思》（2004），《逻辑哲学研究》（与人合著，2014）。《逻辑哲学研究》认为，逻辑哲学是研究逻辑特别是现代逻

---

[1]　任晓明、桂起权：《非经典逻辑发生学研究》，南开大学出版社，2011 年，第 222 页。

辑及其发展中的哲学问题的学科。该书由前言和如下 9 章构成：逻辑的范围与性质；逻辑、语言与存在；真与真理论（上、下）；涵义与指称；模态逻辑及其哲学问题（上、中、下）；自由逻辑及其哲学问题。其中前5 章是对逻辑特别是现代逻辑本身的整体性哲学思考，后 4 章则选取模态逻辑与自由逻辑两个具体的现代逻辑分支，探讨其中的哲学问题。

李娜及其指导的博士生最早对公理化真理论进行了系统研究，这项研究覆盖了经典公理化真理论、基于直觉主义的公理化真理论和基于集合论的公理化真理论。他们发表了不少有分量的论文，所承担的相关国家社会科学基金项目在结项时被评为"优秀"。

熊明主要研究真理论和说谎者悖论，出版了《算术、真与悖论》（2017）一书。他发展出了一个新的真理模式——相对化的T—模式，其途径是把塔斯基的T—模式（"A"是真的，当且仅当 A）推广到关系框架中，也就是说，对框架中的任意可能世界 u 和 v 来说，如果 v 对 u 是可及的，那么"A"为真在 v 中成立，当且仅当 A 在 u 中成立。凭借这种新的T—模式，他获得了关于说谎者悖论研究的一些新结果，大多发表在国际 A&HCI 重要期刊上。

十四、非形式逻辑与批判性思维的传入

20 世纪 90 年代，非形式逻辑和批判性思维被引入中国，这两个概念高度重叠。现任《非形式逻辑》杂志主编拉尔夫·约翰逊和安东尼·布莱尔提出："非形式逻辑是逻辑的一个分支，其任务是讲述日常生活中分析、解释、评价、批评和建构论证的非形式标准、尺度和程序。"根据陈波的研究，"批判性思维"有如下四重含义：起源于美国、后来风行欧美的一场教育改革运动；现代社会中合格公民和创新型人才所必须具备的思维气质、倾向和习惯；在面对相信什么或做什么时，人们作出合理决定的一系列思考技能、方法和策略；一种旨在培养批判性思维习惯和能力的课程设置。[1]

2000 年以后，非形式逻辑的专著和教科书，特别是批判性思维方面

---

[1] 陈波：《批判性思维与创新性人才的培养》，《中国大学教学》2007 年第 3 期。

的英文书籍被大规模地译成中文，其中一些著作甚至有多个中译本。一些中国学者发表了不少非形式逻辑和批判性思维方面的介绍性论文，并出版了有关这方面的教科书，主要有：武宏志、周建武的《批判性思维：论证逻辑视角》（2005 年初版，2010 年第 2 版，2016 年第 3 版），刘壮虎、谷振诣的《批判性思维教程》（2006），杨武金的《逻辑与批判性思维》（2009），董毓的《批判性思维的原理和方法》（2010），陈慕泽、余俊伟的《逻辑与批判性思维》（2011）。在我看来，刘壮虎、谷振诣的《批判性思维教程》与董毓的《批判性思维的原理和方法》相比其他几本教材而言要好得多。目前，不少中国大学开设了批判性思维的课程。武宏志在传播和研究非形式逻辑和批判性思维方面做出了很大贡献，发表了多篇批判性思维论文，撰写或合著了多部教科书，并在延安大学成立了 21 世纪新逻辑研究院（2008）。其中，《论证型式》（2013）对论证型式提供了系统介绍和独立研究。熊明辉、谢耘等在 SSCI 和 A&HCI 期刊上发表了关于非形式逻辑、批判性思维和论辩理论的研究成果。

十五、法律逻辑研究的转型

20 世纪 80 年代，中国学者开始对法律逻辑进行研究，并出版了一些相关的教科书。但在这一阶段，所谓的"法律逻辑"只不过是传统逻辑原理加上法律和司法方面的例子。2000 年以后，西方一些关于法律推理和论证的著作得以译成中文出版，一些法律学者开始参与法律逻辑研究。中国学者使用不同的资源或工具——如传统形式逻辑、数理逻辑、非形式逻辑、批判性思维、论辩理论、法律推理和论证的理论、法理学和法哲学——来研究法律、司法侦查和司法审判等方面的逻辑问题，并发展出具有独立特色的法律逻辑理论。雷磊认为："法律逻辑适用于法认识论，典型领域为法律适用理论。法律逻辑是法律论证理论的组成部分，适用于法的证立而非法的发现的层面，研究的重心在于法律规范的结构理论与法律论证的模式理论。规范理论致力于规范的类型学说和规范体系的构造，法律论证理论则聚焦于法律论证的基本模式。但它们只构成了法律逻辑的对象理论，法律逻辑还需要有一种元理论。后者由三组问题组成：规范是否是逻辑规训的对象？是否需要一种特殊的规范逻辑？这种规范逻辑是否具备特殊的逻辑法则？法律逻辑面临着两方面的限制，即是否承认法学是一门科学，以及法律逻辑本身可能隐含着领域或视角的限制。法律化和形式化应当成为法律逻辑未来着力的方向。"①法律逻辑方面的著作包括：王洪的《法律逻辑》（2001年初版，2016年第2版）和《制定法推理与判例法推理》（2013年初版，2016年第2版），张继成的《实用法律逻辑教程》（2004），张保生的《法律推理的理论与方法》（2000），谢兴权的《通向正义之路——法律推理的方法论研究》（2000），陈锐的《法律推理》（2006），罗仕国的《科学与价值：作为实践理性的法律推理导论》（2008），熊明辉的《诉讼论证——诉讼博弈的逻辑分析》（2010），等等。

十六、一些逻辑研究机构相继设立

1978年以前，中国缺乏专业的逻辑学研究机构。自20世纪90年代起，一些大学相继成立了逻辑研究所或研究中心，如中山大学逻辑与认知研究所（1997），中国政法大学逻辑研究所（2002），南京大学现代逻辑和应用逻辑研究所（2003），北京大学逻辑、语言和认知研究中心（2004），西南大学逻辑与智能研究中心（2004），北京师范大学逻辑与认知科学研究中心（2005），浙江大学语言与认知研究中心（2007），中国人民大学现代逻辑与科学技术哲学研究所（2007），清华大学–阿姆斯特丹大学逻辑学联合研究中心（2013），等等。自创立以来，这些研究机构发展良好，其中中山大学逻辑与认知研究所已逐渐从一个国际学术潮流的"跟随者"变成了"引领者"之一。②

十七、中国逻辑学家开始走上国际学术舞台

从1950年代到1970年代，中国逻辑学界与西方逻辑学界处于近乎

---

① 雷磊：《法律逻辑研究什么》，《清华法学》2017年第4期。
② 陈波：《改革开放以来的中国逻辑学》，《重庆理工大学学报》2019年第5期。

隔绝的状态，对国外逻辑学的发展状况缺乏必要的了解，只有极个别的中国逻辑学家能够在欧美逻辑学、数学和哲学期刊上发表极少量的研究成果。改革开放 40 年间，中国逻辑学的状况与 1978 年以前的 30 年相比发生了根本性变化。中国的逻辑学者与国际同行有了实质性接触，很多学者都有出国访学一年以上的经历，有的在国外大学取得博士学位，有的参加乃至主办、主持国际性学术会议或工作坊，在 SCI、SSCI、A&HCI 逻辑学和哲学期刊上发表论文，在著名的英语出版社出版个人研究专著，其中表现最为突出的有赵希顺、陈波、叶峰、刘奋荣、熊卫、廖备水、王彦晶、熊明等。此外，可以列举者有鞠实儿、黄华新、周北海、刘虎、王玮、马明辉、文学锋、熊明辉、谢耘、潘天群、徐慈华、琚凤魁、张力锋等。这是中国逻辑学界研究力量和研究水准全面提升的最有说服力的标志。

十八、结语：经验与教训

回首既往，感慨良多：与中华人民共和国一起奋斗了 70 个年头的中国逻辑学界，曾走过弯路，也历经曲折，但依然怀抱理想，肩负使命，顽强进取，从不言放弃，终于越过坎坷，迎来中国逻辑学发展和繁荣的景象。仔细反省，至少有以下三条经验教训可以作为未来发展之镜鉴。

其一，学术研究不能在隔绝状态中发展，要充分拥抱国际学术界，同时坚持中国学术的独立品格和独立思考。

学术在本质上是一项公共事业，可用一个词来刻画其公共性：分享。首先，一个学者通过分享学术共同体中其他成员的作品，从中获得疑惑、启发、参照和挑战等，来激活自己的思想；通过站在巨人的肩上，由此才可能获得宽广的视野和卓越的思想。其次，一个学者通过让别人分享自己的研究成果，并从他人那里获得反馈、批评、挑战，来改进、深化和发展自己的观点或立场，或者让学术共同体中其他同人来做这样的工作。一个学术共同体越小，被某种偏见笼罩的可能性越大；相反，一个学术共同体越大，被某种偏见控制的可能性就越小。再次，一个学者只有通过独立思考来获得某种独特的见解，才有资格作为学术共同体的一个独立成员，去与共同体中的其他成员切磋、交流，对这个学术共同体做出自己的贡献。假如他放弃独立思考，人云亦云，任何独立的观点和见解都没有，所造成的结果是：别人是 1—9，他只不过是 0，本身没有什么价值可言，通过添加在别人后面，用来凸显别人的学术意义和价值。中国逻辑学界 70 年的历程再次印证了如上说法：当它与外部世界处于隔绝状态时，其自身的学术状态也相当不好；当它打开国门去拥抱世界学术时，其自身的学术潜力也被激活，得到了发展和繁荣。面向未来，中国逻辑学界应始终牢记这一点，并在此基础上坚持中国学术的独立品格和独立思考。

其二，坚持"百花齐放，百家争鸣"的方针，让不同学术观点在相互碰撞中得到改善和发展。

百花齐放和百家争鸣的一个巨大好处是：提供其他的可能性，展示另外的前景，来对已有的思想和学术起到纠偏作用。相反，若只让一花独放、一枝独秀、一家独霸，所带来的常常是学术上的单调、板结、停滞，甚至是死寂。即使在改革开放之后，出于对数理逻辑的仰慕，有些逻辑学界的同人一度想让数理逻辑独霸中国逻辑学的天下，甚至想把逻辑冻结于数理逻辑特别是一阶逻辑的水平上，但现实是：出于各种考虑特别是现实需要，西方逻辑学界仅把已有的数理逻辑当作方法和工具，去发展出新的变异逻辑和扩展逻辑，去发展出各种逻辑哲学理论，甚至去发展非形式逻辑和批判性思维，来弥补已有的数理逻辑的缺陷和短板。中国逻辑学界应牢记这一经验教训，始终坚持"百花齐放、百家争鸣"，让不同学术观点去充分交流、碰撞，从而不断获得改善和提高。

其三，培养中国学术自信心，从跟随式学习进展到原创性领先。

自近代以来，中国在与外部世界特别是西方世界的接触中常被动地处于学生的位置上：别人发展科学和技术，我们学习别人的科学和技术；别人研究哲学，我们研究别人的哲学；别人发现或发明逻辑，我们学习和研究别人的逻辑。在中国学术走向现代化的道路上，这个阶段曾经是必要、不可缺的一环，但现在我们必须超越，也有能力超越。我们要进入下一个阶段：别人研究 X，我们研究别人怎么研究 X，还要与别人一道去研究 X，在 X 的研究上做出中国人的贡献。改革开放以来，中国科学技术的发展已从跟随式学习进展到原创性领先。中国逻辑学界也要这么做，致力于原创性领先，在逻辑学领域做出中国逻辑学的重要贡献。期待这一天早日到来！

原载《河北学刊》2019 年第 6 期

苏联逻辑学发展对新中国逻辑学发展的影响和启示

沈荣兴 *

苏联的逻辑学的发展对于新中国逻辑学的发展影响巨大。以形式逻辑为例，苏联的逻辑教科书在很长时间里一直是新中国逻辑教材的样板，在辩证逻辑等其他方面的研究中也有类似的情况。为此，本文试图通过对苏联逻辑发展分期及其概况的述评，考察苏联逻辑学界高潮与低潮的交替，主流与非主流的变迁，传统与现代化的撞击，见仁见智各种观点的并存，意在追根溯源，弄清苏联逻辑学界对中国逻辑学界的影响；相互借鉴，尽量避免不必要的简单重复争论；取长补短，加快我国逻辑学界赶超世界水平的前进步伐。这对于当前"我国的逻辑教学"的争论，应当有一定的现实意义。[1]

苏联逻辑发展的分期及其概况

苏联逻辑发展可分为四个时期：

1. 1917—1924 年，沿袭旧逻辑时期。其特征基本上是从原来的唯心主义立场讲授逻辑学。

逻辑学是在哲学怀抱中成长发展起来的，逻辑研究和教学不可避免地受到这种或那种哲学思想的影响。即使是形式逻辑，虽然其本身性质是全人类的，但在涉及逻辑基本理论问题和形式逻辑的运用时，从它诞

---

* 沈荣兴，1944— ，男，苏州大学政治系副教授。

[1] 参见王路《论我国的逻辑教学》，《西南师范大学学报》1999 年第 2 期；马佩《也谈我国的逻辑教学》，《西南师范大学学报》1999 年第 5 期。

生的那一天起就一直是唯物主义和唯心主义论争的场所。在这一时期，苏联逻辑学界基本上是从原来的唯心主义立场讲授逻辑学。

2. 1924—1946年，片面夸大辩证逻辑时期。特征是从黑格尔哲学和普列汉诺夫的原则立场出发，片面地夸大辩证逻辑废弃形式逻辑。①

苏联在20世纪20年代到30年代初所进行的哲学大讨论，一个中心问题是辩证唯物主义的方法论。苏联哲学界在讨论中从这方面对波格丹诺夫和布哈林等人的机械论以及德波林学派的形而上学倾向进行了批判，这给苏联逻辑科学的发展带来两方面的后果。一方面，这种批判坚持了列宁关于唯物辩证法是逻辑学的思想，出现了最早的专门著作，例如 B.Ф.阿斯穆斯的《辩证唯物主义与逻辑学》（1924）和 A.K.托波里科夫的《辩证逻辑要素》（1927）。另一方面又走向极端，把形式逻辑等同于形而上学。这种错误思潮影响所及，造成直到40年代中期之前，不仅形式逻辑作为一门科学被废弃，学校教育中取消了形式逻辑课程；而且，包括辩证逻辑在内的整个逻辑科学，在苏联哲学界遭到冷遇，处于停滞状态。

3. 1946—1960年，恢复逻辑学的应有地位时期。特征是形式逻辑课程开始恢复，逻辑学各个分支进入稳步发展阶段。

这一时期又可分为两个阶段：1946—1952年为开始恢复阶段；1953—1960年为稳步发展阶段。

20世纪40年代中后期，人们从实践中认识到全盘否定形式逻辑的危害，开始慎重考虑教材建设和课程恢复问题。在1946年苏联（布）党中央委员会通过关于必须恢复逻辑学的应有地位，使它不仅在高等学校，而且在中等学校也应成为一门独立的学科的决议后，较有代表性的著作为 M.C.斯特罗果维奇的《逻辑学》（莫斯科，1946、1949）、B.Ф.阿斯穆斯的《逻辑学》（莫斯科，1947）和译作《理论逻辑学原理》。由于这一时期是从否定到肯定的过渡，故可称为"开始恢复阶段"。

从20世纪50年代起，逻辑学有了长足的发展，这一时期，苏联逻辑学的发展有三个特点：（1）开始扭转否定形式逻辑的倾向。

---

① 《罗任等教授谈苏联40年来哲学的发展》，《哲学译丛》1958年第5期。

自 1946 年起，开始在大学和中学里恢复形式逻辑课程，以此作为重要步骤，贯彻从普及工作着手恢复和发展逻辑学的方针。同时，针对教学大纲和教材中继续存在的对形式逻辑的错误观点，围绕逻辑学的基本哲学问题开展批判性讨论。在此基础上，明确提出了形式逻辑的对象是正确思维的初级规律和形式，出版了一些学术著作和教材，例如，Π.В.塔瓦涅茨：《判断及其种类》（1953）、《逻辑学问题》论文集（1955）等著作，至 1958 年共审定了高尔斯基《逻辑学》等四本高等学校用的教科书。

然而，与此同时，在逻辑领域中也还存在着当时整个苏联哲学界盛行的那种简单的贴标签式的粗暴批评风气。这些批判阻碍了形式逻辑向现代阶段的发展，致使这个时期停留在普及传统逻辑阶段。

（2）围绕辩证逻辑和形式逻辑关系开展大讨论。

苏联在 20 世纪 20 年代至 40 年代初曾因坚持辩证逻辑为唯一方法论而拒斥形式逻辑。因此，在形式逻辑得到恢复和发展的时期，自然十分关注这两种逻辑的关系问题。关于这个问题的讨论构成了这个时期逻辑科学的主要工作。这场大讨论从 1950 年到 1952 年在《哲学问题》杂志上进行，讨论中大致出现了三种不同的观点：

一是"二级逻辑学派"。大多数苏联哲学家、逻辑学家，包括斯特罗果维奇、С.И.波波夫、М.Н.阿列克谢也夫等人认为：形式逻辑是初等的却是必要的逻辑，辩证逻辑是思维科学的高级发展阶段，两者的关系像恩格斯所说，犹如高等数学和初等数学的关系。这个主流派的观点开辟了建立作为一门逻辑科学的辩证逻辑的道路。

二是"唯形式逻辑派"。这种观点以 К.С.巴克拉节为代表，后来得到 Н.И.康达柯夫的支持并加以发展。巴克拉节认为，形式逻辑是唯一的逻辑科学，因为只有它才研究思维的形式和规律。这种观点受到了批评，被指责为流于"庸俗化"。

三是"形式逻辑辩证化派"。以 И.И.奥斯马科夫为代表的第三种观点主张，建立一种新的统一的逻辑学，它是"渗透了辩证法"的形式逻辑或者说"辩证化"的形式逻辑。这种观点也遭到了批评，被认为是当时逻辑科学中最危险的折中主义倾向。

此外，某些哲学家把辩证逻辑看作辩证唯物主义的认识论部分。例如，В.П.罗任断言，辩证逻辑的对象——这是"马克思主义认识论的对象"部分，而认识论的对象则是"唯物辩证法的对象部分"。还有一些哲学家认为辩证逻辑完全等同于辩证法和辩证唯物主义。例如，《哲学百科全书》把辩证逻辑称作"关于自然界、社会和思维发展的最一般规律的科学"。Е.П.西脱科夫斯基对辩证逻辑的理解也是如此。М.М.罗森塔尔、Б.М.凯德洛夫等则把辩证逻辑解释为哲学学说。

（3）逻辑学各分支走上学科建设的发展时期。

1956年9月哲学研究所举行逻辑讨论会。讨论了苏联以及外国在逻辑的各个范围内的研究工作、新的成就、研究方法等。50年代中期，整个苏联逻辑学界开始出现复兴活跃的局面。[①]

在辩证逻辑方面，摆脱了停留于围绕形式逻辑和辩证逻辑关系问题进行讨论的状况，致力于建立作为一门科学的辩证逻辑，出版了二十多种辩证逻辑专著。在形式逻辑方面，扭转了对现代形式逻辑新成就粗暴批评乃至全盘否定的倾向，肯定了符号逻辑，并大力开展这方面的研究。这一时期里，除了端正对现代形式逻辑的态度之外，苏联逻辑学界还开始致力于发展现代形式逻辑的实质性工作，致力于研究现代数理逻辑的哲学问题，研究逻辑理论及其在现代科学技术中的运用问题。

从50年代末60年代初起，苏联哲学界开始研究科学认识的逻辑，这也是整个逻辑科学发展的新方向。

4. 1960—1991年，苏联逻辑学迅速现代化和与国际接轨时期。特征是重视科学研究的逻辑和方法论问题的研究重视现代形式逻辑的研究。[②]

苏联逻辑科学发展新方向形成的主要标志，是苏联参加了1960年在美国举行的第一届国际逻辑、方法论与科学哲学会议；后来，在托姆斯克（1960年）和基辅（1962年）举行的会议上，又广泛地讨论了现代科学的逻辑问题。会议讨论的材料构成了《逻辑形式和方法的认识论内容》

[①]　《苏联科学院哲学研究所关于逻辑问题的讨论》，《哲学译丛》1958年第2期。
[②]　参见贾泽林等编著《当代苏联哲学》，人民出版社，1986年。

和《科学的方法论和逻辑问题》这两本探讨科学认识方法论的论文集的基础。

1962 年 5 月 14 日至 19 日在基辅举行了第一次全苏科学逻辑与方法论讨论会。参加会议的有来自莫斯科、列宁格勒、基辅等地的逻辑学家。会议讨论了关于科学研究的逻辑的问题、科学研究的逻辑及其任务、辩证逻辑和科学研究的逻辑、在现代形式逻辑基础上分析科学的逻辑的问题、现代物理学和生物学的方法论问题等。从这次科学讨论会的材料可以看出，苏联逻辑学界十分重视科学研究的逻辑和方法论问题的研究，十分重视现代形式逻辑的研究。

苏联在形式逻辑迅速"现代化"并沿着科学逻辑方向发展的过程中，着重解决形式逻辑、现代逻辑和数理逻辑三者之间的关系问题，尤其是把现代形式逻辑同数理逻辑区别开来。这样，逻辑学家和数学家在发展现代逻辑上恰当分工，逻辑学家便能沿着正确的方向发展现代逻辑，自觉地大力促进形式逻辑的"现代化"。

在现代形式逻辑和数理逻辑的关系问题上，苏联逻辑学家提出，现代形式逻辑包括符号逻辑或者说狭义的数理逻辑和演绎科学方法论两部分。数理逻辑或者说广义的数理逻辑包括三个组成部分：现代形式逻辑、形式数学和数学的形式方法论。现代形式逻辑属于逻辑学，数理逻辑属于数学。苏联逻辑学家正是如此抱着明确的目标来发展现代形式逻辑。苏联逻辑学界一方面明确了现代形式逻辑的对象领域，另一方面由于现代形式逻辑的特征在于应用专门的形式语言以及代数学、拓扑学和其他数学方法，因此，苏联形成了逻辑学家和数学家合作研究和发展现代形式逻辑的传统。这方面卓有贡献的有逻辑学家 В.Ф.阿斯穆斯、数学家 А.А.马尔可夫、П.С.诺维可夫和 С.А.雅诺夫斯卡娅。苏联学术界在现代形式逻辑方面的研究，大致分为纯粹逻辑、逻辑应用和哲学问题三大方面。

苏联逻辑学界在以主要力量发展现代形式逻辑的同时，并不抛弃传统形式逻辑，而是让它占应有的地位。例如，在师范院校、大学文科和普及工作中，其内容主要以传统逻辑为骨架，适当引进现代逻辑的成果。如在 1981 年于莫斯科召开的逻辑教学会议，然后在第八次全苏"逻辑与方法论科学"会议上（帕兰加，1982），1983 年在基辅召开的高校主要逻辑专家出席的共和国会议，以及 1986 年 10 月在哈尔科夫举行的第九次全苏逻辑、方法论和科学哲学会议上，都涉及传统逻辑的教学问题，指出它在师范院校、大学文科和逻辑普及工作中的应有地位。[①]

在苏联，不同系科开设的逻辑课是不一样的。哲学系开设的逻辑课最多，如莫斯科大学哲学系逻辑专业开设的逻辑课程有 16 门，[②] 列宁格勒大学哲学系逻辑专业开设的逻辑课程有 10 多门。[③] 对于数学系的学生讲述非经典逻辑概论——构造逻辑、归纳逻辑、模态逻辑、多值逻辑等等。这些课有些是专题课或者任选课。而师范院校和大学文科的一些系，所讲述的仍然以吸收了现代逻辑成果的传统逻辑为主体。[④]

但是，也有一些苏联学者认为，传统逻辑只是"数理逻辑的前史"，今天已不复存在，为后者所取代。1986 年 10 月在哈里可夫举行的第九次全苏联逻辑、方法论和科学哲学会议上，莫斯科大学逻辑教研室主任Ю.В.伊夫列夫批评了一些不具有专业逻辑知识的教师"用传统逻辑课程代替现代逻辑课程，其中，有用不适用复杂的科学观念的传统概念学说代替现代概念学说，用传统逻辑的论证和反驳学说代替现代论证学说等等"。他指出，逻辑教科书的出版状况也不那么令人满意，教科书的出版没有竞争淘汰，这影响到它们的质量。

自从科学逻辑的研究方向形成之后，苏联逻辑科学从 20 世纪 60 年代初至 20 世纪 80 年代一直沿着这条路线发展。在辩证逻辑领域内，苏联学者致力于发展和完善科学认识的方法论。作为有代表性的成果，1978 年出版了苏联科学院哲学研究所集体撰著（Д.П.高尔斯基主编）的《科学认识的辩证法：辩证逻辑概论》一书。在苏联时期，高校逻辑教材有全国统一的教学大纲，苏联解体后，各校自编教学大纲。辩证逻

---

① НАУЧНАЯЖИЗНЪ. проблемыпреподаваниялогики. Вестник МГУ сер. 7, философия, 1987, No4. А. Д. Гетманова, В. Ъ. Ъелова. Курслогикивпедвузе.

② 参见崔清田《今日逻辑科学》，天津教育出版社，1990 年。

③ 参见沈荣兴《圣彼得堡大学逻辑教研室的教学和研究》，《自然辩证法研究》1996 年增刊。

④ А. Д. Гетманова. Логика. Москва, Издательство "владос", 1994。В. И. Кобзарь. Основылогическихзнаний. С-Петербург, Издательство С-Нетербургскогоуниверсимема, 1994。

辑课程在高校已不开课，究其原因，在苏联一些学者看来，辩证逻辑是和马克思主义直接联系起来的。

苏联逻辑发展各时期对新中国逻辑发展的影响

苏联逻辑发展的不同时期，对新中国逻辑学的发展有着不同程度的影响，其逻辑发展的第三个时期和第四个时期对新中国的逻辑发展影响最大。这主要表现在三个方面：

1. 在逻辑教材方面，苏联的逻辑教科书一度成为新中国逻辑教科书的样板。

以形式逻辑教科书为例，1949年商务印书馆将金岳霖的《逻辑》一书再版，新中国成立初的一两年，清华、北大等我国主要高校逻辑学的教学以金先生的《逻辑》作为教材。该书是我国最早系统介绍西方数理逻辑的著作之一。1950年三联书店出版了斯特罗果维奇的《逻辑》(曹葆华等译)，1951年该书由人民出版社再次出版(曹葆华、谢宁译)。此后，由于受国内外政治形势的影响，新中国的逻辑学教材便大都以苏联斯本《逻辑》为样本。1951年苏联《哲学问题》发表的《逻辑问题讨论总结》，当时也成为指导我国逻辑学教学的纲领性文件。在我国有较大影响的苏联逻辑学教科书和教学大纲还有 C.H. 维诺格拉道夫、A.Φ. 库兹明：《逻辑》、米丁：《逻辑学研究提纲》、高尔斯基等著《逻辑》等。

我国相当多的形式逻辑教科书无不带有那一时代的烙印。1978年5月召开了新中国成立后的全国第一次逻辑讨论大会。中国社科院学者张家龙在会上首发"形式逻辑要现代化"的呼声。我国逻辑界在教材改革问题上形成了以下六种观点：(1)"取代说"。认为数理逻辑是现代形式逻辑。现行逻辑教材主要是传统逻辑，严重落后于时代和国际先进水平，因而主张用数理逻辑逐步取代早已过时的传统逻辑，而辩证逻辑是哲学是方法论，不是逻辑，因此不必在逻辑课程中讲授。(2)"自身发展说"。认为传统逻辑有数理逻辑不能取代的价值，不能用数理逻辑改造更不能被取代，传统逻辑自身会不断得到发展。(3)"统一说"。认为传统逻辑、数理逻辑、辩证逻辑各有所长，应将三者统一为一门基础课程进行教学。

（4）"吸收说"。主张以传统逻辑的精华为基础，适当引进数理逻辑的成果，使传统逻辑进一步精确化科学化。（5）"并存说"。认为传统逻辑具有永久性，其发展具有定向性，和现代逻辑应当并存，不应一个取代另一个，也不必一个吸收另一个。（6）"分层说"。主张因人因时施教，根据不同的讲授对象不同的年级用不同的教材。其中明显对立的是"取代说"和"吸收说"。这些观点在苏联逻辑学界几乎都可以找到影子。

2. 在逻辑争论问题方面，苏联逻辑界的争论问题往往也是中国逻辑界讨论的热点。其中最典型的20世纪50—60年代的逻辑问题大讨论，新中国的逻辑问题大讨论成了苏联逻辑问题大讨论的继续和发展。

1953年马特在《新建设》上发表《论逻辑思维的初步规律》一文，从而引发了我国20世纪50—60年代著名的"逻辑问题大讨论"。[①] 我国逻辑学界围绕"形式逻辑的修正和改造"问题，开展了热烈的大讨论。学者们对如何修正和改造形式逻辑发表了许多不同的意见和主张。有代表性的观点主要有以下六种：（1）把修正形式逻辑和创立辩证逻辑当成是"一回事"，认为"形式逻辑的修正"，不仅只是在形式逻辑中贯彻辩证唯物主义的观点，而且也"就是辩证逻辑的创立"。（2）主张"修正形式逻辑的最重要的课题在于：划清形式逻辑和形而上学、形式主义的界线"，去掉形而上学、唯心主义对形式逻辑的歪曲。（3）主张对形式逻辑教材进行根本改造，打碎以往的体系，建立新的无产阶级的逻辑体系。（4）主张建立一个新的逻辑体系，"这个逻辑体系是既有辩证法或辩证逻辑因素在内又有形式逻辑因素在内的而又以前者为主的统一的逻辑体系"。（5）主张用数理逻辑来取代形式逻辑。认为"数理逻辑就是现代形式逻辑"，应该把形式逻辑的教学与研究转入数理逻辑的广阔轨道。（6）主张联系思维实际发展形式逻辑。认为应当联系自然语言，联系语法、修辞，来研究和发展形式逻辑。类似的观点还指出形式逻辑在相当程度上落后于现代思维水平，要改变这种状况"最主要、最基本的，具有决定意义的，就是从理论上概括现代思维材料，以发展形式逻辑"。[②] 应

---

① 参见周礼全主编《逻辑百科辞典》，四川教育出版社，1994年。

② 参见吴家国《关于形式逻辑问题讨论的回顾》，《哲学研究》1979年第4期。

该说，这场大讨论从促进逻辑学在我国的推广、普及，促进广大逻辑工作者学习马克思主义哲学方面是有成绩有积极意义的，不少观点对我国目前逻辑学的发展仍有指导意义。然而，这次大讨论对我国逻辑学发展的负面影响也很大。例如以姓"无"姓"资"作为划分是非的标准，因而把一些本来很清楚的学术问题如"形式逻辑是否研究思维内容、是否有阶级性"等反而弄得很糊涂。随着讨论的深入，逻辑工作者队伍不是在壮大，反而不断萎缩。到"文革"爆发后，高校逻辑课程被取消，好多年未出逻辑教材，我国逻辑学发展也走到最低点，并在低谷徘徊达十多年。

关于辩证逻辑的争论也有类似的情况。在苏联逻辑学界，不仅对是否存在辩证逻辑有不同意见，如前所述，"唯形式逻辑派"认为形式逻辑是唯一的逻辑科学；而且在主张和提倡辩证逻辑的学者之间，也有许多争论。①

3. 在逻辑学研究方面，新中国的逻辑研究方向与苏联逻辑学的研究方向有许多相似之处。

以辩证逻辑的研究方向为例，在 20 世纪 50 年代，苏联和我国对辩证逻辑的研究主要集中在对辩证逻辑的对象、性质、形式逻辑和辩证逻辑的关系问题的讨论上。其后，我国辩证逻辑的研究主要是沿着以下五个方面发展的：（1）从学习和研究马克思主义经典作家为我们留下的丰富的逻辑思维经验，尤其是辩证思维的宝贵财富中，深入探讨辩证逻辑问题；（2）吸收现代科学中的有益成果，充实和完善辩证逻辑的科学体系；（3）研究概念、范畴产生的辩证法，探讨科学思维和科学理论发展的辩证规律；（4）从研究概括哲学史、科技史和逻辑史中丰富的思想材料，发展辩证逻辑；（5）运用现代形式逻辑的成果，建立符号化的辩证逻辑。

20 世纪 80 年代是我国辩证逻辑蓬勃发展的阶段。从 1981 年我国第一本专著问世，10 年中出了 20 多本专著，其中至少有十几本与整个理论体系有关。这些著作可概括为四个类型：

---

① M. H. Алексеев. Спорныевопросыдиалектическойлогики. Москва, 1965.

一是以形式逻辑为参照框架，探讨辩证思维形式；二是从辩证法角度考察辩证思维；三是从认识论角度探讨辩证思维；四是从方法论角度考察辩证思维。① 此外，还出版了一些辩证逻辑在决策管理等方面应用的著作。这些都和苏联辩证逻辑的研究方向有相似甚至相同之处。

当然，中国是逻辑学的三大源流之一，中国逻辑学的发展不可能完全亦步亦趋地跟着苏联走，中国逻辑学的发展也具有自己的特色。例如，即使是形式逻辑教材，金岳霖主编的《形式逻辑》（人民出版社 1979 年版）在我国首次突破苏联逻辑教材的框框，吸收了现代逻辑的若干初步知识，较准确地阐述了传统逻辑的基本知识。

在辩证逻辑、现代逻辑领域里，我国也都取得了一些具有国际先进水平或具有我国特色的研究成果。②

苏联逻辑发展对我国逻辑发展的几点启示

苏联逻辑发展中不同分支学科在不同时期的大起大落，特别是 20 世纪 60 年代起紧跟世界逻辑学发展趋势后的迅猛发展，对我国的逻辑研究不乏有益的启示。

1. 紧跟世界逻辑发展潮流，与国际接轨，是苏联逻辑迅猛发展的巨大动力。

科学技术是第一生产力。科学的发展在哲学家和逻辑学家面前提出了一个任务，即必须研究知识的范畴结构问题以及科学研究的方法和手段问题。"科学发现的逻辑"和"科学知识增长的逻辑"等问题都是当代西方科学哲学的中心课题。在现代，纯粹逻辑学的研究是同科学方法论和科学哲学的研究紧密交织在一起的，其主要标志是 1960 年以来国际上大致每隔四年举行一次国际逻辑、方法论和科学哲学会议。

苏联哲学逻辑学界紧紧跟上这一世界逻辑学的发展趋势，使其逻辑学的发展从中吸取到巨大的推动力量，得以迅猛向前发展。苏联在 1960

---

① 参见罗慧《对 80 年代辩证逻辑研究的反思及对 90 年代发展的展望》，《哲学动态》1992 年第 1 期。

② 参见宋文坚《我国现代逻辑研究概论》，《哲学动态》1999 年第 9 期、2000 年第 3 期。

年仅派两名代表参加第一届国际逻辑、方法论和科学哲学会议,后来它已积极参与这个会议的准备、组织和领导工作。同时,苏联还从 1962 年开始,在国内不定期地举行全苏联科学逻辑与方法论会议。据《哲学问题》1977 年第 5 期报道,经常召开有关逻辑和方法论的学术会议,在苏联已形成一种惯例。

我国学者从 20 世纪 80 年代起开始参加国际逻辑、方法论和科学哲学会议。1992 年 6 月在北京召开了"北京国际科学哲学学术会议",有 100 多名来自中、美、英、法等十多个国家和香港地区的学者参加了会议。这次会议的举办标志着在这一领域我国的研究水平和学术交流都达到了一个新的层次。1993 年 10 月在武汉大学召开了"科学哲学与逻辑国际学术会议",中、美、日、韩、荷等国近百名学者参加会议。如果说"北京国际科学哲学学术会议"还有些单科性的话,则武汉"科学哲学与逻辑国际学术会议"应该说是和国际逻辑学方法论和科学哲学会议接轨的。这些会议推进了我国逻辑学和相关学科的发展。但是,这种综合性的会议在我国并没有较为定期地举行,而往往多是召开一些分科的学术会议。这多多少少影响了我国逻辑学与国际的全面接轨。

2. 解决科学向逻辑提出的全部问题,是苏联逻辑与国际接轨的主题和实质。

1979 年 8 月 22 日至 29 日在汉诺威召开了第六届国际逻辑学、方法论和科学哲学会议。Б.M.凯德洛夫在"第六届国际逻辑学会议概况及其主要结论"一文中指出:从科学的角度来看,最近几届国际逻辑学方法论和科学哲学会议的最大特点就是,人们实际上已经普遍承认,实证主义的科学哲学是站不住脚的而且正在发生危机。与以前召开的几次科学会议相比,这次会议很少注意试图运用形式逻辑的方法去分析科学知识的产生和科学革命的问题。这就证明,这个研究方向碰到了某些困难。[1]这充分说明,与国际接轨发展逻辑科学,不仅仅意味着形式逻辑的现代化,因为光靠形式逻辑不能解决科学向逻辑提出的全部问题。逻辑学与

---

[1] Б.M.凯德洛夫:《第六届国际逻辑学会议概况及其主要结论》,《哲学译丛》1982 年第 4 期。

国际接轨，应该是全面接轨，实现能够解决科学和现实向逻辑提出的全部问题的"大逻辑"——辩证逻辑、演绎逻辑、归纳逻辑、科学方法论、应用逻辑——的现代化。我国自1987年提出逻辑现代化问题后，颇多争议。实现逻辑（大逻辑）现代化的观念将有利于增强我国逻辑工作者的团结和凝聚力，有利于我国逻辑学的迅速发展。随着知识经济时代的到来，逻辑现代化也有了新的任务——解决知识经济所提出的所有逻辑问题。

3. 求同存异、合作互补是苏联逻辑在与国际接轨中异军突起的关键。

首先是不同学派、不同观点的求同存异、合作互补。逻辑学的发展，离不开逻辑科学工作者的努力，也离不开其他领域的学者、科学家的积极参与。在我国曾有很大影响的斯特罗果维奇，就是苏联军事法学院的法学家，其主要成就在法学方面。广为我国学界熟知的米丁、高尔斯基、科普宁、凯德洛夫等人，或主要研究哲学，或曾是领导干部，或是知名的自然科学家，或是专职逻辑工作者，他们都对逻辑的教学和研究起到一定的推动作用。不同学派、不同观点的求同存异、合作互补，使苏联逻辑在与国际接轨中迅速崛起。当然求同存异、合作互补不是没有争论。所有科学都有争论，如果没有，科学就停滞不前了。

二是普及与提高、基础研究与实际应用的合作互补。例如，中等学校开设逻辑课对逻辑发展起着极好的普及和基础作用。苏联在中等学校的逻辑课教学，曾经历了否定（1924—1946年）—肯定（1946年后）—再否定（苏联解体前后）—再肯定（1995年）的过程。十月革命前，俄国的一些中学便开设逻辑课。十月革命后从1924年起，曾一度取消逻辑课。1946年后，又恢复了逻辑课。C.H.维诺格拉道夫、A.Φ.库兹明所著《逻辑》一书，即是为中等学校编写的。在苏联解体前后一段时间，苏联中等学校的逻辑课又停了，直至1995年由格特玛诺娃等编写出版了专为中等学校使用的《逻辑学》教材，又在中等学校开设逻辑课。苏联取消逻辑学教学的后果是其计算机技术落后于西方；中学停开逻辑课的结果是在大学文科仍需要开普通逻辑课。在中等学校没有开设普通逻辑课的前提下，大学教学往往有开设普通逻辑还是开设现代逻辑的争论；

而在已开设普通逻辑的基础上，则没有人会对要不要开设现代逻辑及开设现代逻辑是否有用提出疑义。中等学校开设逻辑课对逻辑发展的普及和基础作用是不言而喻的。

我国中学语文教材中曾有一些逻辑短文，后来取消了。在提倡素质教育的今天，不知新编的中学语文教材是否有逻辑的一席之地？在知识经济时代，必须实施创新教育，而作为提高思维素质的逻辑教学如何进行，就应该迅速摆到中学教学的议事日程上来。

原载《江海学刊》2001 年第 4 期

形式逻辑要现代化

张家龙 *

形式逻辑是一门古老的科学，它的研究对象是概念、判断和推理的形式，主要是推理形式，发展到今天已有两千多年的历史了。从这门科学的内容来看，它很不完备，其中还包含了一些不精确之处。为了适应新时期的总任务的要求，摆在逻辑工作者面前的一项迫切工作就是要促使形式逻辑现代化。所谓形式逻辑现代化，就是说要大量吸收数理逻辑的成果，丰富和发展形式逻辑，使形式逻辑成为一门崭新的、以数理逻辑武装起来的精确科学。

什么是数理逻辑呢？对这个问题有广义、狭义两种看法，我们采用下述的广义看法：数理逻辑是用数学方法或符号方法来研究形式逻辑和数学问题的科学。它是逻辑学，又是数学。它包括从 17 世纪中叶到 19 世纪这二百年中建立起来的逻辑代数，特别是包括近一百年来建立和发展起来的命题演算、谓词演算、证明论、集合论等。对形式逻辑和数理逻辑的关系，一些逻辑学家发表了很好的意见。肖尔兹认为，数理逻辑是"形式逻辑的现代类型"。哥德尔说："数理逻辑不外是形式逻辑的精确的和完全的表述。"这些看法是正确的。

下面我想从形式逻辑存在的问题中列举几个应用数理逻辑迎刃而解的实例，谈点粗浅的看法。

---

* 张家龙，1938— ，男，中国社会科学院哲学研究所研究员。

一、关于概念外延间的关系

概念的外延就是逻辑代数中所讲的类。一般逻辑书上把概念外延间的包含关系和交叉关系平列，这是不精确的。包含关系只是两个类之间的关系，而不能由它作出新的类。所谓交叉关系，实际上是类的一种运算，可由它作出新的类。例如，共青团员和大学生，这两类交叉可得一个新类，即既是共青团员又是大学生的人所构成的类。同样，矛盾关系也是两个类之间的一种运算。形式逻辑不区别两个类之间的关系和运算，把它们混为一谈。我们应当吸收逻辑代数的成果，修改现在逻辑书上的流行说法，至少要介绍以下一些逻辑代数的内容：

（1）全类：包含一切事物所构成的类。但在具体应用中，通常是指一个具体论说的领域（简称"论域"），例如，生物就是动物和植物的论域，记为1。空类：不包含任何分子的类，如永动机，记为0。

（2）类的三种运算。

由所有既属于类 X，又属于类 Y 的分子组成的类叫作 X 和 Y 的交，用 X∩Y（或 XY）表示。例如，共青团员和大学生的交就是既是共青团员又是大学生的人所构成的类。

或属于类 X 或属于类 Y（或属于二者）的所有分子组成的类叫作 X 和 Y 的并，用 X∪Y（或 X+Y）表示。例如，共青团员和大学生的并就是由是共青团员而不是大学生的人，和不是共青团员而是大学生的人，和既是共青团员又是大学生的人组成的类。

全类中的四有不属于类 X 的分子所组成的类叫作 X 的补，用 $\overline{X}$ 表示。X 和就是所谓矛盾关系，$X+\overline{X}=1$。例如，正义战争的补就是非正义战争；正义战争和非正义战争的并就是战争。

在讲以上三种运算时，要引进文氏图解。

（3）包含关系，记为 X⊂Y（X 包含于 Y 或 Y 包含 X）；如果 X≠Y，就说 X 真包含于 Y 或 Y 真包含 X。包含关系不是运算，但它和运算之间有削下的关系：

X⊂Y 和 $X∩\overline{Y}=0$（或 $X\overline{Y}=0$）表示同一种关系。例如，偶数包含于

自然数，等于说是偶数又不是自然数的类是空类。

包含关系还有如下的性质：

如果 X⊂Y，Y⊂Z，则 X⊂Z。这种性质叫作包含关系的传递性。

如果 X⊂Y，则 $\overline{X}⊃\overline{Y}$。例如，如果高考录取的考生包含于预选的考生中，则高考没有录取的考生包含没有预选上的考生。

有了包含关系，重合关系就可派生出来。所谓重合关系，就是互相包含的关系。

（4）有了以上的概念，全异关系和反对关系就可定义出来。X 和 Y 有全异关系，就是 XY=0，即由既属于 X 又属于 Y 的分子组成的类是空类。X 和 Y 有反对关系，就是 X 和 Y 都包含于另一个类 Z 中，并且 XY=0。

在形式逻辑中讲概念外延间的关系时，介绍以上所讲的逻辑代数的初步知识及其图形表示——文氏图解，对于阅读一些科技书籍是有帮助的。

二、关于主项存在问题

形式逻辑里的对当关系、直接推理和三段论都隐含着一些前提，即 S、P（及 $\overline{S}$、$\overline{P}$）和 M 所代表的类不是空类。否则，有些推演将不可能进行。利用逻辑代数和文氏图解作为工具，可以揭示这些前提，说明哪些推演在什么情况下能进行，哪些推演在什么情况下不能进行，从而使得形式逻辑的这些推演能建立在精确分析的基础上。

所谓主项存在问题，不是指主项所代表的类在客观上是否存在的问题，而是指直言命题对于主项所代表的类是否断定了的问题，这是属于主观方面的问题。

主项所代表的类客观上存在，就是说这个类不是空类，即外延不等于 0，主项所代表的类客观上不存在，就是说这个类是空类，即外延等于 0。这是哲学和具体科学所解决的问题，形式逻辑是决定不了的。形式逻辑只是从形式结构方面来分析命题，例如，我们设 SAP 是肯定主项 S 存在的命题，形式逻辑从形式结构上断定：这一命题等于"S 存在并且所有 S 是 P"这一联言命题，当其中的两个支命题皆真时，上述联言命题就真，当 S 不存在时，上述联言命题就假。至于一个具体的肯定主项存在的 A 命题是真还是假，形式逻辑是决定不了的，还要靠具体的科学知识。例如，我们设"所有永动机是不要能源的"是肯定主项"永动机"存在的命题，这一命题等于"有永动机并且所有永动机是不要能源的"这一联言命题。在这一联言命题中，根据能量守恒定律，有一个支命题即"有永动机"是假，所以上述联言命题就是假的。

下面我们以肯定主项存在的命题为例。这类命题可作如下解释（以"Ac"表示肯定主项存在的 A 命题，余类推）：

SAcP: $S \neq 0$ 并且 $S\overline{P}=0$；（有 S 并且所有 S 是 P）

SEcP: $S \neq 0$ 并且 $SP=0$；（有 S 并且没有 S 是 P）

SIcP: $S \neq 0$ 并且 $SP \neq 0$；（有 S 并且有的 S 是 P）

SOcP: $S \neq 0$ 并且 $S\overline{P} \neq 0$；（有 S 并且有的 S 不是 P）

在这种情况下，传统的对当关系有的正确，有的不正确。例如，矛盾关系就不成立，变为反对关系。从 SAcP 的表达式"$S \neq 0$ 并且 $SP=0$"和 SOcP 的表达式"$S \neq 0$ 并且 $SP \neq 0$"，显然可以看出 SAcP 真，SOcP 就假，SOcP 真，SAcP 就假；当 S=0 时，SAcP 和 SOcP 皆假。例如，SAcP 是："有永动机并且所有永动机都是不要能源的"；SOcP 是："有永动机并且有的永动机不是不要（等于'是要'）能源的"，这两个命题全是假的。

直接推理有的正确，有的不正确。例如，SEcP 的换位不正确。因为在 SEcP 中，S 存在并没有蕴涵 P 的存在，故 SEcP 推不出 PEcS。要使 SEcP 推出 PEcS，SEcP 要加上 $P \neq 0$ 这个条件，即 $S \neq 0$ 并且 $SP=0$ 并且 $P \neq 0$，才能推出：$P \neq 0$ 并且 PS=0。例如，SEcP 是："有机器并且一切机器都不是永动机"，推不出 PEcS："有永动机并且一切永动机都不是机器"。

三段论中第四格 AcEcEc 不正确。这是因为 PAcM 和 MEcS 两个前提不能保证 S 的存在，所以得不出 SEcP。要得出 SEcP，还要加上 S 存在这一前提。例如，从"有机器并且一切机器都是遵守能量守恒定律的"（PAcM）和"有遵守能量守恒定律的东西并且一切遵守能量定律的东西都不是永动机"（MEcS），两个前提推不出"有永动机并且一切永动机都不是机器"（SEcP）。

由此可见，在形式逻辑中存在很多不精确的地方，对思维的严格性妨碍极大，这就需要我们逻辑工作者共同研究，以数理逻辑为工具找出恰当的解决办法。

三、关于命题中的联项"是"的含义

"是"字，有时表示相同或相等，有时表示类和类的包含关系，有时表示类和分子的关系等。一般逻辑书上不进行区分，把"是"所断定的完全不同的关系归结为同样的关系。例如，

（1）2是一个素数。

（2）所有自然数是整数。

（3）2加2是4。

上述三个命题中的"是"有完全不同的含义。第一个命题断定2是素数的一个分子，这是分子属于类的关系。第二个断定自然数包含于整数，这是类和类之间的包含关系。第三个断定2加2等于4。用数理逻辑的符号语言来表示上述三个命题，就不会发生混淆，而能把不同的含义区分得一清二楚。

在形式逻辑中，把以下两种三段论混为一谈，

（1）所有整数是有理数，

3是整数。

所以，3是有理数。

（2）所有整数是有理数，

所有偶数是整数，

所以，所有偶数是有理数。

其实，这两个三段论是完全不同的。用公式写出以上两个三段论，就可以看出它们的区别。前一个三段论的第一个前提"所有整数是有理数"是类和类的包含关系，而第二个前提"3是整数"不是类和类的包含关系，而是个体属于类的关系。后一个三段论的两个前提都是类和类的包含关系。包含关系是同一层次上两个类的关系，整数包含于有理数，

这两个类是同一层次，个体或分子属于类的关系与包含关系不同，不是同一层次上的关系，3 属于整数（或 3 是整数的一个分子），3 不是类，而是个体，整数是类，比个体 3 高一个层次，所以，属于关系不能是包含关系。基于上述理由，包含关系有传递性，属于关系没有传递性，例如，《阿 Q 正传》是鲁迅著作的一个分子，鲁迅著作是一天读不完的书籍的一个分子，而《阿 Q 正传》不是一天读不完的书籍的一个分子。

四、关于摹状词

摹状词是用某一个体的特性来表示这一特定的个体。如"《阿 Q 正传》的作者""解决哥德巴赫问题取得'1+2'结果的数学家""'四人帮'在辽宁的那个死党"等。形式逻辑完全忽略了对摹状词进行分析，把摹状词简单地作为专名词或单独概念处理。这是不恰当的。"鲁迅"和"阿 Q 正传的作者"指相同的个体，但两者的含义不同，彼此替换以后，相应的命题的意义便会改变。例如：

① 鲁迅写《阿 Q 正传》。

②《阿 Q 正传》的作者写《阿 Q 正传》。

第一句话告诉我们一些文学知识，第二句话是一个永真命题，与文学知识无关。可见，"鲁迅"与"《阿 Q 正传》的作者"尽管指同一个体，彼此替换后，尽管整个命题的真假值不变，但两者在一个命题中的作用却是不同的，彼此替换后命题的意义就变了。专名词的唯一作用就是表示一个个体，而摹状词除假定这个个体外，还告诉我们有关这个个体的特有属性。"《阿 Q 正传》的作者"除表示一个个体以外，还说这个个体具有写《阿 Q 正传》的特有属性，这就是说："《阿 Q 正传》的作者写《阿 Q 正传》"是一个永真命题。

含有摹状词的命题不是一个简单命题，而是一个复合命题。"鲁迅是《阿 Q 正传》的作者"实际上是由如下三个命题组成的联言命题：（1）至少有一个 x 写《阿 Q 正传》；（2）至多有一个 x 写《阿 Q 正传》；（3）写《阿 Q 正传》的 x 是 c，而 c 是鲁迅。或者更简化一点说："有这样一个 c，使得①对所有 x 而言，'x 写《阿 Q 正传》'等于'x 是 c'，

② '*c* 是鲁迅'。"

综上所说，摹状词与专名词或单独概念决不是一个东西。

五、关于关系命题和关系推理

关系命题和关系推理在形式逻辑中是没有地位的。传统形式逻辑把命题都归结为主谓形式，在主谓形式的命题中只有一个主项。但是关系命题和关系推理是客观存在的关系的反映，不容否认，也不能把它们简单地归结为主谓命题。关系命题具有两个以上的主项。例如：

a 大于 *b*，

b 大于 *c*

所以，*a* 大于 *c*。

这个推理是一个关系推理，可是照传统形式逻辑看来，则有毛病：（1）这个推理中的命题不是主谓形式，（2）这个推理有四项，即 "*a*""大于 *b*""*b*""大于 *c*"，违反了三段论规则。因此，历史上有人把它变成三段论：

凡大于 *b* 的是大于 *c* 的，

a 是大于 *b* 的，

所以，*a* 是大于 *c* 的。

这种搞法把"大于"关系当作性质，从而把四项变成三项。这是一种混淆。"大于"根本不是性质，在 "*a* 大于 *b*" 这个命题中，*a* 和 *b* 处于同等地位，都是关系主项，"大于"并不是属于 *a* 的一种性质，而是 *a* 和 *b* 两者之间的关系。至于以三项或三项以上关系的命题作前提的关系推理，根本无法还原为三段论。

再如："所有的圆都是几何图形，所以，谁画了一个圆就是画了一个几何图形。"和 "'四人帮'是阻挠实现四个现代化的罪魁，所以，打倒了'四人帮'就是打倒了阻挠实现四个现代化的罪魁。"这两个关系推理都只有一个前提，同三段论根本沾不上边。这两个推理的形式可用数理逻辑的公式严格加以陈述。

下面我们再看两个关系命题。

（1）有的液体可以溶解一切固体。

（2）一切固体都可以被有些液体所溶解。

这两个命题的意思是完全不同的。第一个命题是说：有一个 y 使得 y 是液体并且对所有 x 而言，如果 x 是固体，那么 y 溶解 x。第二个命题是说：对所有 x 而言，如果 x 是固体，那么就有一个 y 使得 y 是液体并且 y 溶解 x。从（1）可以推出（2），但从（2）推不出（1）。事实上，（2）是真的，（1）是假的。这两个关系命题在形式逻辑中是无法表示的。

六、关于命题的否定

要对一个相当复杂的命题加以否定，没有数理逻辑的工具就寸步难行。

例如，"有一个自然数大于其余一切自然数"这个命题的否定形式是什么呢？上述命题等于说：有一个 y，使得 y 是自然数并且对所有 x 而言，如果 x 是自然数而 $x \neq y$，那么 y 大于 x。其否定式立即可以得到：对所有 y 而言，或者 y 不是自然数，或者有一 x，使得 x 是自然数并且 $x \neq y$ 并且 y 不大于 x。

再如，欧几里得平行公理说："对任何一条直线而言，经过不在它上面的一个点只能引一条（即至少有一条并且至多有一条）平行线"，其否定命题是："至少有一条直线，对这条直线而言至少存在一个不在它上面的点，使得经过这个点或是没有一条，或是有并非不多于一条也就是有多于一条的平行线。"

形式逻辑对于上述的命题加以否定，由于工具不够用，往往要出错。相反，需要加以否定的命题愈是复杂，数理逻辑的技巧就愈是巧妙地发挥作用。

七、关于逻辑演算

上面我们举了一些例子，说明形式逻辑存在许多问题，必须用数理逻辑加以解决。现在我们从整体上来看一看。

数理逻辑建立了包括某类推理形式的整体的理论体系——命题演算和谓词演算。命题演算包括了与逻辑联结词（"非""并且""或""如果，那么"等）有关的逻辑规律，其中包括假言推理、选言推理和二难推理。谓词演算包括了与量词（"所有""有的"）以及和关系命题有关的逻辑规律，亚里士多德的三段论只是其中一个极小的部分。形式逻辑要总结新的命题形式和推理形式，就要用两个演算作工具。不学习两个演算，就不能丰富和发展形式逻辑。

在建立了两个演算之后，一些逻辑学家开展了元逻辑的研究。就是把逻辑系统本身作为逻辑学研究的对象，证明有关逻辑系统的各种性质的定理。形式逻辑也必须从元逻辑的研究中吸取丰富的养料。例如，有一条演绎定理，它是说：如果从 A 推出 B，那么就可推出：A 实质蕴涵 B（如果 A 则 B）。演绎定理的用处极大，在日常推理和科学推理中都要用到。我们大量应用假设推理，即假设前提 A 真，经过一系列推论，推出一个结果 B，则可得"如果 A 那么 B"。这种推理的根据就是演绎定理。演绎定理也是反证法的基础。反证法的程序是：先假设和论题 A 相矛盾的命题（矛盾论题）非 A 真，经过一系列推理，推出逻辑矛盾 B 和非 B；根据演绎定理，不用前提就可推出"如果非 A，那么 B 和非 B"；然后用这个充分条件假言命题当第一个前提，应用否定式，否定后件 B 和非 B，因而得到结论：非 A 是假的；根据排中律，A 就是真的。由此可见，应用演绎定理是反证法中最关键的一步。像这样的重要定理，在形式逻辑中实际上暗中早已使用了，但就是不讲，这实在是太不严格了。

八、关于科学方法论

在科学方法论中，涉及很多逻辑问题。现行逻辑书中以穆勒五法为主的归纳法，大大落后于现代科学技术的发展，这种状况必须加以改变，大力开展科学方法论的研究。在研究这个问题的时候，应当与自然辩证法有所分工。形式逻辑应以数理逻辑为工具，研究科学实验设计、科学发现中的逻辑问题和科学的形式结构。1920 年以来，很多逻辑学家认为，每一门自然科学的内容都可以用形式系统来表达，每一门科学都有确定的结构，他们并用了数理逻辑的方法开展了这一方面的研究。归纳逻辑、或然推理都可从形式结构方面来进行研究。著名的逻辑学家卡尔纳普、莱兴巴哈和奈哥尔在这方面都有贡献。我们可以拿来，以填补我们在科学方法论的逻辑问题研究方面的空白。

由上所说，数理逻辑在命题的种类、推理的结构、推理的体系、元逻辑等方面都丰富和发展了形式逻辑。数理逻辑比形式逻辑精确、丰富、完整，而又深刻。马克思说过："人体解剖对于猴体解剖是一把钥匙。"①这句话完全适用于数理逻辑和形式逻辑的关系。做好了数理逻辑的"解剖"工作，就是掌握了发展形式逻辑的"钥匙"。形式逻辑要现代化，首先的一步就是要编写出一本现代化的形式逻辑教科书，彻底改变目前的落后状况。任务是艰巨的。世上无难事，只要肯登攀。在全国逻辑工作者的大力协同下，这部现代化的形式逻辑教科书一定能够问世。

原载《逻辑学文集》（1978 年全国逻辑讨论会论文集）

---

① 《马克思恩格斯选集》第 2 卷，人民出版社，1972 年，第 108 页。

逻辑课程的现代化

王宪钧*

逻辑学如何为我国的四个现代化服务，是广大逻辑工作者所关心的。这问题有许多方面。这里只就高等院校普通逻辑课程方面提一些个人的初步想法，可以说只是一些感想，是很不成熟的。

由于目前对一些名词的用法和理解很不相同，有必要先作一些解释。高校普通逻辑课程以及所用的教材过去一直称为形式逻辑，包括两部分，一部分是演绎法，一部分是归纳法。形式逻辑这一名词的用法与历史上的用法不一致，本文拟采取历史上的习惯用法如下：

普通逻辑是课程的名称，不是学科名称，其中包括演绎法和归纳法。

形式逻辑是学科名称，指的是从形式结构方面来研究思维的理论，它的对象是演绎方法。

归纳法也是学科名称，它研究如何通过观察实验以得到一般规律的科学方法。

本文所要讨论的是，普通逻辑课程要不要反映现代演绎法的研究成果？如何反映这些成果？讨论的是课程的问题，不是学科的问题。

一、目前高校普通逻辑课没有反映现代演绎法的发展，其内容可以说是比较旧的

目前高校普通逻辑课的内容基本上还是所谓的传统逻辑，有的教材

---

* 王宪钧，1910—1993，男，北京大学哲学系教授。

则作了一些改变和增加。增加的主要是关系判断和关系推理。从逻辑发展史上看，这些内容是亚里士多德逻辑再加上一些补充。在演绎法方面，德摩根在19世纪50年代就讲关系推理。在归纳法方面，求因果五法就是穆勒氏五法，而穆勒的《逻辑体系》是1843年初出版的。可见我们现在普通逻辑课的内容基本上还是19世纪末叶以前的材料，这应该说是比较旧的。我没有作较多的调查研究，根据目前的了解，美国、英国、西欧不这样讲，苏东欧也不这样讲，他们都增加了数理逻辑的内容。

19世纪末叶以来，形式逻辑亦即演绎法的研究并没有停止，而且得到了丰富和重要的成果。这百余年的成果是不是应该适当地吸收到普通逻辑课程里来呢，是不是在这课程里应该有所介绍呢？答复应该是肯定的。所以我说，普通逻辑课要现代化。

二、问题之所在

普通逻辑课需要改革和提高，需要反映一些现代演绎科学方法的发展情况。这问题在第一次全国逻辑讨论会上已经提出，但是一年多以来步子不大。我看困难有两方面。一是资料不够，对于形式逻辑或演绎法近年来的发展情况不明。以上我们曾说，普通逻辑课应该吸收一些新的内容，要现代化，但我们并不是说，形式逻辑或演绎法这门学科要现代化。因为演绎法到目前为止的研究成果就是现代的演绎法，而现代的演绎法理论就是数理逻辑或符号逻辑。数理逻辑或符号逻辑纠正了传统逻辑之不足，突破了后者的局限性，并取得了飞跃的成果。这是演绎方法这门科学的客观发展情况，是不以人们的意志为转移的事实。同时，数理逻辑并不只是数学的逻辑，数理逻辑或符号逻辑也包括了一般思维和其他学科所运用的演绎规律，这也是客观事实。因之，我们现在面临的问题就是如何对待这样的事实，我们不要由于它使用了大量符号和一些数学方法而置之不顾，而是要将其中具有普遍性的且又重要的结果引入普通逻辑课程中来。这应该是值得认真考虑的问题。

除了资料不足，另一方面的原因可能是，对于普通逻辑课程的看法也阻碍着工作的进行。学普通逻辑为了什么？普通逻辑这门课程的目的性是什么？对这个问题大致说来可有两种看法：（一）普通逻辑是工具课。学这门课程的目的只是为了提高思维的逻辑性，并增进说话和作文的表达能力。（二）普通逻辑是基础课，先修课，或导论课。学这门课程的目的，除了提高思维能力以外，还有很重要的作用就是为进一步学习和研究其他学科或本学科作准备。

三、关于普通逻辑是一门工具课

这种看法认为，普通逻辑课的目的只是为了提高思维的逻辑性和增进说话和作文的表达能力。这种看法很容易被片面地理解，从而使这门课程的作用受到了不应有的限制。逻辑科学的最终目的当然是提高思维的逻辑性，从而提高人们的认识能力。但课程和学科并不相同。有些课程的部分内容是为进一步学习和研究提供必要的准备知识的，学了以后并不能收到立竿见影的效果。普通逻辑也是这样一种课程，这一点我们在下面将要讲到。

从另一角度考虑，针对着工具课这种看法，目前普通逻辑课程的内容似乎也不能满足要求。因为目前普通逻辑课的内容基本上还是传统逻辑，而传统逻辑所讲的一些命题形式和推理形式都是比较简单和一般的。如果遇到了理论探讨中一些复杂的逻辑问题，传统形式逻辑就显得很不够了。某些特殊的逻辑分支暂且不谈，在一般理论探讨中可以遇到的诸如，摹状词的性质，包含和属于的区别，量词的理论，以及主词存在问题，等等，传统逻辑都没有涉及。但是，作为大学的普通逻辑课程，它应该有提高在理论探讨中复杂逻辑思维能力的作用。目前普通逻辑课中的传统逻辑就理论体系而言是不够谨严的，就其内容而言则很不充分，因之，吸收现代演绎法研究的成果似乎是不可避免的。

四、关于普通逻辑课是基础课、先修课，或导论课

这种看法主张，普通逻辑课的目的除了提高逻辑思维能力以外，还应为进一步学习和研究本学科其他学科提供准备知识。前面曾经说过，

课程和学科有区别，高等院校的普通逻辑课的目的和作用应该是多方面的，至少有以下这些方面。

（一）提高逻辑思维能力。

（二）提高识别逻辑错误的能力，并能从理论上加以说明。

（三）提供批判唯心主义哲学的预备知识。现代资产阶级唯心论者的许多人都在歪曲数理逻辑的研究成果，为他们的唯心论捏造根据，例如逻辑实证主义、结构主义等。如果不懂现代的形式逻辑，那么这些人的著作都看不懂，当然也不能批判。

（四）为进一步研究逻辑学、心理学、方法论和认识论作准备。演绎法和简单的归纳方法都是认识的方法和工具，不懂关于演绎方法的现代研究成果，就不能很好地研究认识论和方法论问题，例如科学方法论等等。

研究思维心理学必须知道思维的逻辑规律。研究儿童思维的发展，也要懂得数理逻辑，否则阅读文献就有困难。当前国际上影响很大的瑞士心理学家皮亚杰，就是利用数理逻辑的成果来研究儿童思维心理的发展的。

（五）提供研究语言学的工具。语言和逻辑有密切联系。语言的范畴和逻辑范畴虽然有区别，可是也有相同之处。有人说，逻辑是"普通语法"，可以作为分析语言的工具。当代知名的美国语言学家乔姆斯基以数理逻辑为工具发展了一种形式语言的理论，并用来对自然语言做分析和研究。

（六）普通逻辑是一个导论课。它应该把形式逻辑现代的发展情况介绍给学生，作为学生选择专业方向的参考。

以上只举了这门课程可以有的一些作用，不是全部。有的方面正在着手探索，如"义务"逻辑之于法学；关于"相信"和"认识"的逻辑之于人工智能等。有的作用已为人所熟悉，如数理逻辑某些分支之于计算机科学，在此就不多作说明了。

综合以上所述，高等院校的逻辑课程，其目的和作用应该是多方面的，似乎不应把它看作只是为了提高一般的思维能力和表达能力。其他方面的作用也同样是重要的，这就是说，（一）作为导论，介绍逻辑这门学科；（二）为研究和学习本学科或其他学科提供一些必要的预备知识。明确这一目的很重要，目的不同，对于内容的要求也就不同。当然，对于不同的院系，内容可以不尽相同，难易也有区别。我们也可以把课程分为两部分，前一部分讲传统逻辑，后一部分讲现代形式逻辑。但无论如何，改革和提高是必要的，吸收现代成果是必要的。除了上面曾经提到的量词理论等等以外，其他重要成果诸如：根据现代逻辑的研究，什么是公理方法，公理方法有什么重要性质；什么是形式语言系统，什么是语法和语意；现代逻辑对于各种内涵逻辑和弗晰逻辑等的研究成果等等。如何把这些内容适当地在普通逻辑课程里加以介绍，是值得我们认真地考虑的问题。

　　总之，普通逻辑课程的现代化，关系到逻辑学如何在我们国家里发展和提高，关系到逻辑学如何为四个现代化服务的问题。当然，课程改革要经历一个过程，要收集资料，要编写教材，我们要为它创造条件。这工作不是几个人所能为力的，它有待于全国逻辑工作者的共同努力。

原载《全国逻辑讨论会论文选集》，中国社会科学出版社，1979 年

"吸收论"的两种归宿

——中国高校文科逻辑教学走向何处

诸葛殷同 *

　　逻辑是研究推理形式的科学，它与任何科学一样，都与真理（分举）有关，但不是专门研究真理（合举）的。真理（合举）是哲学研究的对象。逻辑是工具性科学，现代逻辑还是形式科学；而哲学是有阶级性的，是意识形态。从学术上讲，由于混淆逻辑与哲学的这种原则区别，20世纪30—40年代曾把传统逻辑当作形而上学批判，20世纪50年代初曾把数理逻辑当作帝国主义时代为垄断资产阶级利益服务的伪科学批判。这些批判主要是意识形态原因引起的。

　　20世纪80年代初，我曾与逻辑学界一些同人争论过在高校文科教学中，数理逻辑能否取代传统逻辑的问题。当时有些同人不承认数理逻辑是现代形式逻辑，只承认它是形式逻辑的一个分支；有的同人认为数理逻辑是数学，不是逻辑。现在马佩同志可以承认数理逻辑是现代形式逻辑，却决不承认它是"真正的现代逻辑"。快20年过去了。王路同志似乎又一次引发了数理逻辑能否取代传统逻辑（限定于高校文科教学范围）的争论。[①]看来中国的逻辑教学要与国际接轨，谈何容易！难就难在非学术因素的作用大于学术因素的作用。10多年前有人说过，中国现今的逻辑界是以马克思列宁主义、毛泽东思想为指导的，就是比西方国

---

* 诸葛殷同，1932— ，男，中国社会科学院哲学研究所研究员。

① 王路：《论我国的逻辑教学》，《西南师范大学学报》（哲学社会科学版），1999年第2期；马佩：《也谈我国的逻辑教学——与王路先生商榷》，同上，1999年第5期；郁慕镛：《关于我国逻辑教学的若干问题》，《南京社会科学》，2000年第2期。

家的先进。21 世纪高校文科逻辑课怎样讲，是每一位逻辑学界同人都关心的。我和王路都不是教师，难免看人挑担不吃力，却还要在旁边指手画脚说些风凉话。说错了敬请各位同人批评指正。

1978 年中国科学院哲学研究所（现为中国社会科学院哲学研究所）逻辑室的同人在全国（第一次）逻辑讨论会上提出了"逻辑要现代化"的口号。[1] 有些同志对此很为反感，他们主张只提"逻辑要为四化服务"，不提"逻辑学自身也要现代化"。事后王宪钧先生对我们"逻辑要现代化"一说颇有训诲。他认为世界上逻辑早就现代化了，中国的问题是要在教学方面跟上国际水平。王先生对我是有所批评的，他认为周延、三段论这些题目谈不上研究。他的意思在 1979 年的全国第二次逻辑讨论会上已公开发表。[2]

我不知道周礼全先生在口头谈话中、在著作中，有"逻辑要现代化"的提法。他认为当务之急是运用现代逻辑、现代语言学、现代修辞学的成果，重现亚里士多德的理想。周先生对黑格尔哲学的造诣很深，是不仅能讲，而且能用的。他对逻辑有否定之否定的设想，而且构造了一个逻辑概念的体系——成功交际的理论。[3]

有一位师长，他自称非常不满意王宪钧、周礼全所提倡的"逻辑要现代化"主张。所以我要说一说 20 年前的一些实际情况，避免以讹传讹。70 年代末鼓吹"逻辑要现代化"，倪鼎夫、张家龙是主力，我忝陪末座帮腔。这个口号如有不妥之处，与王、周两位先生是没有关系的。

20 世纪 80 年代初，我曾称"传统逻辑迟早要送进历史博物馆"，引

---

[1] 参阅《哲学研究》编辑部编《逻辑学文集》，吉林人民出版社，1979 年。倪鼎夫：《逻辑科学要为四个现代化服务，逻辑学自身也要现代化，我们应当研究具有现代化内容的逻辑科学》，第 28 页；张家龙：《形式逻辑要现代化》，第 56—67 页。又，张家龙：《再论形式逻辑的现代化》，中国逻辑学会形式逻辑研究会编《形式逻辑研究》，北京师范大学出版社，1984 年，第 40—53 页。

[2] 王宪钧：《逻辑课程的现代化》，中国逻辑学会编《全国逻辑讨论会论文选集（1979）》，中国社会科学出版社，1981 年，第 1—6 页。我提交全国（第一次）逻辑讨论会的论文题目是：《关于周延和假言判断的几个问题》。

[3] 周礼全：《形式逻辑应尝试研究自然语言的具体意义》，《光明日报》1961 年 5 月 26 日；周礼全主编：《逻辑——正确思维和成功交际的理论》，人民出版社，1994 年。

起轩然大波，至今为某些同人所不齿。① 这句话的原创权属于胡世华先生。我不是听胡先生亲述的，是听王宪钧先生转述的。我在长期接触中有一个印象：胡先生、王先生、晏成书先生一向是这样主张。但他们恐怕是心有"余悸"，从没公开宣扬。送进历史博物馆不等于抛弃，历史博物馆不是垃圾站，历史博物馆里藏的是完成了历史使命的宝贝。

20 世纪 70 年代末，王宪钧先生曾说："普通逻辑"像"普通物理""普通化学"一样应该是一门课程的名称，不是一门学科的名称。我以为很对。"普通逻辑"一词源于康德，普通逻辑者，初等逻辑之谓也。或者像马佩同志那样拐一个弯说，普通逻辑是普通思维阶段的逻辑。所谓普通思维阶段，就是相对于作为高等思维阶段的辩证思维阶段，乃初等思维阶段。我认为思维有不同的阶段，不能证明不同阶段有不同的推理形式，不同的逻辑。所谓"争个我高你低"，决不是形式逻辑在争，而是"辩证逻辑"至今还在贬低形式逻辑。愈来愈多的逻辑学界同人放弃了初高等数学的比喻。但是搞哲学原理的同人，恐怕情况正好相反。至于马佩同志所主张的那种"辩证思维逻辑（简称辩证逻辑）"，虽然他自称为真正的现代逻辑，鄙意它已转化为诡辩术。因为他宣称"二加二等于又不等于四；四减一等于又不等于三；二加一大于又不大于二"等等所谓"辩证判断"。近阅《北京晚报》，有一报道："1−1=2"。以此推荐给马佩同志，作为其辩证逻辑中的辩证判断的实例"一减一等于又不等于二"，未知可否？

20 世纪 80 年代初关于中国高校文科逻辑教学能否以数理逻辑取代传统逻辑，我大致概括为 4 种观点。"第一种意见可以称为'取代论'。这是认为传统逻辑迟早要送进历史博物馆，在高校文科教学中应逐步地、稳妥地以数理逻辑来取代传统逻辑。持这种意见的有诸葛殷同、张家龙、弓肇祥、黄厚仁等。第二种意见可以称为'统一论'。马玉珂认为高校文科低年级应保留形式逻辑一切合理、有用的内容和充分吸收、引进数理逻辑的成果，以辩证逻辑为统率，建立一门统一的逻辑学。第三种意见

---

① 赵总宽主编的《逻辑学百年》有这样的话："激进现代派认为传统逻辑的内容已十分陈旧落后，早应'扔进历史的垃圾堆'，……"北京出版社，1999 年，第 412 页，不知何所指？

可称为'吸收论'，这种意见可以吴家国为代表，认为随着现代逻辑知识的逐步普及，应既在传统逻辑中逐步扩大现代逻辑内容的比重，又不至于用现代逻辑取代传统逻辑。第四种意见可以叫作'永恒论'。持这种意见的有方华、杜岫石、刘凤璞、赵总宽、沈剑英等。他们认为，如果把数理逻辑中的内容全部硬搬到形式逻辑中来，甚至用数理逻辑完全代替形式逻辑，则是十分错误的。形式逻辑是永恒的，改革后的传统逻辑仍然是传统形式逻辑。"①吸收现代逻辑来讲传统逻辑，吸收得愈来愈多，就趋近于取代论。吸收而终究为传统逻辑保留地盘，就趋近于永恒论。鄙意吸收论不过是一种不得已而为之的权宜之计。吸收论不外两种归宿，是不可能无穷无尽地吸收下去的。最极端的永恒论者是反对讲传统逻辑吸收任何现代逻辑内容的。改革开放以前，我赞成吸收论，改革开放以后，认识有所提高，我主张取代论。

外国大学讲逻辑，可以完全讲现代逻辑，为什么中国就不行？在中学里学过几何，学过直观集合论的大学生，完全可以听懂数理逻辑。最粗浅地讲数理逻辑，不需要"复杂的形式推导"。有些外国现代逻辑通俗读本就是这样的。数理逻辑不神秘，入门是方便的，深造也是可能的。反之，即使是讲传统逻辑的三段论，有些推导对缺乏数学基础的听众来讲，也是难懂的。给文科大学生讲数理逻辑还是传统逻辑，决定于教师而不是学生。数学系出身，当学生时没有学过传统逻辑的青年教师，完全可以胜任哲学系逻辑教师的工作，这也说明了传统逻辑不是非学不可的基础知识。但是，在哲学系讲逻辑，"三段论"这个名词总是要出现的。因为西方哲学史不能没有这个名词。这当然不能成为否定取代论的理由。大学里还是需要讲传统逻辑的，它是西方逻辑史的内容，不是普通逻辑，即逻辑概论的内容。

以《形式逻辑原理》为教材，失败了。这不能说明取代论不能成立，

---

① 任俊明、安起民主编：《中国当代哲学史》，社会科学文献出版社，1999年，第875—876页。赵总宽主编：《逻辑学百年》对第四种意见的叙述如下："第四种，'并存论'方案。方案的提出者坚持认为，传统形式逻辑具有永恒性，它的发展具有定向性。形式逻辑即使经历了改革，它也仍然应当是传统形式逻辑。因此，传统形式逻辑与数理逻辑这两种逻辑必须并存，不应当用一个取代另一个，也不应当由一个去吸收另一个。"北京出版社，1999年，第118页。

恰恰说明了吸收论有不可克服的弱点。我们写这本书的原意，并不是提供一本教材，而是在于提供一本给教师看的参考书。它显然是不适宜于作为大学本科生的教材的。

1949 年以后，"文革"以前的逻辑课，如果以苏联教材为样板（我当大学生时盛行一个说法，不学习苏联，是立场问题），那是基本上把传统逻辑讲歪了的。最基本的错误有三点：1. 把"如果，则"看成可以换位的。2. 混淆子集与元素的区别。3. 混淆事实与命题形式的区别。那些书是没有下面要谈的逻辑精神的。这类教材的确使人"愈学愈糊涂"。

近年来的逻辑界大有改进，但仍有问题。老毛病没有完全克服，又添了一个新毛病：混淆逻辑与元逻辑。郁慕镛同志提出许多重要逻辑教材"不仅没有前进，相反在有些地方却倒退了"。他还说"普通逻辑教学中存在的问题正是'吸收'现代逻辑不够造成的"。这些我都非常赞成。他没有提出的问题还很多，比如说许多书上三段论的定义不严格。金岳霖主编的《形式逻辑》也有源于苏联的错误说法。如在介绍关系推理时说："纯粹关系推理，根据于关系的逻辑特性。"这个错误在中国已广为流传。

反过来讲，最极端的永恒论者认为郁慕镛同志提的这些问题，都是受了数理逻辑的污染才产生的，原汁原味的传统逻辑本来就没有这些问题。传统逻辑中原汁原味的"是"好得很，没有什么属于、包含于、等同于的区别，这些区别都是数理逻辑无事生非硬造出来的。我想我们要发展，要前进，逻辑的分析总是愈来愈细致，而不是愈来愈粗疏的吧！今天讲三段论，谁也不是照亚里士多德《工具论》的样子讲的吧！究竟什么是原汁原味呢？

郁慕镛同志还提出"要重视培育学生的逻辑精神"。我更是非常之赞成。杨振宁说："可是这个推演的精神，逻辑的精神，在中国传统里头没有。"[1]具有逻辑知识不见得具有逻辑精神，正如具有科学知识不见得具有科学精神一样。像斯特罗果维契的《逻辑》那样的苏联教材，是毫无逻辑精神可言的。何谓逻辑精神？据我的粗浅体会：第一，就是

[1] 《参考消息》2000 年 3 月 6 日。

20世纪50年代当作形式主义、唯心主义、资产阶级学术思想批判的原则：逻辑只管推理形式是否有效，不管命题是真是假。现在许多同人都明白这一点了，但也还有人认为前提假，为什么还要推？岂不是脱离实际？也有哲学家说"前提真且推理形式正确则结论必真这一逻辑规律的有效性是有条件的"。第二，改革开放以来，我还强调：亿万次证实不能代替证明。现在的逻辑教材，还没有强调这一点。现在的哲学教材更远离这一点。要使大学生掌握这种精神，我们还有大量的工作要做。我不知道所谓"高等逻辑"的"辩证逻辑"，有没有这种精神？我知道传统逻辑确实有这种精神，问题是它的内容今天看来实在太陈旧了。

传统逻辑是很贫乏的。中国古代的"侔"（"白马马也，乘白马乘马也"）就无法用西方的传统逻辑来处理，而只能用数理逻辑来处理。大家都知道"所有候选人都有人拥护"推不出"有人拥护所有候选人"，但后者却可以推出前者。传统逻辑无法处理这类推理。有人会说，我们把这类推理吸收到"普通逻辑"中去不就得了。不行，这不是添加个别推理形式的问题，必须改换整个理论框架。正因为如此，金岳霖主编的《形式逻辑》就没有能讲所谓"纯粹关系推理"。吸收数理逻辑的内容，可以权且把"所有""有"叫作量词，或量项。它们在自然语言里都是常项。然而数理逻辑的形式语言中的量词，经过解释，却是带变项的，它们可以分别读作"对论域中的任何个体X而言"，"在论域中至少有一个体X使得"。传统逻辑的一个致命弱点是命题的主谓项没有统一的论域。

马佩同志认为传统逻辑中还有许许多多好东西是现代逻辑无法取代的。情况完全不是这样。归纳（包括假说、类比）是不同于演绎逻辑（形式逻辑）的另一门逻辑。而命题、演绎、证明（归纳不能用于证明）、思维规律已经完全包括在数理逻辑之中了。数理逻辑关于个体词、谓词、摹状词等的研究，关于所指和所谓的研究，远比传统逻辑关于词项（概念）的理论全面而深刻。所谓"概念外延间的5种关系"是传统逻辑在摸索中向数理逻辑过渡时的产物，它在理论上的缺陷是不把空集当作集合，因此也就没有全集，没有真正意义上的论域的观念。在传统逻辑的框框里，无法给矛盾关系对立关系下定义。① 至于拿限制、概括等去教大学生，不是太看低他们了吗？所谓限制、概括，是建立在靠不住的假设上面的：派给一个属性，可以决定一个集合。至于"充足理由律"，这是一句伟大的废话，我们不能为它浪费时间。

我想用极通俗的话来说说几种逻辑的不同。看看能不能抓住它们的"要害"来货比货。传统逻辑是说"凡人皆有死"可推出"有人有死"；"有人有死"推不出"有人不死"。在 20 世纪 50 年代讲形式逻辑要让一般干部听懂前面一点，是相当困难的。归纳逻辑是说，已死的人都死了，可以推知："凡人皆有死。"辩证逻辑如果有前述逻辑精神的话，它应该是说："人有死又不死。""有人有死"可推出"有人不死"。② 数理逻辑是说："凡人皆有死"加上前提"有人"方可推出"有人有死"。"有人有死"推不出"有人不死"。语言逻辑是说③："凡人皆有死"加上预设"有人"方可推出"有人有死"；在交际语境中说"有人有死"违反了合作准则之一的充分准则。④ 在交际语境中说"有人是幸福的"，据充分准则，它隐含"有人不是幸福的"。设事实上有人拥护所有候选人。在交际语境中，说话者对听话者说："所有候选人都有人拥护"，是否违反了充分准则？如果语境中还应考虑到：选举规则规定任何人至多拥护一个候选人，否则拥护无效。上面那句话是否违反合作准则？语言逻辑是尚待完善的一门现代逻辑分支。

郁慕镛同志大可不必说："'法轮功'李洪志的歪理邪说中贯穿的是反逻辑的诡辩，我们揭批时用什么逻辑？普通逻辑。"我认为他倒不如说"马、恩、列、斯、毛批判论敌时用什么逻辑？传统逻辑。"我不敢说在揭批反逻辑的诡辩时，"辩证逻辑"有没有用？以前我们只会用传统逻辑来揭批反逻辑的诡辩，现在有了现代逻辑，用它来揭批反逻辑的诡辩

---

① A，B 有矛盾关系当且仅当：A，B 都不是空集，所有 A 是 C，所有 B 是 C，并且没有 C 既不是 A 又不是 B。A，B 有对立关系当且仅当：A，B 都不是空集，所有 A 是 C，所有 B 是 C，并且有 C 既不是 A 又不是 B。

② 黑格尔本人的例子是："一些人是幸福的"直接包含"一些人不是幸福的"。见杨一之译《逻辑学》下卷，商务印书馆，1981 年，第 319 页。

③ 据周礼全成功交际的理论。

④ 此处的充分准则可表述为：在交际语境中说话在对听话者说直陈句 A，他必须相信判断 A 所断定的事实是他所能提供的最大量的事态。

不是更为有力吗？我们可以说，传统逻辑虽然在某一多少宽广的领域中（宽广程度看研究对象的性质而定）是合用的，甚至是必要的，可是迟早它总要遇着一定的界限。比如说，不可知论有这样一个反逻辑的诡辩：根据"任何人在任何时候都有尚未认识的东西"，去论证"有一个东西对任何时候的任何人来说，都是不能认识的"。不用数理逻辑，仅用传统逻辑，怎样去揭批它？

我记得金岳霖先生曾经这样揭批义和团的迷信。他说：义和团宣称"只要信仰坚定，就会刀枪不入"。义和团与洋鬼子打仗，大师兄冲在最前面，被洋鬼子一枪打死了。二师兄心想，大师兄一定是信仰不坚定才被打死的，我信仰坚定，洋鬼子是打不死我的。他接着勇往前冲。二师兄也被洋鬼子打死了。三师兄又继续往前冲。……可是，"只要信仰坚定，就会刀枪不入"是无法证实的命题。我是在研究生已毕业，到中国科学院哲学研究所工作后，听金先生说这番话的。坦白地说，当时我还对金先生的话很不以为然。试图根据马列主义、毛泽东思想来反驳他。后来才慢慢想通了。觉得金先生对迷信的揭批，是真正掌握了逻辑精神的，是运用了数理逻辑的蕴涵理论的。金先生未及见现代逻辑的一个新分支——反事实条件句逻辑。20世纪50年代曾经有过一个口号："人有多大胆，地打多少粮。"这不是与义和团的迷信类似吗？

传统逻辑有过丰功伟绩，现在也该"致仕"了。永恒论不该是吸收论的终点，吸收论理应向取代论转化。对于吸收论，我们可以等待。但岁月蹉跎，时不再来。至于把诡辩术叫作真正的现代逻辑，还要写到高校文科教材中去，那是逻辑这门科学被长期扭曲的变态反应。

原载《南京社会科学》2000 年第 8 期

关于修改形式逻辑和建立统一的逻辑学体系问题

金岳霖 *

逻辑学方面的争论是在党的百家争鸣政策指导之下展开的。争论是在全国范围内进行的。参加的人很多。搜集在《哲学研究》编辑部编的集子里文章的就有两大本。争论的大问题约有下面这几个：辩证法或辩证逻辑和形式逻辑的关系，形式逻辑的对象，形式逻辑基本规律的客观基础，形式逻辑的认识作用，真实性与正面性等。不同的论点是不容易简单地介绍的，至少我还没有这个能力。口头上，我曾试图作过简单的介绍，但是事后想来，那样做有歪曲论点的可能。在这里我就不提论点了。

逻辑问题的争论，证明了党的百花齐放百家争鸣政策的正确。就问题说，有些问题从大多数的逻辑工作者说应该算是解决了。有些问题在争论前看起来简单，而在争论后，发现它们复杂。有些意见的存在是知道的，在争论中公开地说出来了；有些意见的存在是我们不知道的，在争论中，我们知道它们的存在而引起争论了。解决了的问题可能比提出来的问题少，但是，这是好事情。在争论中，逻辑工作者锻炼了自己，有的在学术思想上得到了提高，在批评和自我批评的修养上大家都有所进步。争论是有成绩的。逻辑工作者对百家争鸣政策是有深刻体会的。

问题的争论仍在继续。但是新的大问题已经摆在我们面前了。

第一个大问题是修改形式逻辑。解放后形式逻辑的研究是有成绩的。

---

* 金岳霖，1895—1984，男，中国社会科学院哲学研究所研究员。

某些资产阶级的逻辑思想，某些唯心主义的形而上学的逻辑"理论"得到了批判，形式逻辑的本来面目初步地得到了恢复。它的一定的科学性是大家都承认的。但是它究竟是在旧的科学基础上产生的，和我们现在的思维实践有相当大的距离。我们如何才能使形式逻辑和我们的思维实践更密切地结合呢？在技术革新和技术革命中，在一般的思维认识中，应该说是有新的思维形式的，但是，究竟有些什么呢？逻辑史能提供一些什么修改线索呢？数理逻辑对普通的形式逻辑的修改有些什么帮助呢？修辞语法对形式逻辑究竟起什么作用呢？显然，修改形式逻辑是一个大问题。

1960 年上半年，在逻辑课程改革中，冲击很强烈。有些教师感到不能照原样教下去，也有不少学生感到不能照原样学下去，课程改革前，有些逻辑工作者已经感觉到有打破旧框框的必要。课程改革后，这个需要就是不可避免的了。提出来的批评很多，提出来的问题很多。这些问题需要很快地处理，可是，看来又不是可以很快地解决的，怎么办呢？同时打破旧框框并不太简单，形式逻辑教科书总或多或少有体系，没有体系，无论是教科书或讲义都是写不出来的。在打破旧框框时，我们是不是站在某一旧框框上去打破某另一旧框框呢？这一问题并不限于年老的人，青年工作者不一定没有这一问题，课程改革和修改形式逻辑不是完全一样的问题，但是，在 1960 年的课程改革当中，这两个问题都统一在一个任务里去了。这是一个极其迫切的问题，也是一个大问题。

有些学校已经开始设置逻辑专业或专门化，国家需要逻辑干部，设立专业是欢欣鼓舞的事情。但是，究竟培养出什么样的人来呢？需要的究竟是什么样的专业干部呢？专业的规格究竟如何呢？没有明确的规格，教学计划就不好定。专业队伍的规格问题也就是逻辑这门科学的性质问题。我们所要求于专业队伍的显然应该是逻辑这门科学所能供给的，原有的逻辑学能够满足这个要求吗？原有的逻辑学能够训练出我们所需要的逻辑专业队伍吗？这个问题比开一门课的问题要严重得多。这也是一个大问题。

这几个大问题可以归结为一个总问题。逻辑学往哪里去呢？为中国社会主义建设服务的逻辑学究竟是什么样的逻辑学呢？这个问题是逻辑工作者或多或少地意识到的，但是明确地提出来还是有好处。争论在讨论会上有顶住的现象，争论的意义好像有点模糊起来，明确地提出这个总问题，以前的争论和以后还要继续的争论就有一个总目标，意义就会更明确，同时明确地提出这个问题是可以使我们欣欣鼓舞、斗志昂扬的。逻辑这门科学比起别的科学来范围不算大。可是，麻雀虽小，五脏俱全。辩证逻辑、数理逻辑、普通的形式逻辑、逻辑史各方面的工作者都可以参加，也都应该参加到这一工作中来。

关于这个总问题，我认为我们应该注意下面两点。

（一）在研究辩证逻辑、普通形式逻辑、数理逻辑、逻辑史的同时，我们还要建立一个逻辑体系。这个体系不单独地是形式逻辑体系。这个逻辑体系是既有辩证法或辩证逻辑因素在内、又有形式逻辑因素在内的、而又以前者为主的统一的逻辑体系。这不是说形式逻辑取消了，它是无法取消的；这也不是说形式逻辑不必研究了，相反地，我们还要更加努力来研究形式逻辑，我们不是要大力地修改形式逻辑吗？不着重地研究它，我们怎么能够修改它呢？但是，当我们说马克思主义者的逻辑性强。当斯大林说列宁的逻辑性强，或者当我们在学习毛泽东思想过程中说毛泽东同志的逻辑性强……的时候，我们说的逻辑虽然有形式逻辑，然而显然不就是形式逻辑，不只是形式逻辑，重点不在形式逻辑，主流不是形式逻辑。这个统一的逻辑已经长期地存在了，在今天我们应该承认它已经广泛地存在了。我们要研究的对象正是这个长期地广泛地存在着的统一的逻辑，我们的任务是把它整理成为一个体系，来帮助我们的思维认识，使这个思维认识达到它可能达到的科学水平。虽然在使用上革命导师们已经把辩证法或辩证逻辑和形式逻辑结合得天衣无缝，然而逻辑工作者直到现在还没有把这个结合分析出来、综合起来。为社会主义服务的逻辑早已存在，为社会主义服务的逻辑学还没有形成。我认为我们非鼓干劲不可。

（二）研究逻辑学要以毛泽东思想为指导，这是大家都同意的。毛泽东思想就是和中国革命实践相结合的马克思列宁主义，也就是和中国革命实践相结合的辩证唯物主义和历史唯物主义。要贯彻毛泽东思想到逻辑学里面去，也就至少要让唯物辩证法和形式逻辑挨边、碰头、打交道。

我们现阶段的思维实践也愈来愈成为唯物辩证法和形式逻辑挨边、碰头、打交道的思维实践。问题就在这个挨边、碰头、打交道上。这些字眼不妥，我承认，但是我找不到恰当的形容词。问题仍然一样。有人怕挨边会把唯物辩证法庸俗化了。庸俗化要不得，这一点非坚持不可。但是，挨边就有这样的结果吗？不挨边又怎么贯彻唯物辩证法的指导呢？另外也有人怕把形式逻辑辩证化了。我们当然不能故意要把形式逻辑辩证化。这是不科学的，也是违背唯物辩证法的。但是，我们不能老是怕把形式逻辑辩证化。显然，有这样一种戒心的话，我们也就会怕让唯物辩证法和形式逻辑挨边、碰头、打交道了。这又怎么能够贯彻唯物辩证法的指导呢？在贯彻毛泽东思想的时候，我们可能会犯些错误，但是，我们不能怕错误，不然的话，我们的工作如何前进呢？

　　上面是个人的意见，它虽然吸取了一些人的意见，然而它仍然是作个人的意见提出的，由于个人的思想方法经常是不合乎逻辑的，错误一定很多，请同志们批评指正。

原载《新建设》1961 年第 1 期

关于正确的逻辑观与其根据论纲

——兼评"必然地得出"论逻辑观

赵总宽*

逻辑观包括其对象观、类型观、性质观、作用观、动力观和方向观六个基本方面的观点。其类型观、性质观与作用观主要是由其对象观决定的，方向观是由对象观和动力观决定的。一种逻辑观是否正确，只能以正确的方法论为指导，依据相关事实加以确定，而不能以主观片面的方法论为指导，违背相关事实加以确定。本文试以辩证唯物主义和历史唯物主义方法论为指导，依据思想实际、思维实际、逻辑史实际和客观实际探求一种正确的逻辑观。确定正确的逻辑观具有重要的理论意义和实践意义。它有助于正确评论和继承人类逻辑研究成果，有助于确定正确的逻辑研究方向和逻辑教学观，有助于充分发挥逻辑学在知识创新、素质教育和社会实践诸方面的重要作用。

一、逻辑学的研究对象与基本类型

逻辑学是与哲学和其他科学一起产生发展起来的。自纪元前产生，发展到 19 世纪后期，开始从哲学和其他科学中分化出来，成为专门的逻辑科学。从它发展到当代的实际情况来看，可以说，逻辑学是研究思想的形式结构与其规律和方法的科学。其主要研究对象是有效推理的形式结构或推理的有效式。这里所说的思想是指思维的产物或理性认识的结

---

* 赵总宽，1940— ，男，中国人民大学哲学系教授。

晶。它包括观念、概念、命题、推理、论证、假说和理论。观念是指由语词表达的反映事物形态特征或本质表征的思想。概念是指由语词表达的反映事物本质的思想。命题是指由语句表达的对事态有所断定并有真假之别的思想。推理是指由已知命题得出某个命题的命题序列。论证是指用已知真实的命题确定某命题真实性的命题序列。假说是指其真实性尚待证实或证明的命题以及由其导出的命题系统。理论是指概括一定对象领域的事物本质和规律的真命题系统。

思想的形式结构是指思想内容的一般要素及其联系。思想内容的一般要素即其形式要素。它可分为思想的常项和变项两类。前者包括命题联结词、量词和模态词等所表达的诸形式概念；后者包括个体变项、谓词变项、命题函项和命题变项等概念形式和命题形式。二者是逻辑学特有研究对象，因此又分别称为逻辑常项和逻辑变项。思想的形式结构即二者有意义的组合。如原子命题形式、复合命题形式、推理形式、论证形式、理论形式或形式理论。它们是逻辑学的基本研究对象，因而又称为逻辑形式。作为逻辑学主要研究对象的推理有效式，包括归纳推理的有效式和演绎推理的有效式两类。归纳推理是指其结论超出其前提的概括性推理。演绎推理是指包含一般前提的非概括性推理。归纳推理的有效式是指能保证其前提真则其结论就必然真或可能真的归纳推理形式。演绎推理的有效式是指能保证其前提真则其结论就必然真的演绎推理形式。这里所说的必然性和可能性是指形式可证的必然性和可能性。逻辑规律包括永真的或普遍有效的逻辑形式，还包括可真的或可满足的逻辑形式。逻辑方法包括逻辑语义学、逻辑语法学和逻辑语用学方法，如指称语义学方法、真值语义学方法、语用预设方法等。

逻辑学根据不同的标准可以分成不同的类型。根据所研究的推理有效式种类与其规律和方法不同，可分为演绎逻辑与归纳逻辑两类。演绎逻辑是指研究演绎推理有效式，与其规律和方法的逻辑学科。归纳逻辑是指研究归纳推理有效式与其规律和方法的逻辑学科。依据所研究的逻辑形式是指称共性类事物的形式结构，还是指称互补结构整体类事物的形式结构，可分为形式逻辑和辩证逻辑两类。形式逻辑是研究反映共性类事物形式结构的思想的形式结构与其规律和方法的逻辑学科。辩证逻辑是研究反映互补结构整体类事物的形式结构的思想的形式结构与其规律和方法的逻辑学科。

以上给出的逻辑学研究对象定义是正确的，这是因为它符合逻辑学研究对象正确定义的标准。

一个逻辑学研究对象的定义是正确的，当且仅当，它符合以下四条标准：

（1）它能概括已有逻辑学科研究对象的共同本质属性；

（2）它能将逻辑学与其他科学和哲学严格区别开来；

（3）它能体现逻辑学作为其他科学和哲学的基础科学与工具科学的合理性；

（4）它能为已有逻辑学科的发展留有充分的余地，能为新逻辑学科的产生开辟广阔的思想空间。

前面给出的逻辑研究对象的定义，符合这里提出的正确定义的四条标准，所以它是正确的。

首先，它符合标准（1）。演绎逻辑与归纳逻辑、形式逻辑与辩证逻辑，都是研究思想的形式结构，主要是研究推理的有效式与其规律和方法的科学。

其次，它符合标准（2）。它能将与其相近的哲学、心理学、思维科学、语言学和数学等科学严格区别开来。哲学与相近科学都研究思想的形式结构与其规律和方法，但只有逻辑学把它们作为专门研究对象。

再次，它符合标准（3）。该定义揭示出逻辑学所研究的思想形式结构是各种科学思想和哲学思想内容的一般要素与其联系，即各种科学思想和哲学思想的共同内容，逻辑规律是其必然真或可能真的共同内容，逻辑方法是研究和表达该共同内容的通用方法。因此，逻辑学作为各种科学和哲学的基础科学、工具科学是理所当然的。

最后，它符合标准（4）。正因为逻辑学是研究各种科学思想和哲学思想形式结构与其规律和方法的科学，所以它会随着各种科学思想和哲学思想的不断发展而不断的发展。已有逻辑学科所揭示的逻辑形式与其规律和方法，只是已有相关思想的科学概括，它们会随着相关思想的丰富发展而进一步得到发展。人类科学思想和哲学思想新的质的飞跃，必将有其新的逻辑形式，从而导致研究这类前所未知的逻辑形式与其规律和方法的逻辑学科的产生。例如，模糊逻辑、非单调逻辑等无不是随生物控制论、人工智能的发展而得以产生和发展起来的。

二、逻辑学的科学性质与主要作用

逻辑学有四种科学性质。（1）它属于形式科学。它的规律的真实性主要是靠论证的方法确定的。从而区别于经验科学。经验科学规律的真实性，在靠论证方法确定的同时，主要靠实证方法才能确定。（2）它属于元科学。它以其他科学为研究对象，研究它们共同的思想形式结构和与之同构的语言的形式结构，和作为二者存在论基础的认知对象的形式结构，特别是研究普适的建构科学理论系统的元方法，并研究理论系统的一致性和完备性等元性质。从而区别于对象科学。（3）它属于基础科学。逻辑学的知识是各种哲学知识和其他科学知识基本组成部分或一般的内容。从而它区别于非基础科学。非基础科学总是在相关基础科学的基础上研究对象的特定思想内容与其特定的规律。（4）它属于工具科学。它是为哲学和其他科学提供研究方法和表述方法的科学。它所研究的逻辑语法学方法、语义学方法和语用学方法，是哲学和其他科学的普适方法。

逻辑学有五种主要作用。（1）它有认知作用。它可为各种哲学思想和科学思想的发现与各种技术发明，或科技创新提供各种逻辑方法。认知主体可借助它提供的或然性归纳方法在实践和感性直觉的基础上获得科学假设和技术假设。认识主体可借助它提供的演绎方法在或然归纳假说或理性直觉的基础上，获得特殊性和个别性预见和技术方案。（2）它具有论证作用。它可为各种科学理论、经验科学假说和技术假设提供归纳论证和演绎论证方法。逻辑论证是确定形式科学真理的充分条件，是确定经验科学与技术科学真理的必要条件。（3）它具有逻辑分析表达作用。它可为各种哲学思想和科学思想提供各种逻辑分析方法和相应的逻辑表达方法。其中包括形式逻辑的分析表达方法、辩证逻辑分析表达方法，各种演绎逻辑的分析表达方法与归纳逻辑的分析表达方法等。对于具体思想的逻辑分析表达是对具体思想进行逻辑推论和系统化的先决条件。（4）它具有理论系统建构作用。它可为哲学思想和科学思想的系统化，即建构其理论系统提供逻辑方法。其中包括建构不同类型的科学理论的形式和实质的公理化方法。（5）它具有逻辑智能开发作用。可以通过逻辑学的教育、学习和研究开发人脑的逻辑思维能力和电脑的逻辑思维能力。这对于培养创新人才和发展人工智能具有重要意义。

三、逻辑学的发展动力与根本方向

逻辑学的发展既有其内在动力，又有其外在动力。它是在其内外动力的协同和相互作用下不断发展的。（1）逻辑学自身相关矛盾（即思想形式结构相关矛盾）的发现与解决是其发展的内在动力。与逻辑学自身相关的矛盾命题包括逻辑矛盾命题、辩证矛盾命题、悖论命题和怪论命题。它们是推动逻辑学发展的四类矛盾命题。（2）各种哲学、科学、技术和社会实践思想发展的需要是其发展的外在动力。哲学本体论、认识论、方法论和价值论是逻辑学产生和发展的哲学背景。它们的发展要求逻辑学相应的发展。数理哲学的发展促进了数理逻辑的产生与发展，辩证法哲学的发展推动了辩证逻辑的发展均为典型事例。各种科学思想发展的需要是其发展的科学动力。数学、语言学、心理学、思维科学、物理学、计算机和人工智能科学等各种形式科学和经验科学是逻辑学产生和发展的科学背景。各种科学的发展要求逻辑学相应发展。社会实践的需要是其发展的社会动力。社会的变革，政治、经济、军事、司法立法、检察公安等社会实践活动是逻辑学产生和发展的社会实践背景。

纵观逻辑思想发展史可以看到，逻辑学的根本发展方向是朝逻辑理论的协调化方向和逻辑应用的完备化方向发展。逻辑学的协调化发展包括消除诸逻辑学科内部的逻辑矛盾，各逻辑学科之间的逻辑矛盾和逻辑推论与直觉命题之间的逻辑矛盾。逻辑理论协调化发展方向所以是根本发展方向，在于否则逻辑学系统就会瓦解，不再成为逻辑真理的系统；否则会失去内在驱动力。逻辑学的应用完备化发展包括能满足哲学、科学和社会实践发展的需要，能为相关思想提供完备的逻辑分析表达、论证和理论系统建构的逻辑工具。逻辑学应用的完备化发展方向所以是根本的发展方向，在于否则它就会失去发展的外在推动力，就会丧失作为新思想领域的形式科学、元科学、基础科学和工具科学性质，就会丧失对新思想领域的认知作用、论证作用、逻辑分析表达作用、理论系统建构作用和智能开发作用。

四、"必然地得出"论的问题与思想根源

王路研究员近来连篇累牍地发表论文和专著，散布一种违背事实，自相矛盾，基于错误方法论，又自诩唯一正确的"必然地得出"论逻辑观。作者并以此否定自己所不理解的归纳逻辑和辩证逻辑是逻辑，否定传统逻辑教学的必要性，给逻辑学的研究与教学造成了多方面消极影响，对于发挥逻辑学在知识创新和素质教育中的作用极为不利。王氏的"必论"逻辑观集中的表述，收入三本书中：《走进分析哲学》（生活·读书·新知三联书店，1999）、《逻辑的观念》（商务印书馆，2000）、《理性与智慧》（上海三联书店，2000）。"必论"所包含错误颇多，这里仅限于分析其几个要害问题与其思想根源。

"必论"的问题之一，是以含混其词的"必然地得出"为定义曲解逻辑学研究对象，从而取消逻辑学发展的内在动力，使逻辑学理论本身发展失去根本方向将使逻辑理论的协调化发展停顿不前。

"必论"作者在《逻辑的观念》一书中说："从亚里士多德到现代逻辑始终贯穿了一条基本精神，这就是'必然地得出'。因此，亚里士多德逻辑和现代逻辑的内容都符合我提出的要求。从这样的东西出发，无疑会有助于我们探讨逻辑的内在机制，因而有助于我们明确逻辑的观念。""必论"作者在《理性与智慧》中，又说"我们不厌其烦地反复强调'必然地得出'乃是因为亚里士多德没有使用'逻辑'这个词，而是用'必然地得出'刻画了逻辑这门学科的性质。'必然地得出'刻画的是一种基本的推理结构，同时它也是推理所具有的一种性质，因此逻辑是关于推理的科学，并且是关于必然的推理的科学，特别是这种推理的必然性不是由内容决定的，而是由形式决定的。因此，'必然地得出'是本

身具有的内在机制。"

"必论"对于逻辑学研究对象的定义是含混其词的，主要在于始终没有说明"必然地得出"什么，是必然地得出必然结论、实然结论，还是或然结论？还是二者，还是三者？作为定义，它是违反传统逻辑的定义必须明确这条逻辑规则的。

"必论"把"必然地得出"当作决定逻辑学产生和发展的内部条件、内在机制的东西。有它逻辑学就能发展，没有它逻辑学就不能发展。从而否定了逻辑学发展的内部条件或内在动力是思想形式结构的相关矛盾的发现与解决这种逻辑学发展的真正内部条件或动力。因而也就使逻辑失去了本身协调化发展的根本方向。由于否定了逻辑理论发展的内在动力并失去发展的根本方向，从而逻辑理论本身不可能得到根本的发展。

"必论"的问题之二，是以英雄史观的"外部条件"论曲解逻辑应用发展的真正动力，否定逻辑发展的外在动力，使逻辑理论的应用发展失去根本方向，从而使逻辑理论应用不能得到根本发展。该论者在《走进分析哲学》中提出"逻辑产生和重大发展"的"外部条件是由于有了像亚里士多德和弗雷格这样杰出的逻辑学家，正是他们创建并发展了逻辑这门科学"。这是英雄史观的典型表现。试问，如果没有广大体力和脑力劳动者长期创造和积累的物质财富及精神财富和从而产生的哲学、科学和日常实际思想进一步发展所提出的思想形成结构相关矛盾问题有待专门研究加以解决的需要，那么任何人会去研究逻辑问题吗？如果王氏和弗氏不去适应这种需要，解决相关问题，能成为逻辑学家吗？首先有时势造英雄，然后才会英雄影响时势。"必论"的立论显然是本末倒置了。如果逻辑学产生和发展真正的内外条件具备了，就是没有亚氏和弗氏创建与发展逻辑学，也必然会有其他人创建与发展逻辑学。反之，如果逻辑学产生与发展真正内外条件尚不具备，那么亚氏、弗氏和其他任何人士都不能创建与发展逻辑学。这是无可置疑的。

"必论"的"外在条件"论否定了逻辑学产生与发展的真正外在条件或外在动力，从而它误导人们脱离社会的需要、科学和日常实际思想发展的需要，等待个别杰出的人去依据空洞的"必然地得出"信条创建与发展逻辑。这只能阻碍并延误逻辑的创建与发展。因为它否定了逻辑产生与发展的真正外部条件或动力，这必将使逻辑学迷失逻辑理论发展的应用完备化方向。从而使逻辑学由于脱离社会需要而走下坡路，最终将被社会发展抛弃。因为它失去了真正决定逻辑存亡的东西。

"必论"的问题之三，是散布唯演绎逻辑论，否定归纳逻辑是逻辑。从而使演绎逻辑丧失主要基础；阻碍归纳逻辑进一步完善与发展，将使逻辑学失去发展的思想基础，并使逻辑学丧失创新的基本功能。"必论"作者在《逻辑的观念》中自问自答地说："归纳是逻辑吗？我的回答是：归纳不是逻辑。""逻辑的本质是'必然地得出'，是演绎。因此归纳不是逻辑。"首先，它以含糊其词的"必然地得出"当作逻辑的本质，从而将逻辑与演绎等同起来。然后，用以偏概全而得到的归纳推理并非是"必然地得出"，从而否认归纳是逻辑；最后，以非历史的观点，武断地认定归纳绝不是逻辑。其实归纳推理与演绎推理都是关于"必然地得出"的推理，二者的本质区别在于各自的前提和结论语义性质不同。因此，以"必然地得出"为标准否定归纳逻辑是逻辑，这是自相矛盾的论断。关于归纳推理也是"必然地得出"的推理，即与归纳推理的形式结构相应命题形式为永真式，早在金岳霖先生于19世纪40年代所著的《知识论》中已有所论述，只是尚未给出其逻辑表达式和逻辑判定过程。本文作者继而探讨了有关问题，已在1995年出版的《数理辩证逻辑导论》中，1999年出版的《逻辑学百年》第338页上，给出了归纳推理形式结构的相应命题形式逻辑表达式，并用完全真值表方法判定出其为永真式。

"必论"否定归纳逻辑是逻辑，从而使演绎逻辑失去了基本逻辑依据。这是因为演绎推理总是以一般命题为前提的，一般命题归根结底是由归纳推理和理性直觉得出的，而绝大部分是由归纳推理得出的，这还因为，作为演绎推理过程或"必然地得出"逻辑基础的永真式或普遍有效式，实质上都是用完全归纳法或数学归纳法得证的。至于"必论"断定完全归纳法和数学归纳法属于演绎推理方法，从而为唯演绎逻辑论辩护，这是典型的诡辩。这种归结是建立在抹杀归纳推理与演绎推理的本质区别基础之上的。

作为逻辑学研究对象的思想的形式结构，是从各种不同思想内容中分析抽象和归纳概括出来的。否定了归纳推理的合理性，否定归纳逻辑是逻辑，从而将使新逻辑形式的发现，失去逻辑工具，这将阻碍新逻辑形式的发现和逻辑学的发展。逻辑学的创新功能基本体现在用归纳逻辑方法可以获得科学发现和技术发明，演绎逻辑的创新功能也主要是基于归纳推理提供的新的演绎推理前提才得以发挥的，其次才是通过对一般前提的综合演绎实现创新功能的。如果否定归纳逻辑是逻辑，那么逻辑学将基本上丧失其创新功能。

"必论"的问题之四，是散布唯形式逻辑论，否定辩证逻辑是逻辑。从而它既阻碍逻辑理论本身的协调化方向发展，也将使逻辑学失去主要的创新功能。"必论"作者在《逻辑的观念》一书中说："黑格尔和恩格斯都认为辩证逻辑是比形式逻辑更高级的东西，他们的不同之处在于，黑格尔详细具体地批评了形式逻辑，而恩格斯没有这样做。但是从恩格斯的一些论述比如'辩证法突破了形式逻辑的狭隘眼界'单纯的证明……退居次要地位，等等，我们可以肯定地说，恩格斯是接受和赞同黑格尔这些看法的。前面我们说过，黑格尔是真正一心想要发展逻辑，他认为逻辑只研究形式是不行的，而他对逻辑的发展，简单地说，主要就是要达到内容和形式的统一。恩格斯对这方面的论述不是特别多，尽管如此，我们仍然可以看出，他对黑格尔关于内容与形式上统一这一看法也是赞同的。""我想问的问题是：把内容融合进来之后，逻辑得到发展了吗？或者说这种内容与形式相结合的研究是逻辑吗？"而形式逻辑"只考虑形式方面的问题，对涉及内容的东西从不考虑"。"具体地说，形式逻辑提供了一套方法，只要满足这套方法，那么从真的前提必然得出真的结论。这样的问题辩证逻辑就解决不了。"

从以上"必论"关于唯形式逻辑论和否定辩证逻辑论的议论可以看出，二者立论共同依据之一是含糊其词的逻辑学为研究"必然地得出"的科学；之二是"形式逻辑只考虑形式方面的问题，对于内容从不考虑"；之三是形式逻辑提供了一套方法，只要满足它，那么"从真的前提必然得出真的结论。这样的问题辩证逻辑就解决不了"。其中，依据一的含糊其词与自相矛盾已如前述。依据二是康德的逻辑先验论的翻版。康德认为逻辑所研究的思维形式是人脑固有的，并非来自思维材料本身，相反，先验的思维形式赋予思维材料以秩序。"必论"在否定逻辑研究思维的、研究语言的条件下，断定形式逻辑只考虑形式，而从来没有考虑内容问题，从而有别于康德，但同样是割裂了思想的形式与其内容的联系，同样散布的是逻辑形式的先验论。然而它是违背思想实际的错误理论。因为事实上，思想的形式是思想内容的一般要素与其联系，是从具体的思想内容中抽象、归纳概括出来的。形式逻辑所研究的思想形式结构，是从反映共性类事态的思想内容中抽象，归纳概括出来的；辩证逻辑所研究的思想形式结构是从反映互补结构整体类事态的思想内容中抽象、归纳概括出来的。逻辑学所研究的逻辑表达式之所以是逻辑表达式，正因为指称相关事态的结构，它表达相关的思想形式。二者正是弗雷格所说逻辑表达式的指称语义和内涵语义。说什么形式逻辑只考虑思想的形式，从不考虑思想内容，是纯属想当然的东西。从亚里士多德、黑格尔、恩格斯到弗雷格无不肯定了思想形式与思想内容之间的内在联系。依据三说形式逻辑提供了一套方法，依据它从前提必然得出真结论，而辩证逻辑解决不了这样的问题，是公然否认事实。笔者在《数理辩证逻辑导论》一书中，不仅给出了一套从真前提必然得出真结论的演绎推理方法，而且给出了一套从真前提必然得出必然真或可能真结论的归纳推理方法。"必论"作者用"我不理解就不存在"的方法否定事实是无济于事的。"必论"用逻辑是研究"必然地得出"的，否定研究"必然地得出"的辩证逻辑是自相矛盾的；"必论"将逻辑等同于形式逻辑犯了以偏概全的逻辑错误。辩证逻辑与形式逻辑都是逻辑，因为二者都是研究思想的形式结构与其规律和方法的科学。这是二者的共同本质。

"必论"的问题之五，是散布用现代逻辑取代传统形式逻辑论，否定传统形式逻辑非取代论改革的必要性，否定传统形式逻辑教学的必要性，从而有损于逻辑素质教育的发展，有损逻辑学的基本创新功能。"必论"作者在《逻辑的观念》一书中说："我认为，就传统逻辑和现代逻辑的差异而言，简单地说，使用符号语言给逻辑造成了非常重大的结果，这就是传统逻辑被淘汰了。""应该用现代逻辑取代传统逻辑，这并不是空穴来风。因为传统逻辑所能解决的问题，现代逻辑都能解决，而现代逻辑所能解决的许多问题，传统逻辑是无能为力的。""我认为，分析概念的内涵和外延，探讨概念的本质，进行定义等等，探讨归纳和科学实验方法等等，现代逻辑确实无能为力。但是这些东西恰恰不是逻辑。当我们说传统逻辑不科学，应该被取代的时候，这是因为逻辑发展到今天，我们对于逻辑的本质已经看得非常清楚，而且我们还清楚地看到，关于概念的分析，属于哲学，关于归纳的研究属于科学方法论和认识论这样的领域，而关于定义、划分、区别、论证等等研究属于方法论。这些研究都可以使用现代逻辑……"

"必论"所散布的取代论，尽管有强调现代逻辑教学具有重要性和必要性的合理因素，但是从逻辑教学的目的和内容的总体上来说，从其立论根据来看，都是根本错误的。逻辑教学的根本目的是提高受教育者在逻辑知识、逻辑方法和自觉的逻辑思维能力的智育素质，使其能在科学和社会实践的创新发展过程中发挥更大的作用。凡是逻辑的对象内容均应属于逻辑学教学内容之列。凡是在功能上有差异的东西，都是不可能互相取代的。由于传统形式逻辑所研究的概念定义和划分方法都是把握概念思想内容的一般要素与其联系的形式语义学方法，它所研究的逻辑论证是关于论证形式结构的和有效论证的形式语法和形式语义规则的理论，它所研究的归纳推理又是可以由真前提"必然地得出"必然真或可能真的其形式结构得以保证的推理，所以它们都属于逻辑。"必论"作者否定三者属于逻辑是其散布的以偏概全的"必然地得出"的错误的逻辑学定义在作怪。因此是不能成立的。由于传统形成逻辑的研究对象包括三者，而现代形式逻辑的研究对象不包括三者，而且"必论"作者也承认现代形式逻辑不具有三者所具有的功能。当然这是事实。所以现代形式逻辑就不能取代传统逻辑。

既然传统形式逻辑有"必论"作者所说的现代表式逻辑确实无能为力的功能，传统形式逻辑与现代形式逻辑是与人们抽象思维发展过程不同阶段相适应的逻辑理论。因此用"必论"所说的现代形式逻辑取代传统形式逻辑的教学内容，必将损害逻辑素质教育，使受教育者不能受到不可或缺的传统形式逻辑的教育与训练，由于违背抽象思维由低到高的发展规律，必将有损现代形式逻辑教学的普及与发展。由于传统形式逻辑含有归纳推理、定义、划分等创新思维的逻辑形式与逻辑方法，从而否定它们必将削弱逻辑学的创新功能。

"必论"的问题之六，即其根本问题，是其论者选择逻辑研究方法论的失误。该论论者囿于分析哲学前期的语义上升方法，进而将其绝对化；并从而否定马克思主义哲学的唯物辩证法和历史唯物论方法作为逻辑研究方法的普遍的指导用。"必论"作者将分析哲学方法看作最完善的研究方法，这是其得出错误结论的方法论根源。20世纪90年代，人类科学技术，乃至全部文化的发展已进入综合时代，时至今日，却要人们"走进分析哲学"，而不提走出分析哲学，这不能不说是一种弄错时代的方向性错误。

原载北京市逻辑学会编：《逻辑·素质·创新》，海洋出版社，2001年

逻辑学的问题与未来

鞠实儿 *

一、逻辑学是什么

根据苏格拉底解释词义和澄清概念的方法，我们应该以充要条件表达的定义来回答诸如"逻辑是什么"这样的问题。以下将要表明：对于逻辑学概念的成员而言，不存在共有的特性使得上述定义成为可能；相反，它们之间只具有部分重叠与交错的相似性；简言之，逻辑学概念是一个家族类似。

根据肖尔兹[①]的看法：逻辑学是一个多义词，它表现为存在多种逻辑类型；为此他区分了六种逻辑类型：第一种是起源于亚里士多德的形式逻辑的古典类型。第二种是所谓扩展的形式逻辑，它是在亚里士多德形式逻辑系统中加入方法论，语义学和认识论的原则而构成的。第三种是肖尔兹所称的非形式逻辑。在此逻辑学实际上被界定为：最广义的获得科学认识的工具的理论，它的主要代表人物是穆勒。第四种类型可称为归纳概率逻辑，现在它已包括了统计推理和决策逻辑等成熟的理论，并在向非经典方向发展。第五种可称之为思辨逻辑，其代表是黑格尔和康德；在前者看来，逻辑是关于自在自为的理念的科学[②]；后者的逻辑主要包括知性与理性的法则。第六种就是起源于弗雷格和罗素的形式逻辑的现代类型；包括经典数理逻辑及其扩展，以及非经典逻辑系统。最后，

---

*　鞠实儿，1953—　，男，中山大学哲学系教授。

①　参见肖尔兹《简明逻辑史》，商务印书馆，1977 年，第 6—25 页。

②　参见黑格尔《逻辑学》，人民出版社，2002 年，第 VII 页，第 51 页。

存在多种逻辑的观点也得到了当今逻辑史家的支持。①

　　现将不同类型逻辑学的主要内容分别概括如下：关于概念、判断和推理的理论，某些方法论和语义学原则，某些认识论理论和本体论理论，归纳方法和归纳概率理论，以及当今所谓经典和非经典逻辑。现假定在这些不同的逻辑类型之间存在共有的特征，并以此为充要条件给出逻辑学的定义；那么，分别以上述内容为特征的各种不同的逻辑类型必定满足定义。由于定义的一般性，任何满足上述假想定义的理论必属于逻辑学；反之亦然。不过，从假想定义出发可推出它本身的不恰当性。事实上，黑格尔的辩证逻辑和康德的先验逻辑应该满足这样的定义。但是，它们习惯上被认为既属于逻辑学又属于哲学。故而假想定义过于宽泛或含混。更重要的是：根据 Wittgenstein② 对数学概念的分析，没有理由拒绝出现超越定义的新逻辑类型的可能性。故而假想定义过窄。因此，在上述逻辑类型的基础上对逻辑学下本质主义定义是不可能的。不过，这些逻辑类型并非决然不同，它们之间存在某些相似之处；例如，它们似乎都与规则和程式有关。然而，游戏甚至宗教仪式都具有这样的性质。因此，逻辑学是一个家族类似概念。

　　目前最为流行的两个逻辑学定义即使在较窄的范围内也是不恰当的。

　　定义 1　逻辑学是（有效）论证的理论。

　　严格地说：尽管第一种和第六种逻辑类型包含一个关于有效论证的理论，但它们均不满足定义 1。因为，第一种类型中有关于概念和判断理论和第六种类型中有关于形式语言的理论，它们本身不是论证的理论，尽管它们对于阐述论证的性质和原理必不可少。所以，定义 1 对于描述已知逻辑类型而言过于狭窄。或许我们可以通过在定义 1 中添加一些对论证的理论而言"必不可少"的东西来修改和挽救它。但是如何划定"必不可少"的范围？或许可根据直观选定某些必不可少的东西，但是由于没有一个明确的标准，无法在冲突的直觉之间作选择。因此，如何划定"必不可少"依然是一个问题。尽管如此，定义 1 给出了历史上主流

---

① 参见 J. A. Mortimer, *Logic in Great Books of the Western World*, Encyclopaedia Britannica, Inc., 1990, pp. 798–810。

② 参见 Wittgenstein, *Philosophical Investigations*, Blackwell Publishers, Third Edition, 2001。

逻辑类型的一个典型性特征。

定义 2　逻辑学是关于思维形式及其规律的科学。

它的明显的弱点是：由于无法明确地将逻辑学与心理学，尤其是高级认知心理学相区分而过于宽泛。同时，第四种和第六种逻辑类型中除去描述命题态度的形式特征的逻辑系统外，像时态逻辑和量子逻辑这类具有本体论直观背景的逻辑系统，以及基于概率客观主义解释的统计推理理论，它们都讨论客体的性质，无论如何不满足定义 2；因此，它过于狭窄，至多描述了某一种逻辑的特点。

根据逻辑学的家族类似性，我们可引申出如下结论：由于在已有逻辑类型的基础上无法给出一个相应相称的逻辑学定义，使得"逻辑学"一词指且仅指这些逻辑类型。而通常流行的所谓逻辑学定义，只是给出了某个逻辑类型的典型特征，或描述了某部分学者认同的看法。因此，已有的逻辑类型，甚至主流逻辑类型都无法借助定义或本身的特点否认其他逻辑类型的合法性，即总是可能出现不能归入已知逻辑类型的新逻辑类型。而利用家族类似性引入的新逻辑类型将扩充逻辑学家族的成员和改变"逻辑学"一词的内涵。一个可用本质主义或分析方式定义的概念其外延可以是开放的，但其内涵是固定的不可改变的。因此，这类概念仅具有平凡的未来。

二、逻辑学的认知转向

在逻辑学的内涵与外延具有开放性的条件下，我们可界定所谓的逻辑学转向：假定存在一个逻辑类型，它或者是新的或已知的。如果它取代另一逻辑类型而成为被关注的主流，则称这一历史事件为逻辑学转向。

逻辑学史上第一个主流逻辑类型是亚里士多德的逻辑。Kant[①] 认为：由于亚里士多德已经穷竭了逻辑学的要点，逻辑学既不需要变化，也不需要新的发现。[②] 但不到一百年弗雷格就引发了一场逻辑学的转向。弗雷格

---

① 参见 I. Kant, *Logic*, translated by R. S. Hartman and W. Schwarz, Indianapolis, Ind.: Bobbs-Merrill, 1974。

② 参见 Haack, *Deviant Logic, Fuzzy Logic*, The University of Chicago Press, 1996, pp. 26–27。

认为，清晰地描述数学的表达和推理方式并为数学奠定基础是逻辑学发展的基本目标。作为追求上述目标的结果，人们给出了一系列以"数理逻辑"一词标记的逻辑系统及其元理论。在上世纪初，它取代亚里士多德逻辑成为逻辑学研究的主流。这是逻辑学在历史上发生过的第一次重大的转向，即逻辑学的数学转向。但是，数学只是人类知识的一部分，数学的表达方式只是人类所拥有的许多表达方式中的一种。正如当今非经典逻辑所表明的那样，采用经典逻辑对其他领域的知识进行表达和推理时常是不恰当的。因此，逻辑学本身要求它继续寻找新的发展方向。令人惊奇的是：从一开始，这种新方向的萌芽就隐藏在经典逻辑代表人物的著作中。

首先，Boole[①]认为，"逻辑学"一词在根本的意义上是指思维规律的科学，思维的形式规律与代数相同。因此，在 Boole 看来逻辑学研究如何用数学的符号化语言描述思维规律。其次，当弗雷格的反心理主义和罗素的逻辑原子主义使逻辑与心理学分离，转而分别与形而上学和数学相结合时，Hilbert[②]在数学基础研究中提出了思维的符号加工理论的初步设想。这给形式主义一个完全不同的发展方向：思维逻辑的研究。再次，图林机理论表明[③]，一个机械地可操作的符号系统可以完成智能行为，从而使人们有理由认为心灵是某种具有符号加工能力的信息处理器。最后，Fodor[④]将图林机与推理模型结合，提出形式符号加工隐喻来解释人类认知行为。从此，逻辑学开始促进认知科学的产生与发展。

在信息时代上述理论方向又被注入新的活力。20世纪中后期计算机科学进入了知识处理和智能模拟阶段。构造逻辑系统描述（高级）认知过程；进行知识表达与处理；和研制新型软件；这已成为逻辑学研究的主流方向。另一方面，数理逻辑尤其是图林机理论的发展，启发人们用计算机隐喻来理解人类的信息加工过程。这一切使得人类终于有可能运用心理学实验技术研究思维（高级认知过程）的形式与规律。

---

① 参见 George Boole, *The Laws of Thought*, London: McMillan, 1854, pp. 1–24。

② 参见 D. Hilbert, The Foundation of Mathematics. In J. van Heijeno ort (ed.), *From Frege to Godel*. Cambridge, MA: Harvard University Press, 1967。

③ 参见 A. M. Turing, Intelligent Machinery, AHeretical Theory. In S. Turing, *Alan M. Turing*, Cambridge: Heffer & Sons, 1959。

④ 参见 J. A. Fodor, *The Language of Thought*, Cambridge: Harvard University Press, 1975。

相应于上述两个方面，对高级认知过程逻辑结构的研究主要在两个方向上进行。(1) 认识逻辑：它是指在对认识论概念分析和对认识过程直观理解基础上构造逻辑系统；例如：信念修正逻辑 ①，非单调逻辑 ② 和动态逻辑 ③ 等。它们的直观基础来源于对认知过程的内省和哲学思考。(2) 心理逻辑：它主要指在对人类高级思维的心理学研究基础上建立起来的逻辑系统。当前它主要涉及两个领域：推理领域 ④⑤；决策领域 ⑥。我们统称这两类逻辑为认知逻辑。它的研究目标是：给出知识获取，知识表达以及知识的推理，扩展和修正的方法和模型。相对于经典逻辑，这种基于认知的逻辑具有如下方法论特点：

（1）它试图在逻辑学研究的各个层面抛弃逻辑全知者假定，将知识相对于世界的不完全性视为知识的重要特征，关注研究知识的不确定性和知识的变化方式。

（2）它不但不信奉弗雷格的反心理主义，而是从布尔、图林和希尔伯特的立场继续向前，与认知心理学家结成同盟，在实验基础上研究人类思维的形式与规律，心理学家终点就是我们逻辑学家的起点。

（3）它并不认为形式公理系统理所当然是描述认知过程的合适工具，反之全力探讨这样一个问题：逻辑学的认知转向是否如同数学转向一样最终导致新的逻辑类型。

目前居国际领导地位的逻辑学家及其合作者正有意识地运用哲学、认知心理学和相关学科对人类知识性质的研究结果，建立新的逻辑系统。人们在上述方向上已取得的成果和未解决的问题已是逻辑学家所关注的热点。面对这一强有力的发展趋势，国际逻辑学界正在逐步调整研究重

---

① 参见 C. E. Alchourrón, P. Gärdenfors and D. Makinson, "On the Logic of Theory Change: Partial Meet Contraction and Revision Functions", *Journal of Symbolic Logic*, vol. 50, 1985, pp. 510–530。

② 参见 R. Reiter, "A Logic for Default Reasoning", in *Artificial Intelligence*, vol. 13, nos. 1–2, 1980, pp. 81–132。

③ 参见 J. van Benthem, *Exploring Logical Dynamics*, Stanford: CSLI Publications, 1996。

④ 参见 M. D. S. Braine and D. P. O Brien, "A Theory of If: A Lexical Entry, Reasoning Program, and Pragmatic Principles", *Psychological Review*, 98。

⑤ 参见 P. N. Johson-Laird, *Mental Models*. Cambridge, MA: Harvard University Press, 1983。

⑥ 参见 D. Kahneman and A. Tversky, "Prospect Theory", *Ecomometrica*, vol. 47, no. 2, 1979。

点和发展方向。例如：在 2005 年，*Studia Logica* 杂志修改了它的编辑方针并指出：在过去的几十年里一幅新的逻辑图景已经出现，其中逻辑规律被当作理想认知主体的高层描述。因此，未来它的稿件将不仅覆盖纯逻辑，而且也将覆盖形式方法在哲学和认知科学上的应用。这一切暗示着逻辑学正在经历它诞生以来的又一次重要的变化：从起源于弗雷格的以数学基础研究为背景的逻辑学，转向构造认知过程的规范性或描述性模型的逻辑学。这就是所谓逻辑学的认知转向。[①]

三、逻辑与跨文明说理

从逻辑学诞生以来，作为人类文明的重要组成部分，它不仅是数学和经验科学研究的工具，也是人类交往的手段。以下，我们将探讨文明的演化与逻辑的未来。广义地说，人类文明就是人类创造的一切，它由物质产品和精神产品组成。后者主要包括：语言、价值（含合理性信念）、规则、体制、科学、艺术和思维（含推理）方式等。类似地可定义某一特定的文明：特定地区的人类所创造的一切。根据亨廷顿的看法[②]，经过分化和融合的过程，当今世界主要由西方文明、中华文明、印度文明、日本文明、伊斯兰文明、东正教文明、拉美文明和非洲文明组成。最后，在某一文明内部，由不同的人群所创造的不同或具有显著差异的物质和精神产品构成不同的文化。

就本文的主题而言，我们的问题是：不同的文明之间是否存在不同的逻辑。Wittgenstein 后期著作[③]表明：可能存在与我们不相容的语言游戏或生活形式，它使用的逻辑规则和推理程序与我们所认可的有实质的区别。[④] 这一结论蕴涵着正面解决上述问题的可能性。其次，人类学家[⑤]

---

① 参见鞠实儿《面向前沿，勇于探索》，教育部人文社科重点研究基地建设经验交流会报告，北京，2001 年 5 月。

② 参见亨廷顿《文明的冲突与世界秩序的重建》，新华出版社，2005 年，第 29—31 页。

③ 参见 Wittgenstein, *Philosophical Investigations*, Blackwell Publishers, Third Edition, 2001。

④ 参见 Baghramian, *Relativism, Routledge*, 2004, pp. 100–101。

⑤ 参见 Evans-Pritchard, *Witchcraft, Oracles, and Magic among the Azande*, Oxford: Clarendon Press, 1937/1976, pp. 3–4。

对边远地区居民思维习惯的研究揭示：我们所接受的逻辑规律只具有局部而非普遍的权威。某些边远地区居民具有与我们不同的逻辑。再次，对中国（古代）逻辑学的研究得到如下结论：相对于西方传统，中华文明背景下的逻辑具有不同的目标，主导推理类型和推理成分的分析，例如墨家逻辑。① 绝非巧合地，人们也发现起源于印度文明的佛教逻辑与隶属于西方文明的逻辑具有实质的区别。② 进一步，海德格尔 ③ 断言：亚里士多德传统的逻辑"仅仅是对思维本质的一种展示，这种展示基于从希腊思想中所获得的一种存在之经验"。而中国学者张东荪 ④ 甚至指出：亚里士多德名学乃是根据西方言语系统的构造而出来，……逻辑是由文化的需要而逼迫出来的。因此，逻辑是文化依赖的。最后，或许隶属于不同文明的逻辑有若干形式上相同游戏规则；但是，根据学界广泛一致的看法 ⑤：文明具有整体性。因此，如果不涉及全面的文明，它们的任何构成单位都不能被充分理解。显然，这些规则在不同的文明中应该具有并不完全相同的性质与功能。根据以上所述，不同的文明可以具有不同的逻辑。

进一步的问题是：这些依赖于不同文明的逻辑具有合理性吗？在回答问题之前我们必须确定解题方法。本文将使用由亚里士多德、阿基米德、培根、笛卡尔、弗雷格和罗素创立的经典研究方法，它由以下环节组成：概念分析、事实收集、建立假设、逻辑推理等等；以及相应的合理性观念。因此，我们实际上是站在西方文明的基础上来评判各种文明及其要素。以下，我们将要用这种方法证明文明平等原则：西方文明及其附属于它的逻辑与其他文明及其对应的逻辑一样，它们都没有绝对的超越的合理性。

为了方便起见，我们称上述方法和观念所属文明为"本文明"。在本

---

① 参见崔清田《墨家逻辑与亚里士多德逻辑的比较》人民出版社，2004 年，第 160—166 页。

② 参见舍尔巴茨基《佛教逻辑》商务印书馆，1997 年，第 365—368 页。

③ 参见 J. A. Mortimer, *Logic in Great Books of the Western World*, Encyclopaedia Britannica, Inc., 1990。

④ 张东荪：《思想与文化》，《理性与良知——张东荪文选》，上海远东出版社，1995 年，第 387 页；《不同的逻辑与文化并论中国理学》，《理性与良知——张东荪文选》，第 360 页。

⑤ 参见亨廷顿《文明的冲突与世界秩序的重建》，第 26 页。

文明所假定的方法论体系中只存在两类论证方法：归纳论证与演绎论证。但是，在理想条件下归纳论证的结论只是断定某一命题为真的可能性程度，而不能确定这一命题的真假。[①]而我们所需要的是明确的结论。因此，所剩的唯一可用的方法是演绎论证。演绎论证有两种情况：（1）单纯从公理出发的论证，（2）从公理和附加前提出发的论证。在情况（1）中得到的结论是包括重言式在内的逻辑有效的命题，由于这样的命题在任何情况下都是真的，故而没有内容。但是，命题"某文明及其逻辑是合理性/不合理性"是有内容的。所以，它不可能作为情况（1）的结论。另一方面，如果在情况（2）中上述命题得到证明，那么除非这些附加前提是真实的或合理的，否则证明的结果无法接受。这就要求我们采用某种方法去证明这些附加前提。由此引起不断要求证明附加前提的无穷倒退。由于上述讨论没有规定所涉及文明的任何特性，故而有一般性结论：我们无法证明任何文明（包括本文明）及其逻辑的合理性或不合理性。

　　或许本文明中的逻辑学家乐意采用一种更为直接的方法来解决隶属于其他文明的逻辑的合理性问题。标准的操作程序如下：先将所发现的其他文明的逻辑规则用本文明的逻辑语言表达；如果用本文明的逻辑工具能证明这些规则是一致的，那么该逻辑满足合理性的必要条件；如果能证明它们是不一致的，那么它满足不合理充分条件。但是，一旦其他文明的逻辑规则用本文明的逻辑来表达和处理，就是将它们解释或还原为本文明的逻辑公式。因此，考虑到此处涉及的仅是本文明的合理性观念，我们至多证明了前一种规则的译本在本文明中的合理性或不合理性；至于我们所关注的这种规则本身在本文明或它所在文明中的合理性问题，它依然超越标准程序未能得到解决。

　　综上所述，我们有如下结论：西方经典研究方法不能证明任一文明（含逻辑）的合理性，但也不能证明它是不合理的。因此，没有一种文明（含逻辑）在合理性方面是超越的，它们均不能被简单地拒绝和接受。这就是所谓的文明平等原则。

　　现在，我们将在上述结论的基础上探讨逻辑学的未来。事实上，单

---

① 鞠实儿：《非巴斯卡归纳概率研究》，浙江人民出版社，1993 年。

个逻辑学家科研方向的选择大体上取决于他个人的喜好。但是，整个逻辑学科的发展方向则或多或少受制于人类社会的需求。当前，几千年来仅依靠本国资源和市场便能维持生存的中华民族正面临着一个前所未有的问题是：除非扩展对外交流，否则便不能进一步发展。另一方面，根据亨廷顿的理论 ①，全球政治第一次成为多极的和多文明的。因此，中华民族解决上述问题的唯一途径就是与多种文明发生联系。既然从合理性评价的角度看，各种文明的精神产品是平等的，那么只有通过平等对话和说理的方式进行交流。然而，这一切只有通过了解对方的推理和说理方式才有可能实现。最后，如所周知中国古代逻辑 ②、印度佛教逻辑 ③ 和希腊逻辑 ④，三者各自以不同的方式讨论了推理和论辩的方法。不过，从语用的角度看，推理是无主体或单主体说理，而论辩是两主体或多主体说理。⑤ 因此，从刻画典型特征的角度说，逻辑是关于说理规则的理论。然而，若单纯采用某一文明的规则进行跨文明说理，唯一的出路是：让一种文明的成员接受另一种文明的说理方式，通过两文明至少在说理层面上的趋同来实现"交流"。显而易见，这是伪交流。因此，一个重要的问题是：是否可能存在一种真正跨文明说理的规则或跨文明论辩的逻辑；如果答案是肯定的，那么它们是什么。这就是逻辑学未来将要面临的研究课题。

原载《中国社会科学》2006 年第 6 期

---

① 参见亨廷顿《文明的冲突与世界秩序的重建》，第 4—5 页。

② 参见林铭钧、曾祥云《名辩学新探》，中山大学出版社，2000 年。

③ 参见亚里士多德《工具论》，中国人民大学出版社，2003 年。

④ 参见舍尔巴茨基《佛教逻辑》，商务印书馆，1997 年，第 1—2 页。

⑤ 参见 Benthem, A Mini-guide to Logic in Action, *Philosophical Researches* (supplement), 2003, pp. 21–30。

重要哲学家

　　张岱年、冯契、高清海是新中国成立以来的具有独特理论体系的重要的专业哲学家。张岱年"综合创新"的"天人新论"，基本上完成于20世纪40年代，将其置于新中国哲学家之列，不仅因为其有关论著直至20世纪80年代中期才陆续正式发表，为人们所知晓，还因为他开辟了新中国专业哲学家以马、中、西为思想资源的创建理论体系的道路，同时，他"天人新论"的思想在新中国有所发展，并产生了相当影响。冯契广义认识论的"智慧说"的构建，虽起于20世纪40年代，但主要形成于新中国成立之后，尤其是改革开放新时期。高清海的"类哲学"，是反思和走出苏联哲学教科书模式的成果，是改革开放的产物。他们的哲学体系各具个性，但走的都是马、中、西会通之路。海内外对他们三位的哲学已经有不少研究论著。这里编选的文献，均出自他们的论著，试图用较少篇幅来表现他们哲学的宗旨。

一、张岱年 "综合创新"的"天人新论"

张岱年（1909—2004），男，字季同，别名宇同，原籍河北省献县，哲学家、哲学史家。1933 年北京师大毕业后即受聘到清华大学哲学系任助教，1943 年任北平私立中国大学哲学教育系讲师，次年改任副教授，1946 年他回到清华大学哲学系任副教授，1952 年调任北京大学哲学系教授。曾任中国社会科学院哲学研究所兼职研究员、中国哲学史学会会长、中华孔子研究会会长、清华大学思想文化研究所所长等职。2004 年 4 月 24 日在北京逝世。张岱年的学术研究分为三大方面：一是中国哲学史的阐释；二是哲学问题的探索；三是文化问题的研讨，1980 年代以来，张岱年力倡"综合创新"的文化观。代表性著作有"天人五论"《哲学思维论》《知实论》《事理论》《品德论》《天人简论》《中国哲学大纲》等。1989 年至 1994 年，清华大学陆续出版《张岱年文集》六卷本，1996 年河北人民出版社出版《张岱年全集》八卷本，中华书局 2017 年开始出版《张岱年全集》（增订版），拟共出 20 部。

哲学上一个可能的综合（节选）

一、唯物·理想·解析

康德综合了经验论与理性论，于是为哲学开了一个新纪元；在今日，哲学中实仍有许多对立等待着综合的。如欲成立一个精密的哲学，更须重视解析派的贡献，即解析法。今后哲学之一个新路，当是将唯物、理想、解析，综合于一。

凡综合皆有所倚重，如康德之综合即是倚重于唯心，其实是一种唯心的综合；今此所说之综合，则当倚重于唯物，而是一种唯物的综合。此所说综合，实际上乃是以唯物论为基础而吸收理想与解析，以建立一种广大深微的唯物论。

唯物与理想之综合，可以说实开始于马克思、恩格斯的新唯物论。人们都知道新唯物论是综合唯物论与对理法（今译为辩证法——编者）而成的，而因其容纳了对理法，以对理为方法来处理问题，乃自然综合了理想。故新唯物论不但讲存在决定人的心意，而又注重改造环境，变革世界；人是自然所产，而人能克服自然；人的心意为其社会生活所决定，而人又能变革社会。新唯物论是很注重人的力量的。不唯如此，新唯物论的创造者，也颇注重分析。所以如谓今所说唯物、理想、解析之综合，乃发端于新唯物论的创造者，亦不为过。唯物、理想、解析之综合，实乃新唯物论发展之必然的途径。

然而，新唯物论虽颇注重理想，而对于理想之研讨，实不为充分，而其注重分析，不充分乃更甚。中国哲学是最注重生活理想之研讨的，且有卓越的贡献，我们既生于中国，对于先民此方面的贡献，实不当漠视，而应继承修正而发挥之。其次，近二三十年来，解析派的哲学有大的发展，我们应容纳解析派之新的贡献。

现在，我们应为唯物论与理想主义做一更进的综合，而兼综合解析法。我们所以要这样的一个综合，其目的即在于要求一个真的哲学，可信的哲学，有力的哲学，能做生活之指导的哲学。言解析所以察乎几微而免混淆，言唯物所以不远实际而远离虚幻，言理想所以克服天然而达于至善。

唯物论在哲学史上并未得到充分的发展，哲学史上最伟大的哲学家，十之九都是唯心论者。旧唯物论的粗疏幼稚，实无可讳。自新唯物论成立，乃为唯物论开一新纪元。新唯物论实可谓为哲学中最近于真的系统。近十几年来，唯物论已死的呼声，常可以听到。的确，机械唯物论已经死去。然而唯物论不止于是机械唯物论。但许多人总不能了解如何能在机械唯物论之外，还有别的唯物论，以此，许多人更不能了解新唯物论之意旨。新唯物论既讲唯物，又谈人的力量；既讲变易，又谈必然。新唯物论综合了若干的矛盾观念，这在许多人看来，简直是不可能的。

实在，新唯物论正是为人类开辟新的可能之域。在以前，许多认为不可能的，新唯物论证明其为可能。而由此，于是许多人便认为新唯物论本身即是不可能的了。新唯物论的确是难以了解的，因为新唯物论与以前一切哲学有大不同处。新唯物论所谓唯物，不是旧哲学所谓唯物；新唯物论所谓对理，不是旧哲学所谓对理。机械唯物论所谓唯物，乃谓物质是宇宙本体，而新唯物论的宇宙论，则根本已废去本体观念。新唯物论根本不主张所谓"自然之两分"，根本不承认有所谓现象背后的实在。新唯物论之根本态度，乃认为即现象即实在，现象之外更无实在可说。新唯物论所谓唯物，非谓物质为宇宙本体，为一切现象背后之究竟实在，乃谓物质为最基本的，为生与心之所从出。（吾于民国22年即1933即曾著文说明新唯物论已废弃本体观念，而世人不察，仍多谓新唯物论讲本体者；或者又因新唯物论反对形而上学，遂谓根本不讲宇宙论，俱属大谬。）新唯物论的宇宙论之根本观念，是历程，宇宙是一大历程，一切存在莫非历程，在此大历程中的存在，有等级之殊，最基本的是物，其次为生，其次为心与社会，一切皆在变易之中，然而有所谓规律，有所谓必然，而宇宙之最根本的规律便是对理，即对立统一，相反相倚，矛盾发展，质量互转。以对理为事物之规律，在许多人看来是不可能的，其实，观念思维之对理，只是事物的对理之反映，如事物没有矛盾的情形，则人类便无从创出矛盾的概念。对理亦非否认所谓思想律（指形式逻辑的基本规律——编者）者，不过认为思想律非充足的而已。对理乃是讲对立统一，非讲对立同一，如讲对立同一，则完全与思想律不相容，对立统一则与思想律并无不两立之冲突。

我们很可以说，新唯物论不只是一个新的学说，而更是换了一个新的出发点。在同一出发点之下，可以有许多不同的学说，然而这些学说虽不同，却有其一致，即同属于一个出发点。新唯物论则根本换了一个出发点，因出发点的不同，所以新唯物论与旧唯物论，虽同名为唯物论，而亦有绝隔的不同。

新唯物论之基本出发点，乃是知行之合一，理论与实践之统一。实践是新唯物论之意谓表准，真妄表准。新唯物论厘别问题之真妄，分别概念之有谓无谓，判定理论之正谬，俱以实践为表准。唯心论之征信表准为观念之一贯，实证论之征信表准为经验或可验，新唯物论之征信表准则是实践。所以，新唯物论乃是实践哲学。唯其以实践为表准，故不认为现象背后之实在之问题为有意义的，而又不认为外界实在的问题为无意义的。以此，故既反对玄学而又不走入实证论，虽遮拨旧唯物论而不以实在论为满足。

新唯物论之更一基本出发点，便是人群、社会，我们可以说自笛卡尔以来，西洋近世哲学，都是以个人为本位的，其中无论唯物论、主观唯心论、绝对唯心论、实证论，皆以个人观点为基本，所以谈知识只是谈个人的知识，谈人生亦是谈个人的生活。而新唯物论之根本观点却是人群的社会的。所以新唯物论的知识论，根本不是以前所谓知识论。旧哲学之知识论系讲个人知识，以反省为方法；新唯物论之知识论则讲人群之知识，以客观考察历史研讨为方法。新唯物论的人生论亦不是以前所谓人生论，因新唯物论的人生论乃是讲人群的生活，而注重变革世界之实际道路。所以，新唯物论的哲学，可以说是群本位的哲学，与近代其他各派个人本位的哲学皆相对立，在此意义上说，新唯物论确然是与现代伦理哲学不属于同一系统中的新哲学。

在此新意谓的唯物论上，我们可以兼综理想与解析。

哲学思想之发展，自一观点而言，可分为三级。第一级原始唯物论，即机械论时期。第二级怀疑论及唯心论时期，由唯物论而发生反动，便是怀疑论，由怀疑而有所肯定，疑物而归信于心，便成唯心论。怀疑论之更进的发展，并心亦疑，则为实证论，究之亦与唯心论相通。第三级则是前二级之综合，而是广大深微的唯物论，即兼综实证论的唯物论。

怀疑论与实证论，终于彷徨无所归宿，而其矜慎不轻信的态度，实有可取。西洋近世哲学之趋于邃密，多由于怀疑论及实证论之作用。解析派哲学，实出于实证论。唯心论之根本观点是虚妄的，主观唯心论推至究竟必归于唯我论，绝对唯心论推至究竟必归于上帝创世论。然唯心论乃是哲学史上最发达之哲学，其理论最丰富，其系统最完美，故亦实非无卓然之贡献。唯心论之优长即有见于宇宙之赜，而不以简化为捷径，而其贡献尤在于认识人之力量，心之作用，能知理想之有力，而创立并宣扬伟大的理想以指导人类的前进。

兼综唯物论、实证论、理想主义之长而成一广大深微的系统，即是第三级的哲学。新唯物论，便是此第三级的哲学之发端。

……

四、中国哲学思想之趋向

今日中国的新哲学，必与过去中国哲学有相当的继承关系。我们所需要的新哲学，不只是从西洋的最新潮流发出的，更须是从中国本来的传统中生出的。本来的传统中，假如有好的倾向，则发展这好的倾向，乃是应当。

唯物论在西洋哲学中即不曾有充分的发展，在中国哲学中，乃更不盛；但也有其传统。最早的有唯物倾向的哲学家，当推惠施，他最注重物的研讨，不以主宰的天及玄秘的道来解说宇宙，而以大一小一来说明一切。其次唯物的倾向最显著的是荀子，荀子只承认一个自然的物质的天。而《易传》的思想也颇有唯物的倾向，故说乾阳物，坤阴物，乾坤只是二物，而其所谓太极，不过究竟原始的意思，也没有理的或心的意谓。宋以后哲学中，唯物论表现为唯气论，唯气论成立于张横渠，认为一切皆一气之变，太虚也是气，而理亦在气之内，心也是由内外之气而成。唯气论其实即是唯物论，西文唯物论原字，乃是唯质或唯料的意思，乃谓质料为基本，而气即是质料的意思，所以唯物论译作唯气论，亦无不可。张子的唯气论并无多大势力，继起的理气论与唯心论，都较唯气论为盛。到清代，唯气论的潮流乃一发而不可遏，王船山、颜习斋，先后不相谋的都讲唯气。王船山由唯气进而讲唯器，器即物的意思。颜习斋更讲知不能离物，都是彻底的唯物思想。习斋以后有戴东原，讲气化流行，理在事物的宇宙论，理欲合一的人生论，皆唯物思想。

唯物哲学在中国不甚盛，而对理思想则颇丰富。对理思想发于老子，老子以后是惠子、庄子，讲反复及对立统一，皆颇精滋，而《易传》所说乃尤邃密。宋以后哲学中，张子对理思想最富。张子最喜讲两与一，两即对立，一即统一，他以为凡两必有其一，凡一皆有其两。二程及朱子也甚注重对立统一。明清以来，唯王船山关于对立统一，颇有新见。

既讲唯物，又讲对理的哲学家。在古代是惠子及《易传》，在宋代是张子，在清代是王船山。附会地说，这也可以说是中国哲学中对理唯物论的传统。

唯物论虽不是中国的正统思想，但中国哲学有一些根本倾向，颇合于唯物义。在宇宙论，中国哲学之基本倾向是不将现象与实在分为二事，现象即实在，实在即现象。在现象背后之实在的观念，在中国哲学中是没有的。在知识论，中国哲学根本不认为存在依附于心（只有陆王一派是例外），更根本承认外界是可知的。中国哲学更多将知与行合为一。在人生论，中国哲学不喜出世的理想，而讲不离乎日常生活的宏大而平实的生活准则。中国哲学家所认为最高境界者，是在日常生活中表现至理。这些都是中国哲学之基本倾向，而是有合于唯物义的。

中国过去哲学，更有一根本倾向，即是自然论与理想论之合一。中国哲学家大部分讲自然论的宇宙观，而更讲宏大卓越的理想。西洋的自然主义与理想主义那种绝然对立的情形，在中国是没有的。由此，我们也可以说，综合唯物与理想，实正合于中国哲学之根本倾向。

解析似不为中国哲学所注重，中国哲学在此方面可以说颇缺乏。但正因中国哲学缺乏此方面，现在乃更应注重。然中国哲学中亦非全无解析，上古公孙龙即颇重解析，中世朱子亦有重解析的倾向，清代戴东原尤重解析，以为"必就事物剖析至微而后理得"。这种潜伏的注重解析之流，我们应扩充而发展之。

中国近三百年来的哲学思想之趋向，更有很多可注意的，即是，这三百年中有创造贡献的哲学家，都是倾向于唯物的。这三百年中最伟大卓越的思想家，是王船山、颜习斋、戴东原。在宇宙论都讲唯气或唯器；在知识论及方法论，都重经验及知识之物的基础；在人生论，都讲践形、有为。所谓践形，即充分发展人的形体，这种观念是注重动、生、人本的。我们可以说，这三百年来的哲学思想，实以唯物为主潮。

我觉得，现代中国治哲学者，应继续王、颜、戴未竟之绪而更加扩展。王、颜、戴的哲学，都不甚成熟，但他们所走的道路是很对的。新的中国哲学，应顺着这三百年来的趋向而前进。

五、唯物论之再扩大

现在所说的综合，是唯物、理想、解析的综合，也即是唯物论、理想主义、实证论之新的综合，而也可以说是中国哲学与西洋哲学之新的综合，实际上则更可以说是唯物论之新的扩大。

我们为什么以唯物论为综合的基本呢？乃因为唯物论是最有征验，最合科学，且最符协于生活实践的哲学。唯心论把宇宙说成神妙的，唯物论的宇宙则不免平常，但为了真实，我们却宁信这平常的宇宙。而且，知识论中亦以唯物论最近于真。实在说，知识论的许多问题、非取唯物的见地不能解决。近二十年来，新实在论者对于知识的解析不可谓不精，然而知识论的重要问题依然未得解决，这乃是由于新实在论的根本观点本有所不足。而人生论更非取唯物的见地不能有实际的意义。旧唯物论实在不免粗疏而偏狭，旧唯物论的宇宙论止于机械论，其知识论止于感觉论，其人生论止于唯欲论，都是很不足的。旧唯物论之唯物观念本不是健全的，而又未能将唯物的见地充分推衍于各方面，在知识论与人生论，实不算是彻底的唯物。新唯物论才可以说是完全的彻底的唯物论。新唯物论的宇宙论是对理的，注重历程与等级。新唯物论的知识论之基本观点是实践，注重知识之实践的基础，及外界为知识之源泉，更进而阐明知识之社会性历史性，由以解决感觉经验与概念知识之对立，以及真知之相对与绝对。（路易士 C.I. Lewis 讲经验与先验之统一，近甚为人所推重，然其精义，亦未出新唯物论所说。）新唯物论的人生论之根本见地在认识人之社会性，又注重人与环境、自由与规律之对理，而最注重者是变革世界的实际道路。

在今日，我们实应顺着新唯物论的创造者们之趋向，而更有所扩充。

这所说的将唯物、理想、解析，综合于一的哲学，究竟可有如何的内容呢？现在当大略说一说：

第一，方法论　注重三事：

（一）知行之合一　此是基本观点。

（二）解析法　厘清意谓，剖析事情。

（三）对理法。

（1）辨察统一中之对立，即视事物为发展历程，而探索此历程之内的动力即其内在矛盾，并考察其矛盾发展之诸阶段。

（2）辨察对立之统一，即研讨对立之交参互涵相倚不离的关系。

第二，知识论　注重五事：

（一）知之物的基础　知不能离物，而受物之决定。非存在即受知，而是知觉基于存在。

（二）知与行之两一　行是知之基，亦是知之成。知原于行而成于行（两一即对立统一）。

（三）知之群性　知不离群，知乃是群知。个人知识中一部分由感官经验而来，一部分由社会传授。个人之知识以社会的知识为基础。

（四）感与思之两一　由感而有思、思原于感而又能越出感之限制。感所以认识外界现象，思所以认识外界条理，范畴概念起于思。虽常不尽合于物，而皆有其物的基础。

（五）真知之变与常　一般所谓真知是有待的，常在迁易之中，然实趋向于无待真知；在真知之变中，实有其不变之趋向，即其常。物虽非一时所能尽知，而究系可知的。

第三，宇宙论　注重三事：

（一）历程与事物　宇宙为一大历程，为一生生日新之大流，此大历程，亦可用中国古名词，谓之曰"易"。在此历程中，一切皆流转，皆迁变，然变有骤渐。暂现而即逝，逝逝无已者为事。较事常住者为物，凡物皆一发展生灭之历程（此所谓事，即怀悌黑 A.N. Whitehead 所谓事之意义，此所谓物，则非怀悌黑所谓物相）。

（二）理或物则　较物更常住者为理。一物之性即一物之理。理即在事物之中，非先于物，非离物而自存，离事物则无所谓理。理有二：一根本的理，或普遍的理，即在一切事物之理，此理无始无终，与宇宙同久，但亦非先于事物而有。二非根本的理，即特殊事物之理，则有此特殊事物乃有此理，无此特殊事物即无此理。如未有生物则无生物之理，未有人类则无人伦之理。此理有始终，有起断。

宇宙最根本之理即存在、变易，其次是两一，即对理。

（三）一本多级　宇宙中事物可以说是一本多级的。统而言之皆物，析而言之有物有生有心。物为一本，生、心为二级。生、心皆物发展之结果，以物为基本。物之要素为微物，即阴子、阳子、质子、中子等，乃能自动的不固定的自在体。

第四，人生论　新唯物主义不注重人生论，现在却当充分注重之。在人生论，注重五事：

（一）天与人之两一

（1）天人关系　由天而有人，人是天之所生。人受天之制约，而人亦能改变天。

（2）善生与克物　人生论之最有实际重要之问题应是改善生活之程序的问题，即改善人生须先改造人生之何方面。人生中，改造物质的能力之状态，实决定其他方面；即生产力生产技术之发展，决定生活之其他方面。改善人生，必改善生产力、生产技术。物的改造，决定生之状态；改善生活，在于克服物质。

（3）动的天人合一　天人有矛盾，克服此种矛盾，乃得天人之谐和，由戡天而乐天。动的天人合一是人类生活之最高境界。

（二）群与己之两一

（1）群己一体　群己不离，人的生活乃是群的生活，改善人生，须改造社会。

（2）与群为一　个人修养之最高境界，是与群为一。扩大其我，以群为我。

由上，我们更可以说：克服自然（克物戡天）变革社会，改善人生，是一事。或，改进生产力，变革社会制度，人生之圆满，是一事。

（三）生与理之两一　由物而有生，当以生克物；由生而有理，须以理律生。而理亦不可离生，理只是求生之谐和圆满不得不循之规准。生包含矛盾，克服生之矛盾，以得生之谐和，即达于理（此所谓理，指当然的准则）。

（四）义与命之两一　自然与当然，现实与理想，规律与自由，有其对立统一。认识现实，顺其矛盾发展之趋势而改造之，乃能有理想之实现。辨察必然规律，遵循而驾御之，乃能获得自由。知命而革易之，乃能成义（命是自然的限制，义是当然的理想）。

（五）战斗与谐和之两一　生活即是奋斗的历程，生活常遇逆阻，即反生，克服此逆阻或反生，乃得到生之提高。以此，反生正是使生提高之条件，不要惧避逆阻，而须迎逆阻而与之战斗，以克服之，借以提高生活，以获得谐和。战斗是动，谐和是静，经过战斗乃可达到真实的谐和。

以上便是今所说新的综合哲学之大体纲领。这个综合的哲学，对于西洋哲学方面说，可以说是新唯物论之更进的引申，对于中国哲学方面说，可以说是王船山、颜习斋、戴东原的哲学之再度的发展，在性质上则是唯物论、理想主义、解析哲学之一种综合。这个综合，当然不能说是唯一可能的综合，然的确是一个真实可能的而且比较接近真理的综合。

原载《张岱年文集》第 1 卷，清华大学出版社，1989 年

哲学思维论（节选）

第五章　辩证法之运用

四、辩证法与解蔽

吾国古代宋子讲"别宥"，荀子讲"解蔽"。所谓宥或蔽者，即有所得遂以为不可以加，有所见遂以为此外无它。别宥解蔽即不囿于所见而超越一己之偏畸，不蔽于一曲而自审所说之限际。此在哲学思维实为首要。然最精之别宥解蔽之术，实为辩证法。

辩证法以对立统一为基本准则，对于一切两相对立者，概不忽略其一方，而各予以适宜之位置。凡有所见，必勘察其对立见解，凡有所断，必考量其适用之限度，如此故能免于以偏赅全、以畸为齐。

凡立论须自审其适用之限际或范围。宇宙至大、事物至蕃，而可分别为许多不同的界域，每一界域有其特别的情况。是故每一原则，常有其一定之适用范围，在此范围内为真，过此范围之外则为妄。每一学说之适用范围，系于其所取之观点、所凭之资料、所建之设定。一切言说皆系相对的，必有其一定的观点。超乎相对之绝对，实不可说；超乎一切观点之观点，本不能有。凡立说应勘定其适用范围，而不可随意以偏概全。如不自知其限际，便是蔽于一曲而暗于大理。

哲学中之争执，多由此有所见，彼有所见，各执其所有为完全，而不能融会以相通。由于辩证法之运用，若干哲学上之争端，可以消弭。

辩证法可谓以统全的观点观物之法，亦即解除一偏的观点之曲蔽之法。辩证法指示一偏的观点之为一偏，并应如何以超越之。

统全的观点即兼综的观点。辩证的观点，兼容众多观点。而非辩证的观点，皆属一偏的观点。辩证的与非辩证的为相对，然此相对并非此一偏与彼一偏之相对，乃全与偏之相对。

哲学之许多问题之所以成为问题，即由于蔽于一曲而不能会通。此类问题之解决，有待于辩证法之充分运用。

过去哲学家善于运用辩证法者，有黑格尔。然黑格尔之辩证法，浑沦而不晰，幽晦而不明，而黑氏运用之，犹能建立兼容其以前之哲学成就之伟大系统。然究因其方法之有缺，终犹有所偏。

哲学中争端之解决，在于辩证法之善用。

第六章　体验，解析，会通

一、逻辑、科学方法与哲学方法

逻辑是一切学术之基本方法；而专用于实证科学之方法谓之科学方法；专用于哲学之方法，谓之哲学方法。

普通所谓科学方法，专指归纳法而言。新唯物论者所谓科学方法，则专指唯物辩证法。以其应用范围言之，归纳法较适用于自然科学，而辩证法较适用于社会科学。但归纳法对于社会科学，实亦为必需；而自然现象之解释，亦有需用辩证法之处。此二方法，各有其所长而未可偏废。

在科学研究中，应用形式逻辑之处亦多。而算学，就其本性言之，实为一种方法学，为科学研究不可缺之利器。然而普通皆不将算学列入科学方法中，则以其既有较一般所谓科学方法更长之历史，又有较一般所谓科学方法更巨大之体积。然如实言之，算学实为科学方法之最发达之一支。

归纳法虽为科学方法，然在哲学中，亦未始不用简单的归纳。辩证法则本萌芽成长于哲学园地中。辩证法在哲学上之用途，并不逊于其在社会科学中之用途。

哲学家中，亦有主张哲学有在逻辑范围之外之方法者。其方法即神秘方法，或直觉方法。人类之有直觉，人类之有神秘经验，皆系事实。其在新观点之启发、新见解之提示，亦有其贡献。然就普通人之直觉而论，至多只是方法中之一段而已，不足成为一独立的方法。普通思维之中常有类似直觉之获得，常系思虑久久之后，于不知不觉之中，忽有所得。然此仍是积思之功，并非不思之功。至于神秘家之直觉，则不务观察，废弃思虑，而惟期冥会。实不过养成一种内心幻景而竟执为唯一真实而已。神秘家之直觉，乃在思虑之外；既在思虑之外，自不成其为思维方法。

重视神秘方法者，以为哲学方法与科学方法有根本不同。然所谓神秘方法，实非思维方法。哲学方法，就其为思维方法而言，实与科学方法并无根本不同。

然而哲学之范围与科学不尽同，哲学所注意之方面，与科学不同，故哲学专门方法与科学专门方法，有其相对的不同。

二、哲学思维之特点

哲学之性质，与科学不同，故哲学思维方法之方法亦有其特点。哲学方法之特点，最重要者，可谓有三：

（一）哲学思维是反省的。此又可析为二点：

（1）经验之反省。哲学之研究，以经验之反省为主，即就已有之一般经验作反省的考察。科学之研究，以发现新事实、获得新经验为要诀。哲学则不能创获新经验，而惟对已有之经验加以厘清剖析。

（2）自反。哲学是自反的，即是自己批评的。哲学思维不作无证明之假设，对于一切假设莫不加以诘问。科学可由若干设定出发，而对于此等设定之正谬，则置诸不问，存而不论，即以为在该门科学之范围以外。哲学则不可有置而不问、存而不论之设定。此亦由于哲学之范围是无外的，故不能有接受于外之设定。

（二）哲学思维是解析的。此亦可分为二点：

（1）经验之解析。所谓对一般经验作反省的考察，其实际即是对于一般经验加以解析，剖明其要素以及要素间之关系，使之粲然有伦，厘然不紊，化浑沌为条理，以显彰其固有之秩序。

（2）名言之解析。正名析辞，尤为哲学之要务。对于普通言语中之淆紊纷乱的名词，皆予以解析。科学中之名词亦多取于常识，而未详加厘辨。哲学应皆加以厘清。凡用一名，必有清晰之界说；凡立一辞，必有确切之诠释。俾令异物必异名，异事必异辞。而不得有无明晰界说之名，不得有无确切意谓之辞。

（三）哲学思维是会通的。此亦分为二点：

（1）统赅。哲学为统赅的研究，与科学之为分门别类的研究者有别。宇宙哲学固以广大无际之宇宙为对象，而人生论亦以人生之全部为题材。知识论统论一切知识，方法论泛说所有方法。哲学之中，虽亦有区分，要不失其为统赅的研究。而哲学对于经验与事物之探讨，以观其会通、得其全象为宗旨。

（2）综合。哲学为经验之反省。科学每有新发现，既已发现，即归入哲学范围之内，哲学便得而厘析之审勘之、得而采纳之。哲学采纳一切科学之研究结果，在此方面，哲学可谓一切科学之综合。而且各科学皆系专门研究，然宇宙本为一体，经验原属浑然。如人惟有种种之专门知识，而各门之间相互格格不入，则仍难谓于全宇宙有真切之理解。科学分工而各不相顾，势须有融会之者，是即哲学之能事。然所谓综合，并非聚集，而在于贯通。如仅是科学结论之聚集，则不过百科全书而已。哲学为科学成果之综合，却不应止于科学之综合。高瞻远瞩，则亦未始不可对于科学有所提示。如仅追随科学，为一时科学之结集，则必随一时科学之过时而过时。

哲学方法有此三特点，故哲学于运用逻辑之际，可谓三特殊方法：一为体验，二为解析，三为会通。

三、体　验

在哲学之特有方法中，居首要位置者，为体验。体验一词，由来已久。其原谊为设身处地以考察之之谓。今用体验一词，指谓与原谊不尽相同。兹所谓体验，谓以身验之，或验之于身。体即身体，验即察验。就身体之所经历而考察之，谓之体验。就身体之所经历以考察之，即就身体实际活动以考察之。

人类生活中之最重要者，即其生活实践之本身。实践即是实际活动。理论出于实践，而复归于实践。何以有理论？即由于实践的需要。何以厘别理论之正谬真妄？则舍实践的考验并无他途。凡理论，如与实践的结果相应，则为正为真；如与实践的结果不相应，则为谬为妄。而求知之道，在于理论与实践之相协。由实践得来之知识，方能与实践相应。由远离实践之空虚思维得来之知识，必不能与实践相应。

人之建立哲学，亦即因其生活实践需要哲学。哲学对于生活实践，须尽两种功能：一须能解释人之生活实践，二须能指导人之生活实践。

人类之生活实践之中，有一部分为必需的活动，即不可免的活动。如饮水以解渴，食物以充饥，着衣以御寒，与他人来往等，可谓之基本实践。哲学应能解释之。

人之所以为人者，在于能自己改善其行为。人之生活情况之本来，实非尽善，而需要改造，哲学应能规定衡量生活改造生活之基本准则。

人类之实际存在，即其生活实践。人纵不能直接达到自身以外之实在，然人之自身，即是实在总体之一部。而且在实践中，人更直接与外物交涉，与外物相薄。故由实践之考察，可以从而了解实在之究竟。而远离实践之哲学理论，亦必远离实在。

体验即知行一致的工夫，为随知随行知行相顾之方法。哲学本是知行一致的，故哲学以体验为首要方法。

四、解　析

解析亦曰分析。解析有二：一名言的解析，二经验的解析。

（一）名言的解析。名言的解析又可析为四项：

（1）名之意谓之解析。即名之意谓之厘清。此有二方面：（子）名词歧谊之辨别。名词每有歧谊,名虽为一而所指之实则非止于一。古今言语之中,同名异实之情形屡见不鲜,须一一厘别,不使相混。然后摈除不适当之意谓,而确定一个唯一的适当意谓。一名止于一实,异实务须异名。如此即制定尽可能简纯清晰之概念与观念。(丑)名词意谓中要素之厘明,每一名既已有一确定意谓,然一意谓可包含若干要素,亦即若干方面。此诸方面之总和为此意谓之全部。意谓之要素与歧谊不同。歧谊谓一名所指之异实。意谓要素则谓专指一实之名之清晰界说中之不同方面。凡此亦应一一辨别并确定其关系。

(2)命题之解析。即命题意谓之厘清。此亦分两方面:(子)命题歧谊之辨别。因命题所包含之名词有歧谊,于是一般言语中之命题亦有歧谊,即一命题可指不同之事实。此亦应一一分别之,然后摈除其不相干的意谓,而阐明其适当的唯一的意谓。(丑)命题之剖分。即阐发一命题所包含之较简单的命题。除最简单的命题之外,其余较复杂之命题,皆是简单命题之集合命题。阐明一命题之确切意谓,须显示其所包含之若干简单命题,此种解析是逐步的。由复杂命题达到较简单的命题,更对此较简单的命题加以分解,而达到更简单的命题。

(3)问题之解析。即问题意谓之厘清。此亦分二层:(子)问题歧谊之辨别。凡一问题,皆有一与之有关之命题。如原来未有此命题,则不必发生此问题。故该命题可谓该问题之前提。因命题有歧谊,于是问题亦可以有歧谊。在争论之中,表示问题之文句虽一致,而双方心目中之问题实为二事,此类情形,亦屡见而非罕觏。问题歧谊之辨别,亦即辨明论点,确定争端之核心与范围。(丑)问题之剖分,即化大问题为小问题,化复杂问题为简单问题。一问题常包含几个较小之问题,而其解决有待于此等较小问题之解决。分解问题,先攻其易,后图其难,先察其细,后求其巨,实为解决问题必需之途径。

(4)论证之解析。即论证层序之辨别。凡有所论,根据与结论之推移的关系,当灿然明晰。如破他人之论,当勘察其根据;而立自己之论,必阐明其前提。此亦是逐步的。寻察一见解之根据,更须追问其根据之根据。一步一步,而追寻之,由粗而致精,由浅而入微。如系关于经验事实之理论,则须辨察其最后所凭之诸简单经验命题而厘定其推论之层次。如系与经验事实不相干之议论，则须勘明其究竟所本之原始设定，而甄别其演绎之程序。

（二）经验之解析。亦即所经验的现象之解析。可分为三层：（1）经验所含之要素之辨别，即一一辨识其所含之诸要素或成分。（2）诸要素间关系之察识。一现象所含之诸要素或诸成分之间之关系，实为经验之一项主要内容。（3）辨识一现象与其他现象之异同，由比勘而甄明一现象之特点。

自 20 世纪初期以来，解析法在哲学中可谓昌明已极，鼓吹并运用解析法之哲学家甚众。然关于解析之确切指谓，则彼此异论，尚未定于一是。以上所说，虽亦博采众家之说，然其实仅能谓之个人之意见。要之解析之精旨，亦已大略备具于此。

五、会　通

会通与解析相对待。解析为于同见异，剖一为多。会通则系于异观同，合众为一。会通之方法亦可分为二：

（一）兼综或融会。即一般的综合法。又可别为三：

（1）方面之兼综。即一现象之诸方面或宇宙全体之诸方面之综合，显示诸方面之为全体之诸方面，厘定其相互关系而贯通之，以见全体之广大。

（2）观点之兼综。观点即观察者所居之位。观察者不能无所居，而随观察者所居之位之不同，其观察所得亦不同。事物莫非多方面，于是对于一事物可有众多之观点。而全宇宙统含万物，观察万物之伦序，可更有众多之观点。不同之观点，虽有区别，然亦相互补足。不同之观点，各有所见，亦各有所不见。譬如耳目口鼻，各有所明，而不能相通。观点之兼综即融会贯通诸观点之所见而各予以适当之位置。

（3）学说系统之兼综。因观点之不同，于是有不同之学说，有不同之系统。不同之学说系统，各有所长，亦各有所短，各发见一方面之真理，而如以偏赅全，则发生谬论。故虽相诽，而彼此更迭代兴，莫能相灭。兼综之术，在于裁长补短，兼取异说之真理而摒弃其妄见。

凡系统常含有若干"支系统"。其所有之"支系统"中，有若干为真，有若干为妄。厘别一系统为若干支系统，分别其真妄。然后将众多系统中之近真的支系统融合为一大系统，便可得一较圆满之系统。

（二）通观或"以道观之"。通观或"以道观之"，为哲学之最特色的方法。又分为二方面：

（1）永恒观。即在永恒的观点下观物。

（2）广大观。即在统全的观点下观物。

在永恒的观点下观物，即视物为大宙之无穷的变化大流之一瞬而观之。在统全的观点下观物，即视物为大宇之无穷的扩展之一端而观之。物有始终，其始之前更有无穷物，其终之后更有无穷物。物有限界，环于其限界之外者复有无穷物。凡事物皆无穷中之有穷。然一事一物与无穷之事物有其关联，凡事物莫不有无穷之关联。凡居于一物之先者为一物之原；凡居于一物之后者，以是物为之原。凡居一物之周际者为物之比邻而相互作用。为一物之原者无穷，以此物为原者无穷，与物相互作用者无穷。物有无穷之关联，就中有切疏近远之别。其疏而远者无穷，其切而近者则亦有穷。故物虽有无尽之关联，而仍不失其为个体。作永恒观，作广大观，然后见一物非仅一物而已，一物实映照全宇宙，且此物行将逝去，然将永久映照于将来之物中。

通观法亦可曰缩观法。以永恒的观点观物，即缩百年为一瞬而观之。以统全的观点观物，即缩大地为一粟而观之。观一瞬而知其为永恒中之一瞬，观一粟而见其为辽阔无际之大海中之一粟，然后能不蔽于一曲而见众异之会通。

六、哲学之修养

哲学方法之运用，更以若干必需的精神修养为基础。有此种精神修养，然后从事哲学之研究，方可有所得。如无此种修养，则虽博览强记，仅助其记诵；虽广说博辩，止成为戏论。此种修养，可谓方法运用之初基。

哲学工夫所必需之精神修养，可别为三项：

（一）存诚。即有求真之诚。哲学乃所以求真。既已得真，然后可由真以达善。如无求真之诚，纵聪明博辩，亦止于成为粉饰之学。求真之诚，表现于三事：

（1）崇征验。无征者不信，不作无据之妄说，不为成见强觅理由，不先立结论而后寻证据，不为系统之整齐而牺牲经验事实。

（2）不忽微。不因问题微细而忽之，不放过任何罅隙，不傲然不屑于俯就卑近的经验之所昭示。

（3）不讳所不知。"知之为知之，不知为不知。"不耻于有所不知而强饰之以自欺。

（二）善疑。先疑而后信，能疑常人之所不疑，破除习见之束缚，解脱传统之桎梏，而以怀疑之明烛，照临所研究之一切。

（三）能辟。能开新思路，能启新观点，能立新范畴，亦即能思及前人所未尝思及，而逾越陈思旧套之范围。

此三点是一贯的。惟存诚然后能疑，惟恐其所执之为妄，故不得不先疑以慎之。惟善疑然后能辟，陈旧庸陋者廓清，然后更新之途径彰然焕炳。然而能疑前人之所执，而不能自疑其所喜，或以新奇炫耀而忘其求真之初志，则亦未足为得。要之，求真之诚，为哲学工夫之基础。

三十一年一月至三月起草，三十七年八月修改。三十七年八月十五日（日本宣布投降三周年）记。

原载《天人五论》，中华书局，2017年

知实论（节选）

第二章　能知与所知

一、感相之现与逝

今当更细察感相之间之关系。

当形色感相显之时，常有张目之活动感相现起。此张目之感相在感景中有特殊之位置。而形色居于此张目感相之位置之正前者，最为清晰；其非居于此位置之正前者，则不甚清晰。如此位置移动，则形色感相之清晰区域亦随而移动。与张目相反者，又有闭目之活动感相。有张目之感，则常有形色显现；有闭目之感，则形色消逝。有张目闭目之活动感相之处所，即所谓目者，可谓形色现逝之枢纽。

当有扬举之感相时，则有一手形之形色，亦随而显现于前，如见此手形左右动，则同时亦觉到左右动之活动感相。此手形有五指，而五指皆可屈伸。如见五指之屈伸，则亦有屈伸之活动感相。此手形可就其他形色而与之相接。如见此手形与其他形色相接，则有坚柔之感相现起。在所有形色之中，与其他形色相接而引起坚柔感相者，尚有臂、胸、足、股等形。然亦有未尝睹形色而仅有坚柔之感相之时。凡有坚柔感相，莫不有活动感相。有活动感相之处所，可谓坚柔感相现逝之枢纽。

今复使两个手形感相上下动，而令有最近距离之坚柔感相现起，则上动而可得有相当距离之两个耳孔之感相。平时音声感相，常常联续现起，而少有全然断绝之时。然如以两手形将所感之耳孔塞堵，则音声由巨而微，由微转寂。如仍将手形下移，则音声复转为巨而繁。手所抚摩有相当距离之两个耳孔感相，可谓音声现逝之枢纽。

气味感相，有时而有有时而无。今使手形上举而得最近之坚柔之感，则复可得相距甚近之两鼻孔。当有气味感相之时，以手形塞此两鼻孔，则气味便由浓而淡，由淡转无。如手形下移而气味复显。此相近之两鼻孔，可谓气味现逝之枢纽。

形色、坚柔、音声、气味，诸类感相之现起与消逝皆有其枢纽。

二、心与感官

形色坚柔音声气味等感相之现逝之枢纽，谓之感官。

形色与坚柔之现逝，有待于特殊的活动感相。然活动感相之现逝，又有待于注意之感。注意之感现起时，有时有活动之感现起，有时无活动之感现起，然而如无注意之感，则必无活动之感。是故注意之感，可谓其他感相之现逝之总枢纽。

注意之感，在感景之中央，而为中央感相。属于中央感相者尚有好恶之感、饥渴之感等。中央感相之总和，谓之内心。此所谓内心，实即感相世界之中央。

一切感官之总和，谓之身。而身亦即活动感相圈。凡有活动感相之处所，即身之一部分，而一切有活动感相之处所之总和，即是全身。而全身莫非感官。身之一特殊处所为形色感官，亦谓之目；又一特殊处所为音声感官，亦谓之耳；又一特殊处所为气味感官，亦谓之鼻。而此等处所，同时亦为坚柔感官。而仅为坚柔感官不兼为其他感官之处更多。

形色感相实分二部。一部为与活动感相不同在之形色感相，一部为与活动感相同在之形色感相。亦可云：一部为与痛痒感相不同在之形色，一部为与痛痒感相同在之形色。凡与活动感相或痛痒感相同在之形色，谓之身之形色。

音声感相亦分二部：一部为与活动感相不同在之音声，一部为与活动感相同在之音声。凡与活动感相同在之音声，谓之身之音声。

三、感　境

周边感相之总和谓之感境。

一切形色、音声、气味诸感相，皆属感境。

身之形色与非身之形色，就其为形色而言并无殊别，身之音声与非身之音声，就其为音声而言，亦无殊别。

感境中之感相，有清晰与漠忽之不同。所谓清晰者，即其与其他感相之异同关系彰然显明。所谓漠忽者，即其与其他感相之异同关系不甚明显。

四、感相之外在所待

今就感境中之形色、音声、气味诸感相而细审之，以试察其与心及感官之关系。

今当前有种种形色、有种种音声、有种种气味。然此诸感相之显现，并不随心所好，即不随好恶之感之变更而变更。如有一红色方形之感相，现起于前，此心无论如何不欲见红色方形而欲见绿色圆形，而当前所现者，依然为红色方形而非绿色圆形。内心之所好，常欲见所谓美色，然无论如何欲见美色，如不做一组特定的活动，则不能见之。内心之所好，常欲闻乐音，然不能随其所好而即得之。内心之所好，常欲嗅香美之味，亦不能随其所好而即得之。欲得其所好，必须手足有若干特定的活动，而此特定的活动，常甚艰难而不便。

是故感相之现起，不随内心好恶之变更而变更。故感相之现起，虽有待于内心之注意，而与内心之好恶不相关。

今张目则形色现起，闭目则形色消逝，张目为形色现起之所待或条件。然详审之，其状况殊非简单。

（1）大多时间张目则形色现起，然亦有时虽张目而当前唯有一片黑暗而不见形色。由此足证张目为形色现起之必要条件，而非其充足条件。

（2）就特殊之形色感相言之，仅张目不必即现。如一红色方形之感相，非随时张目即可见之。张目常见形色，然所见形色非某一形某一色。有时张目而见一方形红色之感相，而有时则见一圆形绿色之感相，当红色方形之感相现出之时，虽尝试不睹此红色方形，而睹绿色圆形，而所见者仍是红色方形。故张目有时而见如此之形色，有时而见如彼之形色，其张目同，其所见之形色则不同。仅张目不能规定所见之形色为何形何色。

（3）亦有虽不感黑暗而亦漠然不见形色之时，如身处于所谓旷野之中，张目四望，唯漠然之一片，而无任何特殊形色。此时虽用力张目尝试寻觅一特殊形色而不可得。

是故张目乃形色之现起之所待之一部而非其所待之全体。形色之显现，于张目外，尚有待于其他。形色显现之所待，在心与感官之外者，谓之外在所待，亦可谓之外在根据。

此外在所待，实为形色现起之必要条件。张目而有形色显现，即此外在所待存在；张目而无形色显现，即此外在所待未存在。所谓存在，乃有二层指谓：

（1）感相之存在，即显现于当前。

（2）感相之外在所待之存在，即待之而起之感相之显现。

形色如此，音声亦然。注意侧耳而听，则闻声；塞耳则不闻声。然有时无论如何注意侧耳而听，亦不闻声。且注意侧耳而听，所闻之声，时如此，时如彼，其听同，其所闻不同。是故听为音声显现之必要条件，而音声之显现，于耳听之外，尚有其外在所待。

气味亦复如斯，蔽障气味感官，则不觉有气味，然而有时用力运用其气味感官，亦不觉有气味。且感到气味之时，所觉以时而异。是故气味亦有其外在所待。

今有张目之感时，而形色或现或不现，对此只能有二解说：（一）张目而形色或现或不现，其现即忽然而现，其不现即忽然不现，并非有所谓所待。然而此即不加解释，实并非一解释。且形色之现起，有待于张目，故形色之显现，实有其所谓所待，非无其所谓所待。（二）张目而形色或现或不现，即是证明：张目为形色现起之所待，而非其唯一所待，而其另一方面之所待，为外在所待。此实为唯一有理的解释。

对此解释，可有一疑难。今由形色现起有待于张目而谓形色之显现有其所待。然张目亦属感相。此系证明感相之显现有待于另一感相，而不能据此竟谓感相有待于非感相者之存在。即不能由感相推断在感相之外者。

然而张目而形色或现或不现，其所证明者，即形色之显现，虽有待于张目，而不仅有待于张目。此所证明者，不唯是一感相之显现，有待它感相之显现，而乃是感相之显现不仅有待于它感相之显现。不仅有待于它感相之显现，即有待于在感相之外者。

五、外在所待之延续

凡感相，如不显现，即不存在。

如有感相显现，即是感相之外在所待存在。今如见红色方形而不见绿色圆形，即红色方形之外在所待存在，而绿色圆形之外在所待不存在。

如张目见红色方形，闭目则不见，复张目又见之，复闭目又不见，更张目又复见之。目屡张屡闭，而形色忽显忽隐。其外在所待，亦随而忽存忽不存否？此为一重要问题。

张目为形色显现之所待，而非其外在所待之所待。如不张目，感相不存，而其外在所待不必不存。

如张目而不见形色，是形色之外在所待不存。如闭目而不见形色，则形色之不现，由于感官之闭塞，而非由于外在所待之不存。既非由于其外在所待之不存，则其外在所待非不存。其外在所待非不存，即其外在所待继续存在。

所谓感相消逝由于感官之闭塞者，即感官如开启便复见闻与原来感相大致相同之感相。感官随时开启，而随时见闻与原来感相大致相同者，便是感相之外在所待未尝不存在，即有其延续的存在。

外在所待之延续，即随时可感。

六、自我与外在事物

今就身之形色而审察之。大多时间，张目则可见身之形色，然亦有时张目唯有黑暗之一片，身之形色亦不显现。是故身之形色，亦非仅待张目而亦有其外在所待，即感相以外之所待。

试更审察身之坚柔，伸手而就近抚摩，即可得身之坚柔之感相。然必就一定之处所而抚摩之，方可得身之坚柔之感相。如稍稍离开此所摩之处所而试加抚摩，则不得身之坚柔之感相。是故身之坚柔，亦非仅有待手之抚摩而有外在所待。

此身之形色坚柔，有其外在所待，即此身非仅感相之聚合，而其中含有非感相者。

更就活动感相而审察之。活动感相之现起，在大多时间，为从心所好。然如手有受勒之感时，虽欲扬手而不能；如足有受缚之感时，虽欲举足而不得。故活动感相之显现，亦非随心所好，即身之存在非待于心。

是故身不仅在感相世界中，更在外在所待之世界中。身的感相之外在所待，即其超感相的存在。

统心与身，谓之自我。于是此心可谓之我心，此身可谓之我身。

不论感相或其外在所待，不论身内与身外，凡随现随逝者谓之事。久现不断而有常，经久而后逝者谓之物。

凡感相皆事。

张目而形色显现，目屡闭屡开，不能常开而无闭。其一开一闭之间之所见，为一感相，及其又开，又一形色显现而大略如前，则后一形色与前一形色之外在所待，有其同一之点。当闭目之时，其先后所见之形色之外在所待不必不存，而或存或不存。如其不存，则先后外在所待为二事。如其存，则此先后感相之外在所待为一物。

心为众事之一种聚合。心所有之事虽有延续亦有间断，故心不为物。

属于此身之感相，先后相类而有间断，非延续无间。然就身之坚柔而论之，身之坚柔，虽有不现，而其不现，由于未加抚摩，如加抚摩，即可得其坚柔。身之坚柔，实随时而可触，即其外在所待，常继续存在而无间，是故身亦为一物。

七、能所关系

由上所论，形色、音声、气味、坚柔等感相之显现，所待有二：一为心与感官，二为外在所待。心与感官谓之能知。外在所待，谓之所知。而感相可谓之所感。

凡有所感，即有所知。所感者为感相，所知者为感相之外在所待，即外在事物。

至于想象，其显现不待于张目侧耳，而全然随心所好。故想象所有之飘忽感相，既不待感官亦不待外物，而纯为心之所现。

今谓形色等感相有其外在所待，即谓此等感相实与想象不同。

诸感官可互为能所。手可摩目，而目可见手。心与一感官为能知，而另一感官为所知。一感官之感其他感官，与其感外在事物，亦无不同。

心为能知之中央，当有感相显现之时，此心即灼然见此感相在前。心更能自知，当其自知，心中自有能所而注意自己之注意。后一注意辨察前一注意，既有所注意，复有一注意审辨前一注意。前一注意为所知，后一注意为能知。

心能自知，此心之所以为微妙。

原载《天人五论》，中华书局，2017 年

事理论（节选）

第五章　理与性

一、常

一切实有皆在变化之中，然而变中有常，常即变中之不变。变即是事与事先后相异，常即是其异中之同。事逝逝不已，而亦现现不已。今事非昔事，后事非前事。然而今事与昔事、后事与前事之间，亦有其共同之点，即在事事变化相续之流中有重复而屡现者，是谓常，亦曰恒，亦可谓之恒常。

中国古代哲人中，最重常者为老子。老子云："知常曰明。"老子关于常之名词颇多，有所谓习常，有所谓楷式。习即重复之谊，习常即屡现而不仅一现者。楷式即范式之谊。

二、理

常亦曰理。理字之古谊原指玉之条理，引申而为一切器物之形式之谊，引申而为变化所遵循之规律之谊，更引申而为变化之所以然之谊，此外复有当然之标准之谊。中国哲学中之理之观念，意谊颇繁，然而大要不出此四谊，即一形式，二规律，三所以，四当然。第四谊属于人生论方面，前三谊则属宇宙论方面。兹对于前三谊略加诠释。

（一）理为形式。理作形式解者，如《韩子·解老》篇云："理者成物之文也。"又云："凡理者方圆短长粗靡坚脆之分也。"又云："短长大小方圆坚脆轻重白黑之谓理。"方圆长短等即今所谓形式，文亦即形式之谓。

（二）理为规律。理作规律解者，如戴东原云："分之各有其不易之则，名曰理。"理即变化中不变之规律。规律一词原于孟子。孟子云："离娄之明，公输子之巧，不以规矩，不能成方圆。师旷之聪，不以六律，不能正五音。"规律即规矩六律。事物变化纷然杂出，然有其不能逾越之范围，是即规律，此是理之主要意谊。

（三）理为所以。理作所以然解者，如王辅嗣云："物无妄然，必由其理。"又朱晦庵云："穷理者欲知事物之所以然与其所当然者而已。"

理虽有此三谊，然此三谊实一以贯之。要而言之，理实即常之别名。形式、规律、所以，实皆恒常。何谓形式？目之所见谓之"形"；诸形之相互异同之"相"谓之"式"。凡形皆屡见而非仅一见，凡式皆普遍于多形而不仅具于一形。故形式为恒常。何谓规律？规律即变化不能逾越之限制。既不能逾越，即是变化中之不变者。故规律为恒常。何谓所以？事有其所以然，其所以然实即此事所归属之规律。设"子"事为"甲"律之一例证，而"甲"律为"子"事之所归属。自一般言语说之，即谓"甲"律为"子"事之所以然。一事所归属之规律即其所显示之规律，即其所不能逾越之规律。此律为多事之所归属而不能逾越者，即为此多事之恒常，故所以亦为恒常。

三、形　式

兹更对于形式加以解析。张子云："日月之形，万古不变。"王船山释之云："形者言其规模仪象也，非谓质也。质日代而形如一。"此所谓形即今所谓形式之谊。形式即规模仪象。夫形式有二：一外表形式，即显然易见之形式；二内在形式，即一物内部诸要素间固定的相互关系。内在形式即内在结构。内在形式可由解剖或透视而见之。

四、共　相

所谓形式者，常不仅具于一物，而为多物之所共。如方圆长短坚脆等，皆非仅一物之所有。宇宙非唯一方物，非唯一圆物，非唯一长物，非唯一短物，非唯一坚物，非唯一脆物。方为众多方物之所共有，圆为众多圆物之所共有。长短坚脆等亦皆然。方圆长短坚脆等自其为多物之同具言之，谓之共相。

凡共相皆为一类物之所共。凡有同一共相之物，自共有同一共相言之，可谓为一类，而共相即为此类物所共有之相。

共相有等级之异。譬如生为一共相，世之生物甚多，共为一大类，而以生为其共相。然生物与生物可有不同，如此之生异于如彼之生。故此一大类之中又可分为若干属类，虽皆为生物，而彼此不同。每一属类各有其特殊的生，此特殊的生亦为其所统属之生物之所共，而为第二级之共相，但对于第一级之共相即一般的生而言，则可谓之别相。

荀子云："万物虽众，有时而欲遍举之，故谓之物。物也者，大共名也，推而共之，共则有共，至于无共然后止。有时而欲偏举之，故谓之鸟兽。鸟兽也者，大别名也，推而别之，别则有别，至于无别然后止。"荀子所论为共名与别名，共名与别名实以共相与别相为根据。物之共相，推而上之，共复有共，至于无复共然后止；物之别相，推而下之，别复有别，至于无复别然后止。

惠子云："大同而与小同异，此之谓小同异。万物毕同毕异，此之谓大同异。"一物所有之"相"有与他物同者，即与他物共有之共相。其与多物同者，其共相所统之范围大；其与少物同者，其共相所统之范围小。大同即多物相同，小同即少物相同。一物所有与一切物俱同之相，可谓之绝对共相。一物所独具，与任何他物皆不同之相，可谓之绝对别相。万物毕同之相为绝对共相。万物毕异之相为绝对别相。

五、性

共相，自其为多物之所共有而言之，谓之共相；自其为一物之所有言之，则谓之性。一物之性即一物所具有之恒常。凡物皆为历程，自始至终皆在变化之中。而其变化之中有不变之恒常，即此物之性。

一物之性即一物之理。事事相续而有一贯固定之恒常，则成一物，不然不成其为物，故物皆有性。郑康成云："理犹性也。"程伊川云："性即理也。"就物之性与物之理言之，以性为理，要有所见矣。

然性与理亦有其区别。约而言之，理之范围大而性之范围较小。凡性皆理，而有不成为性之理。如物与物之相涉亦有其理，而具有此理之历程，不成为物，其理亦不为性。

凡性不仅为一物之性，而泛在于多物。凡物亦不仅具有一性，而同时具有多性。一物具有多性，可谓之多性之同在。如一方物，必不仅为方而已，而有其颜色，有其长短，有其坚脆，有其轻重。凡物皆同时具有多性。

有必同在之性，如凡有色之物必有其度量。所谓二性必同在者，即自古及今未尝见此二性不同在之例，未尝有无度量而有色之物。色与度量永同在。

诸性亦有必不同在者，如方与圆。方圆二性不可同在于一物。所谓必不同在者，即自古及今未尝见此二性之同在。自人类有经验以来未尝见一既方且圆之物。方圆二性永不同在。方可容圆，圆可容方；然方非圆，圆非方。

六、自性与属性

凡物皆有其变中之常，而其所有之常可析为二类：一为通贯之常，二为一时之常。一物所有通贯之常，即与物同始同终之常，一物自始至终以此为常，此常为此物之全历程之前前后后相续诸事之所共同。

物于通贯之常而外，尚有暂而不久之常，是谓一时之常，即物之历程中之一段所有之常。凡物之全历程可分为若干段，段段皆具有此物所有通贯之常，而于通贯之常以外每段各有其特殊之常。

物之通贯之常谓之自性，即一物之所以为一物者。凡物皆有其自性，否则不成其为一物。如自性消失，即其物毁灭，自性亦曰本性。

物之一时之常谓之属性，即受自性所统属之性。物之属性依时而有不同，一时有一时之属性。属性亦可谓之次性。

七、简性与赜性

凡物之性，复可分为二类：一内不涵性之性，二内中涵性之性。性可涵性。设就一性而解析之，可析成若干其他之性，是谓内中涵性之性。一性所涵之性，可复为涵性之性。然有仅可为他性所涵而不涵有他性之性，是谓内不涵性之性。

内不涵性之性谓之简性。内中涵性之性谓之赜性。赜性又有层次之不同。

所谓内中涵性者，即众性能结为一性。内中涵性之性，即为多性结合而成之性。内不涵性之性即非多性结合而成之性。

简性之例，如广袤。

赜性之例，如生。生物所具之生性实为繁赜之性。又如人，人类所具有之人性，其内容尤难详析。

较简单之赜性如方。四角为方。方性之中涵四之性，涵角之性。

八、尽 性

中国古代哲学中有尽性之说。《易传》云："穷理尽性以至于命。"《中庸》云："惟天下至诚为能尽其性，能尽其性则能尽人之性，能尽人之性则能尽物之性。"汉公孙弘云："古之歌咏盛治者，必曰物极其性，人尽其寿。"尽性亦即极其性，即尽量发展其所有之本性。

既言尽性，则必承认有未尽性之状况。未尽性即有性而未尽。如有性即无不尽，即无有性而不尽之时，则亦无所谓尽性。如此，一物之有性，乃有两种状况：一有性而未尽，二有性而尽之。有性而未尽者，虽有此性，然而未能尽之，虽未尽之而仍可言有此性。凡可云尽或不尽之性，必为赜性，即内中涵性之性。赜性涵有若干性，亦即其中涵有若干要素。凡物如有此诸要素之一二，即可谓有此性；如其具有此诸要素之全部，则谓之尽此性。设有四物皆有甲性，而甲性涵子丑寅卯辰巳午未等要素。物一兼有子丑寅卯辰巳午未等要素，物二有子丑寅卯辰巳而无午未，物三有子丑寅卯而无辰巳午未，物四有子丑而无寅卯辰巳午未，则物一可谓尽甲性，其余皆为未尽性，而其未尽之程度又各不同。

凡赜性皆多性结聚，其中涵若干要素。如一物有赜性所涵之要素之一部分，即可谓有此赜性。然虽有之而犹未尽。如有全部要素，则谓之尽性。

凡言尽性皆谓尽其性。一物之尽性即尽其自性。一物之有自性，可有之而未尽，由未尽而渐趋于尽，以至于尽性之境界。如此，一物之自性为此物存在历程中之恒常，而此恒常却非一成而无改变的，乃有其扩充，乃有其发展，故此一贯之恒常，乃有发展之恒常。

如此，一物之自性在量度上乃有变易，由微而显、而盛、而颓、而消。仅有此性所涵要素之一二为微，有此性所涵之要素之大部为显，有此性所涵之要素之全部为盛。所有之要素复有减损为颓，减损之甚为衰。然亦有自始至终未能尽其自性之物。

一物之自性亦即一类物之异乎他类者。一物之尽性亦即充分扩大其与他类不同之点。如一物失其异于他类之点，谓之失性。一物之尽性即尽其所属之类之所以为此类者。

九、性之联系

物与物有其关系，性与性有其联系。

性之联系最主要者有三：

（一）性之联合，即多性之必然同在。有若干性不能独在，而必与他性同在。如有色之性必与有量之性同在，方性必与有角之性同在。

（二）性之联续，即性与性之相续相随。甲性显现，必有乙性随而显现，是谓之联续。其显现不同时，故异于同在。

（三）性之隔别，即同在之反，亦可谓之反同在。有若干性不能同时共现，即不能同在。所以谓之不能同在者，即自古及今无该二性同在之例。如坚与脆，如方与圆，然而相隔别之性，不必不相联续，而可以相续显现。

十、元性与大理

一切物皆有之性，即周遍于一切之性，谓之元性。一切事皆有之理，即无往而不显之理，谓之大理。元性与大理，即宇宙中周遍而永久之恒常，亦可谓之绝对恒常。

《韩子·解老》篇云："道者万物之所然也，万理之所稽也。"稽者合义。万理皆合于道。万物之所然，万理之所稽，即大理。

元性即程伊川所谓"穷本极源之性"。

十一、性之性与理之理

物之恒常为性，性亦有其恒常，即一切性共同之点，可谓性之性。性之性即所以为性者，即性所以异于物者。

性与性之间亦有其异同，而性可分为若干类。一类之性有其异于他类之性之点。此异于他类性之点，为此类性之共同者，即此类性之特性。

一切性之共同之点，即性所以异于物者，可谓性之通性。一类性异于他类性之点，可谓为性之类性。

事之恒常为理，而理亦有其恒常，即一切理共同之点，则可谓为理之理。理之理即理之所以为理者，即理所以异于事物者。

理与理之间亦有其异同。一类理有其共同而异于他类理之点。

一切理之所同，可谓理之通理。一类之所同而异于他类理之点，可谓理之类理。

而性与理亦有其异同，亦为性之性与理之理。

性与理皆万物之恒常。唯理之范围较性为广。前所云性之联系亦可谓理。有时性与性由其联系而结成为一性，即简性结为赜性。赜复有赜，而赜性乃有等级之不同，然亦有不成为一性的性之联系；未成性的性之联系，虽未为性，而可为理。

又关系与联系皆异于性，而亦皆可谓之为理。故理之范围较性之范围为广。

此章所论，即性之性与理之理。

然理之理更可有一意谊：凡事可谓皆理之特例，而范围较小之理可谓范围较大之理之特例。语其究竟，一切理可谓为一究竟之理之特例。此究竟之理，涵蕴其他一切众理，且涵蕴众理之间之关系。此究竟之理，亦可谓为理之理。

此所谓理之理，为众理之统会，为众理之宗极，实即前所谓大理。

第八章　事理之关联

一、理之界域

凡理莫不表现于事物，然理之表现有其界域。凡理不必表现于一切事物，而常仅表现于一些事物。表现甲理之事物不必表现乙理，同时表现甲乙之理之事物不必表现丙理。故多数之理常仅表现于有限之事物。

凡表现某一理之诸事物之统合，可谓某理所在之界域；而表现某理之诸物，自其统合言之，可称为某界。如表现生之理者，可称为生物界，或有生界；表现心之理者，可称为有心界，或意识界；而表现动物之理者，可称为动物界；表现植物之理者可称为植物界。

如白之理以一切白物为其界域，色之理以一切有色之物为其界域，变化之理以一切变化事实为其界域。有若干理，其界域与宇宙同大，即以全宇宙之一切事物为其界域，如变化之理即表现于一切。凡以宇宙为其界域之理，即所谓大理。

理之界域有交参之情形。如甲理之界域与乙理之界域有一部分相重叠，即一部分表现甲理之事物亦表现乙理，是谓理之界域之交参。

理之界域有包含之情形，如凡表现乙理者亦必表现甲理，而表现甲理者不必表现乙理，可谓甲理之界域包含乙理之界域。

理之界域之间更可有相外之关系，如表现丙理之事物皆不表现丁理，反之亦然，是则丙理之界域与丁理之界域相外。

二、理之实虚与类之有无

凡理之表现有其界域，一理之界域即一理之所在，理即在于此界域之中，而非在于此界域之外。凡理，如有事物表现之，即有表现之界域，则为实有；如未有事物表现之，即无表现之界域，则为非实有。理之为实有与否，在于其有表现界域与否。

凡实有之理，可谓为实理。凡非实有之理，可谓为虚理。然非实有之虚理，人亦可思之议之，如龟毛兔角，人可命名以名之、拟辞以谓之。然实无有毛之龟，无有角之兔。故龟毛兔角云者，实为无实之名。关于龟毛兔角之思议，可谓之为虚想。然人有虚想，却是事实，此亦可谓人心之特殊功能之一。

理之实虚，亦即类之有无。所谓类者即特殊事物之类。属于一类之诸事物为此类之特例。未有特例之类，即未有之类。人可思议未有之类。虽可思议，然无益于其为未有。如所谓空类者，不过一思想的虚构而已，而非实有之要素。

虚想之理与虚想之类，即不存在之理或类，仅存于人之思维之中，离开人之思维并无独立之存在。

三、泛　在

理之表现之界域，即其所在之界域。对于其界域之全部言之，可谓理在于其表现之界域；对于其界域中所含之诸事物言之，可谓理泛在于其界域中之诸事物。

所谓泛在者，表示其不仅在于一事一物，而乃在于多事多物。然其在于多事多物，亦有其范围，此其范围即其界域。

理之存在可谓超越于任何表现之的事物，然非超越于所有表现之的事物，即非超越于其表现界域。

凡理莫不在于其表现界域，故理之存在非超乎空时，而在空时之中。其与个别事物相异之点在于不仅在某一特殊的空时位置。

唯理论者认为事物之有为存在，理之有为潜在，潜在即超越空时之实在。此实有蔽之论。在事实上，吾人仅可云理超越某一特殊的空时位置，而不可言理超越整个空间时间。整个空间时间之域，即整个实有之域，是不可超越的。

四、理之层次

诸理，由其界域不同而有层次之分。理之层次有二：一全分之层次，二简赜之层次。

全分之层次基于诸理之界域之间的包含关系。有以全宇宙为界域之理，有以大部事物为界域之理，有以小部事物为界域之理。以全宇宙为界域者为普遍之理，以大部事物为界域者为亚普遍之理，以小部事物为界域者为特殊之理。以其普遍与特殊，而理可分为甚多层次。

简赜之层次基于理之简赜关系。理有简赜之不同，简理即不以它理为要素之理，赜理即以它理为要素之理。简则惟简，赜复有赜。一赜理较之更赜者亦可称为较简之理。简理之表现无待于它理之表现，即可独自表现；赜理之表现则以它理之表现为基础，即待它理之表现而后表现，而不能单独表现。由简而赜，是谓简赜之层次。

五、理与无名之朴

今试以思维剥除一切事物所有之理，将一切之理剥除净尽后，实有仍然有所余。因实有非仅理而已，尚有表现理而非理者，此表现理而非理者，如剥除其所表现之一切之理，所余者，古代道家命之曰"无名之朴"。谓之朴者言其与理结合即成为万物，而为万物之本始材朴；谓之无名者，以其未有一切理，故无以名之。

既剥除一切之理，则亦消解一切之物，因有理方成为物。而无名之朴非任何物。

无名之朴无同异之别，无变常之分，无逝现之辨，无空时之畛，是故至于无名之朴，则无可言说。

统一切事物，消弭其中之一切区别，则可谓即无名之朴。

然事物所有之一切同异、变常、逝现之相，乃事物之所固有，而非从外加于事物。人之思维固可将有相之事物区别为理与朴二者，自人之思维之外的独立的实有言之，则唯有有理之事物，而非是无名之朴。无名之朴与离朴之理，俱为人之虚想。

舍理不论，宇宙可谓为同一之朴之继续。此同一之朴中全无区别。以其无区别，故亦无所谓变，无所谓多。此同一之朴，如加以区别，则成为厘然分殊之众物。事、理、物，俱为实有。

六、事理孰为根本

自人之所经验言之，有事斯有理，未尝遇无理之事；有理斯有事，未尝睹无事之理。此乃经验之所昭示，彰然而无可疑。

人之思维能析别事与理为二，析别为二，亦无伤于事理之实然。但就在人之思维外之独立的实有言之，事理浑然共在，未尝相离。

所谓事理浑然共在，非谓任何事皆表现一切之理。除少数普遍之理而外，就一特殊之理而言之，无此理之事物常甚众多，然无此理之事常有彼理，而凡事必有一切理中之一理。

事与理孰为根本？事理二者将处于同等之位置耶？如必求一本，将一何者为本？

所谓根本，其意谊可别为三：（一）永恒为根本，倏暂非根本。就一事言，事有起有过，非是永恒；就一切事言，事事相续无绝，实亦永恒。就一理言，时或显于此，时或显于彼，常显常不显，非是永恒；就一切理言，此理不显而彼理显，理与理更迭相随而显现，而未有无理之时，故理亦永恒。

（二）先在为根本，后出为非根本。事与事有先后，而非同时并有；理之显现亦有先后，而非同时俱显。自事与其所表现之理言之，未有此事之先，则其理无由表现，即未有表现，理未有表现即未有实在，亦即未有是理。自事而言，事与理同时俱有，非有先后。

自一切事与一切理言之，宇宙无无事之时，亦无无理之时，而在未有事之时先有理，或在未有理之时先有事，皆不可说，其间不可谓有先后。

（三）凡统赅其他者可谓所统赅者之根本。事理之诸关系中唯有一个关系为非交互的关系，即事可云含理，而理不可云含事，事可谓为能含，而理可谓为所含，事统赅理，而不可谓理统赅事。是故理可云事之理，或事中之理，而事不可言理之事，或理中之事。亦即事为表现理者，而理非表现事者，理在于事，而非事在于理。是故以事为研讨之发端，可就事而得理，如一理为发端，则终于理而已矣，而无从达事。就统赅与表现而言，事理可谓主宾之分，两者未尝相离，并无先后，然事可统理，理不能统事，如必求一本，当以能统赅之事为所统赅之理之根本。

是故崇理之论必不免于二本，就理加以辨析，实不能得事，就事加以辨析，乃可得理。如欲舍二本以达一本，唯有以事为本。

七、理在事上与理在事中

唯理论者以为理可离事而独立，先于事而本有；未有其事，先有其理；既有其理，然后有其事；其所说之事理关系可谓为理在事上。唯物论者以为理不能离事而独立，且不先于事，理即含于事中，与事浑然俱在。其所说之事理关系可谓理在事中。李恕谷云："夫事有条理曰理，即在事中。今曰理在事上，是理别为一物矣。……天事曰天理，人事曰人理，物事曰物理。《诗》曰：'有物有则。'离事物何所为理乎？"所谓理在事上，指程朱之说。程朱虽未明白标出理在事上，然谓未有这事先有这理，可谓为理在事上。

此所谓在上与在中，非空间的在上与空间的在中。所谓在上即超越之谊，在中即寓于其内之谊。

理在事中，乃如实之论。理乃事之所含，即寓于事物之中，非离事而独立，非先事而自存。

所谓在上，原出于《易传》形而上下之分。《易传》云："形而上者谓之道，形而下者谓之器。"道即理之总极，器即有形之物。所谓形而上者，即未有形而显于形之谊。

凡未有形而为形之所显者，皆形而上，以此谊言之，事理俱可谓形上，唯物为形下。事固可感而有象，然而未有一成之定形，故亦可谓形上。

往昔中国哲学中，程朱以为理方为形上，而为物之本始材朴之气则为形而下者。张横渠与戴东原则以为气无定形，亦为形上。王船山亦以理为形上，而以为形上以形为本，而非形之本。如形上专指理，理实以形为所依。

自今观之，形上形下之分已无重要意谓。宇宙为事理浑然俱在之永恒历程，事事相续而有一定之理之固定历程谓之物。事、理、物，俱为离心而独立的实在。

原载《天人五论》，中华书局，2017 年

品德论（节选）

第一章　悬衡（价值与当然）

宇宙之中，万物纷繁，形性既异，高卑斯殊。孟子云："物之不齐，物之情也。"《易传》曰："卑高以陈，贵贱位矣。"物之高卑，谓之品值，俗云价值。物之不齐，即其品值之不齐。品者等级，值者言一可以当多。邵康节云："有一物之物，有十物之物，有百物之物，有千物之物，有万物之物，有亿物之物，有兆物之物。生一物之物，当兆物之物者，岂非人乎？……是知人也者物之至者也。"一此物可以当多他物，是为品值高者。多此物乃足当一他物，是为品值卑者。

何以辨物之品值之高卑？必有明确之准衡。品值之大衡曰兼，曰和，曰通，曰全。合多为一谓之兼，既多且一谓之和，以一摄多谓之通，以一备多谓之全。兼和通全四者，其指实一，直所从言之异尔。兼和通全，亦即富有日新而一以贯之。《易传》曰："富有之谓大业，日新之谓盛德。"孔子云："吾道一以贯之。"既富且多，复相顺而一贯，是谓兼，亦谓之和，亦谓之通，亦谓之全。富有言其大，日新言其久。《易传》又曰："可久则贤人之德，可大则贤人之业。"张横渠云："久者一之纯，大者兼之富。"兼富而一纯，斯天下之至卓者矣。物皆有其性，物皆有其能。物所有之性，或简或赜；物所有之能，或寡或众。兼多性以为一性，兼众能以为一能，即品值甚高之物。兼有者贵，所兼者贱。兼有者高，所兼者卑。是品值之自然准衡。

品值有三级：一究竟品值，二内在品值，三外在品值。究竟品值有三：曰实，曰生，曰知。内在品值有三：曰美，曰善，曰真。外在品值有一：曰用，亦曰利。有实然后有美可言，如实非贵于无实，而谓美贵于非美，无意谓矣。有生然后有善可言，如生非贵于无生，而谓善贵于不善，无意谓矣。有知然后有真可言，如知非贵于无知，而谓真贵于不真，无意谓矣。实贵于无实，实或美或不美，而美贵于不美。实之和者谓之美。生贵于无生，生或善或不善，而善贵于不善。生之和者谓之善。知贵于无知，知或真或不真，而真贵于不真。知合于实谓之真。凡达到美善真之途径或方法，谓之外在品值，亦曰工具品值。一物之有无外在品值，在于其与有内在品值之物之关系。外在品值为用或利。凡有外在品值之物，即有用之物，或有利之事。孟子云："充实之谓美。"充实即富有而和谐。清风明月，秀山丽水，是形色之丰而和。禽鸟之婉声，溪林之佳音，是声音之丰而和。至于人之美术，亦莫不以求兼备而和谐为要务。

许叔重释德曰："内得于己，外得于人。"自遂其生，亦遂人之生，兼遂人我之生，是生之和，是之谓善。《礼运》曰："圣人耐以天下为一家，以中国为一人。"是善之极致，盖合人我群己而一之。至若损人以获其利，胁人以成其势，以私亏公，以寡害众，惟自谋而不能旁通以兼及他人，是之谓不善。

今有知识，凭之以释已往之经验而无所滞，据之以断未来之实事而无所失，是知之通，即有合于实，是之谓真。

美善真之准衡唯一，其所在之范围不同，从而有三者之别。实之和为美，生之和为善，知之通为真。品值即人物之伦列，乃人物之等级区别之所在。品值之准衡亦即当然之准则。当与不当之辨，在于品值之高卑。实之当然即美，生之当然即善，知之当然即真。

当然与不当，必皆为自然之所容许。实之自然有美有不美，而美为实之当然。生之自然有善有不善，而善为生之当然。知之自然有真有不真，而真为知之当然。

实有美有不美，易其不美以达于至美。生有善有不善，易其不善以达于至善。知有真有不真，易其不真以达于至真。是谓由自然归于当然。自然恒有二方面：一方面为兼而和，一方面为别而乖。扩充其兼而和，以克服其别而乖，即由自然归于当然。

凡当然必非不可能。凡不可能的，不得谓之当然。当然亦非不得不然，凡不得不然的，即物理的必然，亦不得谓之当然。当然必为可能：人物在常境之中，常可以如此，可以如彼。若其如此乃获得较高之品值，则如此为当然。戴东原云："由血气之自然而审察之，以知其必然，是之谓理义。自然之与必然，非二事也。就其自然明之尽而无几微之失焉，是其必然也。如是而后无憾，如是而后安，是乃自然之极则，若任其自然而流于失，转丧其自然，而非自然也。故归于必然，适完其自然。"戴氏所谓必然，即今所谓当然。

一般所谓当然，皆专就人之行为而言之。是故一般所谓当然者，即善之谓。人之行为皆有其自然之规律，是不可逾越之范围。然在此范围之内，有取舍之余地。人在大多境遇之中，常有数种行为之可能，而可就中选择之。此数种可能行为之间，常有品值高卑之分。所谓当然的行为，即其中品值最高之行为。凡当然之准则，皆取舍之准则。

行为皆含有目的。人之活动莫不有其目的。目的亦有当与不当之辨。目的之当与不当之辨，在于目的与目的相互间之关系。目的与目的之间，有相冲突的，有相和谐的。与众多目的相和谐之目的，亦即含括目的最多之目的，是为当有之目的。《易传》曰："惟君子为能通天下之志。"通天下之志者，以天下多数人之志为志，即目的之和谐。

当然之辨别，缘于人群生活需要之自觉。人群之存在与进展，有待于其中成员之致力于某类行为，而戒免别一类行为。此即当与不当之分别之渊源。

第二章　诠人（生存与理想）

常语有云：人生之意义。常语所谓意义者有二：一名言之意义，二事物之意义。所谓人生之意义，乃指一类事物之意义。所谓事物之意义，指一类事物对于其他事物之关系，亦即其在实有之系统中，在其与其他事物共成之系统中之位置。名言之意义，谓人举一名出一言之时其意之所在，而事物非人之名言，实无意之可言，而亦谓之意义，乃就意义一词而推广之。所谓事物之意义者，乃指此事物与他事物之关系。所谓人生之意义，乃指人生与其他事物之关系，亦即人生在宇宙中之位置。

宇宙演化，由无生之物而有生物。生物演化，由非人之生物而有人类。人者可谓物类中之最卓者矣。荀子云："水火有气而无生，草木有生而无知，禽兽有知而无义，人有气有生有知亦且有义，故最为天下贵也。"人之所以为贵，以其有他物所未有之特性。禽兽可谓有知，然人之知实高出于禽兽之上。邵康节云："人之所以灵于万物者，谓其目能收万物之色，耳能收万物之声，鼻能收万物之气，口能收万物之味……是知人也者物之至者也。"又曰："唯人兼乎万物而为万物之灵。人之知能兼乎万物，而为他类之所不及。"人之有知与义，超然于禽兽之上，故人可谓物之至。

人可谓有自觉且有理想之动物。人自知其存在，且知人与他物之关系，是谓自觉。人常悬拟尽美尽善合于当然之境界，以为行动之归趋，是谓理想。此所谓理为当然之理，而理想即对于当然之想望。人有自觉，而亦觉知一切物；人有理想，而亦尝试改变他物使合于理想。物类之演进，至于人由无自觉而有自觉，乃由自然演进而有自觉演进。然人亦一物，亦自然物类之一，故人对于自然之辨别亦即自然之自己辨别，人对于自然之改造亦即自然之自己改造。

人之自觉且觉知一切物，亦可谓为宇宙之自觉，而人可谓为宇宙之心。《礼运》曰："人者天地之心也，五行之端也，食味别声被色而生者也。"能知能觉者谓之心，人为宇宙之能知能觉者，故可谓天地之心。

人之有自觉有理想，皆有其限际。人固有自觉，而常为盲目冲动所驱；人固有理想，而屡自违反其理想。扩充自觉，实现理想，即是人生之正当途径。

人生之要谊，一言以蔽之，曰充生以达理。充生以达理，即扩充生力，克服生之矛盾，以达到理想境界。凡有生之物，皆能改变环境以遂其生，而不屈于环境。凡有生之物，皆有生力。生力即改变环境使适于生活之力。人之生活亦即人所固有之生力之显发。凡生存皆有待于争取。生存即争取生存。一切生活现象，皆由生之矛盾而展开。有生之物与非生之物有矛盾，生物与生物亦有矛盾。由生与非生之矛盾，而有生与生之矛盾，于是生活之变化遂无穷。

生存即争取生存，而人生即争取人的生存。争取人之生存，即争取异于禽兽且贵于禽兽之生存，易言之，即争取合理之生存。合理之生存，即克服生之冲突，以达于生之和谐。

生之竞争无时或息，人之所以贵于禽兽者，在于能辨争之义与不义。不义之争，不可有；合义之争不可无。义之实现，有待于不义之克服。由不平以争取平等，谓之正义之争；反是，谓之不义之争。

人生之历程，即人之竞存进德之历程。竞存则与妨害人之生存者斗争，进德则与妨害生活之合理者斗争。自然之道，有乖有和。自其乖而言之，人生亦竞争之历程。是故生与非生争，人与非人争，而善与不善争。自其和而言之，非生之物，有害生者，亦有益生者；非人之类，有害人者，亦有益人者；不善固足以妨善，而亦足为善之砥砺之资。要而言之，人生之道，在于胜乖以达和。

生之本性曰健，人之至德曰公。健者胜物而不屈于物，公者爱己而尤爱群。生而不健则近于死，人而不公则近于禽兽。健而不公者有之，公而不健者有之。人生之道，充生以达理，亦即增健而为公。人性由无而有，由微而彰，人类乃由非人之类演进而成。未有人类之时，亦无所谓人性。及人类之既有，乃有所谓人性。方人类始有之时，人性与禽兽之性相去几希。人类日进，而人性与禽兽之性相去渐远。愈进而愈远。至于今日，人类之道德智慧固极超拔，而其凶残巧诈更非禽兽之所及。嗟呼！善恶并进，乃人生之自然；崇善胜恶，乃人生之当然。

人生之目的何在？所谓目的者有二：一曰外在目的，一事之目的在于一事之外；二曰内在目的，一事之目的即在此事之中。如所谓目的指外在目的，则人生可谓无目的。如所谓目的指内在目的，则人生可谓有目的。人生之目的，在于人生之充实与升进。人生之归宿，即在于生活之中。生活之圆满，即人生之归宿。充生以达理，增健以为公，即是生活之圆满。

原载《天人五论》，中华书局，2017 年

天人简论（自序）

民国三十一年（1942）春，余始撰哲学新论，将欲穷究天人之故，畅发体用之蕴，以继往哲，以开新风。至三十三（1944）年夏，关于方法，仅成《哲学思维论》六章；关于宇宙，仅成《事理论》八章；关于认识，仅成《知实论》四章；关于人生，仅成《品德论》四章。所成不及原初设想之半；若干重要问题俱未及论列。厥后生活日益窘迫，运思维艰，竟尔辍笔。三十四年夏，强寇降伏，大地重光。翌年余复至清华，重任教事，课务颇繁，遂鲜暇日。念"新论"之作难于续成，因将已成之稿略加修订，各自单独成书，另撰《天人简论》一篇，简叙"新论"之要指，而随时间之推移，余思想亦复有所进，亦并及之。今夏草草写成，共凡十节，以著历年致思所得之大要云尔。

三十七年（1948）秋，张岱年于清华园

【附记】1942 年春，我开始将历年致思所得整理成为专论。至 1944年，所成不及原初设想之半，若干重要问题俱未及论列。其后物价昂腾，生活窘迫，运思不易，竟至辍笔。1945 年夏，强寇降伏，大地重光，次年复至清华任教，课务较繁，遂少暇日。至 1948 年夏，恐久而遗忘，于是将个人对于各方面哲学问题的见解作一概括的简述，草成此篇。当时以为哲学是天人之学，故名之曰《天人简论》。此篇可以说是我四十岁前思想的概略。近三十年来，很少考虑这些问题了。1981 年 2 月记。

【又记】此篇是 1948 年夏季撰写的，内容略述我对于若干哲学问题的基本观点，而以文言的形式出之。现在看来，形式是陈旧的；篇中肯定物质是心知的本原，提出以"兼和"代"中庸"的观点，自审尚非过时。1987 年 1 月又记。

一、天人本至

哲学为天人之学。天者广大自然，人者最优异之生物。哲学所研究者即自然之根本原理与人生之最高准则。哲学即根本原理与最高准则之学。

天为人之所本，人为天之所至，即自然中物类演化之所至。凡物有本有至。本者本根，至者最高成就。本为至之所本，至者本之所至。本亦谓之原，至亦谓之归。原者原始，归者归宿。辨万物之原，明人生之归，而哲学之能事毕矣。

宇宙万事万物之间最重要的基本关系有二：一曰本末，二曰高卑。有本然后有末，末待本而存在。"物之不齐，物之情也"（《孟子·滕文公上》），或高或卑，或精或粗。宇宙大化，无生物演化而有生物，生物演化而有有心之生物，至于人类，可谓物类中最优异者。人居于天之中而能知天，人为物类中之一物而能宰物。故人为自然演化之所至。宇宙大化，先粗而后精，由卑以达高。然而精以粗为本，高以卑为基。如无天地，岂有人类哉？

人类生存于广大自然之中，而能认识自然；不唯能认识自然，而且能知当然之准则，能依当然之准则以改变自然，并改变自己之生活以达到人生之理想境界。人固为物类演化之所至，然而仍须前进不已，日新无息，进复再进，新而又新，以达到更高更上之境界。

二、物统事理

凡可知而无待于知者谓之实有。知有待于实有，实有无待于知。知即对于实有之知。

实有之中有事有物，事物之内有理，凡物为多事相续之历程，多事相续而有一定之理者则为一物。

凡物为多事相续而具有一定之理之历程。凡物皆历程，指其历程中之变化而言谓之事；指其变化中之规律而言谓之理。物统事理。

事为实有，理亦实有。理即在事中，无其中无理之事，无不在事中之理。实有即有事有物有理之世界。

三、物源心流

宇宙演化之大历程是由物质（一般物质），而生物（有生命的物质），而有心物（有心知的有生物质）。物为基本，生命心知为物质演化而有之较高级的形态。

物质是自存（自己存在），生命是自保（有自己的目的），心知是自知而知他（有知觉与思维）。

物质为最基本存在。宇宙实为物质的宇宙，物质实为其他更复杂更精微之存在之基本。宇宙之最根本的成分为空时与事物。空时为事物之存在形式。

物有质能二相与粒波二相。质可转为能，能可转为质。粒可显为波，波可显为粒。此波粒一体之物不能无动。物之存在即其运动历程，而其运动有其规律。无物则无动，无动则无律。无不动之物，无离物之动。无无律之动，无离动之律。物之最究竟元子结集而为次究竟元子，最究竟元子亦非一型，其结聚有其构造，其构造亦即其运动所不能逾越之形式。次究竟元子非一级，次究竟元子结聚为一般元子，一般元子结聚为分子，分子结聚为常物。常物实有极赜之构造。常物所含之元子常在动中，常物之整体亦常在动中，常物所在之环境亦常在动中。

生命之特性为自己保持（动植物都力求保持自己）、自己发展（动植物都有成长发展的历程）、新陈代谢（不断吸收外物以维持自己）、自类延续（生殖、遗传）。简言之可谓有自保性，亦可谓具内在目的性，在一定范围内能改变环境而不为环境所改变。

有生则有死，凡生物莫不由成长而趋于衰亡。有生则有杀，生物与生物之间斗争极烈。"裁非其类以养其类"（《荀子·天论》），为生物不同种类间的基本关系。

心知为高级生物所特有之性能。心知之特性为辨别。外物有异则辨其为异，异中有同则辨其为同；外物有变则辨其为变，变中有常则辨其为常。心知实为一种辨别的反应。有心之物因能知物遂能宰物。心知不唯能知自然，而且能辨当然。生命之自然为自保，道德之当然则是利他。

物为本源，心乃物质演化而有，为支流。物源而心流。物为一本，生物，有心物为较高级之物。一本而多级。

四、永恒两一

一切事物皆在变化迁流之中。"逝者如斯，不舍昼夜。"（《论语·子罕》）"运转亡已，天地密移。"（《列子·天瑞》）宇宙大化即是事事物物变化不息的大历程。

凡事物发展超越一定限度则转为其反面，"极寒生热，极热生寒"（《太玄·攡》）。乐极生悲，剥极则复。是谓物极必反。

事物何以有变？物极何以必反？在于对立之相互作用。凡物莫不含有对立之两方面。对立两方面相推相摩，相攻相克，而变化以起。对立两方面，势不两立，互不相容，谓之矛盾。事物内部相互矛盾之两方面相互作用，为事物自己运动之根源。故云："刚柔相推而生变化"（《易传·系辞上》），"阴阳接而变化起"（《荀子·礼论》）。

万物莫不有对。对立两方面相待而有，相反相成，相灭相生。"有无相生，难易相成，长短相较，高下相倾，音声相和，前后相随"，"祸兮福之所倚，福兮祸之所伏"，"物或损之而益，或益之而损"。（《老子·第2章、第58章、第42章》）一切对立莫不有其统一。

"有象斯有对，对必反其为，有反斯有仇，仇必和而解。"（《正蒙·太和》）对立之两方，如一方胜过一方而容纳之，可谓和解；如一方胜过一方而消灭之，则非和解。和解亦是暂时的。旧有矛盾和解，新生矛盾又起。如是不已。故宇宙变化无穷无息。

矛盾之出现是实际的必然，矛盾之克服是理想的当然。如无对立矛盾，则世界将成为静止的世界；如无对立之相对和解，则将无相对固定之物，而世界将成为刹那幻灭之世界。

万物皆在对立矛盾之中，事物皆内含两端，而彼此复互相为对立。

内含矛盾，外复与他事物相矛盾。万物相待相依，复相刃相靡。万物并育而实相害，道并行而复相悖。此宇宙之所以为至赜。（《中庸》："万物并育而不相害，道并行而不相悖。"非矣。）

凡物皆两，一切物皆内含对立。凡两皆一，一切对立皆有其统一。一中有二，二有其一。"两不立则一不可见，一不可见则两之用息。""感而后有通，不有两则无一。"（《正蒙·太和》）两与一二者亦相互为两而一。

自广宇言之，事事物物，层层两而一。对立之每一方面复含对立，统一的事物整体之外复有统一。自久宙言之，前之对立矛盾克服，后之对立矛盾又起。推陈出新，层层不穷。宇宙大化为永恒的对立错综矛盾交织的历程。

五、大化三极

宇宙大化有三极：一元极，二理极，三至极。

元极者最根本的物质存在。理极者最根本的原理，即最普遍的规律。至极者最高的价值准则。

最根本的物质存在即最究竟的物质基本粒子。一般物体由原子电子构成，原子电子由基本粒子构成，基本粒子由最究竟的基本粒子构成。最究竟的基本粒子不可能再剖别为更微细的粒子，然仍可分析为不同方面。

最根本普遍规律曰两一，即对立而统一。凡事凡物，莫非两一。物莫不两，两莫不一。凡物皆有其两，凡两皆有其一。《易传·系辞上》："生生之谓易"，"一阴一阳之谓道"。一阴一阳者，阴阳对立而统一。

最高的价值准则曰兼赅众异而得其平衡。简云兼和，古代谓之曰和，亦曰富有日新而一以贯之。《易传·系辞上》："富有之谓大业，日新之谓盛德。"《孟子·尽心下》："充实之谓美。"充实亦即富有之谓。《正蒙·至当》："久者一之纯，大者兼之富。"久亦即日新之谓。兼富而一纯，实为价值之最高准则。唯日新而后能经常得其平衡，唯日新而后能经常保其富有。

古昔哲人常言中庸，中庸易致停滞不进之弊，失富有日新之德。今应以兼易中，以兼和易中庸。

六、知通内外

知识为能知对于所知之辨别。水能映物，镜能照物，而人之感官与心知能辨物。感官与心知之辨物，有类于水镜之映照，而高于水镜之映照。感官与心知对于外物之辨别，能较其同异，别其变常，由此以至彼，由今以溯昔，有所比较，有所会综，而辨别事物之规律。故能察往以知来，由近而推远。心可谓内，物可谓外，而知乃所以通内外。

人类知识有三本：一为外物，二为感觉，三为实践。外物为感觉之来源，如无外物，则感官何所映照？有外物然后有感觉。感觉为知识之开端。外物激引感官而有感觉，感觉内容乃外物之映象。然人类感觉皆在实践之中，人类在实践中与外物交涉，于是对于外物有所认识。

人之知识始终依凭于实践。人由实践之需要而求知，由实践活动而获知，借实践以验知，实践即身有所活动，而于物有所改易。欲深知外物之性质必于物有所改易。或剖而解之以察其内部而明其结构，或改变其形状以观其以后之变化而认识其规律。

知兼感思。知有二层：一感二思。感者感觉，由感官获得事物之印象，以认识事物之容状。思者思维，亦曰理解，凭感觉所得加以分析综合以了解事物之性质与规律。感者思之基础，无感则思无所依据。思者感之深入，无思则感止于浅尝。由感而思，由浅入深，而天下之事与理皆可得而知矣。

每人各有其所感，皆能感其所感而不能感他人之所感，然由多人对于事物之有共同反应可以推证多人对于事物实有共同感觉。由共同感觉加以分析综合而得共同的概念范畴。思维所运用的概念范畴皆系共同的，而非一人之所得而私。是故知识非一人之知识，实为多人所共有。

七、真知三表

知识有真有妄。其与外在事物之实际情况相符合者，谓之真知；否则谓之谬妄。如其为关于客观规律之真知，则此真知之内容谓之真理。

然何以辨别知之真妄，则有三表，即三个标准。（昔墨子言三表，为关于真知学说之一大贡献，今师其意而略改之。）真知三表：一曰自语贯通；二曰与感觉经验之内容相应；三曰依之实践，结果如所预期。简言之，即一言之成理，二持之有故，三行之有成。

凡知识必不可自语相违，而必自己一贯；然非谓不可指陈事物之客观矛盾。事物皆有相反相成相灭相生之两方面，不惟可指陈之，而且必指陈之，始能免于肤浅，始能免于偏蔽。

事物皆包含内在矛盾，然事物之内在矛盾必是不同方面或不同部分彼此相互矛盾，或对于不同事物而言具有相互矛盾的性质或关系，而不可能于同一方面或同一部分或对于同一事物而言自相矛盾。其相互矛盾的两方面之每一方面亦可再分析为两个方面而相互矛盾。然分析之极，在同一点之上必不可能自相矛盾，故事物是矛盾的，又是自己一致的；既包含对立而又有其短暂的统一。真知模拟事物之实况，必自相贯通而不应自语相违。

知识必与感觉经验之所昭示者相应。对于某一事物，吾感其如此，则不可谓其如彼。感觉可有误，且常有误，然感觉之误，可由一人多次感觉之相互勘正，或多人多次感觉之相互勘正而知之。不应由感觉之有误而以感觉为不可凭信。人类感官乃通内外之具而非隔内外之具。

凡知识皆对于将来经验有所预期有所指示，必云如对于某事物采取如何行动将有如何之结果。试以此提示而尝试之，如适得所预期之结果，则证明此知为真，否则证明其为妄。此为检别真妄之最重要的标准。

真知必自己一致，必与感觉经验一致，更必与实践效果一致。三者一致，然后证明其为真知。真知在于认识、经验、实践三者之一致，亦可云在于认识、经验、实践之一贯。认识、经验、实践三者之一贯，区别于认识本身之一贯而言，可谓之广一贯。真知三表，会综为一，可谓真知之标准在于认识经验实践一以贯之。

八、群己一体

人生乃是群生，人类生活乃是群体生活。"鸟兽不可与同群，吾非斯人之徒与而谁与?"(《论语·微子》)人实不能离群而生活。"力不若牛,走不若马,而牛马为用者何也? 曰人能群、彼不能群也。"(《荀子·王制》)人类之所以能战胜他物,在于合群。

个人皆系群体之一员,个人实无独立之生存。任何个人,其所以维持生活之食物取之社会,其房屋取之社会,乃至知识言语,亦皆取之社会。即自食其力的劳动者,亦必须与别人交换劳动成果。个人实赖社会而存在。个人与群体之间实无对立,群己之间实无界限,群己之关系为全与分之关系。全由分会合而成,分之存在亦系于全。群己乃不可分离之一体。群之祸福即己之祸福,群之利害即己之利害,正如一身之利害即四肢之利害。

有史以来,人群恒有分裂。社会本当为共劳共享之社会,乃分为二部分,一部分劳而不享,一部分享而不劳,遂形成莫大之不平。然此不平终必废除。劳而不享者"养人",享而不劳者"治人",养人者受治,治人者待养。然养人者可以自治,治人者不能自养,于是治人者于养人者只有害而无利,成为赘疣,赘疣必归于消灭。

生活即是争取生活,生活的历程即是争取生活的历程。人的生活即是争取人的生活,即争取合理的生活。合理的生活即是人我平等的生活。受奴役者的第一要务乃是反对任何的奴役。

争取合理的生活莫若消除不平以臻于平。最大的不平为阶级压迫,大部分人劳而不享,小部分人享而不劳,是为最大的不平。废除阶级压迫,当是今日人生奋斗第一要务。

九、人群三事

昔《左氏春秋》以正德、利用、厚生为三事,盖有见于人生之大端矣。正德为提高精神生活,利用与厚生为改进物质生活。三事并重,可谓兼顾精神生活与物质生活而无所偏废。今亦言三事:一曰御天,二曰革制,三曰化性。御天者改变自然,革制者改变社会,化性者改变人性。三方俱改,然后可达人生之理想境界。

御天者根据自然规律以改变自然之实际情况使更适合于人类生活之

需要，是谓御天，是谓宰物。《易传·乾·文言》云："先天而天弗违，后天而奉天时。"先天者开导自然，后天者随顺自然。人于自然必有所随顺，必有所开导，然后可达到天人之调适。

人依靠自然而生活，尤乃依靠改造自然而生活。农工生产皆改变自然之事。至于开山浚河，制器发电，尤为改变自然之能事。近世自然科学大进，改变自然之事业亦大进。自然科学之主要作用即在于知天以御天，知物以宰物。自然之实际情况可变。自然科学之为术，在于致知穷理，精义入神，然后以利其用，以厚其生。

革制者改变社会制度以臻于理想社会，是谓革制，是谓革命。革命即变革不良的社会制度而建立优胜的社会制度。

自阶级发生以来，少数人压迫多数人，少数人居于统治地位而不劳动，多数人创造物质财富而受奴役。人间不平，莫此为甚。革制之要义即变革少数人奴役多数人之社会制度而达于大同境界。此乃理之当然，实亦势之必至。广大人民终必能主宰自己之命运而消除一切人压迫人之现象。

化性者化易人性，消恶扬善，崇义抑贪，以提高人的精神境界。

人性之实，有善有恶。善恶之分，公私之间而已。大公忘私，先公后私谓之善；因私废公，损公肥私谓之恶。人有好公之性，亦有营私之性。好公之性谓之理性，营私之性谓之贪性。人类在改造自然环境之同时亦必须改变自己性情，然后可达到理想的生活。

《易传·系辞下》云："精义入神，以致用也；利用安身，以崇德也。"利用者改善物质生活，崇德者提高精神生活，二者亦相成而相济矣。

凡改变必有其方向。御天革制化性之方向惟何？曰由粗而精，由简而丰，由下而高，由乖而和。要之，变化以实现更高价值而已。然变化是曲折的，上升而间之以降，趋治而间之以乱。"万物并育而不相害，道并行而不相悖"，可谓最高的理想，实际乃是万物并育而更相害，道并行而复相悖。克服相悖相害，以达到相顺相和，乃人群前进之方向。然绝对的和谐永远不能达到。人生努力，在于随时克服乖违以达到相对的和谐。

十、拟议新德

道德随时代之不同而变迁，随社会生活之改易而转移。当今之世，社会生活与往昔大异，而如仍沿用旧德之目，势必无效，甚且有害。是故当审时代之需要而建立新道德。

当今之世，为社会大变革之时，能促成社会之前进者为道德，反之即反道德。道德之标准，以最大多数人民之最大利益为依归。道德之基本原则是：凡合乎最广大人民之最大利益者，为之；凡违乎最广大人民之最大利益者，舍之。

全群体一切人之间，利益有矛盾。所谓一切人之共同利益常是虚构的。故当云最广大人民之最大利益，而不必言一切人之共同利益。

道德之根本准则唯一，曰公而已矣。

人群之中常有矛盾冲突，而有正义非正义之分。如多数人民之利益与少数人之利益有矛盾，则多数人民之利益是正义的。如受压迫者与压迫人者相斗争，则受压迫者一方是正义的。正义之原则有二：一寡应从众，二不平应消除而易之以平。

旧德之中亦有不可辄废者，亦有可借用旧名赋予新义者，夫民族语言不可断裂，则用旧名赋新义亦当然之事矣。

今试提出六达德、六基德。达德：一公忠，二任恤，三信诚，四谦让，五廉立，六勇毅。基德：一孝亲，二慈幼，三勤劳，四节俭，五爱护公物，六知耻。达德为关于个人对群体或对群体中大多数人之行为之准则，基德为关于家庭生活或日常活动的准则。

公忠：爱民爱国，以群重于己，能为群忘己，必要时能为国捐躯，谓之公忠。以公共利益高于个人利益，为大众利益而献身，谓之公。爱国不贰谓之忠。古人亦多言公者，今当以公为第一德目。然古之帝王以一己之大私为天下之大公则不可。忠本为旧德之目，忠君之义自随君主政体之废而废，实无疑义。然忠字本义原非对君而言。"上思利民，忠也"（《左传·桓公六年》），此乃本义。今提忠字，特取忠字之本义，凡爱国利民一心不贰谓之忠。

任恤：努力工作负责尽职谓之任，尽力助人扶危济困谓之恤。任为后期墨家特重之德。《墨经·经上》云："任，士损己而益所为也。"能为群体事业而牺牲自己，谓之任。《周官》六行，有任恤之目（六行：孝友睦姻任恤），今特提为主要道德。孔子言仁，仍以自己为出发点，以己推人，由近及远，差等俨然，不适于今日。且历来论仁者甚多，众说纷纭，词无定诂，其有虚名无实效，盖已久矣。

信诚：言如其实谓之信，言行一致谓之诚。"人而无信，不知其可"（《论语·为政》），虽系古语，今不可废。"朋友有信"（《孟子·滕文公上》），"与国人交止于信"（《大学》），人与人共处，自非仇雠，岂可无信？正直之人，事无不可对人言。然为公众长远利益，固不必事事对人言之。如有所言，必如其实，绝不可有谎语妄言。近古以来，狡诈成风，彼此相欺，尔诈我虞，此风不革，群道难成。故今特标信诚之德，以救晚世欺诈之弊。

谦让：虚心而不自满，尊重别人的平等人格，荣利不争，享乐居后，谓之谦让。个人智能实极有限，纵有所成，亦甚细渺，学问无穷，进德无止，岂容骄慢，岂可自满？前哲多重谦德，今亦重之。谦虽旧德之目，其义实随世俱新。

廉立：严辨取舍，非力不食，非所应得，一毫不取，谓之廉。独立不倚，不恃人而食，不屈其素志，谓之立。人处于群体之中，可以损己以益公，不可损公以肥私。廉亦旧德，而今应特加提倡。《孟子·万章下》："故闻伯夷之风者，顽夫廉，懦夫有立志。"廉立之操，实高尚人格所必需。

勇毅：坚持真理，坚持正义，刚强不屈，果敢不惧，谓之勇毅。非勇无以自立，非勇无以克艰，非勇无以猛进，非勇无以抗暴。舍生以维正义，杀身以卫邦国，非勇何济乎？

孝亲：敬养父母谓之孝，此乃为子女者之义务。古者以顺为孝，今应改易。父母言行有是有非，是者当从，非者当劝，岂可不加辨析，一以顺从为正？父母既老，子孙应尽赡养之责，同时应有尊敬之意。如专意自私，不顾父母，父母且不肯顾，岂能尽心为公乎？岂能利济他人乎？

慈幼：为父母者对子女有教养之责，此义易知。

勤劳：衣食资于劳动，事业待于思勉，既恃衣食而生，岂可无所用力？如专谋一己权位，岂得为劳心哉？必须努力于利济群生之工作，然后不负此生。

节俭：人生衣食之资，无非辛苦而得者，暴殄天物，罪不可逭。朴素节俭，乃为人民大众而惜物，非为一己而吝财。孔墨以来皆崇节用，亦当今之急务也。

爱护公物：爱护公共财物，注意公共卫生，维持公共秩序，此为群居必不可少之德。古无专名，简称为爱护公物。普通亦称为公德，然公之为德，其义甚深，不得以此限之，故别立此目。

知耻：人之所以异于禽兽者在于有耻：能辨是非，知其非则不为之；能辨荣辱，知其辱则避免之。"匹夫不可夺志。"（《论语·子罕》）"士可杀不可辱。"昔日昏暴之君，横挫天下人士之耻心，耻心既挫，而国无与立矣。

道德基于社会需要，道德标准乃历史的客观需要所决定，非少数人所能擅作。然生乎今之世，对当今所急，不能无所拟议。移风易俗，人人有责，吾亦勉力尽责云尔。

原载《天人五论》，中华书局，2017 年

二、冯契　广义认识论的"智慧说"

　　冯契（1915—1995），男，原名冯宝麟，原籍浙江省诸暨县，哲学家、哲学史家。1941年毕业于清华大学哲学系，后又为该系研究生，师从金岳霖先生。1944年后在云南大学、同济大学哲学系任讲师。1951年起一直在华东师范大学任教授，曾兼任上海社会科学院副院长。主要哲学著作有"智慧说三篇"（《认识世界和认识自己》《逻辑思维的辩证法》《人的自由和真善美》）；哲学史著作有《中国古代哲学的逻辑发展》（上、中、下）和《中国近代哲学的革命进程》。大部分论著收入《冯契文集》（增订版），华东师范大学出版社，2016年，共11卷。还曾主编《哲学辞典》、《中国近代哲学史》（两卷本）等。

"智慧说三篇"导论

我把正在整理的三本书稿：《认识世界和认识自己》《逻辑思维的辩证法》和《人的自由和真善美》合称为"智慧说三篇"。在"导论"中，想扼要说明一下：这三篇著作要回答什么问题，我大致经历了什么样的探索过程，它们的主旨及其基本思想是什么。

一、时代的问题

1. "古今、中西"之争

真正的哲学都在回答时代的问题，要求表现时代精神。中国近代经历了空前的民族灾难和巨大的社会变革，"中国向何处去"的问题成了时代的中心问题。从我自己的经历来说，我进高中时发生了"九一八"事变，1935年进大学时碰上了"一二·九"学生爱国运动。1937年抗日战争爆发了。在那个时候，一切爱国青年、有志之士，都满怀着忧患意识，为"中国向何处去"的问题而苦恼，思索。年轻人聚在一起，经常讨论这一问题，因有各种不同的意见，有时争论得面红耳赤。

"中国向何处去"这个时代的中心问题在思想文化领域中表现为"古今中西"之争，那就是：怎样有分析地学习西方先进的文化，批判继承自己的民族传统，以便会通中西，正确地回答中国当前的现实问题，使中华民族走上自由解放、繁荣富强的道路。当然，"古今中西"之争所反映的时代中心问题是发展的：1949年以前，主要是革命的问题，1949年以后主要是建设的问题，即如何使我们国家现代化的问题。但不论是革命还是建设，都要求正确处理古今中西的关系。可以说"古今、中西"之争贯串于中国近现代历史，今后若干年这个问题大概还是社会的中心问题。

在不同的领域，"古今、中西"之争各有其特殊性。就哲学而言，现实生活中即革命和建设中的"古今、中西"之争制约着哲学的发展，这样就使得在中国近代，历史观的问题特别突出，因为"古今中西"之争直接涉及如何看待社会历史和把握历史发展规律的问题。同时，要求会通中西来回答"中国向何处去"的迫切问题，要把从西方学到的先进理论运用于解决中国的实际问题，这里面包含着一个如何正确解决主观愿望和客观实际、理论和实践的关系问题。所以认识论问题在中国近代也特别突出。而与认识论和历史观问题相联系着的，逻辑和方法论问题、自由学说和价值论问题，也成了哲学家特别关注的领域。因为现实生活中的"古今中西"之争，使近代中国人面临着思维方式与价值观念的巨大变化，因此这两方面的哲学探讨也突出地贯串于中国近现代哲学史之中。简言之，时代给哲学领域提出了各种需要解决的问题。

另一方面，从哲学本身有相对独立的发展，即从哲学家对现有思想资料的批判继承来说，中国近代哲学既有与自己的传统哲学的纵向联系，又有与西方近现代哲学的横向联系。与民族经济将参与世界市场的方向相一致，中国哲学的发展方向是发扬民族特色而逐渐走向世界，将成为世界哲学的一个重要组成部分。所以从哲学本身来看，也有一个古今中西的关系。一般地说，凡是在近现代史上起了积极影响的哲学家，总是善于把西方的先进思想和中国的优秀传统结合起来，以回答现实问题和理论问题，从而做出创造性的贡献。这样的哲学因为回答了时代问题，就体现了时代精神。

不过，时代精神不是抽象的，它通过思想家个人的遭遇和切身感受而体现出来。一个思想家，如果他真切地感受到时代的脉搏，看到了时代的矛盾（时代的问题），就会在他所从事的领域里（如哲学的某个领域里），形成某个或某些具体问题。这具体的问题，使他感到苦恼、困惑，产生一种非把问题解决不可的心情。真正碰到了这样令人苦恼的问题，他就会有一种切肤之痛，内心有一种时代责任感，驱使他去做艰苦、持久的探索。如果问题老得不到解决，他就难免心有郁结，甚至产生如黄宗羲所说的"龙拏虎跳、壮士囚缚"的心态，迫使他做强力的挣扎、抗争。如果他在这个问题的探索中有所前进，就会感到精神上有所寄寓，情感上得到升华，于是就体验到人生真正的乐趣、真正的价值。韩愈说"不平则鸣"。社会之不平、时代的矛盾一定要通过个人的感受而具体化，于是"有不得已者而后言"，借助语言文字形象地把这种"不平"表现出来，这就是文学作品。若言之无物，没有真切的感受而无病呻吟，那不可能是好文章。同样，没有真切的感受，也不可能有真正的哲学著作。

下面讲讲我在哲学领域真切感受到的问题及其时代意义。

2. 知识与智慧的关系问题

我早就对哲学有兴趣，进大学考的就是哲学系。当时的考虑是：要救国，就要有理论，最根本的理论是哲学；我对数学、科学、文学、哲学都爱好，学哲学大概最能满足我广泛的兴趣。在大学学习期间，我涉猎甚广，中外哲学书籍也读了不少。但真正感受到自己有一个哲学问题非要解决不可，是在昆明清华文科研究所做研究生的时候。我那时跟从金岳霖先生读书，认真读了他的《知识论》手稿和《论道》。和金先生讨论时，我感到碰到了一个真正的哲学问题。金先生在《论道·绪论》中区分了知识论的态度和元学的态度。他认为，知识论的裁判者是理智，而元学的裁判者是整个的人。研究知识论我可以暂时忘记我是人，用客观的、冷静的态度去研究。但研究元学就不一样了，我不能忘记"天地与我并生，万物与我为一"，我不仅在研究对象上要求理智的了解，而且在研究结果上，要求得到情感的满足。这是金岳霖先生区别知识论的态度和元学的态度的论点。

我当时觉得，这样区分两种态度是有问题的。金先生问我的意见，我对他说：理智并非"干燥的光"，认识论也不能离开"整个的人"，我以为应该是用 Epistemology 来代替 Theory of knowledge。广义的认识论不应限于知识的理论，而且应该研究智慧的学说，要讨论"元学如何可能""理想人格如何培养"的问题。所以，我认为在认识论研究中，也是不仅要求理智的了解，而且要求得到情感的满足。金先生听了我的意见后说：他讲知识论，确是只讲知识经验，即他所谓"名言世界"。他认为我讲的"智慧"，涉及了"超形脱相"、非名言所能表达的领域，这个领域是理智无法过问的，只好交给元学去探讨。不过，讨论到后来，他又说："你的话也有道理，你的看法可能还更接近中国传统哲学。"他鼓励我循着自己的思路去探索。在这之后，他与我几次讨论到名言世界和非名言世界的问题。金先生说他在写成《知识论》之后，要深入探讨这一问题。因为他认为，"治哲学总会到一说不得的阶段"，说不得的东西如何能说？这是他当时甚感兴趣的哲学问题。

我后来认识到，我和金先生讨论的问题实际上是知识与智慧的关系问题。关于元学的智慧如何可能（以及自由人格如何培养）的问题，包括两方面：首先要问如何能"得"？即如何能"转识成智"，实现由意见、知识到智慧的转化、飞跃；其次要问如何能"达"？即如何能把"超名言之域"的智慧，用语言文字表达出来，亦即说不得的东西如何能说，如何去说。金先生当时着重探讨了后一个问题，写了《势至原则》一文，收在他的论文集中。最近我写了一篇回忆文章①，谈了他当时和我的讨论以及他对"超名言之域"如何能说的问题做了什么样的探索。而我当时有一个与他不同的想法。我认为虽然智慧的获得与表达不可分割，但首先应该问如何能"得"，其次才是如何能"达"。所以，我想着重考察前者，把由意见、知识到智慧的发展视为辩证过程，试图来说明"转识成智"是如何实现的，亦即想探讨一下从"名言之域"向"超名言之域"的飞跃的机制。我跟金岳霖先生、汤用彤先生就此问题作了几次讨论。后来我从庄子《齐物论》中得到一些启发，在1944年写成一篇论文《智慧》，后发表在《哲学评论》上。当时我写好后，自己不太满意，因为它显得太学院气了。现在回过来看，更觉得很幼稚。但我确实碰到了一个非常重要的哲学问题，对这个问题我有真切的感受。从这以后，知识和智慧、名言之域和超名言之域的关系到底如何，便成为我一直关怀、经常思索的问题。

不过我当时的提法是：在由意见、知识发展到智慧的辩证发展过程中，意见是"以我观之"，知识是"以物观之"，智慧则是"以道观之"。单纯从"观"来区分认识的阶段，未免把问题简单化了。后来我在提法上稍作改变，把认识过程看成是从无知到知，从知识到智慧的运动。我

---

① 见《忆金岳霖先生以及他对超名言之域问题的探讨》一文，载《智慧的探索》，华东师范大学出版社，1994年。

的任务就在于阐明从无知到知，从知识到智慧的认识的辩证法。

3. 知识与智慧关系问题的时代意义

当我碰到了知识与智慧及其关系这一具体哲学问题后，我就再也放不下它。那么，这一问题有什么时代意义呢？

在与金先生讨论知识论态度和元学态度问题之后，我越来越感到，他内心有一个矛盾，有点类似于王国维所谓"可爱与可信"的矛盾。王国维说："哲学上之说，大多可爱者不可信，可信者不可爱。"① 他所谓"可爱者不可信"，就是指叔本华、尼采这一派哲学，即西方近代哲学中的非理性主义、人文主义的传统。他所谓的"可信者不可爱"，就是指孔德、穆勒以来的实证论、科学主义的传统。科学主义和人文主义、实证论和非理性主义的对立，是近代西方科学和人生脱节、理智和情感不相协调的集中表现。王国维感到这一矛盾很难解决，故产生了极大的苦闷。他始终没有能够解决这个矛盾，于是就放弃了哲学研究。但是，科学主义和人文主义、实证主义和非理性主义的对立，不论是在西方还是在中国都继续发展着。在中国，"五四"时期的中西文化论战、科学与玄学的论战，正反映了这两种思潮的对立。

金岳霖先生区分了知识论态度和元学态度，以为知识论是只讲可信的即实证知识的领域（即只讨论实证科学知识何以可能的问题）；而元学就不仅要求理智上的了解，而且要求情感上的满足，即要求是可爱的。他实际上是试图用划分不同领域的办法来解决"可爱与可信"的矛盾。但是，在我看来，他的这种办法，是把知识和智慧截然割裂开来了，从而难以找到由知识到智慧的桥梁，也无法解决科学和人生脱节的问题。所以我认为金先生也没有解决科学主义和人文主义的矛盾。

在"五四"时期，科学与玄学的论战是与东西文化论战相联系着的。科学派多半是西化派，强调以现代西方科学为基础来建立科学的人生观。玄学派认为人生观领域非科学所能够解决，多数强调东方文化有其优越性，在他们看来，中国传统讲"天人合一"，自然与人生统一于道，哲学家之道与哲学家之人格应是统一的，在人生观问题上，正需要继承和

----

① 《王国维全集》第 11 卷，浙江教育出版社、广东教育出版社，2010 年，第 121 页。

发扬这种中国传统。客观地说，这两种观点都有其理由，也各有其片面性。但论战正好说明，科学和人生的关系问题，确实是个时代的重大问题。就中国来说，既需要科学，也需要人文精神，"五四"提出的科学与民主两个口号不能偏废。但是，人文领域和自然科学领域又是有区别的。自然科学一般说来，已经超越了民族的界限，我们可以直接吸收西方科学技术来为我国的现代化服务，物理学、化学等也无所谓中国化的问题。人文领域则不同，既要克服民族局限性，又要保持和发扬民族特色，并且越是具有民族特色，就越有人类的普遍意义。哲学既涉及自然，又涉及人文。怎样使中国哲学既发扬中国的民族特色，又能够会通中西，使它成为世界哲学的有机组成部分，是许多中国学者都在考虑和要解决的问题。由于中西方哲学的交流和会通，是否有可能提供一种新的视角，来解决科学主义和人文主义对立的问题，这也是值得哲学家郑重考虑的大问题。

同时，科玄论战、中西文化论战，都是马克思主义者关心的问题。科玄论战，陈独秀、瞿秋白曾作了批判的总结。中西文化论战，许多马克思主义者也都参与了，毛泽东的《新民主主义论》作了总结。我们那一代爱国青年，很多人在"一二·九"运动和参加抗战中接受了马克思主义，认为马克思主义能够救中国。这种革命青年的共识，主要是从政治角度考虑的。正因为政治上有这么一种信念，于是在理论上也相信实践唯物主义的辩证法，满怀热情地学习马克思主义哲学。但是，就我自己碰到的这个哲学问题而言，即如何用实践唯物主义的辩证法来解决知识和智慧的关系问题，在书本上、在马克思主义著作中是找不到现成答案的，至少那些苏联教科书是从来不谈这样的问题的。我当时有一个朴素的想法，认为沿着实践唯物主义辩证法的道路前进，吸取各种哲学派别包括非马克思主义学派的一些合理因素，是能够阐明我的问题，即阐明由无知到知、由知识到智慧的认识过程的。当然，要吸取各种哲学学派的合理因素，就必须正确处理马克思主义和非马克思主义之间的关系，而不能把马克思主义看成是自我封闭的。而处理好马克思主义和非马克思主义的关系，并进而会通中西，解决科学主义和人文主义的对立，便应该能达到一种新的哲理境界。

二、沿着实践唯物主义辩证法的路子前进

1. 毛泽东著作的启发

我最初接触到马克思主义哲学著作，是在"一二·九"运动中。开始读得很杂，读苏联人写的书，读中国人写的书，包括李达、艾思奇等人的著作，也直接读英文版的马克思、恩格斯、列宁的著作。但最使我心悦诚服的，是在抗战期间读毛泽东的《论持久战》和《新民主主义论》。

毛泽东的《论持久战》，我是在山西抗战前线读到的。这本书当时给前线战士带来的兴奋和所起的思想解放作用，没有亲身经历、体验过的人是难以想象出来的。抗战初期，因为平型关、台儿庄战役的胜利，许多人盲目乐观，以为抗战不要太久就会胜利结束。但接着打了许多败仗，日军长驱直入，很多城市沦陷了。在前线，我们亲知国民党那些杂牌军确实腐败得不得了，而我们游击队的力量又还比较弱小。抗战的前途究竟如何？使大家感到困惑，存在着许多思想问题。毛泽东的《论持久战》一出来，给大家指明了前途，使我们豁然开朗，解除了困惑，那种兴奋的心情是难于言表的。这本书以其理论力量一下子征服了我们，它分析了中日双方互相矛盾的基本要素，批判了亡国论和速胜论，指出发展的两种可能性中什么是优势的可能性，中国人将如何通过持久战来最后获得胜利。记得读这本书的时候，我完全被吸引住，一口气就读完了，后来又反复地读。《论持久战》特别使我感受到理论的威力，它以理论的彻底性和严密性来说服人，完整地体现了辩证思维的逻辑进程。可以说，这本书是继《资本论》之后，运用辩证逻辑的典范。

《新民主主义论》，我是到昆明以后才读到的。这本著作对一百年来困扰着中国人的"中国向何处去"的问题作了一个历史的总结，指明了中国民主革命的正确道路。原来困惑着我们许多人的问题，如马克思主义是否适合中国国情？一个农民国家怎样进行无产阶级革命？……当时在爱国青年中间常争论不休。毛泽东根据中国国情、历史特点，并把中国革命作为世界革命的一部分来考察，提出了新民主主义革命理论，使得许多疑问、困惑迎刃而解，从而对一百多年来政治思想上的古今中西

之争作了历史性的总结。与此相适应，在文化上，毛泽东提出了"民族的、科学的、大众的文化"，亦即"人民大众反帝反封建的文化"，既反对了全盘西化论，又反对了中国本位文化论，正确地解决了文化领域中的古今、中西的关系。毛泽东是站在哲学的高度来解决问题的，他在这本著作中提出了"能动的革命的反映论"一词，既概括了辩证唯物主义认识论关于思维与存在关系问题的基本观点，也概括了历史唯物主义关于社会存在和社会意识关系问题的基本观点。所以，这个词集中地体现了辩证唯物论和历史唯物论的统一。这个概念把客观过程的反映、主观能动作用和革命实践三个互相联系的环节统一起来，而实践则可说是主观与客观之间的桥梁。正是运用能动的革命的反映论的基本原理，毛泽东在《实践论》等著作中阐明了认识运动的秩序，并在《论持久战》等著作中显示了辩证逻辑的威力。这些都是毛泽东在哲学上的重大贡献。

毛泽东的著作回答了现实中面临的迫切问题，所以他的著作中所包含的哲学即对能动的革命的反映论和辩证逻辑的阐发使我觉得很亲切，也使我感到真正要搞哲学，就应该沿着辩证唯物论的路子前进。不过，在苏联模式的教科书中，辩证唯物主义认识论也是只讲知识理论，没有讲智慧学说。因此，我给自己规定了一个哲学的任务，就是要根据实践唯物主义辩证法来阐明由无知到知，由知识到智慧的辩证运动。

2. 始终保持心灵的自由思考

在我开始接触马克思主义著作的时候，同时又读了许多中国的和外国的哲学著作，有了比较。而且我个人喜欢独立思考，甚至可以说喜欢标新立异。我认为，对任何一种哲学学说不能够迷信它，研究哲学不能依傍门户，不能人云亦云、随声附和。对各派哲学都应持这种独立思考态度，对马克思主义哲学也应该如此。首先要理解它，经过自由思考、自由讨论，经过分析比较，作出肯定的选择，这样才是真正的赞成它。马克思在《资本论·序言》中引用但丁的话说："走自己的路，不要管别人说话！"（旧译如此）。我年轻的时候，就是以此话作为座右铭的。当然，独立思考是主要的，与革命同志交流，与老师、朋友、同学进行自由讨论也是重要的。而且在讨论、辩论的时候，要有一种像荀子所说的"以仁心说，以学心听，以公心辩"（《荀子·正名》）的态度。研究哲学要防止两种偏向：一种是被前人所压倒，不敢批判、创新。以为西方哲学史从苏格拉底到马克思，中国哲学史从孔子、老子到毛泽东，有那么多的天才，创造了那么多博大精深的哲学体系，后人还能够有什么创造呢？因此一钻进哲学殿堂，很容易被前人所压倒。另一种是有了一点见解、心得，便狂妄自大。研究哲学要进行理论思辨，思辨中获得一点见解，总是要力图把它体系化。但是一构成理论体系，这个体系就蒙住了自己的眼睛。这是许多大哲学家都难免的。因此，研究哲学一定要敢于独立思考，勇于创新，同时也要有宽容精神、兼收并蓄的胸怀；最好能够在师友间形成一种自由讨论、"百家争鸣"的气氛，这样就比较容易克服独断论的倾向。

周恩来在《学习毛泽东》一文中讲得好，在人民民主国家里，人民大众应有充分的思想自由，共产党人当然要用马克思主义来教育人民，但是不能像观音菩萨的紧箍咒那样，强加在孙悟空的头上，而应该采取教育的态度，受教育者"可以听，也可以不听；可以接受，也可以不接受；可以自由选择"。[①] 这种民主的教育态度，就是要通过人们自由思考、自由讨论来作自由的选择，决不能强迫。

共产党人在掌握政权后，凭借政治权力来确立马克思主义的统治地位，带来了一种不利的影响：有些人把理论和政治权力捆绑在一起，使理论失去了独立性和内在价值，甚至成了整人的工具。一次又一次的批判斗争，实际上就是把马克思主义、毛泽东思想作为紧箍咒，强加在人们头上。这明显违背民主的教育的态度，使得学术自由窒息了。这种"左"的倾向，到"文革"时达到了极点，给民族带来了空前的灾难。我被关在"牛棚"的时候，曾多次反省自己走过来的路：在 50 年代，我也受"左"的影响，做过把马克思主义当作紧箍咒套在人们头上的工作，而且还多次作自我批判，勉强自己做驯服工具。这样一来，理论工作者失去了独立人格，理论也变成了异化的力量。这虽有其客观的原因，但是也应该责备自己：哲学家如果不能始终保持独立人格，保持心灵的自由思考，那就不可能是真正的哲学家。当然，在"文革"中，就我当时

---

① 《周恩来选集》上卷，人民出版社，1980 年，第 341 页。

的处境而言，要保持自己的独立人格是很困难的，更谈不上与同志的自由讨论了。所以，只好学点世故，常常保持沉默。不过，我又想起了荀子的话："故口可劫而使墨（默）云，形可劫而使诎（屈）申，心不可劫而使易意，是之则受，非之则辞。"（《荀子·解蔽》）就是说，外力可以迫使形体或屈或伸，迫使嘴巴或开或闭，而心灵却不能由外力强迫改变，意志能作自由选择，认为"是"便接受，认为"非"便拒绝。所以，不论处境如何，始终保持心灵的自由思考、自由选择是可以办到的，我认为这也应该是"爱智者"的本色。

对"文革"中的种种遭遇，起初我确实感到十分沮丧，心情黯然。数十年心血毁于一旦，原来计划写的几本书，就这样被扼杀了吗？在"牛棚"里默默背诵司马迁《报任少卿书》，真是"肠一日而九回，居则忽忽若有所亡，出则不知其所往"！但是"私心有所不尽"，"盖文王拘而演周易，仲尼厄而作春秋，屈原放逐，乃赋离骚。……"司马迁以此勉励自己，也发愤著书，"藏之名山，传之其人"。虽然我没有他幸运，稿子无处可藏，但后来我觉得脑袋毕竟是可以藏思想的仓库，只要保持心灵的自由思考，还是有条件使自己的探索继续下去的。这样，我终于比较平静下来了。而且经过心灵的自由思考，经过系统的反思，我觉得自己对祖国的前途、社会主义的前景，都还是有信心的。对实践唯物主义辩证法的哲学理论，我经过思考，仍然作了肯定的选择。

3. 化理论为方法，化理论为德性

我在 50 年代提出了"化理论为方法，化理论为德性"这两句话，用以勉励自己，也勉励同学，用意就在于贯彻理论联系实际的方针。就是说理论联系实际可以从运用理论作方法和运用理论来提高思想觉悟这两方面着手。我自己也确实是这样努力的。后来在"文革"中，我的这两句话多次被批判，但似乎也没有被批倒。我心里面也一直认为这两句话是对的。

哲学理论，一方面要化为思想方法，贯彻于自己的活动，自己的研究领域；另一方面又要通过身体力行，化为自己的德性，具体化为有血有肉的人格。只有这样，哲学才有生命力，才能够真正说服人。过去的大哲学家如孔子、墨子都有这种要求，马克思主义哲学更是要求如此。

马克思主义哲学以实践作为认识论第一的和基本的观点，在此基础上来阐明认识运动的辩证法和客观现实的辩证法的统一，所以唯物主义的辩证法理论，在本质上是和革命的实践相统一的。正如马克思所说的，"辩证法对每一种既成的形式都是从不断的运动中，因而也是从它的暂时性方面去理解；辩证法不崇拜任何东西，按其本质来说，它是批判的和革命的。"① 按照这样一种观点，一切的真正的理论、真正的哲学家、真正的哲学派别，都具有肯定自己又超越自己的品格，是革命的批判的；它总是把自己看成是相对的、有条件的存在，看成是无限前进运动中的一个环节。

当然，真正有价值的理论作为发展的环节是必要的，因为相对之中有绝对。但是不能够自封为绝对圆满，否则，就成了崇拜的偶像，成了封闭的体系，那就要失去生命力。辩证法应该是开放的体系，它把本身的既成形态也看成是暂时的过渡的东西，它不断地批判自己，期待着后继者通过它来超过它。如果真正能够做到如我所说的："化理论为方法，化理论为德性"，那就一定是对既成理论形态抱"通过它并且超过它"的态度。把理论运用于一定的领域作为方法，那就一定会推进理论，有所创新；把理论化为自己的德性，那就有亲切感受，理论也就取得了个性化的形态。

就"化理论为方法"说，我主要运用辩证法于中国哲学史研究，贯彻了"哲学是哲学史的总结，哲学史是哲学的展开"的观点。当我把实践唯物主义辩证法理论作为研究方法，运用于中国哲学史领域，力求按历史的本来面目来了解它时，很自然地表现为实践唯物主义辩证法理论在中国哲学的历史发展进程中展开，同时它又成为中国哲学史的概括和总结。这样一来，哲学当然就有了一种新的面貌，不仅不同于一般哲学教科书的那种形态，而且具有了中国特色、中国气派，成为中国哲学传统的有机组成部分。这就是我在化理论为方法方面所做的工作。同时，要求"化理论为德性"，那就意味着理论不仅是武器、工具，而且本身具有内在价值，体现了人格，表现了个性。化理论为德性，这是一个要克

---

① 《马克思恩格斯选集》第 2 卷，人民出版社，1972 年，第 218 页。

服种种异化现象，刻苦磨炼的过程。尽管中国古代所讲的像纯金一样的"圣人"实际上是没有的，古代哲学所讲的"内圣外王之道"也从来没有成为现实，但是，比较一贯地在心口如一、言行一致中体现化理论为德性的真诚，是能够做到的。真诚地、锲而不舍地在言论、行动、社会交往中贯彻理论，以至习以成性，理论化为自己内在的德性，就成了自己的人格。当达到这样一种境界的时候，反映在言论、著作中的理论，就文如其人，成了德性的表现，哲学也就是哲学家的人格。这样的哲学，就有了个性化的特色，具有德性自证的品格。这样的哲学理论，当然也就不同于一般教科书的那种形态，而成为一种具有内在价值，富于个性特色的创作。

我当时讲"化理论为方法，化理论为德性"，主要是为了理论联系实际，但是，如果把它真正付诸践履，那么，哲学理论就具有肯定自己而又超越自己的品格，从事哲学理论研究的人也就有可能达到一种新的境界。

三、从比较哲学看中国传统哲学的特点

智慧学说，即关于性和天道的认识，是最富于民族传统特色的、是民族哲学传统中最根深蒂固的东西。如果是单纯讲的知识，即客观的事实记载、科学定理等，都无所谓民族特色。如果讲的是贯串于科学、道德、艺术、宗教诸文化领域中的智慧，涉及价值观念、思维方式、人生观、世界观等，归结到关于性和天道的认识，这便是最富有民族传统的特点的。下面我从比较哲学角度来谈中国传统哲学的特点。

1. 佛学对中国哲学的影响

我们一般说哲学有中国、印度和西方三大传统，这三大哲学传统相比而言，各有其民族特色。中国人首先是与印度哲学传统相接触。自汉代开始传入印度佛教，经魏晋六朝、隋唐，佛学经历了一个中国化的过程，对中国哲学有深刻的影响。可以说这是两种哲学传统经过冲撞、比较，达到会通、创新的范例。

佛学与中国传统哲学在许多方面有冲突，如对待名教、灵魂有无诸问题，但最关键最根本的问题，是在心性论与天道观或智慧学说上的冲

突。印度佛学以至虚无生为第一原理，用缘起说来解释一切现象为虚假，这种理论很难为中国人所接受。中国的儒家讲"天地之大德曰生""生生之谓易"（《易传·系辞下》）；道家讲"生而不有"（《老子·第 2 章》），不执着生是为了全生。儒道两家都对生、生命持肯定态度。儒家以天命为最高原理，又讲"天命之谓性"（《中庸》）；道家讲"道生之，德畜之"，"夫莫之命而常自然"（《老子·第 51 章》）。关于性与天道的理论，儒道两家都不同于佛家缘起说。佛家所谓"三法印"以诸行无常、诸法无我来说人生皆苦，而以涅槃寂静为解脱了苦的最高境界。这样的终极目标，同孟子讲"浩然之气"、庄子讲"逍遥游"那样的自由境界也是显然不同的。

但中国人对印度佛学很感兴趣，他山之石，可以攻玉。中国哲学对精神现象的考察原来比较粗糙，有了佛学作比较，可以深入些了。隋唐佛学各派分别对内省、经验、思维、自我意识和顿悟等环节作了深入考察，同时佛学也日益中国化了。这个过程一方面是借鉴，一方面是中国化，结果就建立了新的学说，产生了中国佛学。中国佛学的特点是：（一）在心性论上把印度佛学讲涅槃寂静的"性寂"说改造成"性觉"说，这就接上了中国的传统，特别是孟子的学说。（二）在天道观上把中国传统哲学（特别是魏晋玄学）的体用不二思想贯彻到佛学中。中国化的佛学各派都讲体用不二，结果就把缘起说发展成"理一分殊"说，华严宗、天台宗、禅宗都这么讲。（三）在智慧学说（即关于性与天道的认识理论）上，这一发展的重要理论成果就是"顿悟"说的产生。印度佛学讲"转识成智"，本有许多层次（如"十地"就是十个阶段）。中国人接受了"转识成智"命题，在实行方法上却讲得简易直截，基本思想是通过"定慧双修"达到顿悟。中国佛学达到了新的创造，其性觉说、理一分殊说、顿悟说使中国哲学的思辨水平提高到一个新阶段，直接影响了理学的诞生。

理学在中国佛学所取得的成就基础上，又综合了道教哲学的成就，而复归于儒学，达到了新的哲学高度。理学受佛学的影响是很明显的。程朱讲的"涵养须用敬，进学在致知"，王阳明讲的"致良知"，都明显受佛家"定慧双修"和"顿悟"说的影响。至于理一分殊，宋以后每个哲学家都讲，不过程朱比较强调分析（分殊），陆王则比较强调综合（理一）。王夫之比较全面地阐明了分析与综合的统一，也对张载所说的"两"和"一"的辩证关系作了深入阐发。而在人性论上，程朱陆王持复性说，要回到原始的本善之性，当然直接继承了性觉说。就是王安石、张载的成性说，讲要"因其天资之材"①，依据"天良能本吾良能"②来培养人的德性；乃至王夫之讲"命日受、性日生""性日生而日成"③，以解释《易传》"继善成性"的学说，也是吸取了性觉说的某些思想的。

总之，中国哲学和印度佛学相接触后，经过比较、会通，达到了新的哲学境界和新的思辨水平，最根本地表现在如何转识成智，获得关于性和天道的认识，即智慧学说方面。

2. 近代中西哲学的冲撞、会通及哲学革命的不足之处

中国进入近代以来，中国文化和西方文化发生激烈冲撞，这次的冲撞与过去的中印传统的冲撞相比，有很大的不同。首先，上次的冲撞在汉唐时期，中国封建社会处于鼎盛，中国人对自己的民族传统满怀自豪感。即如玄奘去印度求法，但一讲到大唐，仍充满了中国人的自豪。那时，总体上中国人是以我为主来吸收外来文化。但近代社会则是中国封建社会已进入衰世，民族传统中许多腐败衰朽的东西已暴露无遗，急需进行革命性变革，用新文化、新哲学来取代旧文化、旧哲学，这是一个哲学革命的时期。其次，近代西方文化是随着武装侵略进入中国的，中国人吃了败仗，民族受到空前未有的屈辱。但先进的中国人意识到非向西方学习不可，不能再闭关自守，必须面向世界。这时的中国人对西方文化抱有非常复杂的心情，可说是有一种"心结"；在外国文化面前，或过于自卑（如说外国的月亮也比中国的圆），或过于自尊（如阿Q那样说老子以前比你阔得多），所以对中西文化的冲撞不能持有冷静的心态，不能平心静气地看待西方文化和西方哲学。这种心态就导致了近代的"古今、中西"之争老是偏来偏去，难以合理适当地解决问题。

但经过一百多年的曲折发展，中国人还是向西方人学习了很多东西，

---

① 《王安石全集》，上海古籍出版社，1999年，第253页。
② 《张载集》，中华书局，1978年，第120页。
③ 《船山全书》第2卷，岳麓书社，2011年，第301、299页。

并把它与中国传统结合了起来。到了抗日战争时期，毛泽东的《新民主主义论》从政治革命角度对"古今、中西"之争作了一次历史性的总结。虽然当时是艰苦的战争年代，因民族精神的高涨，哲学在会通中西、推陈出新方面也取得了可喜成绩。可以说，如进化论哲学、唯物史观、逻辑分析方法等从西方输入的东西，在中国土地上传播后，经过一个中国化过程，已成为中国传统的有机组成部分。这都是近代哲学革命的成果。而如金岳霖提出"以得自经验之道还治经验之身"的知识论原理，毛泽东根据能动的革命的反映论来阐释认识运动的秩序等，都可以说是会通中西哲学的创造性贡献。

但在 30—40 年代，不可能作全面的总结，因为那是个战争年代。甚至整个 20 世纪，上半叶是一次又一次的战争，下半叶是一次又一次的运动，人们始终不能安下心来作系统的反思，作全面的批判总结。所以中国近代哲学革命也至今未得到全面总结，尤其表现在方法论、价值论两个方面。

近代哲学革命包括思维方式和价值观念的革命，先进的思想家们在这两方面通过中西比较作了不少探索，是有成绩的。从严复开始，为了反对从"子曰""诗云"出发的经学独断论，就大力介绍西方的逻辑学。严复注重归纳法，章太炎注重演绎法，梁启超、王国维发展了历史主义方法。到了胡适把西方的实证科学方法与中国传统的考据方法结合起来，提出"大胆假设、小心求证"的方法，即实验室态度；并明确指出历史主义是以进化论为根据的。金岳霖系统介绍了西方的数理逻辑，对逻辑哲学作了深入研究。而马克思主义者，特别是毛泽东，运用唯物辩证法研究现实和历史的问题，作出了很大成绩。这些都是近代哲学革命在逻辑和方法论问题上的贡献。

在价值观念问题上亦复如是。为了打倒封建的权威主义，挣脱纲常教义的束缚，先进的思想家们大力"冲决网罗"，反对复古主义，提出新的社会理想。康有为、孙中山、李大钊都对"大同之世"作了新的解释，从"自由、平等、博爱"的人道主义的乌托邦演变为科学的社会主义和人道主义的统一，大同团结与个性解放的统一这样的社会理想。在人生理想方面，近代哲学家提出了道德革命的口号，提出了"新人"的理想，就是平民化的自由人格理想。鲁迅对真实的自由人格的精神面貌作了很好的描绘，说这样的人格既自尊，又尊重别人；既为了大众的利益进行韧性的战斗，又完全清除了寇盗心和奴才气。同时，还有一些专业哲学家分别从认识论、伦理学、美学角度研究了真、善、美的价值，提出了新的见解。所以在关于人的自由和价值观的研究方面，近代哲学也是有成绩的。

但是思维方式和价值观念的革命有其特别的艰巨性、复杂性，传统的保守势力很强大，而从西方学来的东西又未必能对症下药。由于数千年的封建统治中儒学独尊，经学独断论和权威主义根深蒂固。而在它们日趋崩溃的时候，便又走向反面，成为相对主义和虚无主义——这是使整个社会成为一盘散沙的毒素。同时，中国的统治者是很擅长于"居阴而为阳"那一套的，公开讲的是引经据典，满口仁义道德，实际想的、做的却是见不得人的勾当。这种统治术给中国社会毒害很深，特别是助长了一种以"无特操"为特征的社会习惯势力，给思维方式和价值观的变革以极大阻力。正是由于近代哲学在思维方式和价值观念两方面的革命的任务的艰巨，而又未能作系统反思和批判的总结，所以难免造成很大的理论上的盲目性和实践上的失误，甚至造成"文革"那样的重大灾难。

经学独断论、经学的思维方式，自严复以来一直被批判；权威主义的封建纲常教义的价值观，自康梁以来也一直被批判，这些东西似乎已成为"死鬼"，但由于理论上的盲目性，"死鬼"又披着革命的外衣出来作祟。"文革"中，个人迷信代替了民主讨论，引征语录代替了逻辑证论。变相的权威主义和经学独断论泛滥全国，并被一小撮野心家所利用，造成前所未有的巨大灾难。而一旦个人迷信的狂热冷却下来，那些"居阴而为阳"的野心家的面目被戳穿，独断论和权威主义就走向反面，怀疑论和虚无主义俘虏了人们，造成了严重的信仰危机。

近十多年来，作出了改革开放的战略决策，经济上取得了较快的发展。但就思维方式和价值观念来说，盲目性仍然很大。一窝蜂、随风倒的现象很普遍，言行不一、缺乏操守的现象到处可见，鲁迅所痛斥的"做戏的虚无党"仍然很活跃。做戏的虚无党除了权力迷信和拜金主义以外，什么也不相信，却冠冕堂皇地说着另一套，摆出正人君子的面貌。

这就说明很需要在哲学上对逻辑和方法论、自由理论和价值观作深入的研究。对这两个领域自近代以来在中西哲学比较和会通中所取得的成就应作一系统研究和总结，这是有重要现实意义的。当然，对思维方式和价值观念的变革作全面深入的总结，以期从根本上解决问题，需要政治、经济、文化、社会各方面的协作。但哲学家有自己的一份责任，即从哲学上回答这个问题。

3. 在方法论和价值观上比较中西哲学传统

按我自己提出的说法——化理论为方法、化理论为德性，那么，讨论思维方式和方法论问题、讨论人的德性和价值观念问题，当然都归结到其哲学理论根据是什么。既然问题是从"古今、中西"之争中发生的，我们便应对中西哲学发展史作比较研究，考察中西哲学各自在这两个方面有何民族特点，包括优点和缺点。

我在《中国古代哲学的逻辑发展》中指出，和西方相比，中国传统哲学在逻辑思维方面的特点，是较早地发展了朴素的辩证逻辑，而形式逻辑一直较受冷落。中国人缺乏古希腊的欧几里得几何那样的公理化的形式逻辑体系，后来在明清之际也未能形成以假设和实验为中心环节的近代实验科学方法，从而落后于西方。所以从逻辑思维方式讲，中国人有不同于西方人的弱点。但是，辩证逻辑在中国古代得到了持续的发展，作为方法论被广泛运用于古代的自然科学和人文科学，且影响到文学艺术等领域，这又是中国人的优点。当然，古代的辩证逻辑和方法论缺乏近代实验科学的基础，具有朴素性。

到了中国近代，哲学家很重视逻辑和方法论的探索，特别是从西方学到的形式逻辑、实验科学方法，需要在中国传统哲学中找到结合点，才能生根发育，这方面的工作是很有成绩的。如为形式逻辑找到了《墨经》、名家做结合点，为实验科学方法找到了清代朴学的考证方法做结合点等。而所谓找到结合点，那就是经过中西比较而达到会通，有了生长点了。所以我认为，形式逻辑和实验科学方法已经中国化了，中国人不会冷落它们了。但是，对自己的逻辑传统，特别是对中国古代的辩证逻辑和科学方法，我们却缺乏深入、系统的研究。与此相联系，还有一些有关逻辑、方法论的基本理论问题，如中国传统哲学的逻辑范畴及其在方法论上的意义问题，形式逻辑与辩证逻辑的关系问题，思想解放的理论内涵（首先是破除经学独断论）和科学的方法论的关系问题等，都未得到深入探讨。总之，在逻辑和方法论方面，怎样发扬自己的民族传统特色，进一步会通中西，在基本理论上还有不少工作要做。

至于中国传统哲学在价值观和自由理论方面的特点，我在《中国古代哲学的逻辑发展》中，着重讲了伦理价值观念方面的问题。虽然中西古代哲学都提出了道德行为既是自愿的，又是自觉的，但相比之下，西方哲学较多考察了自愿原则和自由意志的问题；而中国以儒家为主体的传统伦理学说则着重考察了道德行为的自觉原则，强调道德行为与理性认识的关系，并热衷于讨论道德教育与修养方法等问题。从积极方面说，这对培养民族正气产生了深远的影响。但正统派儒家特别是董仲舒和程朱等人，完全忽视了自愿原则，因此陷入宿命论，并严重地束缚了人的个性。

进入近代，由于社会经济的变化和西方哲学的影响，同商品经济与个性解放思潮相联系，许多人强调自愿原则，并形成了一个强大的唯意志论传统，而与宿命论相对立。唯意志论在近代中国的出现，最初有进步意义，但以唯意志论对抗宿命论不能解决问题，反而在理论上、实践上形成为两极对峙，助长了忽左忽右、用一个极端反对另一个极端等现象。这又转过来加强了鲁迅所揭露的那种"无特操"的劣根性。可以说，在这个问题上，比较和会通中西的工作并未成功。这也说明中国近代哲学在自由理论、价值观上的探讨虽有若干贡献，但很需要进行深入的批判总结。而且应该说，在我国，把价值论作为哲学的一个独立领域来研究，只是近年来的事。有关价值论的一些基本原理，特别如伦理价值观上的自愿原则和自觉原则的统一，合理的价值体系的基本原则，人的自由本质与真善美这些精神价值的关系等，都有待作深入研究。

而为要对逻辑与方法论、自由理论与价值观这两方面作批判的总结，按我的"化理论为方法、化理论为德性"的观点，方法和德性两者还有个共同的认识论基础，两者都归结到智慧学说。只有在智慧学说即关于性和天道的认识及如何转识成智的问题上，达到新的理论高度、新的哲理境界，才能会通中西，解决上述有关逻辑与方法论、自由学说与价值论这两个方面的基本理论问题。

思维的逻辑要符合现实之道（天道与人道），方法论的基本原则与认识的辩证运动是一致的。真善美等价值是人的要求自由的本性的体现，价值体系的基本原则与人的认识的辩证运动也是具有一致性的。而归根到底认识的辩证运动是天与人、性与天道的交互作用，是实践基础上认识世界和认识自己的交互作用，表现为由无知到知、由知识到智慧的辩证发展过程。这些就是我在系统地研究了中国哲学史，并同西方哲学作了粗略比较后所形成的看法，也是给自己提出的须作深入探索的任务。

四、在认识世界和认识自己的过程中转识成智

1. 以得自现实之道还治现实

金岳霖先生的知识论，主旨是"以经验之所得还治经验"，以得自所与的概念来摹写和规范所与，这就是以所与之道还治所与之身。

1957 年我与他讨论时，我把他的思想扩充了一下，成为"以得自现实之道还治现实"。我用这句话概括了他的知识论思想，其基本点是：从对象方面说，就是本然的现实化为自然，自然的所与化为事实；从主体方面说，就是主体有意识：知觉到一件件的事实，理解了一条条现实固有的理或规律；而综合起来说，这个主客交互作用的程序就是知识经验。所以，金先生的知识论的中心思想，可以用"以得自现实之道还治现实"来概括。

我接着金先生的这一原理作了引申。金先生注重的是对人类知识经验作静态的分析，他的分析工作做得很细密。但他没有把它作为基于社会实践的历史进化和个体发育的自然过程来进行考察。我认为对知识经验以及金先生的原理，还应进一步作动态考察。我沿着实践唯物主义辩证法的路子，来讲以得自现实之道还治现实。以得自所与者（概念）还治所与，便是有"知"。但知与无知的矛盾一直难分难解，因此概念并不是一次抽象就能取得完成形态的，它有一个从前科学概念到科学概念，从低级阶段的科学概念到高级阶段的科学概念的发展过程。在这个过程中，以得自经验之道还治经验，概念对现实的摹写与规范反复不已，知

与无知的矛盾不断得到解决。于是知识的科学性越来越提高，经验经过整理就显得秩序井然了。这是讲的对由无知到知的矛盾运动的动态考察。

同时，"以得自现实之道还治现实"这句话省略了一个主词——我，"取得"和"还治"的认识活动当然有一个主体，即"我"。我以得自所与者还治所与，化所与为事实，同时就是我用判断把事实与思想结合起来，于是，我有了"觉"。人类在进行知觉和思维活动时，有个"我"统率着知识经验的领域，这个"我"借用康德的术语就叫"统觉"。这个具有统觉的我，不仅有关于客观的事实和条理的意识，而且在与他人交往中，自证其为主体，是有自我意识的。我有意识地认识世界，逐步把握现实之道，同时也就意识到我是主体，并在意识活动中逐步认识自己、认识自己的本性。作这样动态的考察，在实践基础上的认识运动就表现为认识世界和认识自我的互相促进的过程，也就是现实之道与心性交互作用的过程。

随着认识的发展，自我提高了自觉性，"以得自现实之道还治现实"的原理便由理论转化为方法、转化为德性。金先生的《知识论》已提出了理论转化为方法的思想，他说："所谓科学方法，即以自然律去接受自然，或以自然律为手段或工具去研究自然。……所谓利用自然律以为手段，就是引用在试验观察中所用的方法底背后的理，以为手段或工具。"①观察实验中运用自然律作为接受方式，即以自然过程之"理"还治自然过程，科学理论便转化为方法。同时，人类认识世界的过程、即以得自现实之道还治现实的过程，本身也是基于实践的自然过程。客观现实之道是自然过程，认识过程之道也是自然过程，所以方法论的最一般原理无非就是以客观现实和认识过程的辩证法还治客观现实和认识过程之身。

而在人文领域，由于目的因成为动力因，"以得自现实之道还治现实"就成为从现实生活中吸取理想，又促使理想化为现实，而作为主体的"我"便要求成为自由人格。人的自由是在实现理想的活动和成果中取得的。自由是历史的产物。人类在化自在之物为为我之物的过程中，发展了科学、道德、艺术等，同时也就培养了以真善美为理想和信念的

---

① 《金岳霖全集》第3卷（上），人民出版社，2013年，第558页。

人格，人们不仅按照理想来改变现实，也按照理想来塑造自己，取得越来越多的自由。自由人格就是有自由德性的人格，在实践和认识的反复过程中，理想化为信念、成为德性，就是精神成了具有自由的人格。所以人格是承担理想的主体，也是实现理想的结果。

总之，我对金先生的知识论原理"以得自现实之道还治现实"所作的引申，就在于从静态分析进到动态考察，把这一原理看作是基于实践的认识世界和认识自己的交互作用过程，并进而从"化理论为方法、化理论为德性"两方面作了发挥。

2. 思维由抽象到具体

在昆明与金先生讨论"知识论的态度"与"元学的态度"、知识和智慧的关系问题时，金先生曾说："大致有两类哲学头脑，一类是 abstract mind，一类是 concrete mind。"他觉得他自己有点偏于 abstract，而我这个学生可能比较喜好 concrete。虽然他这样说，在《知识论》中着重对知识作静态分析，确实也是偏于抽象，但这个时期（40 年代）他实际上对"具体"感兴趣，发表了《势至原则》一文。这篇论文中提出"何以有现在这个世界"的问题，讨论"说不得的东西如何能说"的问题，这就是在探求具体。金先生区分了"这样的世界"和"这个世界"，说得的和说不得的，名言世界和非名言所能达的领域，并作了深入探讨，是很富于启发意义的。

我试图对认识过程作动态的考察，确实倾向于要求把握具体，所以对于《势至原则》中提出的"何以有现在这个世界"问题甚感兴趣。但我当时感到金先生不免有点把问题抽象化了。如他说可以把现在这个世界"假定为宇宙洪流在这一分钟或这一年中平削的现实"，"从小范围着想，就是问我何以坐在这间房子里？这张纸何以摆在桌子上？"[1] 等等。我以为他所谓"平削的现实"是个抽象，而我坐在这间房子里和这张纸摆在桌子上等，只是殊相，而殊相也不等于是具体。那么，"何以有现在这个世界"的问题，如何提法才是把它更具体化？我考虑了很久。后来我认为：从大范围说，问"何以有现在这个世界"就是问"何以有这个宇

---

① 《金岳霖全集》第 2 卷，人民出版社，2013 年，第 355—356 页。

宙洪流？"只有唯一的现实的洪流，即无限的至大无外的宇宙洪流。从小范围说，问"何以有现在这个世界"，就是问"何以有这个现实的过程？"——举例来说：马克思《资本论》问的是何以有这个商品经济社会？其演变、发展进程如何？毛泽东的《论持久战》问何以有这场中日战争？这场战争会如何进行？天文学家问何以有这个太阳系？太阳系的演化过程如何？……以至于小说创作写有个性的典型性格，如何通过若干情节而展开；日常生活中我们向别人介绍自己的亲友，用一些生动的情节来描述他的个性、脾气等等，都是把有关对象作为一个具体的现实历程。

从理论思维要把握的具体，即辩证法的具体来说，所谓具体真理有双重含义：一是如马克思在《〈政治经济学批判〉导言》中讲的由抽象上升到具体，指科学认识由分析达到综合阶段，克服了各种抽象理论的片面性，具有了完备的客观性。二是如毛泽东《实践论》中讲到的"主观和客观，理论和实践，知和行的具体的历史的统一"，指认识克服了理论与实践相分离的主观主义，实践不再是盲目的，理论不再是空洞的，达到了主观与客观、理论与实践的一致。这两种含义的具体都是讲通过矛盾的解决有了全面性的认识。但在前者的意义上，强调的是现实过程本身（包括客观过程与认识作为自然过程）的对立的统一，在后者的意义上，强调的是主观与客观之间、自然界与人之间的对立的统一；这两层意义有区别，但互相联系、不可分割。

人们思维运用的概念是抽象的，对于逻辑思维能否把握具体真理的问题，哲学史上许多人表示怀疑，提出种种责难。怎样实现由知识向智慧的飞跃，问题的关键就在这里。我在《怎样认识世界》那本小册子中专门写了一章："思维的矛盾运动"。认为疑问、惊诧是思想之母，思维是从发现问题、提出问题开始，经过分析而又综合，达到解决问题的过程。所谓问题，一方面是客观过程中矛盾的反映，客观过程本身是有多方面联系的、对立统一的；另一方面是主体本身具有的矛盾的表现。主体有疑问，就是有知与无知的矛盾，主体、自我本来就是群体与个性的统一，并且受各种条件的制约。我们对认识作动态考察，就要把辩证观点、群己之辩引入认识论，而把思维看作是在社会交往中发现问题到解决问题的矛盾运动。人们既受种种主客观条件的限制，认识当然难免有片面性、抽象性，产生意见分歧和观点对立。但在群体中自由讨论，通过不同意见、不同观点的争论，又有可能克服片面性、抽象性，获得对问题的比较全面的认识，即比较具体地把握现实事物的矛盾的发展、各方面的有机联系，使问题在实践中获得合理的解决，达到认识与实践、主观与客观之间具体的历史的统一。这样就是把握一定历史条件下、一定领域的具体真理。

所以，思维的矛盾运动是"一致而百虑，同归而殊途"的过程，这过程与在实践基础上的感性与理性的反复是互相联系着的，于是整个认识过程就表现为由具体到抽象，再由抽象上升到具体的矛盾运动。

3. 转识成智的飞跃

以上说的"一致而百虑，同归而殊途"的反复，由具体到抽象，再由抽象上升到具体，是认识运动和发展的普遍形式和规律，科学、哲学都是如此。但哲学又与科学有所不同，科学分别研究某个历史过程、某种运动形态的问题，哲学却要把握整个宇宙洪流及其演化程序，把握自我作为具体的精神主体（作为群体与个性的统一）的全面活动，而且还要把握整个自然界和人之为主体之间的交互作用。所以，哲学要求把握具体真理的认识有其为科学认识所没有的独特问题，那就是：在实践基础上认识世界和认识自己的交互作用中如何转识成智，获得关于性和天道的认识？这样一种具体的认识是把握相对中的绝对、有限中的无限，有条件东西中的无条件的东西。这是超名言之域，要通过转识成智，凭理性的直觉才能把握的。这就是中国哲学家所说的"顿悟"，是通过转识成智的飞跃，豁然贯通而把握的。

理性的直觉并不神秘。艺术家运用想象力把形象结合成有机整体，以创造意境，往往出于"妙悟"。科学研究中不乏灵感不期而至、豁然贯通而有所发现的事例，都是理性的直觉的表现。道德实践、宗教经验中也存在着这类体验。但哲学的理性直觉的根本特点，就在于是具体生动地领悟到无限的、绝对的东西，这样的领悟是理论思维和德性培养的飞跃。它是思辨的结晶，还需用思辨的综合加以论证；是德性自由的表现，还需在言行一致的人生实践中加以自证。所以这个飞跃是理性直觉，也是思辨的综合和德性的自证。

就我个人说，我主要从哲学史研究中对思辨的综合有一点亲切的体会，哲学家所要探索的根本问题可以概括为思维和存在的关系问题，或按中国传统哲学的提法，概括为天与人、性与天道的关系问题。这个根本问题一次次地取得不同形态，在不同历史阶段里表现为不同形式的问题，展开不同的论辩。如在中国哲学史上，表现为天人之辩、名实之辩、形神之辩、力命之辩、性习之辩、有无（动静）之辩、理气（道器）之辩、心物（知行）之辩等等。每一论辩都可说是经历了由抽象上升到具体的发展过程，经过不同观点、不同学说的论争，到一定阶段上作出较全面的批判总结，达到具体的、历史的统一。然后又有新的问题提上日程，又产生新的论争，又经历由抽象到具体的发展。这样，哲学史就表现为复杂的螺旋式发展的辩证运动，而哲学就在哲学史中展开，便不断地复归出发点，又不断地取得新的形态，达到新的境界。每次新境界的获得，都是一次飞跃，都包含有理性直觉。而哲学家的新境界既然是从哲学史总结出来的，是哲学史论争的辩证的综合，那么，哲学史的辩证发展过程也就成了哲学家的新学说、新境界的论证。

我把认识的全过程看作是在实践基础上的认识世界和认识自我的交互作用过程，所以哲理境界由抽象到具体的飞跃，既要凭借对天道、人道、认识过程之道的辩证综合，又要求在自己的德性培养中获得自证。两者（思辨的综合与德性的自证）是互相联系、不可分割的。据我的体会，德性的自证首要的是真诚，这也是中国哲学史上儒家和道家所贡献的重要思想。儒家着重讲"诚"，《大学》讲诚意，毋自欺；孟子说"诚者天之道，思诚者人之道"（《孟子·离娄上》）；荀子说"养心莫善于诚，致诚则无他事矣"（《荀子·不苟》）。道家崇尚自然，着重讲"真"，提出以真人为理想，要求返璞归真。儒道两家说法虽不同，但都以为真正的德性出自真诚，而最后要复归于真诚。

要保持真诚就要警惕异化现象。自然经济条件下人对人的依赖不可避免，商品经济条件下人对物的依赖也不可避免，在这种依赖关系基础上，因人的无知而产生权力迷信和拜金主义，以致权力、金钱成了异化力最反过来支配了人，人成了奴隶，甚至成了"奴才"。而且在中国，这种异化力量还特别善于伪装，披上了正人君子的外衣，成了鲁迅所痛斥的"做戏的虚无党"。要保持真诚，必须警惕这种异化力量，警惕伪君子假道学的欺骗。要培养真诚的德性，就要实行戴震所说的"解蔽""去私"：一方面，要破除迷信，解除种种蒙蔽，积极提高自己的学识和修养；另一方面，要去掉偏私，在社会交往中正确处理群己关系，真诚地推己及人，与人为善。

主体的德性由自在而自为，是离不开化自在之物为为我之物的客观实践活动过程的。所以，德性的自证并非只是主观的活动、主观的体验，而有其客观表现。心口是否如一，言行是否一致，这是自己能"自证"的，别人也能从其客观表现来加以权衡的。对从事哲学的人来说，从真诚出发，拒斥异化，警惕虚伪，加以解蔽、去私，提高学养，与人为善，在心口如一、言行一致的活动中保持自己的独立的人格、坚定的操守，也就是凝道而成德、显性以弘道的过程。真正能够凝道成德、显性弘道，那便有德性之智。"德性之智"这个词是中国传统哲学固有的。我不赞成过去哲学家讲德性之智时所具有的先验论倾向，不过，克服了其先验论倾向，这个词还是可用的。德性之智就是在德性的自证中体认了道（天道、人道、认识过程之道），这种自证是精神的"自明、自主、自得"，即主体在返观中自知其明觉的理性，同时有自主而坚定的意志，而且还因情感的升华而有自得的情操。这样便有了知、意、情等本质力量的全面发展，在一定程度上达到了真、善、美的统一，这就是自由的德性。而有了自由的德性，就意识到我与天道为一，意识到我具有一种"足乎己无待于外"的真诚的充实感，我就在相对、有限之中体认到了绝对、无限的东西。

五、"智慧说三篇"的基本思想

以上简要地叙述了我对知识和智慧关系问题的探索过程。探索所得的结果被表述出来，思想取得了语言文字的外壳，就是"智慧说三篇"。三篇著作各具相对独立性，又互相联系成一整体，《认识世界和认识自己》是其主干，而《逻辑思维的辩证法》与《人的自由和真善美》是其两翼。

1.《认识世界和认识自己》

本篇主旨在讲基于实践的认识过程的辩证法，特别是如何通过"转识成智"的飞跃，获得关于性与天道的认识。

哲学家进行理论的探索，是为了回答时代的问题和哲学本身的问题。所以，理论的出发点就是问题。哲学领域有许多问题，而归结到最根本的问题就是天和人、自然界和精神的关系（或者说自然界、精神以及观念三者的关系），这也就是哲学的理论探索的最根本的出发点。

现在我们要研究认识理论。

人生来无知。认识开始于实践，便有知和无知的矛盾，亦即产生了主观和客观、知和行的矛盾，而矛盾的解决即是知代替无知，达到主观和客观相符合、认识和实践相一致。所以，主观和客观、认识和实践是认识论最原始的基本的关系。但就这基本的对立关系来说，还有哪个是本原（第一性）的问题，这就有唯物主义和唯心主义、实在论和观念论的对立。"智慧说三篇"以心物、知行关系问题作为出发点，在实践唯物主义的基础上来阐述认识世界和认识自己的辩证法，亦即由无知到知、由知识到智慧的辩证运动。

我从哲学史研究中作出概括，以为认识论的主要问题有四个，即：感觉能否给予客观实在？理论思维能否把握普遍有效的规律性知识？逻辑思维能否把握具体真理（首先是世界统一原理和发展原理）？理想人格或自由人格如何培养？

《认识世界和认识自己》就是回答这四个问题：

第一，我从唯物论或实在论观点出发，肯定在实践和感性直观中人能获得客观实在感，换言之，实践中获得的感觉能给予客观实在，这是由无知到知的开端。实践经验是主观与客观、意识与存在之间的桥梁，是人类全部认识活动的基础。天与人、认识世界与认识自己的交互作用就是在实践基础上展开的。

第二，我吸取了金岳霖的理论：知识经验领域无非是以得自经验者还治经验。得自经验者即概念，用概念来摹写和规范经验，以得自现实之道还治现实，这就是接受总则。作为知识经验主体的"我"，运用逻辑范畴进行思维，运用接受总则统率经验领域。形式逻辑和归纳与演绎统一的接受总则是知识经验的必要条件，或者说是普遍有效的规律性知识之所以可能的条件。

第三，科学知识经过逻辑论证和实践检验就是真理，而真理是一个"一致而百虑，同归而殊途"的过程。这是因为现实本是多样统一的，而主体离不开群己关系。通过理论上的一致百虑和实践上的同归殊途的反复，真理的辩证发展过程表现为从具体到抽象、从抽象再上升到具体。具体真理归结到世界统一原理和发展原理。我们肯定逻辑思维能把握具体真理，对"言、意能否把握道"的问题作了肯定的回答：人的认识能在相对中把握绝对，从有限中揭示无限。

第四，关于道的真理性认识和人的自由发展内在地相联系着，这就是智慧。智慧使人获得自由，它体现在化理论为方法、化理论为德性。这里的"理论"指哲学的系统理论，即以求"穷通"（穷究天人之际与会通百家之说）为特征的哲学的智慧，它是关于宇宙人生的总见解，即关于性与天道的认识，以及对这种认识的认识（此即智慧学说）。由知识到智慧是一个飞跃，包含有一种理性的直觉，不过这种理性直觉之所得也是思辨的综合和德性的自证，是可以论证和体验到的。

以上就是认识过程辩证法的基本点。与之相联系，从对象说，是自在之物不断化为为我之物，进入为人所知的领域；从主体说，是精神由自在而自为，使得自然赋予的天性逐渐发展成为自由的德性。在没有能所、主客的对立时，自然界是未曾剖析的混沌，"强为之名"，我们称之为自在之物或本然界。人类由无知到知，以得自经验者还治经验，本然界就转化为事实界。事实界是自然界之进入经验、被人理解的领域。而主体以"统觉"统率这一知识经验领域，也具有了自我意识，并意识到了人之所以为人的类本质，事实界有各式各样的联系，有本质的和非本质的，有必然的和偶然的。一切事实间的联系都是可以思议的。可以思议的领域称为可能界。可能界并不是在事实界之外独立自存的世界，而是主体以一定观点为视角、依据事实材料（也许是零碎的）、运用逻辑思维（至少不违背矛盾律）来把握的领域。主体的观点包含在人们的意见中，不只有个性差异，而且表现了某种群体意识，反映了人的社会本质。现实发展提供的多种可能性，对社会的人们的需要来说，有的适合，有的违背，有的无关。人们把握了适合人的需要的现实的可能性，以其作为目的，创造条件而使之化为现实，便是创造了价值。一切价值（指正价值，包括功利与真善美等）都是现实的可能性和人的本质需要相结合的产物。价值界是人化的自然，是人类在其社会历史发展中凭着对自然物进行加工而造成的文化领域。人们在改变自然的过程中造就人本身（包括群体和个性），主体获得越来越多的自由意识。人类按其发展方向说在本质上要求自由。通过实践基础上的认识世界与认识自己的交互作用，人与自然、性与天道在理论与实践的辩证统一中互相促进，经过凝道而成德、显性以弘道，终于达到转识成智，造就了自由的德性，体验到相对中的绝对、有限中的无限。

2.《逻辑思维的辩证法》

本篇主旨在讲化理论为方法，说明认识的辩证法如何通过逻辑思维的范畴，转化为方法论的一般原理。

在人们从经验中抽出概念来摹写和规范现实、化所与为事实、运用命题加以陈述、作出肯定或否定的判断时，已是在用概念做工具来区别这个、那个，对现实事物作了剖析，有了理解。一切概念都具有这种做工具或剖析方法的功能。所以，可以说，"即以现实之道还治现实"这个认识论原理，已包含有方法论的基本原则。

但运用概念做工具便涉及概念之间的逻辑联系。作为知识的细胞形态的事实判断，如"这个是 A""那个是 B"等，一方面是对这个、那个作了区分，有所识别，指出其各有特殊时空位置；另一方面则是把这个、那个分别安排在不同的概念（A、B）中。概念都是有结构的，在概念结构中，思想合乎逻辑地相联系着，而最一般的联系形式就是逻辑范畴。时空形式与逻辑范畴是事实界最普遍的条理。

《墨子·大取》说："夫辞以故生，以理长，以类行也者。"首次完整地把"类、故、理"三者作为逻辑范畴提出来。认为在论辩时，提出一个论断要有根据、理由（故），一定要遵循逻辑规律和规则进行推理，而且不论何种形式的推理，都要按"以类取，以类予"的原则来进行（在古典的形式逻辑体系中，那就是按事物间的种属关系来进行）。类、故、理是中国传统哲学和逻辑学中的基本逻辑范畴，也是人们的认识由现象深入本质、理论思维力求在事实间把握其本质联系所必经的环节：知类，在知其然；求故，在探求其所以然；明理，在阐明其必然与当然。

《墨经》研究了类、故、理的范畴而建立了形式逻辑的体系。荀子也研究了类、故、道（理）的范畴，但他讲"统类""辩则尽故""以道观尽"，强调全面地看问题和"解蔽"以明"大理"，则是辩证逻辑的思维。所以，在哲学史上有两种逻辑。人们通过概念、判断、推理等思维形式来把握世界，并用语言来交流思想，要求概念和对象间有一一对应关系，在一定论域里不能偷换概念，亦即思想必须遵守同一律。这表明思维有其相对静止状态。对这种相对静止状态，我们撇开其具体内容来考察思维形式的结构，这就有形式逻辑的科学。但为要把握现实的变化和发展过程、把握具体真理，思维在遵循形式逻辑的同时，概念还必须是灵活的、能动的、对立统一的。而作为概念结构的一般联系形式的类、故、理范畴，贯彻了对立统一、矛盾发展的原理，便成为辩证的体系。概念的辩证法即辩证逻辑，它是哲学的一部分，亦即作为逻辑学的辩证法。两种逻辑有区别，但不能分割开来。普通的形式逻辑已包含有辩证法的萌芽，辩证思维也一定要遵守形式逻辑。

就哲学的三项（物质、精神和观念）的关系说，客观辩证法、认识论和逻辑是统一的。所以辩证逻辑的范畴是现实存在的本质联系方式、认识运动的基本环节和逻辑思维的普遍形式的统一。我从这样的观点来粗略地勾画了一个辩证思维的范畴体系，以"类"（包括同一和差异，单一、特殊和一般，质和量，类和关系等）、"故"（包括相互作用和因果关系，根据和条件，实体和作用，质料、内容和形式，动力因和目的因等）、"理"（包括现实、可能和规律，必然、偶然和或然，目的、手段和规则，必然、当然和自由等）的次序作安排，结合着阐述了中国哲学史上的相反相成、象数相倚、体用不二、矛盾倚伏、理一分殊、天人合一等重要辩证法思想。而从范畴体系的整体来说，对立统一、矛盾发展原理是其核心。正是通过这些范畴的辩证的推移并进行思辨的综合，使得人们的认识能把握具体真理，亦即能运用逻辑思维从相对中把握绝对、从有限中揭示无限，而有限和无限的矛盾运动便表现为无止境的前进发展过程。

一般地讲思想方法，就是运用逻辑作为思维工具。形式逻辑是陈述思想和交换意见所必须遵守的条件，当然具有普遍的方法论意义。不过我们这里注意的是辩证方法，就是以得自客观现实和认识过程的辩证法之道，来还治客观现实和认识过程本身，于是理论便化为方法。贯串于逻辑范畴体系中的对立统一原理转化为分析与综合相结合，认识过程的辩证法的运用表现为理论和实际的统一——这两条，亦即荀子所说的"辨合"与"符验"，是辩证方法的基本要求。

更具体点说，与上面说过的认识过程的辩证法的基本点相联系，分析与综合相结合的方法包含有"开始、进展和目的"三个环节：从实际出发，客观地全面地把握所考察对象的原始的基本的关系，从而把握问题的根据；对"根据"作矛盾分析，指出有不同的发展的可能，其中什么是占优势的现实的可能性（亦即发展的必然趋势）；进而说明如何依据规律来创造条件，使有利于人的可能性化为现实，以达到目的，实现主观与客观、知与行的具体的历史的统一。这一"开始、进展和目的"的理性活动，体现了所认识领域由事实界、可能界到价值界的运动，也可说是类、故、理范畴互相联结着而展开的过程。所以归纳和演绎相结合、历史和逻辑的统一也是分析与综合相结合的方法的组成部分。不过事物矛盾的分析研究，如果着重横的剖析（如在实验科学中），归纳与演绎的结合便成为主要的；如果着重纵的考察（如在历史科学中），历史和逻辑的统一便成为主要的。同时，不论哪个研究领域，与矛盾分析相结合，要展开对不同意见、不同观点的评论，实行荀子所谓"解蔽"，克服各种片面性和主观盲目性。解放思想，始终保持心灵自由思考，是正确地运用方法的前提。

这里所说的辩证方法的基本原理，是把握具体真理的方法，它是哲学的方法，也程度不同地适用于各门科学。不过，科学还有其特殊的方法，而且哲学不同于具体科学，不是在求分别的真，而是要求"穷通"，把握关于性与天道的真理性认识，即智慧。哲学的辩证方法不是在把握个别具体历史进程，获得的见解也不能在实验室里验证；它通过思辨的综合来转识成智，并且要由自由的德性来亲证。

3.《人的自由和真善美》

本篇主旨在讲化理论为德性。认识的辩证法贯彻于价值论领域，表现为在使理想成为现实以创造真善美的活动中，培养了自由人格的德性。

认识活动包括认知和评价，两者不能分割，但可以区分。在认知中，主体和客体的关系是外在的；而在评价中则是内在关系。仅仅是对事实和规律的认知，判断其真假不是评价问题。评价在揭示为我之物和人所需要之间的联系：为我之物因具有某种功能或可能性，符合和满足人的需要，使人们觉得它可喜、可爱，给以肯定的评价，称之为"好"或利，这就是广义的价值（正价值）；反之，如与人的需要相背离，人们给以否定的评价，称之为"恶"或害，便是负价值。

评价有一个发展过程："好好色、恶恶臭"是本能的活动，凭直觉到的好恶，立即作出避苦求乐的选择。但日常生活中的苦乐、利害往往错综复杂，这便要由理性来作权衡和选择：利之中取大，害之中取小，正确处理目前利益与长远利益、局部利益与整体利益的关系等。理性在作权衡时，还进而区分了物质利益和精神价值。物质利益指人类物质生活的需要，是劳动生产的创造。而为了物质生产的进行，社会需要建立种种制度、组织，于是有许多与群体利益有关的功业，所以我们通常把功利二字连在一起。而在精神价值领域，同人的精神力量知、意、情相联系着，有真、善、美价值的创造，体现在科学、道德、艺术等文化成果中。文化的价值都具有两重性：一方面是为了增进人类的利益而有功利性，因而具有工具的意义；另一方面，它们是人的本质力量的显现，人在其中能获得精神的满足，所以本身即是目的，因而具有内在价值。人在鉴赏艺术与自然美中有美感和愉快，在与人为善的德行中有幸福感，以至智慧的灵感给人以激动和超脱感等，也都可说是欢乐，但这同平常说的"利，所得而喜也"的快乐具有不同的性质。这种乐趣，确是不计利害，无所为而为的。

不论是功利还是真善美等精神价值领域，评价都是理性以一定的理想做标准来进行权衡和选择，而价值的创造就是化理想为现实的活动，反映现实的可能性的概念和人的本质需要相结合而成为人的活动的目的，活动所要达到的未来结果被预先构想出来，概念便取得了理想形态。人类从事物质生产和精神生产，都可说是从现实中汲取理想而又促使理想化为现实的活动。理想的实现意味着人的自由：就客体说，是化自在之物为为我之物，使自然人化而成为适合人性、合乎人的需要的；就主体说，则是精神由自在而自为，因天资之材来造就具有自由德性的人格。不论是物质生产还是精神生产，都是客体和主体、自然界和人的交互作用过程，正是凭着人化的自然，人的本质力量对象化了，转过来又促进作为主体的人的能力、德性发展起来。精神主体所具有的知、意、情等力量，固然有自然的禀赋为前提，但主要是在实践和教育中培养锻炼出来的，是凭着相应的对象（为我之物）而形成和发展起来的。

马克思在论到必然之域和自由之域时说，物质生产领域始终是个必然之域，在这个领域，人的自由只能是：严格按照自然必然性和尽可能在适合人性的条件下来进行种种物质变换；超越这个现实的物质生产领域之上，在由必需和外在目的规定要做的劳动终止的地方，"作为目的本身的人类能力的发展，真正的自由之域，就开始了"①。虽然马克思是就共产主义的理想目标讲的，但正如真理是过程，理想和自由也都是过程。人类历史的每一次重大进步和飞跃，都可说是由必然之域奔向自由之域总过程中的环节。而每一个飞跃都包括两方面：在物质方面是趋向自由劳动的进步，在精神方面是趋向以发展人类本质力量（知、意、情等）为目标的"真正自由之域"的进步。所以在不同的价值领域，自由有不同的含义，需分别加以考察——不只要区分物质的和精神的，还要区分真、善、美等不同领域。从认识论来说，真作为价值范畴，是指客观真理的认识是真诚的理性精神的需要，而自由就是这种体现理性精神的真理性认识在改变世界和造就自己中作为理想得到了实现。从伦理学说，自由是人们出于理智上自觉和意志上自愿在社会行为中遵循当然之则（道德规范），也就是这些准则或规范所体现的进步人类的"善"的理想，在人们的德行和社会伦理关系中得到了实现。从美学说，自由就是在"人化的自然"中直观人自身；因为人的本质力量在人化的自然，特

---

① 参见《马克思恩格斯全集》，第 25 卷，人民出版社，1974 年，第 926—927 页。译文我作了校正。——原注

别是艺术品中对象化、形象化了，审美理想在贯注了人的感情的生动形象中得到了实现，于是人们便从对美的事物的欣赏中获得自由的美感。

不过异中有同，功利与真、善、美等精神价值构成统一的价值体系，认识的辩证法贯串于其中，最主要是两条，即：理想与现实的统一，天与人、性与道的统一；而劳动或感性实践则是这两个"统一"的桥梁。但劳动以及在劳动中形成的社会关系是一个历史过程，在一定历史阶段，劳动的异化是不可避免的，并因此使许多人陷入权力迷信、拜金主义等迷途。只有克服这种异化现象与迷误观念，劳动才能成为自由的。趋向自由劳动是合理的价值体系的基础。在此基础上，从哲学史上看，还需正确地解决天人之辩、理欲之辩、群己之辩等。这就是说，合理的价值体系的原则应该包括：自然原则和人道原则通过自由劳动（自由的感性活动）的辩证的统一；人的本质力量，即理性与非理性（情意）的全面发展；自由个性和集体精神互相促进，奔向个性解放和大同团结相统一的理想目标。

人类在创造文化的同时培养自己，提高了自身的价值。同上述合理的价值体系的原则相联系着，认识的辩证法贯彻到提高人的素质和培养理想人格的过程中，我们将引申出：在自然和人、客体和主体的交互作用中，实践和教育相结合，世界观、人生观的培养和德育、智育、美育相结合，集体帮助和个人主观努力相结合，以求个性全面的发展——是培养平民化的自由人格的基本途径。我们讲的理想人格不是高不可攀的圣人，而是平民化的，是多数人经过努力可以达到的。这样的人格是自由的个性，这是说他不仅是类的分子，表现类的本质；不仅是社会关系中的细胞，体现社会的本质；而且具有独特的一贯性、坚定性，意识到在"我"所创造的价值领域里是一个主宰者，他具有自由的德性，而价值正是他的德性的自由表现。

平民化的自由人格是多样化的，不过世界观的教育是共同的需要。要把哲学的理论，即关于性与天道的真理性认识化为德性，需通过理想、信念的环节，并要求知、意、情互相配合。我们用正确的世界观来指导人生，一定要有出于真诚的理性认识和意志的自愿选择，并运用想象力把未来目标勾画出来，形成能激发感情力量的理想。而把理想贯彻于实践，就会碰到这样那样的困难。在同困难作斗争中（可能是很激烈的），精神力求保持明觉的心态和增强专一的意志力，便能使理想成为信念，并有一种自得之感。信念使人乐于从事，形成习惯，一贯地坚持理想、信念，习之既久，成为自然，感到天道和性是统一的，天道仿佛是我的理性所固有的，这才真正成为自由的德性，体验到了绝对即在相对之中，无限即在有限之中。这大体就是哲学理论经理想、信念的环节化为德性的过程。

以上，就是《智慧说三篇》的基本思想。

原载《认识世界和认识自己》，《冯契文集》（增订版）第 1 卷，华东师范大学出版社，2016 年

三、高清海　突破"教科书模式"的"类哲学"

高清海（1930—2004）男，原籍黑龙江省虎林县。哲学家、哲学史家。自幼随父到新疆伊犁。1941 年入迪化（今乌鲁木齐）一中学习。毕业后进新疆学院师资专修班学历史。1945 年肄业，随家经兰州（滞留二年）到沈阳。1948 年考入东北行政学院（吉林大学前身）教育系，次年转入研究班学习历史。1950 年年底在中国人民大学马克思主义基础教研室读研究生，在苏联专家指导下，学习逻辑学和哲学。1952 年回东北人民大学（吉林大学前身）任教。1957 年破格提为副教授，1979 年晋升教授，曾任吉林大学副校长、哲学系主任等。代表著作有：《马克思主义哲学基础》（上、下册，人民出版社，1985 年、1987 年）、《哲学与主体自我意识》（吉林人民出版社，1988 年）、《人的"类生命"与"类哲学"》（与胡海波、贺来合著，吉林人民出版社，1998 年）、《找回失去的"哲学自我"》（北京师范大学出版社，2004 年）、《欧洲哲学史纲新编》（主编，吉林人民出版社，1990 年）。大部分论著编入《高清海哲学文存》（6 卷本，吉林人民出版社，1997 年）和《高清海哲学文存续编》（3 卷本，黑龙江教育出版社，2004 年）。

走哲学创新之路

——十年哲学思想自述（1980—1990 年）

一、十年来我在哲学理论上主要做了哪些探索

我从 1980 年接受哲学教科书体系改革问题的研究任务，到现在正好十个整年。回顾十年来的工作，就理论方面说，我主要开展了三项研究：①突破僵化模式，改革教科书的哲学体系；②克服"本体论化"倾向，重新理解马克思主义哲学思想的实质；③体现时代精神，变革哲学观念，推进哲学理论进一步发展。

这是我对自己所做工作的理解，至于别人怎样看待和评价我的工作，当然可以另作别论。

这三项研究是紧密连接在一起的，或者说它们实质上是一个问题。改革教科书的哲学体系是一个突破口，一旦动手改革深入进去，就不能不碰到旧教科书存在的本体论化倾向问题，不能不提出对马克思哲学思想实质的重新理解问题。而这些问题的解决，又必然会引向观念的重大变革和哲学理论的进一步发展。

我也并不是一开始思想就这样明确的，认识也有一个逐步深化发展的过程。我最初确立的目标主要是改革教科书的哲学体系，但它们的内在逻辑如此，只要"陷进去"，就不能自已，非得走到底不可。

在苏联和我国，哲学教科书向来被看作马克思主义哲学理论的标准模式，人们用它去学习马克思主义哲学，用它去了解马克思主义哲学的。我是这样走过来的，我知道我们的许多哲学学者也都是这样走过来的，至于广大干部和学生就更不用说了。教科书不但在哲学自身理论领域具

有举足轻重的地位和意义，就连指导我们的国家生活、社会生活的哲学，在相当大的程度上也是以教科书的体系、内容为理论依据的。所以，说流行于我国的马克思主义哲学就是从苏联引进来的教科书的哲学，也并不算十分过分。于此可以想见，改革教科书哲学体系和内容，同在我国推进哲学理论发展之间是有多么密切的关系。改革教科书哲学就不能不改革支配我们头脑的哲学观念，反之，要想根本改进我国哲学理论的现状，不改革教科书的哲学也是不可能的。

当然，同一问题的另一方面也说明，改革教科书哲学是一件干系甚为重大的事情，搞不好很有可能招致不快乃至惹祸上身。1980 年 10 月教育部在昆明召开审稿会，我在会上接受了编写新体系教科书的任务之后，就有好心的朋友向我指出利害，规劝我不要去干冒风险的事。对此我心里是很明白的。我早就品尝过它的滋味了，应该说已是过来人。

50 年代中期，在刘丹岩教授启发下，由于我们对当时通用的苏联教材"辩证唯物论与历史唯物论"这种结构提出异议，指出它把辩证唯物论自然哲学化了，不符合马克思主义哲学的实质，在 1959 年末已经因此遭到过声势凌厉的"批判"。当时给我们戴的帽子好厉害，说我们的观点是"妄图肢解马克思主义哲学—整块钢铁、为右倾机会主义路线制造哲学根据"的"分家论"理论。我不是因为后来"平反"，好了疮疤就忘记了疼痛，我没有忘记，批判我们的场景至今回忆起来仍然历历在目：

批判会场，满座，刘丹岩怀抱书籍就位，我陪坐侧位。主持人宣布会议开始。

进行批判。

追问刘："你为什么要说历史唯物论是马克思的'社会学理论'？"

刘回答："那不是我说的，是列宁说的。"

刘搬出《列宁全集》第 1 卷，证明。

全场哑然，沉默片刻。

忽然醒悟，继续批判："列宁说是对的，你说就不对。"

这还是"文化大革命"前好多年的事，至于在"史无前例"中的情况就更不必说它了。

论起来，昆明会上所以交给我那一任务，还同这个批判有着直接的关系。外界不明真相的人，从"批判"文章上看都以为我们那时真的动了"杀机"，非要把历史唯物论从哲学中砍掉不可，这次会上讨论的初稿中仍是这样的提法。我既到会，当然就不能不对我们的真实观点作一些说明、解释和申辩，当时也谈到了我对现行教科书体系、内容的若干不同看法。主持会议的一司司长季啸风同志本来就有编写新内容教材的打算，听我发言有些道理、新意，当即决定要我也主持写一本，希望"锐意创新"。我就这样上马了。

已经有了教训还要去接受任务，只能说是因为我坚信我把握到的是事实。从苏联移植过来的那种教科书哲学明明与马克思的思想在许多地方相距甚远，人们把他当作真经去念，不但不是在弘扬马克思主义哲学，而且是在糟蹋马克思主义哲学，不但不会解放我们的思想，而且会更加束缚我们的思想。恢复马克思主义的本来面目，推进马克思主义哲学发展的使命感支配着我投入了哲学原理教科书的改革。

我就是本着这样的想法接受改革教科书哲学体系和内容的任务的。搞下去以后，又发现了愈来愈多值得研究和思考的问题，它们都很难被容纳到一部教科书中去。这又促使我深入研究。我在组织编写教科书的前后写了多篇论文，并完成一部专著，同时还在长城内外、大江南北作过多场学术报告。所有这些，就构成了上述三个题目的内容。

我选择的这条路，尽管今天应验了预言，带来了不愉快后果，但至今不悔。我仍然坚信，只要我采取的是科学态度，它终究会获得它应当有的结果的。可能这个结果最后被证明很小、很微末，那也比最后证明为帮倒忙者心安理得的多。

二、教科书究竟出了什么毛病

我说的哲学教科书，是指苏联学者30—40年代建构起来以后就很少变化，一直用作对学生、干部乃至群众进行马克思主义哲学教育的那个标准的蓝本。我国的哲学教科书也是从它来的，虽然局部内容有所变化，基本模式完全是一个。曾经有人把这种模式概括为"两个主义四大块"，即它以"辩证唯物主义与历史唯物主义"为基本结构，内容包括"唯物论""辩证法""认识论""唯物史观"四个互相分立的组成部分。我很同意这个概括，因为它形象地表达出了教科书在形式方面的主要特征。

这样的结构形式肯定是有问题的，但更大的问题是在内容实质方面。而这两个方面的问题又是纠葛一起、相互为用的。我最初就是从这里发现的问题。

我曾经是真心实意地把教科书的理论当作我所信仰的马克思主义哲学来向学生传授的。教科书上说，马克思主义哲学对世界的基本看法是：世界是物质的，物质处于永恒的运动中，时间空间是物质的存在形式，物质运动有它自身的规律等等。这些既是马克思主义哲学关于世界的基本观点，当然也就是说，作为马克思主义者必须这样去看世界，反之，谁能够这样去看世界谁也就是马克思主义者即辩证唯物论者了。因此，我在课堂上就把这些观点作为马克思的伟大创造，理直气壮地讲述给学生，学生也就是这样当作不容置疑的马克思的观点来接受的。

我原来虽然读过一些哲学史的书，未下苦功，许多问题一知半解，当时照苏联教材讲起来还津津有味、头头是道，有过疑问也不敢较真。60 年理论批判后取消了我讲授哲学课的资格，只允许我去教欧洲哲学史课。这个处理给了我一个深入钻研哲学史的机会。待我认真读过前人的原著之后便发现，教科书当作马克思主义哲学基本观点教给我们的那些命题，几乎没有一条是前人未曾说过的，而且有不少原话就是那样说的。例如：

"我睁开眼睛就看到我的周围只是物质"（拉·梅特里）。

"物质一般地就是一切以任何一种方式刺激我们感官的东西"（霍尔巴赫）。

"运动乃是一种必然从物质的本质中产生出来的存在方式"（霍尔巴赫）。

"自然处于恒久不息的运动与变化之中"，"运动是绝对的，一切静止只是相对的"（费尔巴哈）。

"空间和时间是一切实体的存在方式"（费尔巴哈）。

"在自然中发生的一切运动都遵循着一些不变的必然法则"（费尔巴哈）。

"思维是人的本质的一个必然的结局和属性"，"我的感觉是主观的，但它的基础和原因是客观的"，"原本先于摹本，实物先于影像，对象先于思想"（费尔巴哈），如此等等。

这些话与教科书作为"马克思主义哲学的唯物论"所教给人们的话，究竟会有多大的本质区别？如果没有原则区别，为什么它们忽然都变成马克思主义的伟大观点？难道真的像曾经对我们进行过的"批判"那样，一句话在不同人的口中说出来，其本质内容、重要意义完全不同吗？

那么辩证法部分的情况又如何呢？读过黑格尔的《小逻辑》的人都会发现，所谓，"三条规律""五对范畴"的内容，也是没有一条规律、一对范畴是黑格尔没有论述过的，当然论述形式有所不同。

我们是否可以这样去设想：我们的哲学比前人高明之处就在于，他们只能分别写在不同书里面的思想，我们则懂得写在同一本书里？显然不能这样去想。因为，把马克思主义哲学理解成为不过是黑格尔辩证法与费尔巴哈唯物论之间的简单拼合，这正是"教科书"所反对和批判的观点，可是不如此去理解，"马克思主义哲学"的观点又应当到哪里去找？

这种情况说明，在教科书的理论中，至少在它的相当一部分内容中，马克思主义哲学的思想实质被失落了，看不见了。

这是为什么，怎么会造成这种情况？如果去追寻原因，首先使人想到的就是："体系"问题。教科书声称，在马克思主义哲学中辩证法和唯物论是内在统一着的。然而它那种分割并列的结构却必然要使内在的关系人为地外在化。即使单纯从行文和讲述的需要出发，在这种前后并列的结构中，也不能不从唯物论中剔除辩证法的内容、从辩证法中再剔除唯物论的内容，因为在一本教科书里总不能同样的话前后不断重复地去说。辩证法与唯物论人为地拼凑在一起怎么能反映出马克思主义哲学的实质！关于"辩证唯物论"与"历史唯物论"这两部分内容的关系同样如此。

进一步去深究，教科书为什么不去改换一种结构，使它们能够很好地体现出辩证法与唯物论的内在统一联系呢？从这点去分析就会发现，这已不完全是"体系"问题而是涉及对马克思主义哲学实质的理解问题了。唯物论、辩证法在马克思之前早已存在于哲学中，前人不能统一而只有马克思把它们统一在一起了，这显然不是什么结构形式问题。关键在于，这种统一的实质内容是意识与物质、思维与存在、主观性与客观性的相互矛盾关系问题。马克思不同于他的前人的地方就在于，前人不懂得能把二者统一起来的现实基础，唯有马克思才发现了这点，这就是实践，因而才把辩证法与唯物论从此内在地统一起来，实践观点，这才是问题的实质。如果不抓住实践这一基础，即或把辩证法和唯物论的内容压缩到一句话中去说，那也只能是人为撮合的两层皮，与旧哲学仍然不会从本质上区别开来。这就是教科书所以不得不搞成一个人为拼凑结构的内在原因。一句话，它既抛开了实践这一基础，这种哲学本质决定了它的理论形式便不能不如此。

假如我们还想再深入一步去探究的话，就会提出这样的问题：抛开了实践，丢掉了马克思的思想本质，那么它所表现的是一种什么样的哲学实质？因为不论何种哲学，都不会没有它的实质。从这里我们便会发现，原来教科书尽管处处要同旧哲学对立、处处在批判旧哲学观点，它却并未跳出旧哲学思考问题的框架，它用以批判旧哲学的那个思维方式恰恰是传统哲学用以建立他们世界观理论的哲学模式，我称它为从两极对立出发追求单一绝对本性的思维方式即"本体论化"模式。这是造成教科书在很多问题上同旧哲学总是划不清界线的深层原因。如果把马克思的"实践"观点比作制服旧哲学的一个"法宝"的话，那就是说，也正由于教科书没有挣脱旧式思维方式的束缚这个原因，它虽然"法宝"在握，却不能理解它的意义，也不知道能够派上什么用场，所以才把广大哲学领域拱手交由旧哲学去支配。不破除旧式思维方式，马克思的话是不可能听进去的，听进去了也闹不明白意思。

这就是我所认识的教科书哲学存在的主要毛病。正是基于这样的认识，我在一些学术报告和发表的著述中提出，应当区分两种形式的"马克思主义"，一种是马克思本人的或按马克思主义本性固有的理论，一种是它在现实以教科书形式表现出来的理论。这两种理论有本质上的不同，决不能够等同视之。我还说过，任何一种理论在历史过程中都不能避免"走样""变形"。走样变形可以有两种情况，"发展"也是一种走样变形，但它属于原有思维逻辑在现实中的展开，同那种由于没有深入理解好它、由于某种殊需要而歪曲了它的内在逻辑的变形大不相同。我认为教科书的哲学属于后一种。

教科书体系是在苏联 1929 年到 1930 年批判德波林哲学之后，"左"的思想占据了统治地位的形势下产生的，在它存在的许多年里，国际共产主义运动中一直也都是这种极左思潮占据上风。这种情况不能不使马克思的思想和理论遭到严重的扭曲和变形。本体论化的倾向、简单化的倾向、庸俗化的倾向、实证化的倾向、泛政治化的倾向就这样侵入到了马克思主义哲学的肌体中，以致闹到使它是非不清、真伪莫辨的地步。所以我认为，教科书哲学是经过特定时期历史斗争折光反射出来的马克思主义哲学，随着社会的变化、历史的前进、认识的提高，人们理应对它进行分析，以便恢复马克思主义哲学的真正实质，沿着马克思主义固有的思想逻辑推动它不断发展。我很不明白的是，为什么一些人不去做一点科学分析的工作，竟然把维护马克思主义哲学变成拼命去为这样的教科书进行辩护，甘愿去为 30 年代苏联学者搞的东西承担义务，是什么东西使他们这样相投呢？

三、为什么要去大力破除僵化

我也并不认为，旧教科书中完全不包括马克思主义的内容，它毕竟是以经典的著作为根据而构成的。例如唯物史观的部分就同辩证唯物论部分有很大不同。所以如果有人说它根本不是马克思主义哲学的教科书，那也是不合于实际的，我并不同意。

但它也决不像为它进行辩护的人们所说的那样，"教科书"是什么"科学体系"，其基本理论是"经过几十年的实践检验"被证实为"正确的"云云。

这几十年来的实践究竟是怎样的一种实践，人们心中都有个数，现在应当是更加清楚的了，由这样的实践到底证明了它的什么，人们也都有一本账，时至今日也都应该很清楚。

即使退一步讲，我们暂且先不问几十年是怎样的实践，但至少在这几十年中，实践反反复复已经发生了重大历史性变化，而哲学教科书的理论却基本未变，这是大家都承认了的。不断变化的实践怎样证明了一种不变的理论的"正确"性的？如果一种理论可以指导错误的实践，也可以指导正确的实践，而自己永远都正确，这能够是一种什么样的"正确的"理论？果然如此，人们又何必还要一种理论来指导，又怎么会有可以证明为不"正确的"理论？

还可以再退一步去想，假定实践真的证明了教科书理论是"正确的"，马克思明确指出过，任何真正的哲学都是它们"时代的精神的精华"。我们也都承认，马克思主义哲学的生命活力在于它同实践的血肉联系。既然如此，那种在生动变化的实践面前不动声色、稳坐钓鱼台的理论，即或是"正确的"不也早已干枯失去生命活力了吗？在今天，我们究竟应当去维护它的干枯的"正确性"，还是应该推动它变革恢复生命活力？

这些道理应当是显而易见的。我相信赋有才智的那些学者心里也是"明镜似的"。然而有些人还是要死抱住苏联教科书哲学，把自己的命运赌押在这样的理论上面，宁愿维持一种僵化的神圣外观，也不许它去呼吸新鲜空气，这种状况只能由学术以外的其他原因去加以解释。

在我看来，马克思主义哲学命运的悲剧就在于此。

马克思在创立他的理论时曾坚定地申明，"我不主张我们竖起任何教条主义的旗帜"①。在他的一生中直到晚年，他最为痛恨的就是把他的思想和理论当作玩偶、公式，以教条主义来对待它们的那种反科学态度。遗憾的是，马克思的思想尽管敏锐，他的学说却也难逃厄运，若干年之后，竟然在那些自称最"忠于"他的学生们手中，被僵化为教条。

在"左"的思想统治下，一切都被泛政治化了，"政治统帅一切"，马克思主义哲学包括被人们当作它的化身的哲学教科书也因此变成只供信仰不能研究的圣物。

神圣化必然导向偶像化。偶像的特征是：君临尘世高高在上，不谙世事不食烟火，具有无上权威却毫无生命活气。我们的哲学就是这样丢

---

① 《马克思恩格斯全集》第 41 卷，人民出版社，1979 年，第 64 页。

弃了科学品性，脱离了现实生活，丧失了生命活力，变成僵化的教条。

神圣之为神圣的另一特点在于，理论一经捧上神圣宝座，就永远不再改变，哪怕后来发现它明显荒唐（例如基督教关于"三位一体"的神话），也必须硬起头皮维护它的权威，我们哲学中的种种非马克思主义倾向既经侵蚀进去就难再改变，以致一直维持到今日，原因也在这里。

偶像神话还有一个特点，它虽不食人间烟火、脱离现实生活，却要支配人们的行为、不允许生活脱离开它。若干年来我们为了已被神圣化的某些虚假观念，不惜牺牲人们的真实生活，那段梦幻般的历史不就是这样写出来的吗！

这就是某些学者所说的作为检验标准的"实践"，和由它"证实"为"正确的"理论的真实历史。

我所以还要重提这段历史，是因为历史不能割断。

党的十一届三中全会之后，"两个凡是"的神话已被推倒，中国历史已揭开新的一页。估计到上述情况便可想见，实现这一转变该是多么不易，其意义该是多么巨大！冷静客观地面对事实又不能不想到，要真正破除统治人们思想多年的神话观念，并非一朝一夕就能做到，那是需要长期艰苦的工作才能奏效的。

我们解除了禁锢现实生活领域的神话统治，换来了经济建设事业的蓬勃发展和人民生活的迅速提高。与此相适应，人们的思想获得进一步解放，社会意识观念发生重大变化，也引来了学术论坛的日趋活跃。然而"教科书"哲学这一领域怎样呢？尚自岿然不动，我们照样奉它为标准的马克思主义哲学模式，这种状况协调吗？

就哲学领域来说，这里近些年来发生了很大变化，它由一统天下变为三分天下。这就是一个重大进步。

我国从前是一种哲学即教科书哲学支配各种领域。现在是多种哲学——至少是三种哲学——分而治之、各自为政。为："讲坛哲学""论坛哲学"和"实用哲学"三分天下的格局。顾名思义，"讲坛哲学"是指专门用来教育、宣传的哲学，通行于课堂、会议，即用以"讲说"的哲学。"实用哲学"是指实际指导人们思想行为的哲学，通行于现实社会生活甚至包括政治生活等一切实际领域，"论坛哲学"指那种供学者研究、议论的哲学，主要表现于学术报刊文章著述之中。实用哲学既然是供实用的，因而他就最富生命活力，感受时代脉搏最为敏感，流行市场最为广大，但观点也最庞杂，并且摆不到桌面上、难登大雅之堂。"论坛哲学"突破了教科书模式，因而比较接近现实社会，也能迅速反映时代变化，近年取得了许多重大成果，但它又难以走出学术圈子，成果大多只在学者间交流，可谓自行消受、"自食其果"。三者中唯讲坛哲学属大雅堂客，最为荣耀辉煌，然则它却最为保守，最远离生活，最缺乏生气，因而不能不局守囹圄，把自己的无上权威封闭在课堂讲桌和会议台面，尽其通过考试获取学历证书之功用。

这就是我们的哲学现状。这种局面是正常的吗？能说它与那段神话的梦幻历史无关吗？

正常不正常的问题，主要是我们是否应该安于这种现状的问题。那么，要继续前进，应该解决的主要问题是什么？我认为，仍然主要是理论的僵化问题。只有在解决僵化问题中，才能推进哲学的发展，使它体现时代精神、发挥指导现实的作用。我想，任何一个具有实事求是的科学态度、关心国家和马克思主义理论的前途命运，并敢于面对客观事实的人，都会得出这样的结论。

四、能否在没有变革中去发展

过去，哲学是圣物，只有圣者才有资格谈论发展，布衣之士不仅不能去"侈谈"，连想想都是罪过。现在则不同了，不只可以谈，还可以大谈，而且几乎人人都在谈。这是非常喜人的变化。

但是，口头谈谈是一回事，待到真的动手去发展，难题就接踵而来了。多年来我们实在太习惯于照指示去办事、照书本去宣科、照模式去思维，离开了这些，真的就不知怎么处置，陷入茫然无措之中。这也应该看作理论神化造成的罪"业"。

所以，在"哲学要改革、哲学要发展、哲学要现代化"的普遍呼声中，实际上人们对于为什么要去改革、怎样才是发展、如何才能现代化的种种问题上，认识并不是一致的，甚至表现出了重大的分歧。

有一种观点是这样的，试图把"发展"完全限制在旧有教科书的已有理论框架之中，既要维护它原有的理论构建，又要对它作出"新"的发展。怎么可能呢？那就只能在实例更新上去大做文章，即步苏联学者后尘，走苏联哲学教科书不断更新版次的老路。

这种做法显然与辩证法的"发展"观是不协调的。于是，发展的观念也被"发展"。以致"发展"到无论采取何种形式都应看作"发展"。多少年以来，人们就已不大讲"变革"了。似乎在建设时期辩证法的"批判的和革命的"本性也已有了新的"发展"。

这就不能不出来为辩证法发展观说说话。

我非常不同意要么闭口不谈发展，要讲发展就把什么都说成发展的那种观点。就发展的理论内容来说，如果认为对立面的双方不只是一方克服一方是发展、一方吃掉一方是发展、一方战胜一方是发展，对立面双方融合也是发展，甚至彼此调和共存共荣还是发展，那还有什么不是发展？就发展的现实形式来说，如果认为不只是创造新的理论是发展、更新理论形态是发展、补充理论内容是发展，连增加一点新的例证也是发展、根据某种需要对原有理论作出一点不同解释还是发展，我们辩证法大讲特讲发展还有什么意义？

苏联教科书已经有过先例。苏联学者每隔几年都要重写一个新版，不仅根据科学进展要补充大量新的例证，还要根据不同政治需要作出很多新的解释。他们早就这样做了，然而这种做法使他们的哲学理论前进了几步，又使他们的哲学观念提高了多少？

在今天回过头去看，有多少人会认为每一个新版就是一次"发展"？

发展的内容和形式固然都很广泛、多样，我们很难就某种内容和形式去判定是发展或者不是发展。但有一点应该是肯定的，就是在发展与非发展之间必定要有一个本质区别的界线。因此我在一篇文章中写了下面这些话：

"发展，意味着是一种创新。而创新就必然要在某个方面有所否定、有所变革、有所前进。如果什么都没有改变，一切都照老样子存在，那是什么发展呢？"

在当时，意见分歧的实质主要还是表现在对于旧教科书的认识和态度上面。一些人既然认为旧教科书的基本理论没有问题，当然就要回避发展中的"否定性""变革性""批判性"的本质，主张只须去补充某些新的例证、增加个别新的内容、对已有理论作出某种新的解释，如此等等。一句话，反对根本改革教科书体系内容、反对变革教科书的哲学观念，要搞一种什么也不否定、什么也不变革的"发展"。"辩证法"这种理论在我国一些人的手中，向来就是一个可以应付各种不同情况、满足多种不同需要的法宝，你需要团结某个人，那里面有"发展是对立面的同一"，你需要打倒某个人，那里面又有"发展是对立面的斗争"，所以他们一向非常珍重辩证法理论。现在又到派用场的时候了，又可以把它说成是无须去"否定"什么的"发展"观。只有局外人不懂它的神通奥妙，才会因它是什么"变戏法""魔论"而鄙弃它。

有关发展涉及的另一个问题，是哲学如何体现时代精神的问题。这里也有触及神经的敏感内容。

哲学必须体现我们当今时代的精神，这点是大家的"共识"。因为，"任何真正的哲学都是自己时代精神的精华"[①] 这句话是马克思说的。

这里存在的尖锐问题是，马克思主义哲学的理论究竟体现了还是没有体现今天的时代精神？

一个时期里，在我看来，人们都是尽量在回避这一难点，想在二者夹空里寻找出路。有的想以自然科学最新成果补充时代精神，有的想以改革实践的新材料补充时代新精神，有的也想吸收现代西方有价值的哲学成果来补充时代精神，或者几个方面兼而有之等等。在我看来这几个方面的工作都很必要，也都很重要，应该下功夫去做。但是，要以这些来避开上述难点却是不可能的。

另一个也很尖锐的问题是，既然提出要让哲学体现时代精神，那就需要弄清时代究竟发生变化没有，如果有所变化究竟变在了何处？关于教科书，大家都承认它多年基本无变化。现在对教科书的哲学要不要变革的关键问题，就是要看时代是否发生重大变化了。于是，有些人就试图把问题引向关于我们时代究竟是个什么时代的抽象的理论争论之中。

---

① 《马克思恩格斯全集》第 1 卷，人民出版社，1956 年，第 220 页。

我说这是一种抽象的讨论，因为从这里很方便地可以达到淡化近年所发生的重大历史性变化，把我们所处的"时代"仍然归结为同马克思属于同一时代，因而无须从变革哲学观念中去体现时代精神的结论。他们用以反对所谓"过时论"的重要根据之一，就是时代未变这种理论。从他们的逻辑想来，既然时代未变，当然一切就都应该而且可以照老样子存在了。

按事实说，这一问题本来是从现实社会生活的变化中提出来的。我们就生活在这个现实时代里，每一个人对于时代究竟有无变化都有亲身的感受和体验。只须我们反躬自问，你过去追求什么现在又在追求什么、过去怎样评价事情现在又是怎样评价事情的、你过去能够忍受的一些东西为什么现在就不甘于再忍受了等等，从这种"时代情绪"中就可以了解究竟发生还是没有发生变化。

这个问题的实质仍然最后归结到"教科书"的理论上。对于几十年不变的教科书理论（即使它忠实地传达出了马克思主义哲学的实质）人们过去曾是教者头头是道、学者津津有味，尚有浓厚的兴趣和热情。现在则变得不堪忍受，有人形容炒这种陈饭味如同嚼蜡，这虽然言过其词，但反映了一种心理变化、情绪变化、观念变化。为什么会有这种变化？不就是因为时代变化了、现实生活变化了吗！人们认为从教科书里感受不到时代的气息，大家关心的问题它很少反映，盼望解答的问题很难得到答案，它所讲的很多问题如自然优先于人而存在、物质是客观的实在等等，人们本来就从未怀疑过，又觉得难解现在痛痒。这些不就是应该解决的问题吗？

我就是这样认识这个问题的。我没有那种奢望，要对时代作出什么新概括，总结出多少新特征，我觉得能够解决人们向理论提出的问题，哲学理论就会有所前进，时代的精神也会体现其中，至少不致落在后面很远。

五、为什么说"人"在教科书中失落了

关于旧教科书在理论上存在的问题，我经过几年的思考和研究，得

出了一个基本的认识：由于它没有理解马克思提出的"实践"学说的真实意义，因而就不能把自己的理论奠立在实践观点的基础之上，这样就在一方面不能不从内容中失落了"人"，而变成重物轻人的自然理论，远离了现时代的精神；在另一方面，又不能不落入旧哲学的本体论化的思维模式，从而丢掉了马克思所实现的哲学变革的理论实质。

因此，在我看来，要改变我们哲学理论的现状，进一步推进哲学理论发展，在哲学中体现出时代精神，就哲学内容来说，它集中在一点上，核心就是必须改变我们哲学中"人"的观念、地位和处境的问题；就理论实质说，关键是要以马克思提出的"实践"观点为基础去改造它的本体论化的思维方式的问题。

人是哲学的核心内容。哲学作为一种世界观理论，归根到底也是为了理解人和说明人，只是它取的方式是通过人与世界的关系来把握人的。

马克思提出"实践"学说的根本意义就在于为回答人的问题提供了一个现实科学基础。如果在哲学中不以人为核心内容，实践的观点就不会有多大意义，反之，如果离开或丢掉了实践观点这个基础，那种哲学也必然会陷入或者失落人的内容，或者歪曲人的本质的境地。

我们过去的哲学教科书究竟讲人没有讲人，讲清楚了人还是没有讲清楚人？对这个问题的看法一直是分歧的。

说教科书完全没有讲人，这是不符合事实的。这个评价用于我们的教科书不对，用于其他哲学派别也不完全对。在我看来，作为哲学来说，根本就不存在那种完全不讲人的哲学。问题主要在于怎样讲的、讲的是怎样的人。只要我们肯于面对客观事实并认真加以思索就会承认，在苏联教科书中突出的首先是物，而不是人。无论就其内容或就其观点说，都是物的地位压倒了人的地位，即那些本属于人及其活动的条件的东西唱了主角，人则变成了不过是为它们的活动提供舞台或充任道具的配角。这是一种明显的重物轻人、扬物抑人的哲学，按其实质，说它是"见物不见人"的理论也并无不可。

对于有些人，尽管他们面对事实也不得不承认，在过去的教科书中关于人的内容讲得不够，属于薄弱环节，今后需要加强，却不承认与此相反的一面，在那里过于突出了"物"，使人物关系错位。

问题的分歧主要在对待人的两种不同哲学模式的对立，何止是人讲得够不够的问题！

下面让我们看看，在哲学中关于人的理论分歧的实质究竟是怎么回事：

从原始关系说，人是自然的产物，必须先有自然界然后才会有人，在人产生以后自然仍是人的生存前提和条件，人也仍然必须同时作为自然物而存在，它的一切活动都要受到自然规律的制约。单从这方面看，人与人以外的自然物并无原则差别，似乎只能得出这样的结论：人来自自然、生成于自然、属于自然，当然人也应该一切顺从自然。

如果人同自然的关系仅仅如此，那么问题就很简单，只要把人当作物去理解（物的特殊"种"）就可以了。人同自然矛盾的复杂性恰恰在于，人在成为人以后，它同自然之间还发生了一个关系的逆转：原来是人产生于自然、从属于自然、受制于自然的关系，现在则出现了自然生成于人、从属于人、受制于人的完全相反的关系。这是除人之外，任何其他物所不具有的关系。人之所以为人也正在于这点。

人不只是自然的产物，同时是自然的对手，人不但不再驯服地顺从自然的安排，反过来还力图要去改造自然、制服自然、主宰自然。

这样一来问题就复杂化了。这两种关系在人身上都是现实存在的，而它们又是恰相反对的两种关系。如果从人是自然产物出发只承认自然支配人的一面关系，人便不成其为人，如果承认人有支配自然的一面关系，这种关系从作为本原存在的自然本性中又引申不出来，必须承认有一种超自然的神灵存在，而这是难以理解的。这便是哲学面临的难题。

"人"因此历来被人们视为最大的也是最难解的一个谜。以往的哲学只能或者承认人对自然的这面关系，或者人对自然的那面关系，没有一种哲学真正解开了这个谜，为什么？原因就在于没有发现出促使人对自然关系发生逆转的那个基础，它们所知的只有两个分裂的本原，自然本原和超自然本原，而这两个本原如何能够统一起来，对他们则是完全不可解的。

马克思的伟大功绩就在发现出这个逆转关系的根据，从而把两种关系统一起来，为解开人之谜提供了一个科学的基础，这就是"实践"的观点。

按照实践观点，人虽来自自然，但人所以成为人不是因其自然的本性，而是由于人自己的活动，并且恰恰是那种否定自然的活动。如马克思所说，人是当他们"开始生产他们所必需的生活资料的时候"才成为人的。而当他们不再依赖自然提供现成的生活资料，而是依靠自己的劳动去创造自己所需要的生活资料以维持生存之时，他们也就摆脱了像对其他物那样的自然支配，在它们和自然和物之间发生了一个关系的逆转，即人把自己置于同整个自然相对立的位置，成为"为自身而存在着的存在物"，自然反而变成实现人的目的的工具，成为受人支配的"对象世界"。

现在我们可以弄明白了。人对自然的两重关系根源全在实践，只有建立于实践观点基础之上，哲学才有可能全面地去理解人对自然的两重关系。如果从哲学中去掉实践这个基础，即使你冠以"马克思主义哲学"的名称，人的两重关系也不能不被一重化。而人的关系被一重化，也就是人的失落。

让我们看看苏联教科书是怎样对待马克思的实践观点的。我们不能说它里面完全没有实践观点。但它并没有理解实践观点对于马克思"世界观"理论的意义，更没有理解实践观点作为一种新思维方式对哲学理论的意义。所以它完全没有以这一观点为基础去确立自己的哲学体系。我们在属于世界观理论的唯物论和辩证法内容中，不但看不到实践观点的位置，连它的影子也捕捉不到。它把实践限制于认识论的狭小领域，仅仅承认实践观点是"认识论"的"首要的"观点。但深入去看，就是在这一领域，实践所充当的也只是验证真理之"标准"的一个小角色。关于认识本身，虽然它承认是发源于实践的，可是在认识本性上却又毫无体现，有它和没有它并无什么两样。这样，在旧教科书中整个"世界观"这一部分，关于人的内容就不能不归入自然产物一堆，让他和物去同吃"大锅饭"，去过与虫鸟鱼兽无异的生活。至于它对人所讲的什么反作用、能动性之类的论断，都变成不过是一些缺乏根基的、看来像是人为贴补上去的赘语。

人在教科书中就是这样失落的。试问，这是讲得够不够吗？如不改变立论基础，再加大"人"的内容分量，也不过只是使它变得肥胖一些而已，"动物"本性并不能因此而改变。

哲学如果不看重人、关心人，人也不会看重哲学、关心哲学。人们学了教科书感受不到时代气息、认为与自己的现实生活距离遥远，根源即在于此。

六、"本体论化"为什么不对

"本体论"是传统哲学的一种基本理论形式。在我看来，旧教科书既然抛开了实践这一基础，它就必然落入旧哲学的本体论思维模式之中。或者反过来说也可以。由于它不理解马克思主义哲学与传统哲学之间曾经发生过一个哲学思考方式的根本变革，没有完全摆脱传统旧哲学理论思维模式的束缚，用旧的思维模式当然不可能理解马克思提出实践观点的重大意义，因而不能不从世界观中把实践排挤出去，放在认识论的一个小角落。如果问题是这样，那么在我看来，要解决教科书的问题，要恢复实践作为哲学立论的基础，就必须首先破除教科书的本体论化的哲学倾向。

我的这一看法当然会引起一些学者的反对。这样关于本体论问题就发生了一场论争。

"本体论"在哲学上是关于存在本身的学说，即探究存在所具有的本性和规定的一种哲学理论。这里说的"存在本身"（本体）与存在的现象（变体）相对待。现象可以从感官经验到，存在本身则是一种抽象，属于超感官的对象。存在本身所以被看作"本体"，是因为从本体论的观点看来，经验观察到的现象并非属于存在本身，隐藏在它的后面、作为它的基础的那种超经验存在，才是真正的存在，因而称作存在本身即本体。经验存在与存在本身是一种演绎关系：经验现象中的一切都来源于存在本身的规定，所以从后者才能使前者得到理解和说明。本体论哲学的目的，就是要通过研究存在本身的规定去直接把握存在的一切变体。在后来的演变中，由于存在的现象同人的主观认识联系在一起，本体论又具有了去探寻未受主观因素影响的自在存在的含义，即归还存在本来面目的意思。

　　本体论作为一种哲学学说正式形成于近代 17 世纪。但它的渊源可以追溯到古希腊哲学。"本体"这个概念就是从古代"本原"观念演化而来的。按照古代人们的朴素想法，一切事物都有它的产生和起源，某种东西从在先的东西里面产生出来，作为它的规定的根据当然就已经存在于先在东西的本性里了。"本原"就是万物"所从出者""所复归者"的那个东西。在认识发展中，从本原概念又进一步引申出"基质"和"本性"的概念。按照他们的想法，认识事物就是认识它的本原、了解他的基质、把握它的本性，反过来说，只要掌握了存在的本原，也就可以解释一切事物。按其实质来说，这已经就是本体论的理论了。一般认为它形成于近代，是因为真正的本体论哲学必须建立于本体与现象、主观性与客观性、感官经验与理性思维、分析方法与综合方法的对立和分裂基础之上，而这些条件只是到了近代才发展成熟。但他们的基本思想是一脉相承下来的。

　　从上述情况可以了解，不管本体论经历了怎样的演变，它在历史上的基本特征就是：在现象与本质、主观性与客观性、感官经验与理性思维、分析方法与综合方法相互分裂的前提下，试图以追求原始性存在、本原性存在的方式，通过分析事物的方法，以求得事物的"本真"、本来面目、自在本相的一种理论。就思维方式而言，这实质上是从"家谱式"演化观念承袭来的"还原论"思维方式。正像近代思想家们所表述的，"本体"或"实体"是那种"瓦解"了现象而后所剩下来的存在，作为一切性质背后"支撑点""依托物"的那种存在，区别于变幻不定现象的无限、"永恒的存在"，从未受过主观性因素干扰的纯"自在的"存在等等。在他们看来，返本归真就要寻出这样的本体，一切存在之谜的谜底就在于此，发现了这个"第一因"就能从中推演出一切知识来。他们对这点深信不疑，所以才费尽心思探求存在的本体，试图一举揭开宇宙的奥秘。

　　这种建立在现象和本质、主观性和客观性、感觉经验和理性思维分裂和对立基础上的理论，很明显，只能是一种历史的产物，并存在于一定历史阶段。到了近代 18 世纪以后，它的内在矛盾逐渐显露出来，便为哲学自身发展的逻辑所否定。这就是马克思称之为"反形而上学"的那种斗争。黑格尔的哲学体系以新的形式把传统本体论发挥到登峰造极之日，也就是它走向崩溃瓦解之时。在这之后兴起的哲学，大都抛弃了对那种难以捉摸的终极本原的追求，而把目光转向理解和说明在现实处境中的人以及他的生存状态问题。这是一个历史性的转折，它意味着哲学的发展从传统形态进入了现代形态。

然而传统本体论哲学毕竟存在了上千年，它对人们思想的影响太深了。随着现象与本质、主观性与客观性、感觉经验与理性思维走向统一，本体论的传统理论形式虽然趋于瓦解，但它的思维方式，特别是那种追求终极本原、注目过去、看重先在存在、从两极对立中把握事物本性的倾向，仍然控制着许多哲学家的头脑。

哲学中的这种倾向，属于传统本体论的思维方式，它只有通过实践观点的思维方式才能彻底破除。尽管一些哲学家不再把本体论作为自己哲学的基础，甚至根本抛弃了"本体论"的概念，只要按照原来本体论的思维方式建构哲学理论，他就是仍然没有摆脱旧哲学的传统影响。我把这种表现称为"本体论化倾向"。

在我看来，最重要的问题就在于破除这种思维方式，而不是要不要"本体论"理论的问题。本体是存在的、本体的研究也是有意义的。甚至在对事物的认识中"还原"也很必要，也有意义。既然如此，"本体论"就仍然有权利存在，仍然有它的特殊意义，我并没有说过今后不应再有本体论，也没有简单地去反对哲学中的本体论，我所反对的是哲学中的那种本体论化的倾向和做法。因为在我看来，这就意味着是在用旧哲学的传统方法来对抗、否定马克思的实践观点及其思维方式。我承认，过去在这点上我讲得不够明确、清楚，以致人们往往认为我根本否定本体论，有时把我划入"无本体论"一派。

但也毫无疑问，如果改变了本体论的传统思维方式，再建立的本体理论就不应当具有它在传统哲学中的那种绝对性的意义了，"本体"只在特定领域、特定关系中有意义，"本体论"在哲学中也只能在特定领域、特定关系中具有特定的相对意义。如果还要设定一个具有终极性质的本体，把他作为哲学的"第一原理"，试图从它解释包括人及其活动在内的万事万物，推演出关于宇宙的一切最终结论，那么，这就已经是"本体论化"的问题了。

这里还有一点有必要说明。今天人们在使用"本体论"概念时赋予它各种不同的含义也是可以的。本来就没有一个概念其含义是绝对不变的。但我们在使用本体论概念时却决不应不顾它在历史上曾有过的内涵，而由我们随意赋予它以任何意义，尤其不应该"望文生义"地理解或使用这一概念。近年来的一些争论我以为就同任意使用"本体论"的概念有关。这种情况往往掩盖了争论的实质，甚至把问题完全弄拧了。我很同意有的学者提出的建议，今后在使用这一概念时应给出明确的界定。我还有一点想法，就是要慎用"本体论"一词，不要在随便什么问题上都去随便地使用，在必须使用时，应顾及现代哲学包括马克思主义哲学与黑格尔以前的传统哲学在哲学提问方式上已经发生重大变化这种情况。

七、坚持自然本体论何以是倒退

旧教科书在世界观理论部分所以容纳不下实践的观点，在我看来，就是因为它实质上是依照旧的本体论化的思维模式来建构世界观理论的。按照这种模式，既然世上万事万物都来源于自然的物质性，从它就应当能够直接解释清楚一切存在的问题，何必要一个实践插手其间？所以当有人提出应把"实践"看作马克思主义世界观的基石时，在他们头脑中就不能不生出两个"本体"相互打架的困惑、难题。只能有一个为"王"，现在出来两个"王"怎么得了，一统天下岂不大乱！必须让一个打败另一个、吃掉另一个。他们坚持的就是回到自然物质性的一统天下，试图以自然物质性为直接性的根据，从中引出关于人及其一切活动的规定来。这一切显然都是那种传统本体论化的观念在作怪。

其实，从自然物质一竿子插到底，把自然物质作为人及其活动的直接根据，在18世纪流行于法国的那种哲学中早就尝试过了，并且已经证明只能是一种失败的尝试。试看他们从那里面究竟引申出了一些关于人的什么结论：

"宇宙，这个一切存在物的总汇，无论在哪里都只是提供我们物质和运动。"

"人是自然的产物，存在于自然之中，服从自然的法则，不能超越自然，就是在思维中也不能走出自然；人的精神想冲到有形的世界范围之外乃是徒然的空想……"

"人是一个纯粹肉体的东西"，肉体"是一架有感觉的机器"，"灵魂是构成我们肉体的一部分"，"理智是某些特殊生物所特有的一种存在方式和活动方式"。

总之，"一切存在物都是永恒的物质所包含的各种特性的结果，永恒的物质通过它的各种混合、各种组合、各种形式的变化，产生出我们所看到的秩序、混乱和各种花样"。

因此，"呵，人呵！……放弃那些空洞的希望……顺着自然为你划就的必然的道路放心地走去吧"，"幸福的人就是会享受自然的恩惠"，"无言地顺从这些任何事物都无法逃脱的法则"的人。

从自然物质直接推导出的这些关于人的规定，能够表达出人之为人的本性吗？你能够乐于接受这种不是教人改变而是教人顺从自然的哲学，而甘愿与动物同伍吗？

让我们再来看看，教科书建立于自然本体论基础上的那种"马克思主义宇宙观"，它究竟给了人们以什么样的不同观念：

它一上手，把哲学对象规定为整个世界的统一本质和规律，就把人的视线引向了浩渺无际的宇宙，允诺给人们以这一巨大全体的奥秘和真谛。在茫茫宇宙荒野面前，人当然是一个虽可称道却属微末的存在，就是常常为人引以自豪的那个人化了的生活世界，在广漠的宇宙中也不过只是沧海一粟。这里是纯属自然主宰的天下，大自然产生一切、造就一切，自然的必然性操纵一切、支配一切，不论何种存在一概无逃其外，人亦不能例外。由此直接推论当然只能得出这样的结论：意识、精神是由物质所产生、仅仅对外界存在的一种摹写，它的价值和意义完全在于寄存于其形式中的"客观内容"。即它必须完全忠实地描摹外界存在。所谓自由，不过只是对于客观必然的认识和运用，也就是对于客观必然性的一种自觉地顺从而已。人的幻想构成主观性。在一切存在中唯有主观性这种东西不驯服，总想超越自然、物质，逃脱客观必然性的限制、束缚，它就像圣经故事中所描绘的那条蛇一样，是陷人们于罪恶深渊的可恶魔鬼，我们哲学的目的就是为了彻底制服它，歼灭它。

这就是我们从中得到的基本哲学观念。它同法国哲学家在 200 年前教给我们的那些观念不能说完全相同，但又能说出多大的不同？

不同的地方主要是在，如我们前面所说，除了这些基本观念以外，教科书中还补充讲到人不同于物的"反作用""能动性"之类的许多话。但这些所谓人的特性既然失去了实践的基础，它们怎样能从自然物质本体中直接推论得出来！它们既然游离于物质本体之外，而又要坚持自然物质本体一竿子到底的统一性，那岂不陷自己的理论于逻辑的自相矛盾之中了吗？

事实正是这样的。这种本性上的格格不入、逻辑上的自相矛盾已为许多人所意识到。要改革教科书哲学的人意识到了，维护教科书哲学的一些明智的人们也意识到了。所不同的只是二者对待的态度不同、解决问题的方向不同罢了。

最近几年，有些学者已经着手弥缝其中暴露出的裂缝，尝试解决所发现的一些矛盾。只是它们采取的方向是试图进一步强化自然本体论，使它走向逻辑的一贯性，以此消融由实践所产生的主体能动性与自然本体论的矛盾。

表现之一：关于"实践"概念本质的修正。实践在教科书中的地位本来已够低微了，但毕竟它为人的主动性还提供了一种哲学的根据。这在有些学者看来当然是一种不协调的事，因此他们对此耿耿于怀，非要按照自然物质本体的要求对它的性质改铸一番不可。这就是关于"净化"实践的那种主张。按照他们的观点，实践不应包括任何主观性的因素，只能理解为一种纯粹自然物质性的活动。所谓净化就是要彻底排除马克思赋予它的那种"目的性活动"的性质。经过如此这般改铸以后的实践当然与自然物质本体论的逻辑协调了，可是哲学岂不是离开人更远了吗？

表现之二：对于意识能动性的进一步限制。旧教科书在 60 年代以前的提法是意识只能在"一定的条件下"对物质起某种"决定的作用"。这里虽然承认有决定性的作用，但已作了严格的限制，意识的地位已够可怜的了。但它这种承认，平心而论，确与自然物质决定一切的本体论观点相抵触。一些学者认识到这里存在着背叛，他们提出了新的主张，认为意识在任何条件下都不能对物质起任何的"决定作用"。于是，在后来出版的教科书中，有关这一内容的命题就被修改为"物质决定意识，意识反作用于物质"。这就明确地规定了各自的地位："决定作用"只属于物质所有的特权，意识则最多起个"反作用"而已。我认为，经过这样一修改，在逻辑上的确是说得通了。可是人们由此弄不明白的是，如果意识的作用在任何意义上都不包括决定的内容，那么，它还怎样去起反作用？什么都不能决定的那种"作用"究为何物，人们到哪里可以找得到呢！

表现之三：关于哲学基本问题的修正。唯人具有思维，也唯人的活动中才具有思维与存在的矛盾关系问题。旧教科书以广大的自然为对象，其中的主要部分是与人的活动无关的存在，它却公然写道，"思维与存在的关系的问题是哲学的基本问题"。这是明显的不协调和矛盾。人尚未产生，世界怎么会以人的活动的基本矛盾为它的存在和发展的基本内容？所以在早期出版的教科书中，它不得不按照恩格斯的提法讲述哲学世界观的基本问题，但是对于思维与存在的关系为什么成了哲学世界观的基本问题这一点，向来采取回避态度，只提出论断，不论证道理。这样做应该认为是较为明智的态度，你信仰就是了，何必追问为什么。在后来出版的许多教科书中，那些不明就里的编写者们却偏偏要给它编排出一些道理来，这就不能不使它的马脚毕露。在那里面解释说，思维与存在的关系所以成为哲学的基本问题。第一，这是因为"思维"与"存在"是哲学中两个最为广大的范畴（这样同等看待，岂不等于承认唯心主义哲学或二元论哲学有道理了？）；第二，还因为它是划分唯物论与唯心论两个哲学基本派别的根据（这种论证岂不是有"倒果为因"、颠倒阴阳之嫌？）。毕竟有聪明人，后来有些学者才渐渐回过味来，发现这样说不妥，于是明朗地挑开了问题的本质。他们提出：在哲学中思维与存在的关系问题并非"第一个基本问题"，其上还有比它"更为根本的问题"，即关于"世界的存在"的问题（或者说，存在与运动的问题。一时也很难拿准主意），思维与存在的关系不过是它的引申……这不能不给人一种印象，为了维持自然本体论的逻辑一贯性，连恩格斯的权威也不顾了。

这种改进的结果是什么，明眼人看得都很清楚，无须多言。

在我看来，旧教科书苏联创建者们的悲剧是在于：他们既要奉行马克思所创立的哲学，头脑中又没有破除"本体论化"的哲学影响，这使他们建立的教科书理论不能不陷入逻辑的自相矛盾，愈是批判旧哲学传统，同旧哲学就愈是划不清界线。但他们至少还想尽量保留马克思遗留下的思想遗产。而后来教科书哲学的维护者们的悲剧却在于：他们不但没有了解马克思的思想与旧哲学有怎样的区别，也没有弄懂教科书哲学与马克思思想的区别，他们以为坚持贯彻教科书的本体论化倾向，通过一贯化去消除教科书中的矛盾，就是在维护马克思主义哲学的纯洁性。岂不知他们愈是使教科书理论一贯化，就使它愈远地离开了马克思的思想、愈加接近为马克思所否定了的旧哲学理论。

在我看来，此路难通。逻辑必须一贯化。没有逻辑的哲学是没有说服力的哲学。但决不能沿着后退的路线一贯化，而只能继续前进，通过克服本体论化的旧哲学倾向使教科书理论一贯化。

八、哲学思维方式对立的本质究竟是什么

自然是物质性的本质，所有一切都只能在自然中存在。这都是对的。但从自然物质本体又不能一竿子插到底，直接从它推演各种不同存在的结论。这也是业经历史证明了的事实。这样问题就复杂化了。

问题复杂性的关键，集中体现在人的身上。

人在宇宙中是一种最"奇妙"的存在。他来自自然，在他身上保留了自然的性质，这可以叫作物性、生物性，或者如有的思想家所说的，干脆叫它"兽性"也可以。但另一面，他是作为自然的否定性本质而存在的。人以改造自然物的实践为生存方式。实践是一种目的性的活动。在贯彻目的性的实践活动中，自然界经历了对人而言的二次生成，人不仅改变了它们的那种自在的自然性质，而且如马克思所说的，人还反过来把整个自然界属于自己、变成了"人的无机的身体"。人在实践活动中形成的意志、理性、情感、想象等主观性意识，否定了自然物质的存在形式，采取了完全相反的观念性的存在形式。由于这种存在形式的转变，

它不仅摆脱了时空物理条件的束缚和限制，成为一种具有自由性的超越自然的存在，而且成为人在从事创造性活动中与自然本原相对抗的新的能动本原和力量。人所具有的这种异于自然的性质，可以称之为非物性、超自然性，或者如某些思想家所说的，干脆叫它"神性"也无不可。

人来自自然又超越于自然，人的活动在肯定自然中又否定了自然，人的理性意识本源于自然又以自身为创造本源……这些只要面对现实就无法加以否认的事实，构成了人的自身矛盾本质。人是一个看来最荒唐的"二律背反"。人仿佛是来自两个世界的奇特怪物。在人身上自然性与超自然性、兽性与神性相对立，它们又必然结合为一体。如果否定了自然性、兽性，人便归于超自然性、神性，成为非现实的虚幻存在，如果否定了超自然性、神性，人又归并于自然兽性变成与动物无异的存在。难怪在历史上，当人们找不到合理的解释时，只好说"什么是人？一半天使，一半禽兽"。

这就是哲学面临的最大难题。

对于这样矛盾着的本性，单从物质本体怎么可能得到完全的说明呢！它只能肯定人身上自然性的来源，必然要否定人身上的超自然性的本质。片面的理论必然会有片面的理论来补充。如果想要肯定人身上的超自然性质，那就必须设想，在作为本原存在的本性中就已涵容了某种超自然本质。这样，就会走向或者同时肯定两种本原对峙的二元论，或者把本原规定为超自然精神本性的唯心论哲学。

所以，在历史上，在本体论化思维模式支配的条件下，人们对于"本体"始终具有两种正相反的理解，形成彼此两极对立的理论，进行着相持难下的斗争，而又处于难分难解的相互补充之中。长期存在于哲学中的唯物论与唯心论两个派别，就是其典型表现。

本体论化思维方式的不合理性，其实主要就是从它必然形成的这种内部争斗中暴露出来的，它的瓦解也主要是由于这种争斗从内部促成的。

但从另一面来看，也正是在两种本体理论的斗争中，问题本身蕴含的复杂矛盾内容才逐渐显露出来，使人们有可能清楚地看到人的二律背反本性，从而寻求解决问题的新的途径和方法。从这一点说，两种本体之争不只具有重大的历史意义和认识意义，决不能把它看作无谓的争论；

而且两个相互对立的派别也都有各自肯定的意义和否定的意义，也决不能把一派看作是绝对正确的、另一派看作绝对荒谬的。就拿唯心论哲学来说，它坚持本体是超自然的精神性存在，片面主张在精神与物质的关系中只能精神是第一性的，这个观点明显是错误的。但如果考虑到在人的活动中精神确有充任本原一面的作用，那么，它的观点虽然"荒唐"却也并非到了"无稽"的地步，因而也就决不能看作仅仅是一种简单的谬误。列宁就曾明确指出过这点，他告诫我们对于唯心主义这类哲学万勿看成"不过是胡说"，那样就会把我们置于同它相去不远的错误之中。

这里牵连到了对于历史上的唯物论和唯心论两派的对立和斗争如何评价的问题。

我们的哲学教科书恰恰是这样看待问题的。长期以来它形成了一个固定的模式，把唯物论和唯心论的对立看作评价哲学本质和意义的最高原则，对于唯心论，还形成了一个批驳的简单的公式，即首先把它归入主张儿子生出母亲的一类理论，然后指出其"荒唐透顶""不值一驳"，于是就算驳倒了。

有一年春节从电视里听到一段相声，由三位演员表演，内容是关于独生子女教育问题的，名字大概叫作"究竟谁是爹"。现在大多数家庭只有一个子女，娇生惯养，成为家中的"小太阳"，还是小皇帝，在家里说一不二，爷爷完全围着他转，爸爸也不得不听他的指挥。相声表演得相当生动，寓意也很深刻。"究竟谁是爹"的含义是，在现在这样的家庭关系里，究竟谁是老大、谁该说了算、谁应听从于谁，实在是难以说清楚的事。相声的伦理意义很明显，就是告诉人们要加强对独生子女的教育，爷爷不该老是护着孙子，爸爸也不能放弃做爹的教育责任，一味听任孩子去支配。

我所以对这个相声感兴趣却不是从伦理意义，恰恰是从它蕴含的"哲学"意义上。它使我想到了哲学面临的与此相类似的困境。我们假设，从自然母体中诞生的人，小时候很听从自然的话，渐渐长大、自主以后就不再那样驯顺了，不但自己的事情总想自己作主，还要处处去辖制自然、充任老大。这不很像相声中提出的问题，究竟谁该听谁的话、谁应服从于谁的答案，并非如直观想到的那样很容易就能做出吗？

就相声中爷孙、父子关系来说，其实也蕴含着将来要逆转的内容。儿子由父亲所生，当然应该听从父亲，似乎这是天经地义。如果再想下去，父亲要求儿子听从自己又为了什么？为了他很好成长，以便接班当好老大……如此想来，这里明显地包含着一种交互内容，在我听从你中含有你听从我，我要求你听从我中含有准备将来我听从你……

这当然只是一个类比，类比不是完全相同。但有一点是相像的，就是：答案不可能从简单地肯定性或简单地否定性中作出。

我们试想在从 18 世纪到 19 世纪这一期间，发生在法国哲学和德国哲学之间的论争就可以了解这一道理。法国哲学坚持人从自然产生就应该顺从自然。他们以三个命题表达了这一观点，即：世界是机器，动物是机器，人也是机器。德国哲学则正好相反，他们否定人是机器、动物是机器，连世界是机器的论断也否定了。他们坚持的观点是，人是自己的目的，是自身的能动创造者，所以人不但不应做自然的奴隶，还要去"为自然立法"。这两种观点可谓截然相反。然而恩格斯却同样肯定它们都是一场"哲学革命"，只是采取的形式不同而已。这怎么可以理解呢？

从直观朴素的想法确是很难理解的。但如果了解了人是一个既有自然性又有超自然性的二律背反存在，这个评价就是完全可以理解的了。不但可以完全理解，还必然会承认：这两种截然相反的理论，作为对人的相反本性的表达，从两个相反方向肯定了完整的人性，因而在它们各自所处的特定历史条件下，都具有解放人的作用。法国哲学使人从宗教枷锁束缚下解放出来，把自然归还给了人，德国哲学在这一基础上又进一步使人从自然奴仆的地位解放出来，把能动创造的主体性（以超自然性的形式）归还给了人。这样看来，两种理论虽然都是片面的，但不能把任何一方简单归结为"不过是胡说"。

为什么教科书哲学理解不了这点，硬是要把唯心论看成"不过是胡说"呢？在我看来，这主要是因为，它虽然在尽力同旧哲学划清界限，然而它用以批判旧哲学的思维方式却恰恰是使唯物论与唯心论必然分裂的那种两极对立的绝对化思维方式。这就不能不使它自己也陷入两极对立的一个片面极端之中。

我深深感到，这种两极对立思维模式对于束缚我们的创造思维能力和哲学发展产生了极大的危害。它使我们的思想离开马克思的哲学基础，陷入旧式唯物论的极端片面观点；它使我们的思维封闭、禁锢在狭小一隅，陷入脱离现实发展的僵化状态；它作为排斥异己的鞭子和棍子，扼杀了众多富有生机的哲学思想。

九、为什么说提出实践观点是思维方式的根本变革

这点应是上述一切认识的必然结论。

如果认为人是哲学的核心内容，人身上的自然性与超自然性、精神与肉体、思维与存在的矛盾是哲学所要解决的根本问题，以往的哲学就是因为找不到统一这一矛盾的现实基础，因而总是陷入两极对立观点的争论之中。那么，很自然地就会得出，马克思由于发现实践基础回答了哲学基本问题、克服了旧式唯物论和唯心论的两极对立的片面观点，这就不会仅仅是改变或增加了某几个哲学论点，而是从哲学对象、性质到一系列内容、观点都引起了重大变革的结论。这样的变革，只有提高到思维方式上来才能加以理解和把握。

所谓思维方式，说到底，仍然是一个"人"的观点的问题。

人总是作为人而去认识世界、对待世界的。人不仅必然从自身出发去对待事物，而且只能用人的观点去了解世界、把握世界。人对人自身的观点怎样，他对外界对象、外部世界的认识在根本上就是怎样的。反过来说，人对外界对象、外部世界的根本性认识，最后也必然会归结于对人自身的了解和把握。

从这一意义说，哲学理论最根本的作用，就在于要使人意识到自己是人，为人们的一切活动提供一个人的出发点，提供一个人的认识方式，即提供能够贯彻人的观点的思维方式。

人作为人的思维方式，归根结底来源于人之为人的生存活动方式即实践。实践性就是人性的基本规定。人之为人的思维方式不过是人的根本生存活动方式实践，通过知识成果凝结为概念和范畴体系，在人的意识活动中的表现。反映人在不同发展阶段生存活动不同的方式，构成了不同时代具有特殊内容和特点的哲学理论形式。

先前哲学所有的一切理论，都代表着某种人的观点，反映着实践的内容和环节。很明显，如果在人的实践中不包括自然存在对人及其活动的基础性作用，就决不可能产生出来强调自然本原作用的存在论观点。同样地，如果在实践活动中不存在作为人的对象世界是由人的活动构成的这样的环节，那种从精神出发大讲自我建立非我的哲学理论能够产生出来并发生重大影响，就成为不可想象的事情了。正是基于这点，所以马克思说："凡是把理论导致神秘主义方面去的神秘东西，都能在人的实践中以及对这个实践的理解中得到合理的解决。"①

但是，以往的哲学只能说是对实践内容和作用的一种本能的、自发的反映。由于实践活动属于人与自然、主体与客体、主观性与客观性之间的否定性的统一活动，那种本能和自发的反映必然会把它所包含的相互否定的内容肢解开来，分割为互相对立的因素，以片面的两极形式加以表现。这样便形成了以往哲学不同派别在两极对立思维方式中的对立和斗争。

马克思与他们不同的地方就在于，他把自己的哲学自觉地建立在实践观点的基础之上，从而也就为人们提供了一个能够自觉地从实践出发去看待一切事物的思维方式。

实践活动是一种具有两重性质，体现着人与自然、主体与客体、主观性与客观性双向本原作用的活动。实践活动作为感性活动，须以人的身体的自然力去作用外界自然对象，以物的方式去改造自然物质存在。这里体现了自然的先在性和物质的本原性，即物对人的支配。但实践作为一种目的性的活动，它所达到的结果却是在对象中贯注人的目的、实现人的意志。这里又充分体现了人作为主体超越自然的能动创造的本质性，即人对物的支配。

实践活动就是人与自然、主体与客体、主观性与客观性相互规定、相互作用、相互转化的活动。它既是分化世界的活动，又是在更高基础上统一世界的活动。在这一活动中，既消除了主观性与客观性各自的片面性、使主体与客体达到统一，又发展了主观性与客观性的对立、造成

---

① 《马克思恩格斯全集》第 3 卷，人民出版社，1960 年，第 5 页。

主体与客体新的矛盾。在实践活动中不仅蕴藏着人类社会生活的一切秘密，也蕴藏着人的对象世界的一切秘密。它是人类面对的一切现实矛盾的总根源，同时又是解决这一切现实矛盾的力量和方法的源泉。

以实践观点为思维方式，这就意味着，彻底克服以往哲学那种以两极对立为特征、分裂人性本质的片面认识方法：代之以自觉地从人与自然、主体与客体、主观性与客观性在现实活动中所表现的否定性统一联系出发，贯彻人性全面本质的认识方法。实践观点的思维方式也就是人性诸对立因素、环节否定性统一的思维方式。

毫无疑问，这种崭新思维方式的提出，必然会引起整个哲学理论的深刻变革。这就是马克思主义哲学的本质所在，也是马克思主义哲学对哲学发展做出的伟大贡献之所在。

十、前进、踏步还是转身后退

最后，我想对我的工作情况再做些说明。

1980 年 10 月昆明会议接受编写新教科书的任务之后，年底回到学校，我就着手组织编写小组，共 13 人参加。经过一年多时间反复研究讨论，1982 年初搞出一个大纲，1982 年 5 月 29 日至 6 月 1 日在北京召开了由教育部主持的新大纲讨论会，参加讨论会的有中宣部、中央党校、中国社会科学院哲学研究所、中国人民大学、北京大学、复旦大学、中山大学、南开大学、上海社会科学院、人民出版社等 20 个单位 30 余位学者。大家肯定了开拓、创新工作的意义，同时也从不同角度和方面提出许多宝贵的意见和建议。这是我的工作的第一个阶段。在这一时期，对于旧教科书存在的问题以及为什么必须改革体系等问题，我在外地作过一些学术报告，同时配合新大纲发表了若干篇文章。其中主要的两篇是《论哲学科学的对象和体系》《论辩证法就是认识论》。

我们经过对各方意见研究、消化之后，便着手写作教科书上卷。这卷写作费的时间较多。主要是由于缺乏经验，对许多问题把握不稳，脑子里旧的框框时时出来作怪，还要加上外界条件变化不定也给我们带来一些压力和影响，所以经过反复修改、几易其稿于 1985 年 4 月才算完成，花去了近三年时间。人民出版社编辑室的同志给了我们大力支持，4月交稿，10月便即出书，论起出版速度，在我国应该算是惊人的快了。书名最后定为《马克思主义哲学基础》。

上卷完稿接着就投入下卷的写作。这一卷写作起来顺利多了。到1986年10月，用去不到一年半时间便完稿，1987年6月书已印出。下卷比起上卷，花费的时间虽然短，无论就体例和内容，从创新角度看都要大得多。这是我工作的第二个阶段。在这一期间，外面的学术活动进一步增多，我同时还就哲学改革中的若干重大理论问题写了一系列论文。其中重要的有《论马克思主义哲学的对象》《哲学体系改革的尝试》《论哲学的发展问题》等。

教科书出版后，国内报纸杂志作了多次报道，也发表了一些学者的评论文稿。在评论中对这部书在若干理论观点上尽管不一定完全赞同，但都承认它是一部真正突破30年代传统教科书体系、具有开拓性质、令人耳目一新的著作。1987年国家教委组织评选优秀教材，这部书的上册获得国家级优秀教材奖。

听到、看到这些过誉的赞词，我和我们编书组的人当然都很高兴，我们的劳动没有白费，总算得到了一点结果。但对我来说，同时又感到有愧。对这部书我并不认为很完善和彻底，在搁笔的同时就已发现许多有待进一步研究、需要进一步改进甚至重写的问题和篇章。我把教科书的完成，看作我第三阶段更新工作的开始。那些没有或不便于写进教科书，或者写进去了没有充分展开论证发挥的问题、思想，从1986年到1987年另写了一部专著《哲学与主体自我意识》，这部书在很大程度上弥补了《马克思主义哲学基础》一书在理论上的不足，对那里面不明朗的观点、未加发挥的思想都有论述和论证。但它基本上还是属于前一阶段思想的总结性著作。这里的问题是，在论证了必须把哲学的基点转移到"实践观点"上之后，对哲学中的那些认识论、辩证法等具体问题应当得出什么样的新看法，换句话说，如果彻底贯彻实践观点的思维方式在哲学具体观点上应该引起什么样的深刻变革？关于这点在这部书里只是提出了问题、而未加以展开。这是涉及哲学观念的具体变革问题，需要一个一个地加以深入研究之后，才能逐步得到解决。

　　从 1987 年到 1988 年，解决这一问题就成为我工作的中心和重点。我打算对此进行系统的深入研究，总题目定为"论哲学观念的变革"，成果拟以"哲学探进断想"系列论文形式陆续发表，然后再考虑出书。这一课题 1988 年被列入国家社会科学基金项目。

　　作为"断想之一"的首篇论文是《论哲学观念的转变》，这篇论文具有论纲的性质，它主要是提出问题。我们用以观察哲学问题的思想方式如果转变过来，就会发现以往被看作无可怀疑的许多哲学理论问题，都值得我们去进行重新思考。在这篇文章中我提出 7 个值得重新思考的问题，都是触及教科书哲学根本理论的观点问题。《哲学研究》编辑部在给我的信中说，他们认为这些看法肯定会引起讨论，他们也希望能够这样，引起讨论当然也是我所期望的。

　　断想之二是一篇论思维方式问题的专文，之三是谈当前哲学形势如何推进哲学发展问题的，之四是论唯物论和唯心论关系的问题。

　　1988 年 9 月《哲学动态》编辑部与北京几个单位联合召开了一次"实践唯物主义"问题的专题讨论会，会议规模不大，但关心这一题目的主要学者都到会了，会议讨论的问题也比较深入。我在这次会上的发言很简短，没有展开我的思想。会后《哲学动态》组织了一期专刊，发表的文章主要是到会学者撰写的。我也应邀写了一篇，题为"再论实践观点的超越性本质"。文章主要是谈我对"实践唯物主义"的态度和看法。在以实践为基点去重新理解马克思主义哲学的实质这一点上，我同主张马克思主义哲学是实践唯物主义的学者们的观点是一致的，我在文章中表示了支持态度。但在对实践究竟应当理解为怎样一个基点，以及从实践基点应当怎样去理解和认识马克思主义哲学的实质、理论观点的变革等等问题上，我同实践唯物主义的主张者又是有分歧的。文章中的大部分内容是讲我个人的理解。由于这篇文章同许多持实践唯物论观点的文章有分歧，《哲学动态》的编辑同志没有把它放进专刊号中发表，而是刊登在紧接之后出刊的一期，即 1989 年 1 期上面。

　　关于辩证法问题我早年就极有兴趣，一度曾经定为我的主要研究方向列入计划。我主持的博士点方向原来就以辩证法研究为重点。后来陷入体系改革的研究课题，无暇抽出更多的精力去顾及，但从来也未放弃这一课题的思考。从 1983 年到 1985 年我还写过几篇专论辩证法问题的文章。值得一提的是《对研究矛盾问题的若干想法》一文。这是应《国内哲学动态》编辑之约写的专稿，发表于该刊 1985 年第一期，《新华文摘》同年 5 期全文转载。这篇文章主要是针对国内近一时期关于辩证法矛盾理论展开讨论之后，在我看来暴露出许多方法论上的问题，想就几个重大原则问题进行一次评论而写的。那几年辩证法是国内学术界的讨论热点，几乎没有哪一条原理没有提出相异的见解。但在我看来，讨论基本上是就问题论问题、就问题解决问题，为了追求新颖观点往往顾了这头丢了那头，讨论很难深入下去，常以相持僵局而告终。我写的文章主要是提出供思考的原则性问题，都没有展开论述，仅仅是点到为止。例如，矛盾是一个经验性概念，还是反映本质关系层次概念？矛盾是一个实体概念，还是一个关系概念？矛盾与关系是否一回事，能否说现实中任何一种关系都是矛盾？构成事物本质的矛盾关系是一种静态的存在，还是一种动态的存在？能否因为需要提高对同一性的地位和作用的认识，就必须把它看作与斗争性同等的矛盾运动的动力？能否由于矛盾解决的方式和结局具有多样形式，就否认矛盾必然包括相互克服、新旧交替和内容更新？矛盾的特殊性是矛盾普遍本质的表现，还是矛盾普遍本质的否定？怎样才能把握矛盾，必须靠具体分析，还是也可以依靠抽象推论？能否因敌对者歪曲地利用过某一原理，我们就必须放弃原来的理论？在实践上运用矛盾理论犯过错误，这一理论是否必然是错误的或有缺点的？总共 10 个问题。

对提出的问题，有的我给出了简短答案，有的没有。我主要是摆出其间涵蕴的矛盾，想引申到"辩证法观"上去思考这些问题。当时由于忙于编写教科书，未能继续写下去，后来打算在"断想"中来实现这一愿望，然而到发表了断想"之四"以后，情况变化了，也再难以续写。

总结我写过的东西、发表出的观点，不可能没有这样那样的错误、偏颇或不当之处。这些需要今后认真去思考，但回顾十年走过的道路，我自觉尽到了一个中国知识分子在改革大潮中应尽的责任和义务，也尽到了作为马克思的后人和学生在时代剧变中应尽的责任和义务。

我做的工作，不过是十年来我国学术界为推动我国理论发展、学术繁荣，为尽快实现我国现代化目标所做努力的一个部分。

十年来我国哲学理论的发展，在我看来大致经历了三个主要阶段。

第一个阶段是理论思想上的拨乱反正阶段。从1978年开展实践标准问题大讨论大约到1980年。这一阶段的任务主要是清除极左思潮的恶劣影响，恢复由于它的干扰而搞乱了的那些理论原则和理论观点，这一段的理论研究没有大的进展，主要是回到60年代已有的理论基础上去，它的重大历史作用是推动了人们思想的进一步解放。

第二个阶段，我称之为思想复苏之后对理论进行全面反思的阶段，大约到1983年前后。在前一阶段清理了地基，思想获得解放之后，人们就不能再满足于原有那种教条式的理论状况，开始尝试要运用自己的眼睛观察问题，运用自己的头脑去思考问题、理解问题。这样做时，人们看到了现代自然科学的飞速进展，看到了社会现实正在发生重大变化，也开始接触到西方某些新的哲学思潮，因而对于从教科书中学来的那些理论纷纷提出质疑。由于每个人都是从个人的眼光、知识结构、理论水平出发去看问题的，在一个时期里几乎对原有的许多理论都提出了异议，都形成了众多分歧见解。这是一个"新"观点迭出的时期，但缺乏深厚的根基。这一阶段的主要成果，在我看来就是突破了教科书哲学的限制开始形成了以探索、创新为主旋律的"论坛哲学"，为进一步开展深入的理论研究奠定了基础。

1983年到1984年前后是个转折，人们开始从新的时代要求出发自觉地推动哲学理论进一步发展，这就是第三个阶段。人们从感受的时代变化以及这种变化向理论提出的要求，逐渐明确意识到，停滞的理论不再适应深刻变化的现实，也不可能推动时代的变化和历史的前进。这时"改革需要哲学，哲学需要改革""哲学要发展，哲学要改革，哲学要现代化"便成为广大学者们的普遍共识和强烈呼声。人们进入更深入地讨论类如哲学对象、功能这些重大理论问题，又不断拓展开辟了如价值问题等一些新的研究领域，以各种不同方式提出了许多具有创新性的见解、观点。关于人的问题、主体性问题、实践观问题、系统方法论问题、反映与创造的关系问题、决定论与人的活动的关系问题、反思与自我意识问题、非理性意义问题等，都是过去教科书所不包括，人们也没有或很少涉及的问题。这些问题的研究和讨论极大地活跃了学术思想，开阔了人们的视野，丰富了哲学理论的内容。正是在这个基础上，"实践唯物主义"作为一种广泛的理论思潮成为众多学者不约而同的共识。

毫无疑问，这十年是理论大发展的十年，是人们走出教科书哲学的狭隘视野，开始面向世界、面向现实，迎着时代的呼唤，力求在马克思奠定的哲学基础上开拓新的领域、创立新理论的十年。

我所做的一点工作应当看作正是这一发展形势的产物，我自认为我对推动这一形势的发展也尽了绵薄之力。这就是使我得以心安的主要根据。

在跨进 90 年代的今天所面临的问题，在我看来就是，我们应该满足于这个现状踏步原地，还是应该把它作为新的起点继续前进，或者干脆转身后退？

我们需要对过去的十年进行认真的反思，切实的总结。但我认为，反思和总结只能是为了再前进，决不是要把取得的成果——清算回去。*

1991 年元月于长春

原载《高清海哲学文存》第 1 卷，吉林人民出版社，1997 年

---

* 这篇思想自述文写于 1990 年年末，1991 年 1 月完稿，原文系应《哲学家思想回忆录》一书的编者之约而作的。十分可惜，这部书编者费了很多心血，据说因为"经济"原因未能出版。

思想自述写到 1989 年为止，而且重点主要是放在说明为什么从事哲学体系改革的问题，反映的思想状况并不完全。进入 90 年代以后，我的思想有了进一步的变化，这些需要阅读其他文章去了解。

因为在一些问题上，学术界见解不一，为了说明我的思想，当时不能不作出某些"论证"，有时甚至加入了某种"情绪"色彩（这同"思想自述"这种文体或许也有关系），请读者谅解。这次全文发表的文章尽量保留了原貌，仅删去个别段落。我愿以真诚的思想同读者会面，以期得到指正。

哲学回归现实世界之路
——评哲学本体思维方式的兴衰

一、"现实世界"的否定性统一本质

人生活于现实世界，也只能在现实世界中生活。什么是对人而言的"现实世界"？

人类一来到世上，就遇到现存的自然界。自然先于人而存在，人是自然长期进化基础的产物。人类诞生以后也不能脱离自然，还要依靠自然界才能维持自身的生存。但是，现存的世界并不等于人的现实世界。只有那种合于人的本性、适于人的生活的世界，才是属于人的现实世界。本来的自然界只是人类生存不可缺少的前提条件，它并不能现成地满足人作为人的生存和生活需要。这样的自然界可以认为是动物的现实世界，却不是人的现实世界。动物产生于自然，生活于自然，顺应于自然，自然是它们天然的乐园。

人的现实世界不是给予的世界，而是经人自己的活动参与创造的世界。在这一点上人与动物有所不同。人与自然的关系不单是肯定性关系，同时也是一种否定性的关系。构成人的生存本性和存在方式的实践活动，就是属于这样的包含着双重关系并具有双重性质的活动。它是主动性和受动性的统一，肯定性与否定性的统一。在这种活动中，人以物的方式从事活动，换来的则是物以人的方式的存在。实践活动不但创造了人和人的生活，也创造了人的生活世界和对象世界。经人活动创造的这个世界，才是对人而言的现实世界。

人的现实世界也就是属人的世界。它是深深印上了人的足迹、投进

738

了人的身影、贯注了人的本性，即对象化着人的本质力量的世界。自在的自然界，在这一意义上说只不过是一个对人的可能性世界，或者如亚里士多德称呼的"潜能世界"，潜能世界只有通过人的实践活动经历二次生成，对人才有现实的意义，它也才能获得对人的现实性品格。

作为人的生存条件的，除了自然世界之外，还有观念世界。观念世界是以理想的形式所表现的实在世界。如果说自然世界是对人的潜能存在，观念世界就是体现着人的目的、意志和追求的理想存在。人的生存特点是，必须经过观念的创造然后才会引向实践创造。对理想世界的追求，表明人虽生存于自然界，却又具有超越自然限制的性质，这种性质也可以称作人的"超自然性"。

理想世界属于尚在追求中的世界，在这一意义上它也不直接地就是人的现实世界。在人的实践活动中，一方面潜能世界升华为理想世界，另一方面理想世界转化为现实世界。同潜能世界的情况一样，观念世界也只有经过实践的转化以后，对人才会有现实的意义，它也才能获得对人的直接现实性品格。

"现实"这一概念，因此便是一方面区别于潜能存在，另一方面区别于理想存在的一个概念。我们不能把潜能当作人的现实，由此便满足于自然的生活；也不能把理想当作人的现实，因而陷入空幻虚假的生活。然而，就人的"现实世界"来说，它同时又是既同潜能存在关联着，也同理想存在关联着。这是人的现实与动物的现实的根本区别之点。按照马克思的说法，"成为人的现实"，就是"成为人自己的本质力量的现实，一切对象对他说来也就成为他自身的对象化"。① 只有这两个方面的统一，才能构成人的现实。由此我们就应得出结论，人的现实世界乃是一个具有着两重矛盾本质的世界。它不像自在自然那样的纯正，在那里大自然是唯一主宰者，一切都服从于因果必然性的支配；也不像理想世界那样的纯粹，在这里意志力量是最高的权威，它可以凭借目的和应然性去安排一切。人的现实世界是双重性的，它既是自然的又是属人的，既是客体性的又是观念性的，既是因果性的又是目的性的，既是必然的又是自由的，如此等等。在

---

① 《马克思恩格斯全集》第 42 卷，人民出版社，1979 年，第 125 页。

这个世界里，几乎把那些看来很难共存的相互尖锐矛盾着的因素和力量都集结在一身，因而就使它形成一个极其复杂的否定性统一体。

要说世间各种难题中有一个最大的难解之谜，它就应当是这个属人的世界了。因为，理解和把握人的现实世界，首先就意味着，要理解和把握构成这一世界否定性统一本质的那些矛盾关系，而这正是最为复杂和最为困难的事。因而就造成了这种状况，人虽生活于自身的现实世界中，他最不了解的往往也正是这个自身生活的现实世界。

二、"哲学世界"的分化与统一

哲学作为世界观理论，所要解答的其实就是这个对人而言的现实世界之谜。

哲学理解世界的方式很特殊。它要认识现存世界，却又不满足于对现存世界的了解，总要到事物的背后去追寻另一个世界，或者在这个世界之上另外拟设一个超现存的世界，仿佛一个世界不够了解的，多几个世界才便于了解。德谟克利特在感官世界后面拟设的原子世界，柏拉图在实物世界之上拟设的理念世界，都表现着这样的特点。

这种情形在朴素的观点看来是很费解的。亚里士多德就曾依此批评过柏拉图，说他在每一件事物之上设定一个理念，"这几乎好像一个人要点数事物，觉得事物还少，不好点数，他就故使事物增加，然后再来点数"①一样的荒唐。虽然亚里士多德这样指责柏拉图，其实他自己的哲学也并未好到哪里，它照样在可感觉本体（事物世界）之上，悬设了一个"永恒不动变"的原始本体世界与之相对立。

把世界分解为不同存在，从多重世界关系去理解世界的本性，这对哲学是不可避免的。哲学理解世界的这个特有方式，正是表现了世界在对人关系中的多重性特点，并与人的实践活动本性恰相适应的。实践活动把自然的存在转化为属人存在，在本性上就是一种分化世界的活动。经过这种分化，然后才能建立起以人为主导的新的统一联系。哲学要把

---

① 亚里士多德：《形而上学》，商务印书馆，1959年，第267页。

握人生活其中的现实世界，它就不能不适应实践这个本性，也在观念上去分化世界，从多重世界的关系中理解和把握世界的本性。

哲学分裂世界的特点还有一个认识上的理由。人的现实世界是充满多重矛盾的复杂世界，理解了多重矛盾才能理解现实世界。而要理解矛盾，就必须把它们分解开来。只有充分暴露并理解了矛盾各方面的具体内容之后，才能把握矛盾，进而理解现实世界。从这一意义上说，把现实世界的具体矛盾分解为诸多抽象世界的对立，乃是哲学发展必须经历的阶段。不经过这样的思维准备，人们便不可能真正把握现实世界。哲学作为认识活动的这一发展过程，同人实践活动的发展过程，以及由它所决定的人和人的世界的发展过程也是基本相适应的。

我们回顾以往哲学发展的历史便可以看到，哲学对世界的认识始终是从分化走向统一，而后又在更高基础上走向分化的过程。每一次的分化和统一都表现为一个圆圈式的发展，整个哲学史可以说就是从一个圆圈进到另一个圆圈的发展史。这个圆圈的中心是人和人的现实世界，它所表现的内容便是人和自然的矛盾、灵魂和肉体的矛盾、观念存在和客体存在的矛盾、属人世界和自然世界的矛盾等等。

从总体来说，以往哲学的发展共经历了三次大的分裂和统一，形成了三个大的循环圆圈。它们是：自然物质世界与超自然精神世界的分裂和统一；心内观念世界与自在客观世界的分裂和统一；主体人化世界与客体自然世界的分裂和统一。这三个圆圈大体上与哲学理论的三个主要形态即本体论哲学、认识论哲学和人本学哲学的演变相适应，也与人类对自身认识的三个主要阶段即笼统直观的认识、反思性的分析认识和自觉性的综合认识的发展过程相适应。

经由哲学分裂活动形成的世界对立，所表现的实际就是人在创建自身世界活动中所遇到的那些基本矛盾。哲学用以表现矛盾的不同方式，在根本上也是由人在历史发展中创造自身世界的不同活动方式所决定的。

三、"本体世界"的抽象统一性

人是在自我对象化的创造性活动中形成为人的，这是一个漫长的甚至无尽的发展过程。文明社会构成一个标志，可以认为这时的人已经形成为完全的人，并且开始意识到自己为人，因而试图去追求适合于人的生活。哲学就是人的觉醒意识，或者说是它的产物和表现。人类在这一发展阶段创造出了哲学这种理论，足以说明这个重大转变。

但在进入文明历史的一个很长发展时期，人还并不具有掌握自己命运的现实力量。在这个过程中，对人具有直接现实性的，仍然主要是人对世界的自然关系，至于其中"人"的关系，更多还在理想追求形式的孕育之中，这是自然经济发展阶段不可避免的状况。

适应这种理想追求与现实力量矛盾状况所形成的哲学理论，当然不可能直接反映出人及其所处世界的真实本性，必然会把一切都抽象化、理想化，只能以非人的形式去表达人的关系，以非现实的形式去表达现实世界，以绝对的形式去表达相对的本性，以先在规定的形式去表达理想中的存在。这在哲学的发展中也是不可避免的过程。作为这样的理论的典型形态，就是"本体论"的哲学形式。

本体论，按照传统的解释，是关于存在本身的学说，即探究存在作为存在所具有的本性和规定的一种哲学理论。这一理论萌芽于古代，兴盛于近代 17 世纪，19 世纪初的黑格尔哲学是它的顶峰形态，同时也是它最终陷入瓦解的标志。

本体论哲学强调要去把握"存在本身"，是基于下面这样一种观念，即认为我们感官所观察到的事物并非存在本身，隐藏在它的后面、作为它的基础的那个超感官的对象，才是真正的存在，即所说的"本体"。经验存在与本体存在是一种决定论的演绎关系：经验现象中的一切都来源于本体的规定，所以只有从后者才能使前者得到理解和说明。相反地，本体却不受经验现象的规定，它本身是一个绝对自在的、具有终极始因性的存在。把存在的事实和存在的本体分离开来、对立起来，是本体论思维的基本前提。所谓的本体论哲学，在这里也可以说就是从某种超对象的绝对实在去理解对象的一种理论认识方式。

我们不能不承认，本体论作为对象的解释原则完全是属于人的，它表现的是人从人的观点以理解和把握对象世界的一种方式。抛开可见的现存世界，去追求一个不可见的本体世界，这是只有人才会具有的特性。

人是一种从不满足于既有存在，总在追求未来理想存在的一种存在。这通常被称作人的"形而上学"本性。本体论就是以探寻对象之外和之上的本真存在这种方式，来表达人的形而上学追求的。

本体论作为存在本性的理论，其最终目的也是为了说明人的存在的性质和规定。它所以采取了这种迂回的说明方式，是因为从那时的哲学观念看来，人原本就是从存在而来、同其他存在同样的存在，所以只要弄清了存在固有的本性，也就等于是从本真状态理解了人。这样一来，在它把人并入存在大堆的同时，也就把人的身影投射进存在的构成、把人的特性泛化为世界的本性。这就形成了一种现象，历史上的本体论哲学家实际都是按照对人的理解去确立他们的本体观点的。关于本体不同观点的论争，实质上也只是关于人的不同观点的分歧。

本体作为超经验存在，本是一种虚拟的悬设，人们无法加以确证的，这非常方便于赋予它以人们所需要的品性。于是，许多哲学家便把人在现实世界中暂时还不具有或达不到的性能、品格和力量加在了本体身上，使它成为人所祈望的一个最高保护力量。关于这点，我们从柏拉图的"至善理念"、亚里士多德的"不动的推动者"、斯宾诺莎的具有神力的自然本体乃至黑格尔的绝对精神都可以清楚地看到，那里明显地凝结了人的最高理想和愿望。

这一切表明，哲学本体论就其本质而言，不过是以本体形式表达人的本性和观点的一种理论。这一理论形式在历史上充任人们的精神支柱，能够发生重大的影响，对历史起到推动的作用，原因就在于此。因为在人们尚缺乏现实力量的状况下，它具有鼓舞人心、升华人性、解放思想并满足人们寻求外在权威保护的意义和作用。

然而从今天的观点去认识，同样无可否认的是，本体论这种理论形式的最大的弱点、缺陷乃至弊病，又正是表现在这里，它以本体的形式去表现人、以本体世界的形式去表现人的现实世界，恰恰是把人变成了非人、把现实世界变成了非现实的世界。人被融化于世界之中，以客观实体形式出现的就不再是人，而是异于人的外在力量，转过来人就不能不受它的主宰，最好的情况也只能充当一个工具性的角色。在黑格尔哲学中人的地位就是如此。这样的理论，在人尚处在不得不受"自然关系"

743

支配的历史时期是容易被接受的，当人的力量壮大以后，要去发展"人的关系"之时，就难以再忍受，必然要加以破除了。所以，哲学本体论的作用是历史性的作用，在历史的不同发展阶段它的作用不但互不相同，甚至是迥然相反的。

哲学本体论的问题主要并不在于"本体"的虚构性质，这当然也是一个问题；主要是在于这种理论失落了人、瓦解了人的现实世界，这才是最根本的。

四、"神学世界"与"科学世界"的矛盾

严格地说，根本就不存在不讲人和不包括人的内容的哲学，凡是哲学都要讲人、都要包括人的内容。问题在于怎样讲人，包括的是何种样的人的内容，这才是主要的分别。我们指出哲学本体论这种理论失落了人、瓦解了人的现实世界，主要是说它把人抽象化、肢解为碎片了，也把人的现实世界的矛盾抽象化、肢解为碎片了。这就是"失落"。

"本体"在哲学中是作为世界万物的统一性（本真、本性、本原）而提出来的。它面对的是人和人与世界的矛盾（肉体和灵魂、物质和精神、因果性和目的性、必然性和自由、客体存在和理想存在、自然关系和属人关系等等矛盾关系）。本体所以能够把这一切相互矛盾着的东西统一起来，主要是凭借它凌驾于这一切东西之上的超越性。它既不是这个也不是那个，又既能成为这个也能成为那个，因而也就既是这个也是那个。在这样的一种东西里面，一切当然都是同一的了，这正像黑格尔批评谢林同一哲学时所说的那样，在黑夜里一切牛都变成了同一种黑色。本体的统一，在这一意义上说只是一种抽象的同一性。

怎样才能通过本体把本性相异甚至相反的东西变成同一的东西呢？如果从逻辑上分析，就只有两种可能性，即：①或者把本体理解为自身含有对立性质的矛盾体，这样就会走向二元论哲学，如亚里士多德的多重本体、笛卡尔的心灵物质对立本体、康德的现象界和物自体界的分裂本体等；②或者把本体肯定为纯正单一性质的存在，而这样就必须消解现实世界的矛盾，把矛盾一方归结或还原为另一方，如莱布尼茨的单子

本体或法国哲学家的物质本体。

本体是自因性、永恒性的绝对存在，它不允许两个本体同时并存，这同本体的本性是抵触的，正如不能允许两个万能的上帝同时存在一样。所以在历史上二元论哲学只属于过渡性的理论，它最终总要引向一元论。

坚持本体的一元性，必须消解现实世界的矛盾，而矛盾之所以为矛盾就在于它是对立的或否定性的统一关系。这单靠归并或还原都是无法完全解除对立的。无论把矛盾的哪一方归并或还原为另一方，其结果都只能造成理论自身与现实世界的矛盾，从而导致不同理论观点在相互补充中的僵持对立。

如果完全否定肉体、自然关系的人性本质，把人和世界仅仅归结为灵魂存在和属人关系，从这里得出的就是抽象的人即神和神学世界。相反地，如果完全否定灵魂的实体性、属人关系的客观性，把人和世界仅仅归结为肉体存在和感性实体，那么，从这里得出的又只有抽象的自然和以自然为内容的科学世界。

从历史上看，神性本质和自然本质就构成了本体论哲学的基本矛盾内容。无论哪种形式的本体论都摆脱不了这一抽象对立，也都始终是在神学世界和科学世界的对立中演化、发展的。

哲学本体论经历了以下几个发展阶段：它最初表现为直观本体论，以后分解为相互对立的神学本体论和科学本体论，最后演化为形而上学本体论。

直观本体论是本体论哲学在古代萌芽、形成阶段的初级形式。直观在这里就是矛盾尚未分化的意思。古代哲学的特点是人物不分，而且认为二者同根、同源、同性，所以它才把探寻"万物的本原"作为哲学最高的主题。本体论即从这种本原论演化而来。古代哲学家在把人放进自然中去了解时，同时也把人性自然化了。人性的自然化也就是自然的人性化。古代哲学家的世界是一个富有生命的世界、充满了神灵的世界，即通常所说的"物活论"的宇宙观。这在亚里士多德的本体理论中也同样如此。他所规定的最高本体就是一种思想性质的东西，他称之为"思想的思想""目的的目的"，有时简洁地称之为"神"。但亚里士多德的理论是哲学而并非单纯的神学。他明确地说，本体理论的目的就是探求事物所以成为如此这样一个事物的"原因和原理"。因此他不仅肯定感官对象也是本体，而且十分注重因果性的科学逻辑。这就是亚里士多德本体理论的特色。

亚里士多德是本体论哲学的奠基人，他的本体论是古代本体哲学的典型理论。我们从它便可以看出，直观本体论的特点就是神学与科学的混合。这个本体世界既贯穿着因果联系，又表现为目的关系，它的基层属于科学的世界，高层则属于神学世界。

直观本体论的矛盾归根结底是来源于人的肉体和灵魂的矛盾。被抽象化的肉体就是亚里士多德的"质料"，被抽象化的灵魂就是亚里士多德的"形式"，而最高的形式就是亚里士多德的"神"。所以直观认识中的本体不过是对心身矛盾的一种转移和泛化，并非对矛盾的解决。尽管把矛盾泛化为一切存在所有了，它们的对立照样存在着。所以后来的本体理论必然会走向分裂、向两极分化。这样就形成了神学本体论和科学本体论对峙、斗争的局面。

神学本体论和科学本体论可以看作对本体实行"净化"所产生的两个必然结果。前者试图运用创造论方法从灵魂的神性中直接引申出肉体方面的存在和本质，由此便把哲学归结为神学理论。后者则想依靠还原论方法把灵魂直接归结为肉体本质而消融二者对立，这样就把哲学归结为科学理论（自然科学，主要是力学科学）。这里不去谈它们的不同历史作用，在逻辑关系上它们就是如此对立着的。

无论立足矛盾的哪一个方面，要想直接把二者合而为一都是难以做到的。神学理论虽然有一个很方便的条件，它可以完全不顾事实、不讲逻辑，因为神灵创造世界无须动手，只要说话就可以造就一切。正因为如此，它也就失去了可信性，人们只能当作幻化的神话去看待它。科学理论奠立于深厚的现实基础，具有很高的可信度，这是它的优长之处。但人的超现实性一面无法纳入"科学"的对象，例如灵魂，尤其无法为力学科学所了解。如果把人完全限制于科学所达到的认识界域，那就只能把他还原为物，而无论多么高级的物都并不是人。18世纪法国启蒙哲学家依据当时科学理论说"人是机器"，很明显，人如果是机器他就不再是人，因此这种观点必然要遭到德国哲学家的反对。

"本体"必须能够说明人，否则它就不成其为本体，而要说明人，本体就必须既类于人又要高于人。这一铁的逻辑迫使 17 到 18 世纪许多具有很高科学素养的大思想家都不敢轻意抛弃"神"。他们不信仰宗教，但相信世间有神。例如斯宾诺莎、莱布尼茨、洛克、伏尔泰、康德等人都是如此，这是很耐人寻味的。

黑格尔另辟蹊径，他不讲神，而讲绝对精神。其实，绝对精神不过是人化的神，或者叫作神化的人。他正是利用它的这一矛盾特性，赋予了本体以主体性、创造性、能动性，使它有可能演化出整个世界来。黑格尔用形而上学理论统一了神学与科学，缓解了它们的矛盾。黑格尔的本体论属于形而上学本体论。正如马克思所评价的，这一哲学是形而上学本体论在危机之后的一次"胜利的和富有内容的复辟"[①]。但也只是最后的一次，此后本体论哲学就走向了瓦解。

五、"现实世界"的回归

"本体论"从概念说具有两重含义，它既可用于对象领域，也可用于理论学说。前者指研究客体对象的理论，主要区别于认识论和方法理论，后者指关于对象的一种特定学说和研究方法，在这一意义上它与研究的对象领域无关，而主要同现象论、活动论、功能论和关系论的研究相区别。这两种含义在历史上并无明确的区分界线，它们往往交织在一起并相互贯通地发挥作用。

本体论在以往的传统哲学中既是它的主要研究对象、最高的主题，又构成它的核心的内容。在长期发展过程中，传统哲学还形成了一套与其学说相适应的认识方法和思维模式。本体论因而又有学说与方法的分别。作为学说，它的内容是特定的，而作为思维方式则具有广泛的普遍影响。

传统本体学说追求的是处于事物的本真存在的真理，作为本体的思维方式便成为肢解现实矛盾、瓦解现实世界的一种理解方法和模式。

---

① 《马克思恩格斯全集》第 2 卷，人民出版社，1957 年，第 159 页。

（1）注重绝对存在、追求终极真理是这种思维方式的第一个特征。早在柏拉图哲学中就明确提出了这样的一条原则，他说："我们首先必须作出下面的分别：什么东西是永远存在而不变化的，什么东西是永远在变化而不真实的呢？"自此以后，追求终极存在和永恒真理就成为本体论哲学的最高目标。在它看来，本体与非本体即实在与非实在的区别首先就表现在这里，真理与非真理即客观性与主观性的区别也首先是表现在这里的。要追求实在和把握真理就必须放弃眼前的对象和感官的认识。近代哲学家如笛卡尔所说的本体，就指那种对象在变化中瓦解、消散了以后所剩下来的东西，这种东西虽不可见，却是绝对实在和真实的东西。本体的思维方式就是一种绝对化的哲学思维。

（2）坚持本质先在、追求本源和本真是这一思维方式的另一个重要特征。本体论的思想前提是，认为最先存在的东西是最好的东西、最真实的东西，或如亚里士多德所说"极因才是善"。所以要了解一个事物首先就要去追寻它的原初存在、初始状态和原始构成，这里表现着它的本真。从这一意义上说本体论也就是一种还原论思维。在历史上还原论方法也经常同本体化思维结合在一起。"还原"是同发展观的"超越"正相对立的。但在本体论思维中，原初存在又常常同它所追求的理想目标结合为一体。在这点上，它把人的活动看作与动物的行为一样，动物的行为方式已预先规定在它所属的物种里面，人的未来和现在似乎也早已由先在的本质规定好了。所以，本体论哲学家才坚信，只要掌握了这个先定本质的密码即"第一原理"——这正是本体论哲学的任务——就是掌握了人类的命运，因为从那里便可以演绎和推论出未来的一切。

（3）从对立的两极去把握绝对一元本性是本体思维的基本方法。按照本体论思维，必须把对象肢解为二，又必须坚执实在本性为一。这看来很像对立统一的矛盾思维，事实却恰恰相反。它的二元对置只是为了取消对立，以便肯定一方排除另一方，从中找出本真存在。这正是典型"或此，或彼"的形而上学思维方法。"形而上学"一词兼有本体论和方法论两重含义，方法含义从本体含义衍化而来，正是表现了这种因缘关系。本体论哲学家总要把对象区分为本原与变体、真知与意见、变化与不变、内在与外在、质料与形式、偶然与必然、形上与形下、先天与后验、绝对与相对、有限与无限等等相互对立的方面。在这一点上，本体论哲学在历史上揭露出大量的矛盾关系，对人们认识矛盾作了理论准备、起了有益的作用。但这一切，只是通过本体论自身不同学说和观点的对立斗争而实现出来的。按照本体化思维方式，对两极对立关系只能肯定一方否定一方，决不允许两方并存。所以在本质上，本体化的思维方式正是瓦解矛盾的思维方式。

这就是本体论及其思维方式的主要特点。由此我们就可以了解，这种理论为什么本来是从人出发、要贯彻人的观点，结果却失落了人，本来想要深入现实世界、把握它的底蕴，结果却走进了彼岸世界的道理。根本原因就在于它的绝对化的思维方式。绝对化就是抽象化。在这种思维方式中，人必然要被抽象化，现实世界必然也要被抽象化。两重性在抽象化中被分解，失去两重性也就失去了现实性。

由此也可以了解，现代哲学要走出传统理论回到现实的人和现实的世界中来，为什么都要从破除形而上学本体论入手的道理。本体论是传统哲学的基础理论和核心内容，传统的哲学思维方式在本质上也就是本体化的思维方式。在人和物之间的自然关系占据主导地位、人的世界尚缺乏现实基础的条件下，传统的本体论及其思维方式对人具有促进意识觉醒、提高创造信心的作用。当人要自己掌握自己命运，而且有力量去做到这一点的时候，它的作用就转化了，对人的创造活动非但起不了积极作用，甚至成为严重的障碍。因此，只有破除了本体化的思维方式，人才能回到现实中来，发挥出现实的创造作用。

否定传统本体论哲学，不等于不承认"本体"存在，也不等于不再需要本体论，这里主要是要否定并破除本体化的思维方式。传统哲学向现代哲学的转变，是包括哲学主题、哲学倾向、哲学观点和哲学形态的一种根本性的变化，而归根结底来说，则是一场哲学思维模式的根本变化。如果不转变思维方式，既不可能摆脱传统哲学观念的束缚，也不可能真正转到现代哲学的立场上来。而思维方式的转变是一种最困难的变化。大量事实表明，许多现代哲学家抛弃了"传统哲学"，思想却仍然束缚于传统的哲学模式之中，这往往就成了他们哲学半途而废的重要原因。

对我们来说，问题也具有同样的性质。我们遵循的是马克思主义哲学。马克思创立的实践哲学思维方式是对传统哲学的彻底否定，也是开创哲学新时代的理论基石。但是，如果我们不能摆脱传统本体化的哲学模式，那就不但掌握不了这一理论，而且还有可能改铸成为传统理论而使它倒退回去。

回顾我们以往哲学理论曾经出现过的许多特异现象，如：我们生活于现实世界，为什么思想和理论却常常为空幻的虚假观念所控制；我们是最讲"实事求是"、最重视"理论与实践统一"的，为什么却又总是难以做到从现实出发，理论也总是与实践相脱节；许多年来我们不断地批判、反对"主观主义"，为什么却总是摆脱不了这个恶魔的纠缠；我们十分重视辩证法的理论，为此做了大量的普及工作，为什么辩证法在人们的思想中很难扎下根，在现实中不是"主观地"去运用，就是陷入片面性的形而上学；我们最反对公式化、形式化、僵化的教条主义，多次历史经验证明极左思想给我们事业带来了巨大的危害，为什么却又总是克服不了、反不下去，到头来人们还是觉得"宁左勿右"好？如此等等。造成这种现象的原因当然有许多因素，无可否认，按照传统思维模式去理解马克思的哲学不能不说是一个重要的（思想理论方面）原因。

传统本体化的思维方式，也就是从抽象原则出发的思维方式，走向空幻理想的思维方式，引人缅怀过去的思维方式，依赖事有先定的思维方式，消解对立瓦解矛盾的思维方式，追寻彼岸世界的思维方式，远离现实存在的思维方式，否弃真实生活的思维方式，从云端讨论世俗事物的思维方式，信赖外在权威的思维方式，如此等等。如果我们把马克思的哲学理论纳入本体论思维的框架去理解，得出这样的结果是不足为奇的。人们认为，既然马克思主义哲学承认自然对人具有优先性、坚持人是来自自然的根本看法，那么它就自然地应当以自然物质为本体、是一种"自然本体论"理论。这看来似乎也不无道理。但我们如果认真地思考一下哲学理论经历的上述发展过程就会了解，这种抽象化的思考方法是历史上早有前车可鉴，依照这种理论必然会引导人们脱离开现实的人和人的现实世界。因为，自然"本体"虽然可以决定人能不能来到这个世上，但在人既经来到世上以后，它却无法决定人该如何生活，也不能告诉人们应该如何行动。自然本体说明不了的空白领域，依照认识史的逻辑，必然要由"神学"去予以填补。在我国现代历史上，就在这样的"理论"的指导下，为什么竟然出现了新的"造神"运动，为什么人们明明要不断勒紧裤带却以为是在享受"天堂"生活，为什么在现代科学条件下却会甘心接受神化的虚假观念支配，为什么生活在自己土地上却最难于了解自己的国情？有一个道理不能不引起我们深思，这就是：抽象化的理论两极相通，自然本体与神学本体总是相互补充存在着的。

要回到我们的现实世界中来就必须破除本体化思维模式。只有破除本体化思维模式才能做到确立实践观点的哲学思维方式，从而做到立足我国现实，面向世界，面向未来，这就是我的结论。

原载《高清海哲学文存》第 1 卷，吉林人民出版社，1997 年

人是哲学的奥秘

——我的哲学观

一、人与哲学的"对象世界"

通过对哲学发展历史的多年研究和思考，关于哲学，我形成了如下的看法：哲学作为"世界观"理论，面对的虽是外部世界，表达的却是对人自己的观点。

所谓哲学表达的实质是人对自己的观点，这不只是说，人总是从人出发去看待世界、为了人的目的而去研究世界；而主要是说，哲学对世界的认识实质上不过是对人自己的认识，它是通过世界以理解、把握人自身的存在及其活动的性质、意义和价值的。当然，这句话反过来也意味着，人也总是从对自己的理解中去把握外部世界。这样，在哲学史上才出现这种情况：哲学是怎样理解人的，它也就怎样去理解世界；哲学关于世界不同观点的分歧和论争，表现的实质都是对人自身的不同看法。

人之所以需要从世界这一对象去理解自己，就因为人是一个以整个世界为对象的存在。这是唯有人才具有的特性。就我们今天的认识所及，可以认为人是世界的最高存在，属于宇宙全部精华的结晶。人是只有在走完宇宙经历的一切进化过程，达到它的巅峰阶段而后才会形成的存在。因而可以说人就是一个缩微的宇宙。试想，在人的身上，外部世界什么东西是它所没有的？我们很难指证得出来。相反地，人身上有的东西，比如理性，在自然界中却并不都能看到。

上面谈的只是人体构成情况。在人的活动表现出来的对象性关系中，这种性质更加明显。除人之外，其他一切事物都只能以有限的自然存在

752

为自己活动的对象。而人则面对着广漠的世界，从其可能性说须以整个宇宙为自己生存活动的对象。这也是唯人才具有的特征。所以，从人的观点来看，自然构成威慑着人的一种强大异己力量；相反地，如果自然有知，从它的观点去看，也会认为唯人才是敢于同它抗衡、构成对它威慑力量的强大对手。

这就表明，人是一种世界性的存在，人与世界无论就其始源关系或是发展关系说，都是融为一体、密不可分的。人来自自然，构成世界存在的一个部分，在这方面应该认为人属于世界；但在另一方面，人在活动中逐步把自然存在转化为自己的"无机的身体"，使它成为人的存在之部分，从这一意义上又必须认为世界是属于人的。人原本是一种自然存在，要了解人的始源不能不追溯到自然世界，因而应该认为世界是人的秘密所在；然而另一方面，人作为宇宙精华的最高结晶同时又集中了宇宙最尖端的矛盾，认识世界的那个最困难部分因而就不在人外存在而恰恰是人的存在，从这一意义上又必须认为人才是世界的奥秘所在。由此决定，我们想要了解人往往必须溯源到世界，而要真正了解世界又必须去理解人。哲学的历史就是沿着这样的道路走过来的：它总是从人走向自然，然后又不得不从自然返回人自身，要在二者之间不断地往复循环。

这同时也就表明，哲学所面对的"世界"，并不是人产生以前那个无人的洪荒宇宙，而正是人直接生活于其中的这个世界，即处在了对人关系中的世界、经过人的活动所参与创造的、对人二次生成过的世界。如果说本来的世界只是大自然的一统天下，自然是至上唯一的主宰，那里一切都服从于自然因果的支配；那么，自从人出现以后，由于人的自我创造活动不仅扰乱了自然固有的这个秩序，甚至颠倒了人和物的自然关系，在人迹所到之处，都要灌注人的目的，实现人的支配作用。很明显，这样的世界已不再是单一和纯粹的自然世界，而是变成了充满两重矛盾关系的世界。因为这里已不只是自然的主宰，人也在争取支配权；不只有自然因果规律在起作用，同时又出现一种合目的性的应然规律；它已不只是一个必然性的王国，其中正在开创人的自由天地；如此等等。这是一个多重的世界，自然的和属人的双重矛盾构成了这一世界贯彻一切方面的现实本质。

这就是说，作为"世界观理论"——哲学之对象的那个所谓"整个世界"决不是指物理空间的界域说的，只能是指由于人的出现而使它具有的多重性质或者多重世界的关系而言的。

世界原本只是一个，并没有几个不同的世界。只是由于自然性和属人性的矛盾，使得事物的内容和性质不但以自然为转移，同时还要以人为转移，因而从不同的人和不同的视角看来，世界才成为各不相同的存在。这就是通常所说，人们虽然共在一个屋檐下，却各有自己的生活世界，甚至同一个人在不同情境下体验到的世界也会互不相同。

世界因人出现多重关系，也被人分裂成为不同的世界。科学、神学、哲学作为各自独立的理论，虽然都以世界为对象，由于观察的角度和方法不同，把握到的"对象世界"也各不相同。正是这一点，构成了它们之间彼此区别的内在根据。

比起"哲学世界"来，"科学世界"和"神学世界"都属单一存在的世界。也就是说，科学和神学注重研究和思考的只是两重世界中单一的性质和关系。

科学世界，属于单一的时空物理世界，或叫自在存在的本然世界。科学追求的是原生形态的存在，因此它在活动中只能遵循一个尺度即客观性的尺度，也只要求一个结果即把握必然规律、达到真理认识的结果。这是科学理论的根本性质和特点。由于既经构成人的对象世界，哪怕仅仅是认知对象的世界，它就已经对象化了人的本质在内，即对象已被两重化、不再是纯一性质的存在；所以科学要把握存在的自在性质，就非得经过反复实验不可，只有清洗掉人为添加的性质和形式以后，才能达到客观的真理认识。这是科学认识特有的方式。在这一意义上可以说，科学方式的认识是一种复本还原的认识。

神学世界，则是属于单一性质的应然世界，也可以叫作理想化的属人世界。宗教、神学追求的是绝对自由性的人格和生活，因而在它的活动中也只讲求一个尺度即理想应然的尺度，只追求一个结果即至善状态结果。与科学认识相同的道理，在这里要实现神学的目的，也必须消解两重性矛盾，使人跳出生存三界，超脱因果轮回，彻底摆脱自然羁绊。

这是神学意识的特有方式。神学思考是一种幻想式的超越性思考。

那么，对人而言，科学世界和神学世界是属于真实性的世界吗？应该说，无论科学世界或神学世界，它们都有对人的真实性质，却又都并非人的"现实世界"。如果它们不具真实性，人类为它们耗费了那样多的才思睿智，而且今后还将付出聪明才智，就成为不可理解和理喻的事。然而，现实的人既不能生存于完全由自然辖制的荒漠宇宙，去过与禽兽为伍的动物式的生活；也不能仅凭自己意志去构造自己的存在，脱离自然世界、不食人间烟火，去过天使般的生活。现实的人是一种自身矛盾性的存在，人的现实世界也只能是一个在两重矛盾关系中存在的世界。

这样，问题就清晰了。科学世界，作为单纯的自然世界对人只是一个"潜能世界"；神学世界，作为纯粹的属人世界仅是人所向往的"理想世界"，只有二者的结合和统一，才能构成现实人的现实世界，而这就正是"哲学世界"。哲学面对的就是一个由自然的和属人的、潜在的和理想的、物质的和精神的、主观的和客观的、必然的和自由的种种两重性质结合而成的矛盾世界。哲学这种理论的任务和功能，正在于要去理解和把握人在生存活动、发展活动中所造成的这一切两重关系，以便使人能够以人的态度对待人自己、以现实的态度对待人的现实世界，进而自觉地去为创造人和人的世界而奋斗。哲学，实际就是人以世界为中介的自我意识、自我理解、自我创造、自我实现的理论活动、理论表达。

在人类思想发展的历史中，哲学与神学、科学始终处于难分难解的密切关系中。在突出对实在世界的超越性之时，哲学便被归并于神学理论；而在注重世界实在性质的另一时期，哲学又被纳入科学系统。实际上哲学既不能划归神学理论，也不能并入科学系统。所以更多的时候是把哲学理解为既具有神学内容又有科学性质的矛盾混合体。这里就反映出了哲学世界的双重性格。古代哲学自不待言，近代哲学何尝不是如此？近代许多大哲学家，在科学与宗教的激烈冲突中，即便他们站在科学一方坚决地反对宗教世界观，在他们的哲学理论中也不敢轻易抛弃"神"的观念，还经常要给神灵、神性保留一个位置。例如笛卡尔、培根、洛克、斯宾诺莎、莱布尼茨、康德、黑格尔等人莫不如此。对于这种状况我们不能仅用他们思想的不彻底性、动摇性和妥协性去解释。这方面的因素当然存在，但更为深邃的原因则是，哲学不可能被彻底"科学化"，如果哲学变成纯粹的自然理论，人将置于何地，人对自然限制的超越性如何去解释？哲学世界本就不是像科学世界那样的一片净土。所以凡是看重"人"的哲学家，在他们对人尚不能作出真正人的解释时，都不能不对神灵或神性有所保留，就连尖锐批判了基督教神学的费尔巴哈也未逃脱这一命运。

哲学不是神学却近似神学，不是科学又类似于科学，它到底是什么？正确的回答是：哲学就只是哲学，而不是任何别的。这正如人只是人，它却同于禽兽而又类于神灵是完全一样的道理。

在成长过程中，哲学曾经扮演过各种不同的角色、以各种不同面孔出现在历史之中。例如，哲学曾经是自然理论、逻辑理论、伦理理论、社会理论、政治理论、文学理论、神学理论、生物理论、语言理论、经济理论等等。这也极类于人。人在生成中没有未曾经历过的事物，哲学在成长中也是几乎什么事情都干过；人只能在不断对象化自身于外物的活动中获得自己的本质，哲学也必须在不断异化自身的活动中去获取哲学的本质。哲学浪迹天涯的那番漫游并非无谓之行，这正是使它自己成为哲学的必要条件和步骤。哲学在自己的努力下，使各种知识学科陆续成长起来，它才有可能去全面和深入地理解人及其所处现实世界的复杂矛盾本性。所以事情决不像有些学者理解的那样，当着知识学科从哲学孕育成熟纷纷独立以后，仿佛哲学便失去活动地盘，无事可干，应该走向消亡。事情非但不是如此，甚至恰恰相反。知识学科的独立发展对于哲学来说既是否定同时又是肯定。过去由于知识学科不发达，哲学才不得不放下自己的本业，去为建立必要的知识基础而忙碌；现在这种基础具备了，正好使哲学有可能去发挥自己的本业和特长，从矛盾的现实入手去把握现实的人和人的现实世界。

二、人与哲学的思考方式

哲学作为思辨性的理论活动，看来是一种完全自相矛盾的活动。哲学的宗旨本来是要寻求万物的统一性、建立统一的世界观体系；然而从事活动的方式却是地道的分裂存在的活动，达到的结果也总是陷入相反世界体系的对峙之中。这是很奇特的。如果我们说，哲学家们都是在有意地分裂世界、制造矛盾，也不算怎样过分。他们要去认识现存世界，却从不满足于对可见世界的了解，非得还要虚构或悬设一个不可见的世界，在把存在分裂为两个对峙的世界之后，然后才去设法使它们统一起来。德谟克利特的原子世界、柏拉图的理念世界、笛卡尔的实体世界、莱布尼茨的单子世界、康德的物自体世界、黑格尔的绝对精神世界等等，都属于这类超越感官世界之外，由哲学家创造出来用以说明现存事物的不可见世界。

这种做法从素朴观点看来是很费解的。亚里士多德对于老师柏拉图在每个实在事物之上都悬设一个理念作为原型的做法不大理解，曾指责说，"这几乎好像一个人要点数事物，觉得事物还少，不好点数，他就故使事物增加，然后再来点数"一样的荒唐。① 亚里士多德虽然这样指责柏拉图，他也并未好到哪里，轮到自己要去解说现存事物的动变本源时，也不得不在可感觉本体之上悬设一个"永恒不动变本体"（不可感觉的本体）作为动力来源，照样分裂了世界。

把世界分解为不同存在，从多重世界关系去理解世界的统一本性，看来这是哲学研究世界的特有方式，命定必然如此。为什么？究其原因，根子仍然在人身上。

人本来就是一种超越性的存在，只能在分化世界中生存，也只能在分化自身中存在。人有一个生命本质，在这点上它与一切动物相同，必须服从自然生命的生存本性；人还有一个超生命的本质，这是由它自身活动创造出来的无形本质，它也只能由自己的创造性活动所支配。人的双重本质投射于客观对象，通过人的生存活动同时也就分化了外部世界，即在自然世界之上又创造了一个为我存在的属人世界。

这种分化世界和自我分化的活动就是人的实践活动。"实践"是人的生存本性，也是人的存在方式；人可以说就是一种以实践为本性和生存方式的动物。这是人与动物的始源性分界点。动物的生存活动是由自然

---

① 亚里士多德：《形而上学》，第 267 页。

（物种）本能支配、完全顺应自然法则的活动；人的生存活动则相反，它是贯注自我目的、迫使自然适应并满足人的需要的活动。动物利用自然存在以充实自己的本质，活动的结果只能把自己束缚于对象，变成生存环境的一部分；人的活动是对象化的活动即本质外投性活动，他通过以物的方式的活动，换来的却是物以人的方式的存在。按照马克思的说明，实践就是人依一定目的、通过运用工具去变革对象、创造价值的活动，在这种活动方式中人不但创造了人的生活，创造了人自己，也创造了人的生存环境，创造了人的对象世界。所以，人由自己的活动在把自我从动物家族分化出来的同时，也就分化了世界。如果说在人以前、未踏上人的足迹的世界是自然关系的一统天下，那么，人由自己活动所创造的生存世界就是以人为主体、为人而存在的属人关系的世界。

存在方式决定思想方式。哲学分化世界的理论活动方式与人类分化世界的实践活动方式是恰相适应的。不管人是否意识到自己的实践本性，在人的一切活动里作为存在方式的实践都会本能地发挥基础性的支配作用。人从不满足于给予的存在，总在追求一种尚无存在的理想事物，非得经过自己的脑和手把得到的东西改铸过以后才肯罢休，这就是人作为人的一种本能，追求"形而上学"的本性。人在生活中如此，思维中同样如此。

其实，在人类历史上，哲学这种理论就是从人怀疑感官给予的物理世界，试图开掘它对人的不可见意义这种活动中开始诞生的。在欧洲，泰勒士被公认为第一位哲学家，被称作"哲学之父"。他的思想从今日观点看来实在是简单得不能再简单了。万物来自水最后也要复归于水，这句话之有意义并不在它给出了什么，恰在于它的否定的内容。这句话就意味着：自然究竟是个什么，并不在它向我们直接呈现的样子，它以怎样的状态存在也不是由它自己主宰的，这一切都在它所蕴含的那个只有运用思维才能把握的隐蔽着的本原存在里面。这样就把人的认识从既存的世界引向一个虽不可见、对人却是真正实在的世界之中。哲学在此后创立的各式各样理论，都不过是为追求和探寻这一对人具有实在意义而又非直接可见的世界的某种不同设想。哲学不论采取何种形式，它所分裂的世界矛盾归根结底不过都是自然世界与属人世界矛盾的某种变形存在。

古代哲学是这样走过来的，近代哲学同样如是，可以说，全部哲学的发展无非就是从对世界的分化走向统一，而后又在更高基础走向分化的过程。每一次分裂和统一，都表现为一个圆圈式的发展，哲学史因此便是从一个圆圈进到另一个圆圈的发展史。

从总体来说，以往哲学的发展大致可以看作经历了三次大的分裂和统一、形成为三个大的圆圈式循环。这三个循环圈就是：自然物质世界与超自然精神世界的分裂和统一；心内观念世界与自在客观世界的分裂和统一；主体人化世界与客体自然世界的分裂和统一。三个圆圈与哲学理论的三个主要历史形态即本体论哲学、认识论哲学和人本学哲学大体相适应；同时也与人类思想史对自身认识的三个主要发展阶段即笼统直观认识、反思分析认识和自觉综合认识等历史阶段大体适应。

三、人与哲学的演化特征

哲学属于派别性理论，哲学领域自始至终充满着不同派别的对立、冲突和斗争。

在其他意识领域，例如文学、科学、宗教神学领域也有不同学派、流派、门派之分，哲学派别与这些都不同。哲学理论不但只能在派别中存在、不可能有派别以外的哲学，而且它的派别分歧都属根本观点上的对立。一派的主张恰是对另一派的否定，一派的理论正好是对另一派理论的颠倒。由于哲学观点的这种根本分歧，不同派别的对立经常是极为尖锐的。

冷眼观去，哲学确属一种怪异的理论。只要有一种正面观点存在，就必有一种反面观点予以补充。仿佛单从正面不足以看清事物，把它颠倒过来，从反面倒过去看反而会更加清楚，以致哲学观点总是经常处在颠来倒去的变动之中。天文学领域只有一次"哥白尼革命"，这种哥白尼式的颠倒在哲学领域却是屡见不鲜、层出不穷的。康德自诩在知识领域实现了"哥白尼式的革命"，其实何止康德一人是如此，柏拉图、伊壁鸠鲁、培根、莱布尼茨、费尔巴哈、尼采、海德格尔、弗洛伊德、萨特、乃至每一位对改变传统做出过贡献的哲学家，他们的理论都可以看作不同方面哲学观点的某种颠倒。

对于哲学的这种现象，历来人们有过各种不同解释。在我看来，造成哲学必然如此的最深层根据还是只能从人的身上去寻找。

人本身就是一个"二律背反"式的矛盾存在。人由两个"我"所组成，有一个肉体的我，还有一个灵魂的我。这两个我的性质完全相反，肉体通向自然，引人进入尘世生活；灵魂通向天国，引人走向彼岸世界。然而在人身上，性质相反的这两种东西又只能肯定自身于否定的关系之中。灵魂必须依附肉体而存在，肉体必须接受灵魂的支配。这样就使人成为自然中的超自然存在，或具有超自然性质的自然存在。人把世间可能有的最为极端的对立面集结于一身，堪称宇宙最为奇妙的结合体。所以长时期以来，在人们无法解释如此矛盾的性质时，对于"什么是人"这个问题便只能答以"一半禽兽，一半天使"。

人的生存活动更是如此。人作为一种按照体力本属最为软弱的动物，何以能够成为强大自然力量的对手甚至主宰？这里的奥秘就在于，人善于利用无限的自然力量以充实自己、武装自己。劳动工具就是作为人体有限器官的外部延伸，体现着人的意志和目的的自然物质力量。当人把自己的本质对象化于外部对象时，也就同时占有了对象，使自在之物转化为"为我之物"，使外在环境变成人的存在部分。所以，实践既是人的创造性活动，又是自然力量的充分发挥；既是顺从自然之道而行，又是对自然联系的逆行倒施；既体现了物质的本原作用，又集中表现了精神因素的巨大能动作用。总之，一切因素和力量在这里都得到了充分的表演，但它的结局则是人和自然原有关系的大"逆转"。在这一意义上可以说，实践性的活动就是颠倒自然乾坤、逆转人物地位、转换主从关系的一种活动。

这就是哲学中多种派别林立、理论相互颠倒之可能性的真实根据。由于人本身就是一个矛盾大全，人的活动本身就是倒错阴阳的行为，哲学作为贯彻人的观点的思维理论，加上心理的、认识的、社会的、阶级的种种原因的作用，当然就会把对象世界分裂为不同的相互对立并且颠倒的世界体系。

　　哲学表达的"人"的观点，实际就是体现于人身、人性、人的活动中的那些自身矛盾的观点。由于世界以人为最高的存在，哲学关于属人矛盾的观点同时也就是对世界最高发展之本质的观点。这样，如何看待人的自身矛盾以及由于人的活动而出现的矛盾关系，便成为哲学用以理解世界本性的基本思维方式。哲学的功用主要不在于提供知识，而在于从这些矛盾关系中为人们观察、认识世界各种事物提供一种理论的思维方式。

　　适应"二律背反"式的人的矛盾本性，从实现不同因素作用中形成了哲学的不同观点、理论和派别。我们看到，历史中出现的所有派别、理论和观点，没有一个能够超出人的矛盾设定的范围；同样地，人身上和人的活动中起作用的每一种因素也几乎没有一种在哲学观点、理论和派别中找不到它的相应理论表达。

　　依据肉体和灵魂、物质和精神、主观和客观、自然性和属人性等矛盾可能具有的关系，遵循历史演变的大体顺序，我们看到人类思想史上出现过的不外下述几种基本的哲学思维方式类型：

　　肉体和灵魂原始统一性的自然观点，属于古代哲学类型。古代哲学作为原始的素朴理论，它本能地把肉体和灵魂、人和万物看作天然同一的自然存在。从他们的观点看来，人和物不仅同在、同源，而且同性。在这种哲学把人自然化的同时，也就把自然人性化了。古代哲学的世界可以认为就是放大了的"人"。世界同人一样，也具有肉体和灵魂的区别，只是形式有所不同而已。作为哲学思维方式，他们的出发点是自然（本原），"自然"即本然，也就是意味着肉体和灵魂的原始性结合体。由此出发建立起了他们关于本原物和变形物、物质因和动力因、实物和理念、原子和运动、质料和形式种种与人生命相类似的"物活论"世界观，并最后演变出上帝和自然、天国和尘世彼此分裂和对峙的两个世界的经院哲学理论。

　　很明显，所谓自然观点也就是灵魂和肉体原始混合的观点，只要揭去这个"自然"的帷幕，便会暴露它的内在矛盾，显现出肉体和灵魂的不相容性，从而走向肉体灵魂二元对立的观点。

　　二元观点就是从肉体与灵魂的不相容性出发，把一切事物都看作来自两个本原、由性质相反的两种存在合成的一种思考方式。二元观点肯定了人有相反本质的矛盾事实，却无能力去统一、消融这个矛盾，所以它在哲学史上大多出现于认识的转折点上，起一种暴露问题、摆出矛盾、承上启下的中介作用，自身很难坚持下去。虽然如此，例如历史上笛卡尔和康德的哲学，作为二元论理论在推动人们认识发生转变中的作用，不仅是重要的而且是十分巨大的。

二元观点暴露出肉体灵魂的对立性之后，便必然推动人们转而去寻求其间的统一性。依照肉体灵魂二者间的直接关系，只可能有两种统一方法，即或者从肉体引出灵魂，或者把肉体归结于灵魂本性。于是，近代便形成了单纯从肉体、物质、自然（狭义）出发的存在论观点，和单纯从灵魂、精神、思维出发的意识论观点的对峙。这两种彼此对立、相互颠倒的观点都属于对人的抽象化的哲学思维方式。

抽象的存在论观点注重人的自然实在性，试图把灵魂直接还原于肉体，进而从肉体的感性存在中推演出现有的一切。这种推演在一定范围内是具有可能性的，因为可以把灵魂、精神看作肉体存在的某种变形物，如 18 世纪启蒙学者所说，"灵魂"其实"就是身体本身，只不过我们从身体活着的时候所具有的某些作用去看，才把它称为灵魂"（霍尔巴赫）。但是，由肉体如此推演出的灵魂决不可能超出时空实体所具有的能力限度，因而用它很难说明精神在人现实活动中表现出的那些独立的始源地位和创造作用。他们由此所理解的人，只能够是同自然存在毫无本质区别的一架"机器"（拉·梅特里）。

抽象的意识论观点恰好与此相反。它注重于人的自主性、能动性和创造性特点，试图把肉体归结于灵魂本性，从意识或精神中推演出外部存在的一切。这种推演在一定意义上也是可能的，因为意识本身就是以存在为内容的。但是由此引申出的存在同样也决不可能越出主观性的限度，具有直接现实性的品格，顶多只能是复合起来的"感觉"（柏克莱）或凝固状态的"概念"（黑格尔）。以这种方式建立的思维与存在的同一性，只是一种理想的同一性，决不可能是现实的同一性。

此外，还有一种肉体灵魂抽象结合的观点，费尔巴哈的人本学可以看作是这一思考方式的代表。它之所以也可以被看作一种特殊的哲学模式，是因为它把人同物区别开来了，试图从灵魂（理性）与肉体的结合中去理解人的特殊本质。但它并不了解二者在人身上所以能够结为一体的真实基础，因而也只能以抽象的方式去理解二者的结合，实际上是仅限于一个空洞的论断，它由此所了解的人基本上未超出生物学的理解水平。

这就是哲学进入现代发展阶段之前的几种基本思维类型及其演化情况。

四、人与哲学的历史性变革

人是在一个漫长的发展过程中从动物中分化出来、逐渐形成为人的。人在形成为人以后，这个发展过程并未结束，仍在继续。人总在不断地否定现存、更新自我，这是人的一个根本特点。

如果说人所面对的世界只是对人关系中的世界，那么，随着人的生成变化，处在不同发展阶段的人们所看到和理解的世界也必然是各不相同的，这正如同虽与我们生活在一起，猫和狗看到的世界与我们作为人所看到的世界完全不同是一样的道理。这里还不只是"看到"的不同，应该说世界本身对于不同发展状态的人的存在和性质就是不相同的。因为世界对人的性质和意义本来只有在对人的关系中才能表现和实现出来，所以人的性质不同，世界对人存在的性质和意义自然也就不同。

人和世界，就其关系而言可以归结为如下两种最基本的关系：一种是自然关系，一种是属人关系或叫"人的关系"。自然关系是人作为自然生命存在所固有的关系；属人关系是人作为人在人的活动中所创造的关系。这两种关系在人和世界之间始终都要存在，但它们却可以处在不同的联结状态中。所谓人的成长，变化，从根本上说来也就表现在这两种关系的地位、作用以及联结方式的消长、变化之中。

这样我们就可以理解，为什么哲学理论面对的是同一个"客观世界"，而在不同历史时代，人们用以理解世界的方式及其创造的世界观体系会有那样大区别的道理。我们不能说在这期间世界毫无变化，但很明显的是，这里主要的不同是在人自身而非客观世界的变化。由于人变化了，世界对人的关系变化了，人的对象世界因而才变得不同。

立足总体过程，从今日观点去看，我们可以认为人类思想的发展有两次重大的和根本性的转变值得特别称道。一次是人类进入文明社会之后哲学理论的诞生；一次是经过漫长发展过程由传统文明、传统哲学向现代文明、现代哲学的转变。这两次转变正是表现了人的两次历史性变化。

哲学产生于人类迈进文明社会门槛的转折时期，这决非偶然。这意味着人已开始意识到自己作为人而存在，应该去追求并创造人的真正生活。哲学就是作为最初的觉醒意识，人们开始要用人的眼光去理解世界、按照人的方式去安排自己生活的一种理论尝试。但在另一个方面，这时的人虽然已经成长为赋有理论思索能力的人，在总体上人的本质却是还未发育完全的。自然经济占据支配地位，表明人还被束缚于"自然关系"之中，不得不主要"靠天吃饭"，"人的关系"还处在襁褓形态之中，人们还无力去支配自己的命运。在这种状况下，人们必然会把世界看作某种更高隐秘力量的作品，认为世上一切事物都由它来决定，人的命运也同样在它掌握之中；哲学也必然要把"本体"看作世界生成的本原、一切存在的根据、万物变化的终极因，因而竭力去追求某种超人的终极的永恒存在，以为只要把握这个"本体"，解译出它身上的密码，就是掌握了宇宙的奥秘，世上就没有什么事物是不可了解的。

不成熟的理论形式同发育不成熟的人的状况完全相适应。从今日观点看来，以往的哲学理论，不论属于前述的哪种思考方式，它们从人的始源存在或对象性存在中去追求人的本真，都是把人归结为非人，以非人的形式来表现人的关系；它们以抽象的形式把世界的两重矛盾关系归结为精神世界和物质世界的两极对立，都是对现存世界的瓦解，以非现实的形式来表现人的现实世界。这本来是对人的严重失落，对世界的严重扭曲。但从那时人们的观点看来，那种追求终极存在、永恒本体和绝对真理的理论非但没有使他们感到失去什么，而且正是表达了自己的愿望、理想和追求，因而具有强大的鼓舞、满足和提升的力量。我们必须承认，以往的哲学在它的时代曾经是对历史起过巨大的积极推动作用的。这里的根本原因就在于，那时的人缺乏实现自己人的理想的现实力量，因而不得不借助某种超人的权威以满足自己的追求，期望从那里找到力量、信心、依靠和支持。

但是，随着人的成熟和发展、现实力量的增长和提高，世界对人的关系和人对世界的观念也就不能不跟着发生变化。自然经济经由工业社会转向后工业社会的现代经济，是人类历史的又一个重大转折。适应自然关系逐渐被纳入人的关系网络，现实世界日益显现出属人的性质和面貌，人不但有能力去支配外部世界，而且有信心去掌握自己的命运。从这种新的观点看来，世界就变成完全另一种样子。它不再是什么隐秘力量的作品，也根本不是与人无关的超越存在。"世界"距离我们很近，就在我们的周边。它就是我们每个人所体验到的世界，我们的语言文化所表达的世界，人烟熙攘"街市所属的世界"，即我们每天生活于其中的那个世界。这个世界如果也有某种权威的话，这个权威不会是别的，只能是创造和评价这个世界并对经营这个世界负有责任的我们自己。这就是现代人的观念。

已进入自立、自主、自律发展阶段的人，要求能够反映人的本质业已充分展开，人与自然、人与人、人与自身创造的之间已具有新的更高融合关系的哲学理论。以往的哲学不再能满足人的需求，而且变得令人不堪忍受。这样，从 19 世纪到 20 世纪的思想理论领域便兴起了反对和批判传统"形而上学"的广泛浪潮，这个浪潮今日仍在继续，正向纵深方面扩展。

传统哲学向现代哲学的转变是哲学根本性质的转变。适应人的全面转变，人们对待世界和人的态度、方式发生了根本变化。这就不仅会使哲学观点发生变化，而且使哲学的对象、主题、内容、功能以及研究方式也都不能不跟着变化。

传统哲学和现代哲学，如果作一粗略的对比，我们至少可以看到下面的一些转向：①从追问原初的、先天的、绝对的东西，试图从那里找出人们的生存本性、行为根据、存在价值、生活意义乃至前途命运，转向于研究人的现实存在、现实生活、现实活动以及由此所设定的现实世界，认为从这里才能了解到人的价值和意义的真实根据。②从注目身外的非人存在、投靠外在的权威力量，转向关注人自身的存在，依靠人自身的力量，发挥人自身的创造作用。③从追求普遍的、永恒的、终极的真理为旨志，由此把哲学归结为单纯理智性的认知理论，转向注重开掘存在对人的意义，建立真理、价值、审美即真善美结为一体的哲学理论。④从主要以自然科学为基础、贯注必然因果联系的科学思维逻辑，转向以整个文化为基础、注重贯注以理解为标志的人文精神的全面思维理论。⑤从以"绝对完善"存在的假设为出发点去规定现实的宗教式形而上学理论，转向面对未来、批判现实的前导性"形而上学"理论。⑥从站立云端讨论世事、只注重改变人们关于世界的思想的抽象论争，转向直接面对现实人生，回到喧闹的人间，探究人际交往中的关系和问题，以求改变人间世界的现实讨论。⑦从对立两极去追求绝对一元化整体本性、消解个体独立性、泯灭个性差异性的抽象同一性和"还原论"的思维方法，转向以个体为本位、注重探究事物多样性和多极化及相对性的具体思维方法。

　　总之，要从抽象化的人转向现实性的人，从远离生活的彼岸世界回到现实的人间世界，这就是哲学从传统理论转向现代理论的基本实质。人从非人发展为人，走过的是一条迂回曲折的道路。同样地，哲学也只能逐渐从抽象走向具体、理想回到现实、彼岸到达此岸，通过迂回曲折的途径把握人和人的现实世界。人是世界的奥秘所在，也是哲学的奥秘所在。只有紧紧地抓住人，才能回答世界之谜，也才能解开哲学之谜。

原载《高清海哲学文存》第 2 卷，吉林人民出版社，1997 年

人的未来与哲学未来

——"类哲学"引论

未来哲学与未来的人

未来的哲学会是什么样子？这是从事哲学工作的学者们都很乐于并且也不能不去思考的问题。

迄今哲学历经的形态实质就是人所经过的发展状态，哲学走过的道路也只是人的成长历程的理性映照。从这一意义我们可以说，既然人是哲学理论的主题和实质，那么了解人的未来发展就理所当然地成为理解哲学未来发展的支点。

人的未来发展和哲学的未来发展在这里甚至可以看作是一回事：了解哲学在将来可能是怎样的，首先就要去了解将来的人会怎样，我们从人在未来的发展状态就可以预断哲学的未来状态。

马克思曾经揭示出，人的成长过程须依次经历"人的依赖关系"形态、"以物的依赖性为基础的人的独立性"的形态，和"建立在个人全面发展和他们共同的社会生产能力成为他们的社会财富这一基础上的自由个性"形态等发展阶段。① 马克思这里指出的人的三个发展阶段或三种历史形态，从人作为主体的生成角度说，也就是人的群体主体形态（以群体为存在本位的人）、个人主体形态（以个体为存在本位的人）和类主体形态（以类为存在本位的人）的依次发展过程。人的成长必须经历这三个发展阶段，只有经历了群体本位的发展才能进到个体本位、类本位的

---

① 详见《马克思恩格斯全集》第 46 卷（上册），人民出版社，1979 年，第 104 页。

人；同样地，人的发展在经历了群体本位、个体本位之后，也必然会走向作为类存在的最高形态的人。

从当今时代的本质特征说，人类已经基本走完了两个发展阶段，完成了两个发展形态。今天人们已开始面临如何从个体本位向类本位转变、如何把个人主体提高到类主体的问题。像环境问题、生态问题、能源问题、人口问题、核威胁问题等等这类全球性的问题，都只有从统一的类关系中才能获得真正解决。因而可以说，从群体存在、个体存在走向类存在，是今日人的发展趋向，也是人的未来存在形态。

与人类的发展状态相适应，哲学理论从总体特征说同样走过了两个发展阶段，经历了两种发展形态。

随着人从个人本位走向以类为存在本位的变化，哲学的思维方式也定会发生一个相应的根本性转变，从个人的主体体验哲学转向具有更为广阔的宏观视野的类主体哲学。

看来，无论是了解人的未来发展还是哲学的未来发展，问题都聚焦在对于类存在，即关于人的"类"的本性和特征的理解上面。这样，在这里我们就有必要暂时游离开哲学本身，就有关类的理解问题做一点专门的探讨。①

怎样理解人的类本质

人，按其本性来说，就是一种类存在物。人的类本性表明，人只能存在于同他人内在统一的一体性关系中，也只能存在于同外部世界即人的对象性存在的内在统一的一体性关系之中；而且这种一体性的关系不但构成人的有意识的活动的对象，并且还是人的自为活动所遵循的基本原则。

类这个概念在一定的意义上，只是自身同一性、自身统一体的意思。但是，人的类本性和物的类属性却有着根本的区别，应该说这里实际上是并不相同的两个概念。它们之间的不同，正像人与物同源，而当人成

---

① 由于篇幅所限，以上部分详细内容请参阅高清海先生另文《未来哲学展望》，《社会科学战线》1995 年第 2 期。——原编者注

为人之后便与从出之物有了本质的不同是一个道理。在物的身上和在人的身上虽然我们都可以使用类这个概念，它们的含义却是根本不同的。

事物之间的同一的或统一的联系是由其固有的本性所规定的一种本然性、天然性。这样的类联系对事物只是作为外在无形的力量而起作用的，它既不能成为事物活动的对象，也并不构成其活动的原则，所以事物既无类的生活也无类的意识。在一切存在中唯有人才能不仅自身存在于类联系中，而且能够自觉地把自身当作类来对待，以类为自身活动的内在规定，并有意识地在自己的行为中去贯彻。这就是马克思所说的，"人的类特性恰恰就是自由的自觉的活动"①之义。此外，类这一概念在人和在物的不同性质还表现在：类对于物是一种限定性的概念，而对人则恰是突破限界的超越性概念。物之为物，表明它在自身的存在方式、活动对象、生存领域种种方面都是有一定限度的，没有一种事物能够与它之外的一切存在建立直接关系，也就是能够超越自然本性为它规定的活动界阈。人身上的类性则恰恰相反，在世间唯有人的活动没有界阈的限制，从人作为人的本性说它可以同任何一种对象建立关系，人是面对整个世界因而也就是属于世界性的存在。因此人的类性所表现的便恰恰是对于天然本性规定的超越和突破，类在这里就意味着人是溶解在普遍关系中的一种存在。

按照这样的理解，虽然一切事物都存在于类的关系之中，类却不构成物的本质和特性，它只是属于人所有的本性。物是属于它的种的，唯有人才会以类为自己的本性，才能称作类存在物。反过来说，我们要去了解人，也必须从类的存在、本性去理解，只有从类性去了解人性，把人性了解为类性，这样才能抓住人同物的真正本质区别。

按照通常的理解方式，我们总是把人同物区分开来，试图从人与物的不同特性中去理解人的本性，这实质上是按照理解物的方式去理解人，把物的种关系运用于人的类本性。这样理解的结果，不论你从人的身上找出与物相区别的什么特性，实质上却只能把人理解为一物，至多是看成一种特殊之物、高超之物，它终究还只是一物而不会是人。因为人之

---

① 《马克思恩格斯全集》第 42 卷，人民出版社，1979 年，第 96 页。

为人的特殊本质正在于这一点上，它不只是与一切其他之物相区别，更重要的是与一切其他之物的同一的和统一的一体性联系，而这正是人之为人的类本质和类特性。从这一意义上我们甚至可以说，人的概念同类这个概念是同义的，在某些场合我们等同地去使用它们也不为过。

关于人的这一特性，以往的人们也已有所意识。费尔巴哈甚至直接从类去理解人、把人就看作一种以类为本性的存在。为此，马克思曾经批判过费尔巴哈"把人的本质理解为'类'，理解为一种内在的、无声的、把许多个人纯粹自然地联系起来的共同性"①的观点。

诚然，已往的哲学包括费尔巴哈哲学对于人的类本质的理解，确实是抽象化的，马克思也确实批判过费尔巴哈的抽象化的类观点，这些都没有疑问。但由此能否得出结论，这就意味着类这个概念应当死亡，我们在哲学中不能再去用类概念说明人的本性，谁若是去讲类本质谁就必然会陷入抽象人性论观点？我不这样认为。哲学中的许多范畴都是从哲学的历史中继承而来的，这些范畴在旧时的哲学体系中都曾被抽象化或者绝对化，然而这并没有妨碍我们从我们的哲学体系出发，在赋予它以新的含义之后照样可以使用。为什么对"类本质"这个范畴不能也同样地去处理呢？这可能是碍于马克思有过批判费尔巴哈的那段话。其实，我们只要稍加思考就会了解到，马克思所否定的只是费尔巴哈对类本质的抽象化的理解，以及他由此把人的本质也加以抽象化的观点，而并不是因为他在对人的理解中不该使用类本质这个概念。马克思自己在分析人的普遍本质时也曾大量地使用了类这一概念，如人的"类存在""类本质""类意识""类生活"等等。马克思曾明确地肯定："人是类存在物。"②某些学者把马克思的这类分析简单地说成是尚未摆脱旧哲学的影响、属于费尔巴哈思想的遗迹，是过于武断的。

在我看来，这里的关键在于是否抽象化的理解，而不在于使用不使用类的概念。难道抛弃掉类这个概念，我们的思想就一定是具体的，可以避免抽象化观点吗？事实给出的答案并非如此，而且往往正好相反。

---

① 《马克思恩格斯全集》第 3 卷，人民出版社，1960 年，第 5 页。
② 《马克思恩格斯全集》第 42 卷，第 95—123 页。

以往哲学陷入人的抽象化观点，不在于使用了类的概念，而在于没有理解人的类本质的真正内涵。它们往往是从对物所有的类、生物所属的种的观点和方法去了解人的类本性的，把人理解为物的方式的存在，当然也就不能不陷入抽象化的观点。

类概念与种概念比较

人从动物进化而来，在人生成为人以后，人的根本性质和存在形式便都超越了动物界，并与动物区别开来，获得了自己的特殊的存在规律，这应当叫作人的发展规律。对于动物，我们通常都是运用"种"的概念去进行了解，动物的不同由种来规定，动物的特性也表现在它的种里。人由动物而来，人作为族类而有的特性和特征同动物的种规定又有很多相似的地方，这就使人很容易把人的类本质和动物的种规定混同起来，常常用物种的理解方式去认识类本质。实际上，这是根本不同甚至恰好相反的两种规定。在某种意义上可以说，人从动物家族走出来能够把自己变成为人，首先就在于它脱出了动物种的规定，突破了动物种的限制，也就是以类本质否定了种本性。因此，我们非但不能把类和种混同起来，而且相反地，只有从它们的区别中才能真正把握人的类本质。

动物的种和人的类尽管有很多相似之处，它们借以产生和形成的根源或基础却是完全不同的。动物的种是在生物进化基础上，经由自然环境的选择而形成的。种对动物是自然赋予的前定性质，属于一种先天规定，同动物种内个体的后天活动没有直接关系。人的类本质和类特征便不同了，它是在人作为人的生活中由人自己的活动创生的，并非自然的先天规定，属于人的后天自为性质。这样的本质只能体现于人的生存活动方式之中，也就是说，人怎样去创造自己的生活，人也就有着怎样的本质和特征。由于有这样的区别，所以一般说来，动物的种对于种内动物便具有了相对固定的性质，而人的类本质却是随着人及其活动方式的变化而处于不断变化中的。

这是两者根本性质上的区别，由于这个区别，进而又决定了它们其他许多方面的不同特点。

　　例如，动物种与个体生命的一体性，也就意味着动物个体与其种的一体性、动物个体生活与其种生活的一体性，此外，动物既没有单独的个体生活，也没有单独的种生活。动物的种特性为其种内个体同等具有，所以，对动物来说，种和个体的直接同一关系既把个体和个体分离开了，又使它们失去了个体的自主和差别，它使动物既丧失了非种的个体生活，又不具有超个体性的种生活。动物的生活是一种单一而又单调的生活。

　　人的存在和生活与此完全不同。由于类本质与个体生命并非同一物，它也就不是表现为个体生命活动的某种抽象的共同性和普遍性。相反地，类本质作为人的本质的统一性，不但必须以个体的差别性、多样性乃至对立性为内容，而且它也只能在无限多样的个性中去体现自己、实现自己、完成自己。这样的类本性和类关系，体现在人的个体身上，一方面表现为不同个体同的统一性、聚合性、凝聚性，由它把个体活动紧密地联结在一起；另一方面，这种联结、聚合为统一活动的联系，又构成了促使个体充分发挥各自独立个性的创造作用的前提和条件，所以，对于人的个体来说，他既是生存于统一的类活动、类生活之中的，又有着富于个性的个体活动和个性生活。人的活动和生活具有无限多样的丰富内容，这也就是人的活动和生活的自主性和自由性。

　　关于这种区别，马克思曾经作过如下的精辟分析，他指出："动物和它的生命活动是直接同一的。动物不把自己同自己的生命活动区别开来。它就是这种生命活动。人则使自己的生命活动本身变成自己的意志和意识的对象。他的生命活动是有意识的。这不是人与之直接融为一体的那种规定性。有意识的生命活动把人同动物的生命活动直接区别开来。正是由于这一点，人才是类存在物。或者说，正因为人是类存在物，他才是有意识的存在物，也就是说，他自己的生活对他是对象。仅仅由于这一点，他的活动才是自由的活动。"①

　　之所以必须对类和种的性质作一番比较，不仅仅是为了表明人同动物有根本性的区别，更重要的是想借此说明，由于人从动物分化出来之后在性质上发生了根本变化，我们要了解人的本质就不能再去使用通常

————————

① 《马克思恩格斯全集》第42卷，第96页。

认识物种的那种方法，应当从哲学思维方法上有一个根本的转变。而这一点，正是以往的哲学家们根本没有意识到或者完全忽略了的。

种对动物来说，只是种内个体之间的一种无差别的共同特性。对于这样的特性，我们只要比较少数动物个体，依靠思维的抽象，运用形式逻辑方法抽取出它们身上的共同特点就可以了解和把握。事实上，"形式逻辑"的方法也就是从认识这类事物的经验总结中建立和形成的，所以它对认识人以外的事物很有成效。但是，这样的方法运用到人的身上就不完全适用了。人的个体之间固然也有许多共同的特点、特征，从某些这样的特点和特征似乎也能把人同动物或其他的物区别开来，据说柏拉图就曾运用这种方法试图从两脚、直立、无羽毛、扁足等共同特征中去区别人与动物。从这类特征去区别人与动物不能说毫无意义，然而即使把它们区别了开来，从这类特征中我们怎能了解到人的本质、加深对人的理解呢？以往的哲学家们所以总是陷入对人的抽象化观点，一个重要原因就是没有认清人的类本质与动物的种特征的根本区别，他们在人的身上使用了形式逻辑的同样的抽象方法。运用这样的方法，不论他们从人身上抽取出什么样的共同特征和特异规定，把人理解为思想动物也好，政治动物也好，理性动物也好，自我意识的本质也好，终究都是一种抽象化的了解。以往的哲学只是关于人的"种哲学"，而非真正人的"类哲学"。

人突破了自然物种的局限，也就意味着超越了形式逻辑的范围，它也就不再适用于认识人的本性问题。就这一意义我们可以把人看作就是一种非逻辑的或超逻辑的存在。对于像人的本质、人的活动、人的精神、人的生活、人的追求这类问题，从普通形式逻辑的观点是完全无法理解的，它们不但毫不顾忌什么"同一律"，很多行为看起来还在有意制造自相矛盾。所以，在人的本性问题上，形式逻辑的方法不再完全适用，也并非狭义的科学思维所能把握，这里需要的完全是另一种逻辑，另一套理论思维方法。关于这种情况，近代的某些哲学家已经本能地意识到了，德国古典哲学家其中尤其是黑格尔，他不但明确意识到，还开始尝试要去解决这一问题，虽然他采取的是一种扭曲的理论表达形式，即唯心主义辩证法和精神化的人性逻辑。

费尔巴哈以唯物论哲学颠倒了黑格尔的唯心论，却完全抛弃了黑格尔的辩证法。费尔巴哈对黑格尔的颠倒，实质只是从抽象的"精神"（抽象化的人）转向同样抽象化的"感性"（仍然属抽象性的人）而已。费尔巴哈所理解的"人"，尽管生活在尘世世界并且有血有肉有情欲有思维，却仍然逃脱不了抽象化的弊端，在我看来，就是因为他不了解认识人已不能采用认识生物种的那种形式逻辑方法；也正是由于这个原因，所以他也就不可能理解黑格尔辩证法的真实意义。

如果我们公正地看待费尔巴哈就不能不承认，费尔巴哈也看到了已往哲学家对人的本质的理解具有某种片面性甚至抽象化的缺陷，他也曾试图要去克服这些缺陷。这从费尔巴哈特别强调要从"类本质"去理解人，在"类本质"的理解中力图克服把它归结为抽象"共相"的观点，就可以了解。他明确指出并一再强调"类并不意味着抽象"，而是意味我以外的其他个体，"男人和女人合在一起，就是类之实存"[①]，即实在的人力图赋予类以差别性、多样性、个体性的内涵。我们甚至可以说，凡是从"种"的观点能够看出来的人与他物相区别的特点，他几乎都讲到了。就此我们应该承认，他力求具体地把握人之本质，在这点上他的认识是有前进的。可惜的只是，他未能从思维逻辑的方法上去认识人的问题，这就使他始终跳不出物种哲学的局限，摆脱不了对人的抽象化的观点，把握不到人的真正具体的本质，也使他无法理解黑格尔精神辩证法的真实意义。

费尔巴哈的结局向我们有力地说明，理解人不在于把人看作什么，关键在于逻辑。只有用人的逻辑才能理解人，从物的逻辑无论怎样去强调人不同于物，到头来仍免不了把人理解为非人。因而在人的自我意识的理论的发展中，哲学思维方式的变革就成为具有根本意义的变革。

"本真的人"来自哪里

种对动物来说，具有"原型"的性质。动物个体从发育成长到成熟后的行为模式、活动方式，都已预先规定在种里面，动物的生活不过是

---

① 《费尔巴哈哲学著作选集》下卷，商务印书馆，1984年，第428、204页。

在实现已有的规定。动物的种也要发生变异，但变化的主动权并不握在动物手中，而是掌握在自然之手。

传统哲学尤其是古代哲学，它们从人的始源存在去理解人的本性，把非人的初始本原认作"本真的人"，以为那里包含着人的思想、行为及其后果的秘密规定，我们只要掌握这些规定便能说明人的一切，由此形成了它们追求初始本原、终极本体和绝对真理的本体论化的思考方式。这样的理论特点就是由于不了解人在形成为人以后本性已和动物完全不同，仍然按照物种对动物的关系去理解人的本性而形成的。所以我们可以说，传统哲学的思考方式在本质上也就是由物种观念引申而来的"种的思考方式"。

从现代哲学尤其是马克思的哲学观点看来就不是如此。人虽也是从自然进化基础上产生的，却并非自然进化完成的作品，人是人自己的活动所创造的作品。人对自然的关系不是单面的而是双重性的，既有肯定的一面，又有否定的一面。人之成为人主要不是出于对自然的肯定性关系，恰恰是由于否定性的关系。这种关系的始源就是人的劳动生产活动。按照马克思的说法，我们"可以根据意识、宗教或别的什么来区别人和动物。一当人们自己开始生产他们所必需的生活资料的时候，……他们就开始把自己和动物区别开来"①。劳动生产是人的始源性活动，也是人特有的生存活动方式，人同动物的一切区别都从这里发端。

人的生产活动从根本上说就是对自然、自然性、自然关系的一种否定性活动。这里否定的，首先就是一切听凭自然安排、顺应自然法则、依赖自然天赐的动物式生存方式，其实这也就是物种的那种规定性。突破物种的限定，就是突破了自然的限定，开始把人自己的生命、生活和命运从自然之手转而掌握在自己的手中。这就是人的活动所具有的自由和自觉的性质。人凭借这样的活动，不但制造了人的生活、人的生存环境、人的对象世界，也创造了人的本质即人自身。

如果说果真有一个原型人、本真人、人本身的话，那么，这个本原之人既不会存在于自然之中，也不可能在天国里面，它就在人的这种始

_____

① 《马克思恩格斯全集》第 3 卷，第 24 页。

源活动里。这也就是马克思所说的，人只能和他的生产活动方式相一致，"个人怎样表现自己的生活，他们自己也就怎样"，因此，他们是什么样的，便是"既和他们生产什么一致，又和他们怎样生产一致"①。

生产活动作为人类同自然界物质交换的创造性活动，本质上就是一种类活动。劳动生产活动的类性质，决定从它产生的人也必然是以类为本性的存在，即具有了自为存在的性质。在这种存在中个体必须以他人、整体的本质为自身的规定，同时，整体的本质也须依赖于个体，通过个体的不断发展去实现和完成；不仅如此，它同它的对象存在也处在同样相互规定的一体关系中。

始源活动的性质对于其他方面的性质具有类似范型的规定性作用，从这一意义我们可以把它称作人的"原型"。但这明显只是一个比拟的说法，它同物种的原型并不是一回事。物种原型对动物个体具有固定不变的性质。人的原始本质都是生成于人的创造活动，它不但是要变化的，而且必然会随着人的变化而变化、人的发展而发展，这二者实际属于不可分割的同一过程。也就是说，人的类本质不是定型化的存在，也没有"应当如何"的固定性质，它自身始终处在不断生成、发展和日益完善化的过程。

依照马克思所说，一旦人们自己创造自己的生活资料时人就开始成为人；我们也可以同样地说，在人成为人之时，它也就具有了类的本质，成为一种类存在。然而我们历史地去看，人同人又是大不一样的，原始人和现代人虽然同样为人，其间差别该是多么地大，简直无法同日而语！人的类本质同样是如此。我们看"人"必须历史地去看，对于人的类本质也需要同样历史地去看。这就是说，我们必须把"类本质"看作历史范畴，从变化的历史形式去了解它的不同的历史内容。

实际说来，人的生成发展过程，也就是类本质的生成、发展和完善的过程。前面谈到的马克思关于人的生成发展的三阶段或三形态理论，我认为同时也可以看作就是人萌芽、展开到形成的类本质、类形态的发展理论。

---

① 《马克思恩格斯全集》第 3 卷，第 24 页。

群体、个体与类体

人的初期存在形态以群体为本位，这种状态一开始就表明，人是一种类存在物，只能在人们的相互依存并对自然的依赖关系中，以类的力量去求取人的生存。初期这种直接性的依赖关系应该说是"类本质"尚未充分展开的原始的形态，但长时期以来人们大都从它去了解人的类本性，并由此形成了群即等于类、群体本位即是类本性的典型表现的观念。因此，在理解人的第二大形态即"以物的依赖性为基础的人的独立性"阶段的类本性问题时，人们便陷入困境，往往把这看成似乎是对于类本性的一种背离。人的独立性主要是指个人的相互独立也包括对自然对象的独立。在这一阶段，原来的群体分解成了单子式的个人，人与人彼此独立，人与自然也出现了对立，还怎能把人看成类存在呢？看来这确实不大好理解。其实，这个问题变得难理解的障碍主要在于类的观念，也就是从初期群体形成的把群等同于类的那个观念。只要改变了类的狭隘观念，这个问题便不难理解。而这就需要对第一形态的类本性即群体与类性的关系有一个全面的理解，这才是问题的关键所在。

人类最初存在的群体即人群共同体，是适应人类最初的生产活动而形成的组织形式。那时——这是一个相当漫长的时期——的生产还非常原始，在很大的程度上仍属自然性质的活动。自然经济就是本质上靠天吃饭的经济。以此为基础而建立的人群共同体也不能不是在很大程度上属于自然性质的群体。这样的群体不仅主要是依赖血缘或地缘等自然性的纽带联结为一体，它所发挥的所谓群体力量也主要是汇聚在一起的个体身上的自然性的力量和能力。这表明，人类初期群体形态所表现的并非完全属于人的类性质和类力量，在很大成分上不过只是自然的群落本质和群落力量。在这种状态下，人们对群体的依赖性表现的便主要是对自然性、自然对象和自然关系的依赖性，并不完全属于人的类本性的实现和发挥。

因此对于以群体为本位的"人的依赖关系"形态，我们只能把它看作人类从自然存在刚刚走向类存在的过渡性质的原始形态，决不能看作业已完成的类形态，更不要说看作类形态的标准模式了。

群体形态的这种两重性质，决定它在历史上的作用也必然是双重化的。一方面它把人的力量聚合起来，使人有可能在能力十分脆弱的状态下去发挥类的力量；另一方面这种形式又把人的力量分割开来并封闭起来，极大地限制和束缚了类本性和类力量的发挥。由自然纽带结成的人群共同体，不能不反过来受到自然性质的限制。血缘或地缘在发挥纽带联结作用的同时，又会成为一种屏障，把不同群体隔离开来，不但限制了人类整体力量的发挥，还会造成群体之间频繁不断的矛盾和冲突。这样的后果，甚至今天也并未完全消除，我们还在经常受到它的损害。

问题还不止于此。群体对个体的作用也是双重化的：一方面把它单个人的力量凝聚成类的力量，另一方面又限制甚至束缚了个人创造性能力的发挥和发展。这就是个体与群体之间的矛盾性。这一矛盾在原始发展阶段表现尚不突出，因为那时的个体直接融合于人群，个人组成的群体也并不超越于个体。随着群体规模的不断扩大，个体能力的进一步增长，特别是在人类进入文明发展阶段，共同体组织演化成为超个体、人格化的实体以后，这一矛盾便随之愈益突出并尖锐化，以致使它不但逐渐失去原来的积极作用，反而变成个体和类性发展严重的桎梏。这时，群体本位就必然走向瓦解，要为个人本位所取代，这就是马克思所说的第二形态。所以从群体本位走向个体本位，既是个人的一次解放，同时也是类的解放，即人的解放。

从此我们看到，类和群并非一回事，群体虽表现着类性，类性却不等于群性。类性既属于群性，也属于个性，这两个方面都不可缺少。对个人、个体、个性的这种不同关系，或许就是类与群的根本区别所在，即：群体是个体组合而成的，在实体的意义上它包含着个体，但从"群体"的性质来说它作为非个体又恰是对"个体"的否定；类则反之，它不是个体的简单组合，也没有自身的实体存在，作为个体与个体的本质统一性，类不但必须以个体存在为自身存在的基础，还必须以个体的发展为自身发展前提。在这种意义上说，"群"原本属于个体的自然组合，它的性质也基本上是自然性的；"类"则于个体的社会组合，它的性质因而也就完全是社会性的。这种性质表明，类的力量是一个社会变量，它必须通过个体去创造，也只能通过个体去发挥，因而随着个体能力的提高和发展，类的能力也必然会不断地提高和发展。或许正是从这一意义上，马克思才把人类的"历史"归结为"个人本身力量发展的历史"，即"个体发展的历史"①。

在人的成长和发展过程中，群体本位走向个体本位是不可避免的。个体只有从实体化—人格化的共同体的束缚中解放出来，才能成为自身主体，获得自主权利，具有独立人格，从而充分发挥生命创造潜能，使社会获得更高的发展活力。

以个体为人的存在本位，看起来它打破了人的依赖关系，分裂了人的紧密联系，似乎与类存在是相悖离的。其实不然。从本质关系去看，它既没有摆脱依赖也没有否定统一，这里打破的只是原始形态那种片面化、固定化的人身依赖和等级从属关系，否定的只是自然属性结成的那种狭隘局限的统一联系。这些都属应当破除的，唯此，才可能在人和人之间建立起全面的和相互的依赖关系，实现真正社会化的广泛的统一联系。只有在这样的联系形式中，个体才能占有整个人类所创造的能力，从而获得独立性质，形成自主的人格。

个体独立性的实质，也就是个体的类化、个体的人化。原来只有大写的"人"，人群共同体才具有人格，人们只能从群体获取自己的人性，人因而就被区分为三六九等。现在每一单个的人都成为人，都具有了人的本质，获得了人格性，"人"因而也就变成普遍的存在、更加类化的存在。这应该看作人或类的发展的一个重大进步。

当然人的实现也是有代价的。在历史上，这一变化是伴随手工业生产转变为机器大工业生产、自给自足的自然经济转变为市场自由贸易经济、民族地域的历史转变为世界历史以及人身依附的社会关系转变为通过交换对物的依赖关系等过程而实现的。在这里，市场交换中的社会关系是通过物的联系而建立的，这就意味着在它把人们从群体本位的人身依赖和等级从属的束缚中解放出来的同时，又把人们置于金钱、财富等物的支配之下，使人变成了物的奴隶。社会关系的物化也是人的自我失落，属于人对自身本质的一种异化状态，所以个体的本位形态也并非人

---

① 《马克思恩格斯全集》第 1 卷，人民出版社，1956 年，第 79 页。

的完善状态。它不过是历史过渡的一个环节，在进一步发展中也必然要被否定，为更高的类本位形态所取代，这就是马克思称它为"第二大形态"的含义。

虚幻的集体与真实的集体

如果说群体本位走向个体本位是从一个极端形态走向另一个极端形态，那么第三种形态就应当是它们的极端性的扬弃，而同时又以它们为存在内容和构成环节的合题，这就是类本位形态。

合题是否定的再否定，即否定之否定，看似绕了一个圈子最后又向起点回归。其实，在这个发展中现代人并没有退回到原始人，绕的圈子也没有白绕，而是人由此成为而且人只能由此才会成为更加完善的存在。

第一阶段的群体和第三阶段的类体都属人的肯定形态，因而都具有"集体"的性质，但这是决不允许混同的两种不同集体。它们最根本的区别就在于，一个经历了个人独立的发展阶段，另一个则没有经历个人独立的发展阶段，它们在对待个人关系问题的处理原则上是完全不同的，因而我们决不能从群体去理解类体、把类体的集体性与群体的集体性简单地等同起来。

然而，按照通常观念，由于我们熟悉的只有群体形态，因此，往往从群体的集体性质去理解类性，于是便把类体与个体的关系简单地看成互不相容、彼此排斥的关系，似乎要坚持集体主义原则就不能去发展个人利益，只要否定了以个体为本位的存在形态就能进入类本位社会，如此等等。

人的存在既然从集体形态起始经过个体形态最后还要回到集体存在，为什么不取便捷途径，非要经历个体本位这个充满了无数痛苦和灾难的发展阶段呢？按照上述观念，人们产生这样的想法是完全合乎主观逻辑的。马克思曾经提出过跨越资本主义"卡夫丁峡谷"的问题。苏联的政治家们试图依靠苏维埃政权力量，不经过资本主义的独立发展阶段（个体本位自发的制度化形态），使苏联直接进入共产主义社会（自觉的类本位社会形态）。我们仿照苏联办法也曾走过这样一段路程。历史事实证明，社会的制度形式可以这样或那样去调整、改变，社会发展获得的文明成果其中特别是人的历史发展阶段却是不能越过不顾的。个人必须获得独立，然后才能形成真正类的集体；而个人形成独立人格，既非他人所能代替，也非恩赐或强制所能办到，它只能在必须的条件中由个人自主去完成。

个体本位阶段之所以不可逾越，是因为个人的独立实质上是要使每一个体独立地形成为人，获得自主人格，具有自立能力，发挥主体创造作用，只是在这样的基础上，人才有可能进入更高发展形态，生成类集体。类集体是已形成为人、作为人的那种个人的集合体。在这点上它与先前的群体完全不同。群体虽也由个体组成，这里的个体我们通常也称作个人，严格说来他们还不是人的个人，他们与动物的个体并无多少原则差别。在这里只有大写的"人"，人群共同体才具有人格性，个人没有自我的独立人格，他们也并不属于他们自己，他们之称为人只因为他们是人群共同体的成员，因此马克思称他们为一定狭隘人群的"附属物"。个人的如此局限，应该看成就是发展不成熟的"人"的局限、"类"的局限。

类集体就是马克思所说的"自由人格"的联合体。在这种存在状态，"人"已不再是超越个体之上、存在个人之外那种大我，也不再是相互分裂单子式的小我，而是分别普遍存在于每一个体之中而又把他们统一为一体的类存在。在这里人人都是人格化的人，也都是人的人格化身，每个人都是小我和大我的统一体，人与人之间不再有人的分别，而只有个性的不同，也就是说他们在人格上是完全平等的，个性上是充分自由的。所谓类本位、类主体，不过是指这时的每个人都已自觉为人，把个人存在纳入他人本质，也把他人存在纳入自己的本质，各人都以人为自我主体的人的自为存在状态，类主体、类本位决不意味在个人之上还有一个什么超我的主体（作为实体或虚幻体）存在着。

由此可以了解，"集体"实际上既有不同的存在形态，也有不同的概念。我们平常虽然都使用集体一词，它们的含义却可以很不相同。归根结底来说，它们的不同主要决定于个体的不同性质和它们与个体之间的不同关系。

群体意义上的集体与类体意义上的集体的不同就在于，前者的个体是没有独立性的，后者的个体是独立的；由此决定群集体是一种超个体性的存在，而类集体则是多元复合的统一体。在前种集体中，个人只是附属于集体的一个成员，他们的价值和意义不在自身而在集体，因此它的原则便是集体利益绝对地高于一切，一切都要服从于发展集体的需要，个人不能讲求单独利益，必须无条件地服从集体需要。在历史发展中，这样的人群共同体后来所以逐渐演变为凌驾个人之上的人格化实体，与个人处在相互对立的关系并成为束缚个人发展的桎梏，就因为那时个人尚未独立形成为人，只有群体才是人的化身，才有资格去代表人。"人"被变成一种特权，只为群体的人格代表们所享有，由此形成高低贵贱三六九等的差别，也是基于这个原因。在类的集体中情况便完全不同。由于个体已独立形成为人，自身有了独立的价值和意义，在这里"集体"便不再具有实体化的独立人格，甚至不再有自身单独的利益和价值，集体的利益和价值就体现在一切个人的利益和价值之中，个人利益和价值的实现和发展也就是这种集体的最高利益的价值。这种"集体"的典型形态，就是马克思所设想的共产主义即自由人的联合体，在这里，"每个人的自由发展是一切人的自由发展的条件"，同时，也只有在这样的"集体中，个人才能获得全面发展其才能的手段"①。

前一种集体，实质上只是一种"群体"而非真正的集体，特别是后来演化成为同个人完全对立的那种实体化、人格化的共同体，它已完全失去了集体的性质。所以马克思称这种行帮式的集体为"冒充的集体""虚构的集体"，他指出："过去的种种冒充的集体中，如在国家等等中，个人自由只是对那些在统治阶级范围内发展的个人来说是存在的，……从前各个个人所结成的那种虚构的集体，总是作为某种独立的东西而使自己与各个个人对立起来……真实的集体……各个个人在自己的联合中并通过这种联合获得自由。"②

许多年来，我们都把"集体主义"奉为我们工作、行为、思想的最

---

① 《马克思恩格斯全集》第 1 卷，第 273 页。
② 同上书，第 82 页。

高原则，并把它看作共产主义思想的体现。应该说这个想法和做法是很好的，我们由此培养出了无数舍己为公、无私奉献的杰出人物。但我们也必须承认，过去我们并没有区分开两种不同的"集体"，常常是把它们混同在一起理解的。这主要表现在，在我们作为共产主义思想原则所理解的集体主义中，并未把个人的自主和独立看作它的基本前提，因而常常把集体和个人、集体主义和发展个人利益对立起来去看待。在许多人的观念里，讲求集体主义就意味着必须抛弃个人利益、个人发展，只能一切听从组织安排、服从集体需要。"文化大革命"更把这点发挥到了极端，几乎一切同个人有关的考虑和思想都被当作资产阶级的私心和个人主义予以批判，那时要求人们的是要根除自我、杜绝私心，口号叫作"兴无灭资""大公无私""在灵魂深处闹革命，狠斗私字一闪念"等等。

个人应当服从集体的利益和需要，这不仅在特定历史时期是必要的，在一切时期都应当如此。问题是在于应当分清两种不同的集体，当"集体"不再是超越于个人之上的实体时，它也就不再有超越个人之上的特殊利益，在这样的状况下发展个人就变成集体的最高利益。所以，我们应当改变的是那种把集体主义或集体利益简单地看作与实现个人利益、发挥个性才能不相容的观念。今天我们已从集中统一的计划经济体制转变为社会主义市场经济体制，市场经济是以个人为主体的社会交往形式，它不仅需要发挥每个人的主动性和创造性，而且需要创造条件去发展人们的个性、促进个人的自我形成和实现。在这时我们就不能再用从群体本位形成的集体观念去要求人们，一听到有人讲求"自我"就毛骨悚然。我们必须看到，在今天促使个人走向自主的发展道路不但不是背离共产主义方向，而是日益靠近共产主义社会的必经步骤。①

我们正在走向未来

类本位时代距离我们还有多远？可以肯定，到达这一状态还要经历相当漫长而又艰巨的路程。然而现在却已能够说，它对我们已不再是可

---

① 这里关于"类"的问题主要是从人与人的关系去论述的，它还应当包括人与自然关系的内容，后者属于专门性问题，将在另文《人的天人一体本性》中去论述。——笔者

望而不可即的彼岸幻影，而是几乎可以触摸得到的现实前景。

　　20世纪可以认为是人类发展史特别是现代史中最为震撼人心并有着特殊重要意义的世纪，是一个名副其实的人类大变革和大发展的时代。人们通常主要是从政治、军事、经济、文化、科技等具体内容方面去理解和评价这个世纪的变革，很少从人的发展的方面去看待和认识。而在我看来，20世纪特殊重大的意义恰恰主要表现在这个方面。20世纪把人类相继形成的几大社会或历史形态，也就是马克思所指出的人的三个基本形态汇聚在了同一个时空里，这是它最为突出的特点。而这就意味着它使我们有可能从切身的体验和观察中去对它们比较、鉴别，然后自觉地进行选择、组合和创造。这是空前的课题，马克思也没有经历完全，因而可以说这也就构成了我们与马克思之间不同的主要之处。

　　我们经历的那些公开的、隐蔽的、热性的、冷性的诸种战争，实质就是群体本位、个体本位以及以试验形态和萌芽形态出现的类本位等几大形态的一种决定命运的大较量和大决战。经过较量，优劣胜负初步结束，应该说已经分明。法西斯独裁、专制恐怖统治的垮台，大国霸权迷梦的一一破灭，殖民统治体系的崩溃和瓦解，意味群体本位恢复统治权威的挣扎宣告失败，它的支配时代已彻底过去了。"社会主义阵营"的出现是20世纪特有的现象。现在这个阵营虽已不复存在，苏东模式的社会主义也已解体，这并不表明"社会主义"没有生命力，而是因为苏东搞的本来就不是马克思所设想的那种真正的社会主义。虽然如此，它却给了人们一个新的视角，使人们有可能从另一种观点去看待把个体本位引向极端的当代资本主义制度的问题；它也给予人们一种新的希望，使人们广开眼界看到历史的未来有着美好的前景。

　　如果说在这之前由于缺乏现实的根基和条件，类本位的问题还主要属于一个理想性目标的话，在经历了20世纪如此重大的变革和发展之后，它就已经成为重大的现实课题摆在了人们面前，不仅仅为落后国家的人们感兴趣，更成为发达国家人们的现实需要。这些，我们从当今各国实行"改革"的内容和措施中，从现代社会文明发展的动向中，就可见其端倪。

　　现代的世界，由于市场、贸易、生产、消费、科技、信息的广泛发展，一切地域、国家、民族都被紧密地联结在一起，可以说已经是一个一体化和整体行动的世界。不论人们愿意还是不愿意，当今人们已处在类的统一体系中，每个人都只能在同人类整体的相互依存中生存和发展，人类的共同命运、共同利益已成为每个人必须关注和考虑的切身利益和切身命运问题。近年民间自发组成的生态和环境保护组织及其活动，如"绿十字会""野生动物保护者协会"等，可以看作类的觉醒者们所采取的具有启蒙作用的现实行动。

20 世纪 70—80 年代以来，以个体为本位的现代资本主义的社会和经济制度，正在发生值得人们特别重视的新的变化。例如，以志愿互助、民主管理为原则的"合作社集体所有制经济"（如"农协""合作工厂"等）的勃兴和发展；股份制企业的股权向分散化、大众化、民主化方向演进的趋势；国有经济成分的迅速增大，在许多国家产值比重已占到 10%—20%，某些国家或部门甚至达到 30%；在现代市场经济发展中，政府干预和调节经济的范围不断扩大、能力迅速增长，涉及几乎包括生产、分配、交换和消费等再生产所有领域，和物价、就业、社会公正、经济增长等许多方面；社会保障事业、社会福利事业的不断扩大和提高，许多已不再仅仅看作慈善性事业，也不只限于保障最低生活需要，而是正在变成改善和提高人民生活水平和质量的政府职责性措施；如此等等。这些变化表明，现代的资本主义社会不仅生产力有很大提高，人和人的关系即生产关系也正在发生深刻变化。它的变化趋向很明确：适应生产的日益社会化，生产关系也逐渐走向社会化，也就是沿着削弱资本主义私有制度、竞争制度和按资分配原则的"社会主义"方向在发生变化。

个体本位发展至极端，就会引向类本位；资本主义的高度发展，在自我扬弃中也必然会转向社会主义。这不仅是因为，资本主义包含有从个体本位即私有制自身无法解决的内在矛盾和弊端，它的出路只能如此，而且也是资本主义自身发展和完善的自然结果。变化是出于矛盾，也是出于充溢。事物充分实现了自身的本性，就会走向他物，即比自身更高的存在。发展归根结底都是自我否定，资本主义的"改革"就是如此。

资本主义必然为社会主义所代替，这点我们一直深信不疑。但过去我们的着眼点只在于它包含有自身无法克服的矛盾，往往忽略了它自身发展和完善所起的作用。我们由此得出的认识是：资本主义不会自己走向灭亡，社会主义也不能在资本主义内部生长，社会主义与资本主义因而便处于完全外在的对立关系，只能从外部去否定它、取代它。过去因为资本主义处在初级发展阶段，它固有的矛盾还刚刚展开，无法显示它自我完善的潜在能力，在这样的状况下我们形成上述认识是很自然的，马克思当年对资本主义自身发展和改善的能力也估计不足。今天的情况便大不相同。在资本世界已出现许多新的变化事实之后，我们如果仍然照旧去认识，那就有失科学性的立场和态度。

事实上，今天生活在资本主义世界的人、人的关系、人的观念也都正在发生深刻的变化。比如，对"财富"的理解就不再仅属经济学的概念，富有和贫穷的区分已不再仅指占有物质的多寡。随着物质生活的提高，生存的意义和价值的问题已成为更多人关注的课题，精神生活的满足和充实开始成为人们追求的重要目标。在个体普遍主体化之后，人们就会感到小我狭窄空间的窒息，要从大我寻求广阔的天地。今天许多人还是极贪婪的，但愈来愈多的人更愿意从帮助他人、关怀邻里、关心社区乃至全球人们的生活和命运中，去感受人生的职责、体验人生的乐趣，这是无可怀疑的事实。现代西方许多人之所以对东方文化特别是中国儒家的伦理文化发生兴趣，就是因为他们不再满足西方以自我为主体的文化天地，希望能有一种更为开阔的观念把他们引向新的更高的生存境界。在我看来，这就是从现实生活所萌生的对于类存在、类生活、类理论的一种追求。

所有这些都向我们表明，在充分实现了个体本位、个人主体的社会里，走向类化已不再是仅仅属于理论理想的问题，而是成为今日生活的某种现实的客观追求。这虽然还主要是一种萌芽性的东西，但据此我敢大胆地断言，正是下一个或几个世纪才是真正属于马克思的世纪，也就是他的关于人的未来预言真正走向生活现实的世纪。借用国外的一种说法，如果认为 20 世纪是在马克思"炮弹"的射程之内，那么它的落点就在下一个未来世纪。

正是基于这样的认识，所以我提出了类哲学的理论。在我看来，这就应当是我们即将进入的新世纪所必然面对和思考的具有最重大意义的现实课题。

哲学也必将走向未来

在说明了上述一切之后，当我们再回到哲学上来，问题似乎已经十分清楚。

人的未来正在走向类，作为人的自我理解、自我意识的理论和哲学，当然也必然会日益趋向类的哲学。适应当今人类的未来走向，哲学不但应当反映、表达人的这一变化趋向——这也就是今日的时代精神，而且哲学还应承担促进、推动、升华人对自身这一本质变化的自觉意识的任务。类本质是自为的本质，类存在是自觉的存在。这种自觉意识正好也是类主体所要求的本质内容之一。从这点来说，探讨未来哲学的走向问题，本就应当属于人的类变化的题中应有之义。

长期以来，哲学从事的却是分裂世界的理论活动。它起初把世界分裂成为彼此对立的物质世界和精神世界，由此形成了古代到中世纪的"本体论"的理论形式；在近代转向认识论之后，哲学又把世界分裂为心内观念世界和心外客观世界的两重对立；更后则以人为核心将世界再次分裂为主体人化世界和客体自然世界；如此等等。与此相适应，在以往的哲学中，像本质和现象、对立和同一、肯定和否定、有限和无限、相对和绝对、一般和个别、感性和理性、意志和情感等范畴，长期来也都处于分裂和对立的关系中。它所表达和反映的，实际正是人自身从与自然的原始统一性逐渐走向分裂、对立、分化的那个发展的过程。在这点上，应该说逻辑（理论）的历史与历史的逻辑是完全一致的。我们由此可以完全肯定，正像人的分化过程只是为它走向真正本质的统一提供基础，昔日的分化必然引向未来的一体化的统一，同样，哲学在理论上的这种分裂、对立、分化也是为它进一步走向理论统一所必须的步骤和前提。关于这点，我们看到，当代哲学发展的状况就同以前大不相同。

翻开已往的哲学演变史，尽管派别林立，观点歧异，体系迭出。现代西方哲学亦然，但这些观点和派别之间的分歧已不像以往那样地互不相容，对立也不似从前那样的激烈尖锐。从它们所注重的问题领域、贯彻的思想原则、体现的哲学倾向、处理问题的方式这些方面来看，却又都是基本相同的。从总体来说，它们都是从否定"传统哲学"中诞生的，都是在反对传统形而上学的斗争中构建他们的理论。"科学主义思潮"和"人本主义思潮"有许多共同点，从发展看，它们正在彼此不断趋近甚至趋同。

这种状况表明，走向统一是个大趋势。哲学这种走向本质统一的趋势，正是反映了人与人、人与外部世界正在走向本质的统一，适应于此，人与自身的本质也必然要求实现自为统一的发展趋势。人与自身本质自为地统一正是由哲学方能实现的任务。

随着个体逐渐走向类化的发展趋势，相对主义的个人体验性的哲学理论已不能满足人们的需要，必然要遭到批判和否定。近几年兴起的以消解、摧毁一切传统观念为特征的所谓"后现代主义"思潮，在我看来就表现了这一趋向。突破个人体验的局限，走出自我的狭小圈子，开拓广阔的生活天地，这是当前时代的要求。这里让我们举几个例子略加说明。

一个明显的例子是，近年关于"主体"观念所发生的转变。

哲学家们在弘扬主体性之后，又不得不去进行淡化或消解主体观念的工作。在我看来，它表现的正是人的现实发展所要求的从个人主体向类主体转型的这一发展趋势。

在历史的前进中，待到个体要求类化，需要把个人和个人、人和外部世界的关系从本质上重新理解为一体化的存在时，原有理论就暴露出了它的严重局限性。这样的主体观念既囿于意识的囹圄，无法切入外部的客观现实，也突不破个人局限而进入与他人交往的广大领域。这是西方传统主体观念的两大弊端。所以到了人开始趋向类化的现时代，就只能抛弃这样的概念，以一个新的概念去取代它。现代西方的哲学家们也曾设想过某些补救办法，如提出"主体间性""交往""生活世界"等概念，试图以此去打通主体与他人、与外部世界的通道。但很明显，不抛弃原来极端化的主体概念，这一切仍然会是落空的。于是便有了"主体性的黄昏"这样的说法。

再一个明显的例子是，关于"人类中心"观念的转变。

从人类中心到走出人类中心，这一转变无疑也反映人的变化，特别是反映了人与外部自然关系的变化。因为，人对自然的态度与人对自身的观念密切相关，要改变二者关系当然首先应去改变人的观念。

一方面，人总是从人自己出发的"自我中心主义者"，在这一意义上人必然要把一切外界存在变成"为我的存在"，否则人就不成其为人；而另一方面，人是通过把自己的本质、本性和力量对象化于外部存在，也就是本性投射于外，把自己外化为物，变成自然存在这种方式，才使对象成为"为我存在"的，在这一意义上，人同时又是本性外投、为他存在的最大"开放主义者"，否则，人也不成其为人。这是人的生存活动方式，也是人的存在本性。由此决定人与外部世界的关系便是肯定寓于否定的否定之否定关系，人与世界是一体性的存在，人被溶化于对象，对象因而也被溶化于人，二者最终必然融为一体。这一结果当然只能是发展的产物，它必须经历相互分化、彼此对立，然后才能实现赋有全新内容的本质统一关系。这种本质的统一关系，也就是"类"的存在关系。

因此"人类中心"观念和"走出人类中心"的观念，实际都是植根人的本性，它们不过从人的自我肯定性和自我否定性两个不同方面，反映了类本性所必经的生成发展过程。

从这种观点来看，今日的问题主要不是什么以非人类中心观念去克服人类中心的问题，确切的提法应当是充分发展人的类本性提高人的类意识的问题。人不能没有自我中心观念，又不能局限于自我中心观念。人天然地具有趋向自然的"天人合一"本性，但这并非那种自然本性，而是人的本性。发展人的类本性就是要实现二者高度自为的统一。

上面这两个例子表明，正在向新的存在形态转变中的人，必然要去重新理解人的自身本质，重新认识人的存在地位、生存价值、生活意义、同外部世界的关系等种种问题。哲学理论的这种变化是一种信号，预示着人正在向自为存在迈进，与此相适应，哲学也正在走向未来。

原载《学术月刊》1996 年第 2 期

声　明

本卷在出版过程中，编辑部一直致力于寻找每一位作者或版权所有人，但因种种原因，尚有部分作者未能及时联系上。在此致谢、致歉，同时敬请作者本人或家属见书后及时与我们联系，以便支付相应稿酬。

联系电话：021-31260822.

邮箱：ys@shbbt.com